Hachette-BnF s'enrichit d'une nouvelle gamme d'ouvrages en couleurs, fac-similés d'éditions originales publiées jusqu'au début du xxe siècle, sélectionnées parmi des pièces remarquables et rares conservées à la Bibliothèque nationale de France.

Imprimés à la demande, ces ouvrages sont ainsi des reproductions fidèles d'éditions d'œuvres richement illustrées de gravures, peintures ou dessins réalisés par de grands artistes. Les œuvres de cette collection ont été numérisées par la BnF et sont consultables en version numérique sur Gallica.

Pour découvrir tous les titres du catalogue, rendez-vous sur www.hachettebnf.fr

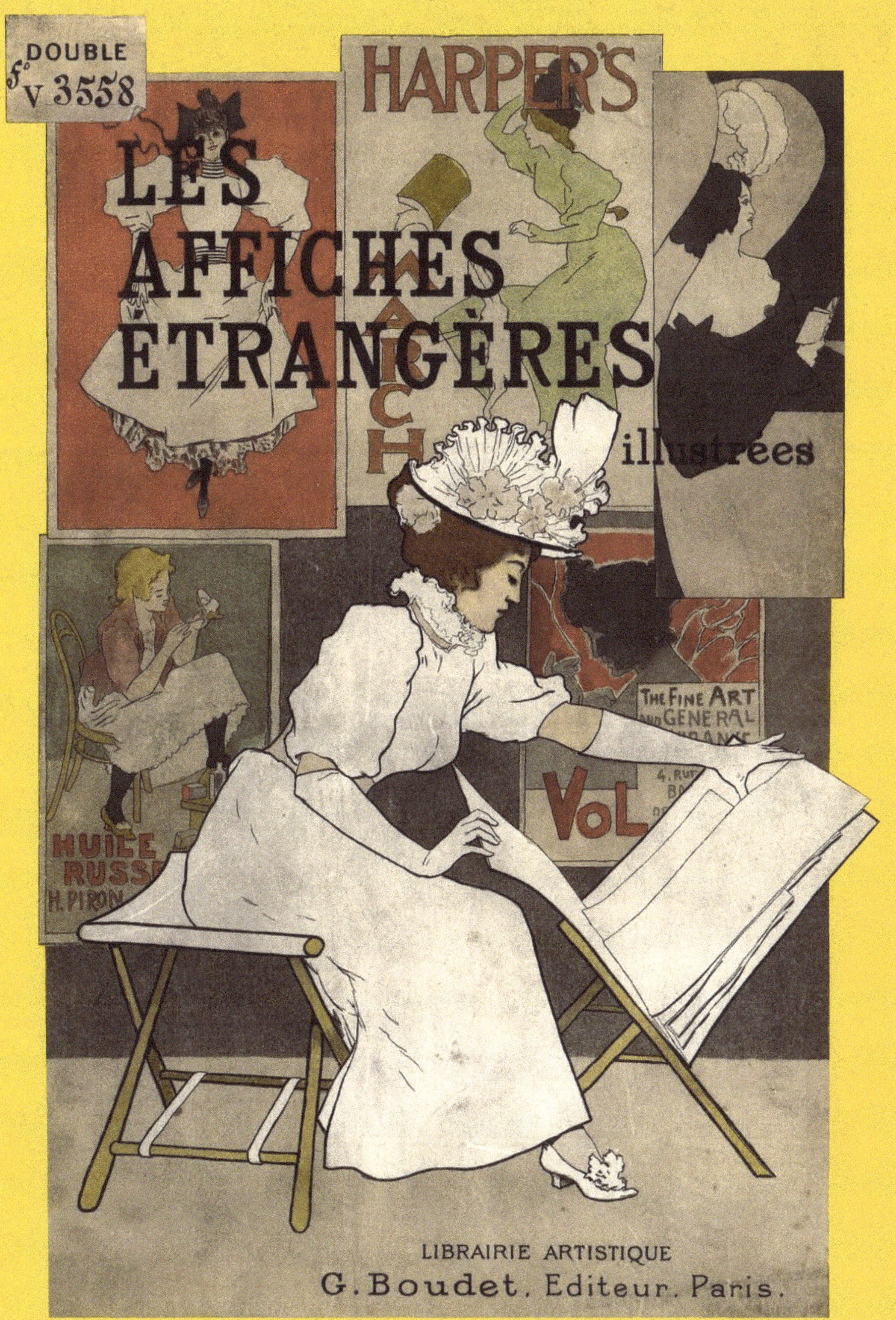
DOUBLE
5° V 3558
HARPER'S
LES
AFFICHES
ÉTRANGÈRES
illustrées
THE FINE ART
AND GENERAL
VOL
HUILE
RUSSE
H. PIRON
LIBRAIRIE ARTISTIQUE
G. BOUDET. Editeur. Paris.

Les

Affiches Étrangères

illustrées

Les
Affiches Étrangères
illustrées

PAR MM.

M. BAUWENS, T. HAYASHI, LA FORGUE, MEIER-GRAEFE, J. PENNELL

OUVRAGE ORNÉ DE 62 LITHOGRAPHIES EN COULEURS

ET DE CENT CINQUANTE REPRODUCTIONS EN NOIR ET EN COULEURS

D'après les affiches originales des meilleurs artistes

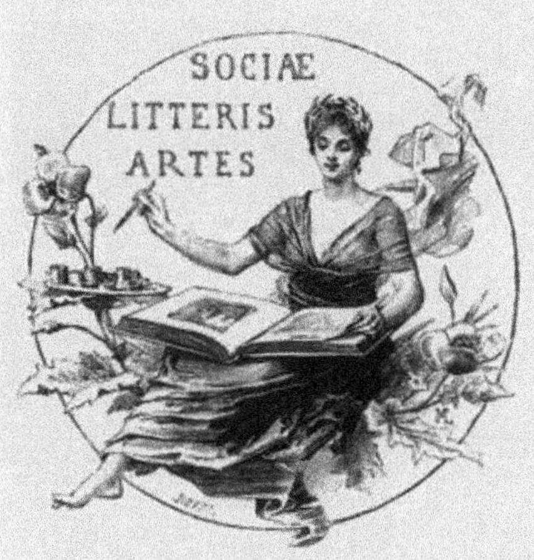

PARIS

LIBRAIRIE ARTISTIQUE	VENTE EXCLUSIVE
G. BOUDET, ÉDITEUR	C. TALLANDIER, LIBRAIRE
197, Boulevard Saint-Germain	*197, Boulevard Saint-Germain*

1897

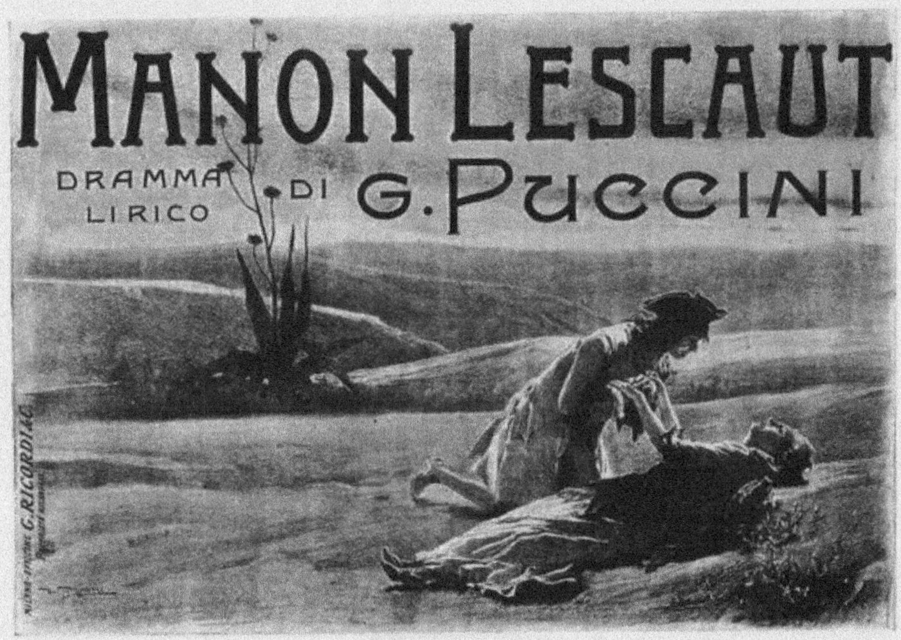

Fac-similé d'une affiche de M. V. BIGNAMI. (G. Ricordi et Cⁱᵉ, impr. à Milan.)

PRÉFACE

L'ouvrage sur les AFFICHES ÉTRANGÈRES que nous présentons aujour-
d'hui aux amateurs et collectionneurs, est le complément indispensable
de l'histoire de l'affiche, à laquelle nous nous sommes consacré dès la
première heure en publiant, d'abord en 1885, puis en 1895, nos deux
volumes sur les AFFICHES ILLUSTRÉES.

Encouragé, non seulement par le succès, mais aussi par les conseils
pressants de tous ceux qui s'intéressent à l'art dans la rue, nous avons
entrepris cette œuvre, qui, nous n'en doutions pas, devait être remplie
de difficultés.

Grâce au zèle et au dévouement de nos collaborateurs, nous avons pu mener à bien notre tâche. Partout nous avons reçu le plus cordial accueil. Les artistes, les imprimeurs, les éditeurs se sont mis à notre disposition pour nous procurer les pièces rares et quelquefois uniques qu'il était indispensable de faire figurer dans un recueil tel que le nôtre. Nous tenons à les remercier du puissant appui qu'ils nous ont prêté, en contribuant à faire connaître les œuvres éphémères, d'une réelle valeur, que notre ouvrage servira à perpétuer.

Dans la traduction des articles, que nos collaborateurs ont spécialement écrits pour cet ouvrage, nous nous sommes surtout efforcé de rendre littéralement leur texte sans modifier en quoi que ce soit leurs appréciations au sujet des œuvres dont ils ont cru devoir parler : nous ne saurions donc assumer la responsabilité de certaines critiques qui leur sont tout à fait personnelles.

Les pays que nous avons décrits sont, nous en avons la conviction, les seuls dans lesquels l'affiche illustrée ait acquis un caractère artistique assez développé pour intéresser les amateurs.

Il ne faudrait pas en conclure que l'affiche n'existe pas dans certains pays omis volontairement par nous. En Italie et en Espagne, par exemple, l'affiche illustrée tend à prendre chaque jour un caractère d'art de plus en plus marqué; mais il n'existe dans ces deux pays que très peu d'imprimeurs produisant des travaux réellement artistiques.

En Italie, les seules œuvres intéressantes ont été faites par la maison Ricordi, de Milan, et par l'Institut d'arts graphiques de Bergame.

En Espagne, la maison Ortega, de Valence, marche en tête du mouvement et a produit quelques pièces remarquables plutôt par le tirage et l'exécution que par le dessin.

Le travail que nous venons de terminer n'eût pas été possible il y a trois ans, l'affiche artistique à l'étranger remontant à peine à cette époque. Il est incontestable que l'influence des artistes français tels que Chéret, Grasset, Lautrec, etc., s'est fait très fortement sentir chez les autres peuples. La France peut donc s'enorgueillir d'avoir été encore,

en cette occasion, la promotrice d'un mouvement qui ne peut que développer le sentiment artistique dans l'esprit de la foule.

Nous avons apporté, avec le plus grand zèle, notre part à l'œuvre
commune et serons heureux si nous constatons un jour que nos efforts
ont profité à l'art qui nous est cher.

L'ÉDITEUR.

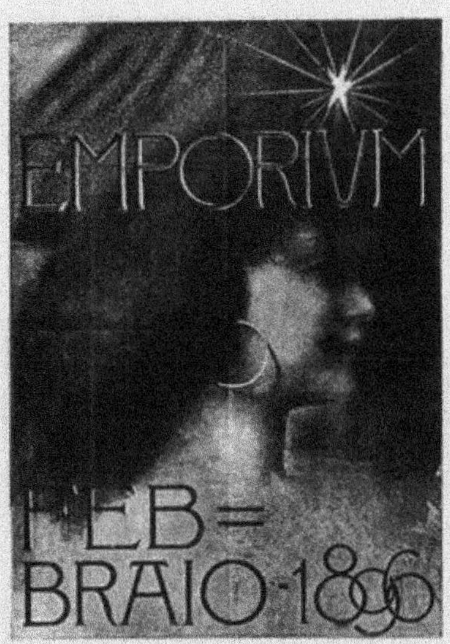

Affiche anonyme
pour la revue mensuelle *Emporium*. (Institut
d'arts graphiques de Bergame impr.)

Librairie de CH TALLANDIER, 197, Boulevard Saint-Germain, Paris.

EN VENTE

Tirage a part

LITHOGRAPHIE ORIGINALE

EN 10 COULEURS

DE A. RASSENFOSSE

Mesurant 0,55 sur 0,37 et servant de couverture à l'ouvrage

LES AFFICHES ÉTRANGÈRES ILLUSTRÉES

TIRAGE AVANT TOUTE LETTRE

Limité à 250 exemplaires numérotés

Nᵒˢ 1 à 30. — 30 exemplaires sur papier du Japon à la cuve	**8**	»
31 à 60. — 30 — — Chine	**8**	»
61 à 250. — 190 — sur beau papier lithographique	**4**	»

Nous possédons encore quelques exemplaires de la

LITHOGRAPHIE ORIGINALE

EN COULEURS

DE JULES CHÉRET

Ayant servi de couverture à l'ouvrage les AFFICHES ILLUSTRÉES 1886-1895

TIRAGE DE LUXE AVANT TOUTE LETTRE

Superbe lithographie mesurant 0,55 sur 0,37, tirée à *200 exemplaires numérotés.* **4** »

N. B. — Il avait été fait un tirage sur Japon, au prix de 8 francs, limité à **40** exemplaires numérotés. (*Complètement épuisés.*)

~~~~~~

Nous recommandons à tous les amateurs, bibliophiles, collectionneurs, etc., de nous demander, de suite, soit directement, soit par l'entremise de leur libraire habituel, ces deux superbes lithographies tirées avec le plus grand soin et qui, vu le petit nombre d'exemplaires mis en vente, seront épuisés rapidement.

Paris. - E. Kapp, imprimeur, 83, rue du Bac
~~~~~~

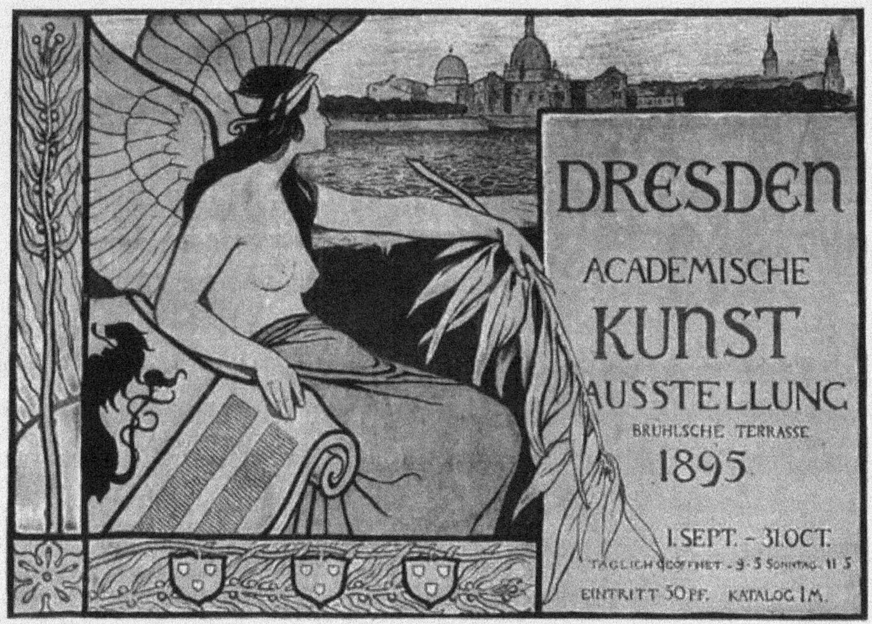

Fac-similé d'une affiche de M. Otto Fischer, pour l'*Exposition de l'Académie des Beaux-Arts*
de Dresde, en 1895.

ALLEMAGNE

Il est difficile de parler de l'affiche allemande puisque, à proprement
parler, l'affiche, comme on la conçoit en France, n'existe pas en Allemagne. L'origine de l'annonce murale est subordonnée dans chaque
pays à des conditions premières d'ordre artistique et pratique ; ces deux
conditions manquent chez nous. La réclame se sert, dans les grandes
villes, presque exclusivement des journaux ; ce n'est que très lentement
que l'on est arrivé, pendant ces dernières années, à l'utilisation toute
moderne de la moindre occasion qu'offre, à la réclame, l'aspect extérieur
des villes. Mais l'Angleterre, l'Amérique et la France sont sous ce rap-
port encore infiniment plus avancées. On a essayé d'y voir un avantage
pour les villes allemandes, voulant faire de la disette un bienfait. Cette

1

conclusion cependant ne correspond qu'à un entendement insuffisant de la signification que doit avoir l'affiche. L'affiche fait partie de la ville moderne, tout comme les grandes enseignes commerciales font partie des grandes maisons de commerce. Ce serait une folie réactionnaire d'éloigner les enseignes, sous prétexte que, sans elles, les maisons auraient peut-être un aspect plus noble; il faut, au contraire, le besoin des pancartes une fois reconnu, construire les maisons de commerce de telle sorte que, non seulement elles ne souffrent pas sous les enseignes, mais qu'elles en soient au contraire ornées, si cela est possible. Des villes modernes comme Paris, Londres et New-York se sont placées, à ce point de vue, dans leurs quartiers commerciaux; la face extérieure des maisons a une apparence aussi neutre que possible, sans aucune sculpture, rectiligne et simple. Dans ce milieu, l'affiche prend une signification éminemment artistique. Elle apparaît sous le costume de la ville moderne, comme la cravate de couleur sur le vêtement discret de l'habitant des grandes villes, le seul endroit où les effets de coloris artistique soient possibles.

En Allemagne, cependant, il en est tout autrement. Nous n'avons ni édifices qui supportent l'ornement des affiches, ni placards qui s'adapteraient à des maisons utilisables. Dans l'architecture règne, depuis les *Gründerjahre*, — années de grandes entreprises immobilières, dans les premiers temps du nouvel Empire, — un mélange de tous les styles imaginables, dont l'unique qualité saillante culmine en une insupportable débauche de fausses ornementations. Au lieu de formes simples et solides, comme elles s'adapteraient à une maison de commerce de grande étendue, on se sert du style Renaissance le plus décadent; au lieu d'aspirer à un aspect organique des rues, chaque commerçant cherche, autant que possible, à faire construire sa maison d'une façon différente de celle de son voisin. Pour ces tours d'adresse qui s'interdisent d'eux-mêmes avec de bons matériaux, on emploie naturellement le stuc éphémère, auquel on essaye de donner autant que possible une apparence vraie. Ce qui fait que le Berlin moderne revêt un aspect qui révèle, sous tous les rapports, le caractère d'une ville de parvenus. L'Allemagne ressemble de plus en plus à la Prusse, et les villes d'Allemagne se décalquent sur Berlin. Il ne peut bientôt plus être question du merveilleux système de décentralisation qui autrefois formait un des avantages de l'Allemagne sur la France. A côté de grands défauts politiques, le système français a apporté à la France tous les avantages artistiques, en faisant de Paris le centre artistique du monde. Le même système, employé en Allemagne, ne présentera que des défauts, car Berlin manque absolument de tout pour remplir le rôle auquel était appelé Paris.

Le système fait école rapidement. Les délicieuses petites villes allemandes sont toutes modernisées peu à peu selon le modèle de Berlin, privées de leur dernière originalité, sans devenir pour cela de grandes villes modernes. Le modernisme allemand manque totalement de cette sensibilité individuelle qui sait se manifester d'une façon décorative et qui, en France, en Angleterre et dans d'autres pays, a fait naître l'affiche. Mais partout l'affiche n'a une signification artistique que lorsqu'elle est l'aboutissant de l'art du pays dont elle orne les rues. Elle est une sorte de héraut qui porte les couleurs d'un pays, un des seuls moyens laissés par le matérialisme de notre temps aux besoins artistiques des pauvres, peut-être le seul qui soit capable de porter l'art moderne parmi le peuple..., mais que peut-on appeler l'art moderne à Berlin? — Il y a de tout à Berlin, on peut même dire qu'il y a *tout* et ajouter avec le même droit, qu'il n'y a *rien*. Tandis que Paris est devenu le point central d'aspirations idéales, Berlin se contente de l'ombre de ce modèle et en est réduit à réunir, en seconde ou en troisième qualité, ce qui existe à Paris et à Londres en première qualité et ce qui, bien entendu, n'a de valeur que présenté ainsi. Berlin est non seulement improductif en tout ce qui concerne l'art, la capitale allemande manque également d'esprit critique, puisqu'elle fut improductive aussi dans le passé; la ville ressemble à un énorme hangar où l'on décharge les choses les plus variées, pour les faire de nouveau disparaître au bout d'un certain temps; la qualité des objets n'y joue aucun rôle, puisque ni le bon ni le mauvais ne peut se développer à Berlin d'une façon positive ou négative.

Il en est un peu différemment à Munich, jusqu'à un certain degré à Hambourg, à Dresde et dans d'autres villes; partout, même dans les plus

petits coins, il y a plus d'art qu'à Berlin. Pourtant, il n'y a point dans ces
villes, si l'on envisage le côté personnel, un art moderne qui puisse entrer
en ligne de compte dans la question qui nous occupe. Aujourd'hui encore,
l'amateur d'art allemand place la pensée, fût-elle même la plus petite,
plus haut que la meilleure qualité technique. L'amateur, à proprement
parler, n'existe même pas du tout ; il y a une foule de gens qui s'enthou-
siasment pour l'art, mais on peut compter le petit nombre de ceux qui
distinguent les différents arts et qui s'approchent avec des exigences défi-
nies de la peinture, de la sculpture et de la poésie. Pour le producteur
comme pour le consommateur, toute activité artistique disparaît dans un
chaos vague et infini que l'Allemand désigne sous le nom de « vie artistique
allemande » et qui ne représente en réalité que la vie sentimentale allemande, où l'on peut tout trouver, au sens le plus large, excepté de l'art
au sens le plus étroit, ce qui seul importerait. Cet art sentimental allemand souffre, avant tout, d'un défaut organique qui empêche tout sain
développement des beaux-arts et des études artistiques : c'est le manque
absolu de relations essentielles avec la vie, avec l'entourage du commun
des mortels, avec le milieu. Il est impossible qu'un art manifeste des effets
utilisables, s'il reste abstrait, si, pour qu'il se manifeste, il est besoin, non
de simples réactions sensoriales, mais de réflexions. Les phrases dont
on voudrait cacher l'absence de qualités purement artistiques, c'est-à-dire
individuelles et techniques, dans l'art sentimental allemand, deviennent
tout à fait néfastes dès que cet art descend de la sublime tour d'ivoire dans
des parages plus humains ; alors la fierté méprisante qui ne veut pas être
comprise devient l'impuissance la plus évidente.

Le sort de l'affiche allemande s'explique de lui-même par toutes ces
raisons artistiques et pratiques. L'affiche d'art au sens français, l'affiche
que l'on colle au mur et qui est calculée pour être vue à distance, n'existe
pas, à proprement parler ; l'annonce murale allemande répond surtout à
un besoin de luxe, comme une mode que l'on imite d'un autre pays, et
l'on se contente presque exclusivement d'affiches d'intérieur, ou de celles
qui n'ont une existence relative qu'en tant qu'affiches d'intérieur. C'est à
ce caractère de luxe que correspond le but des affiches allemandes, dont

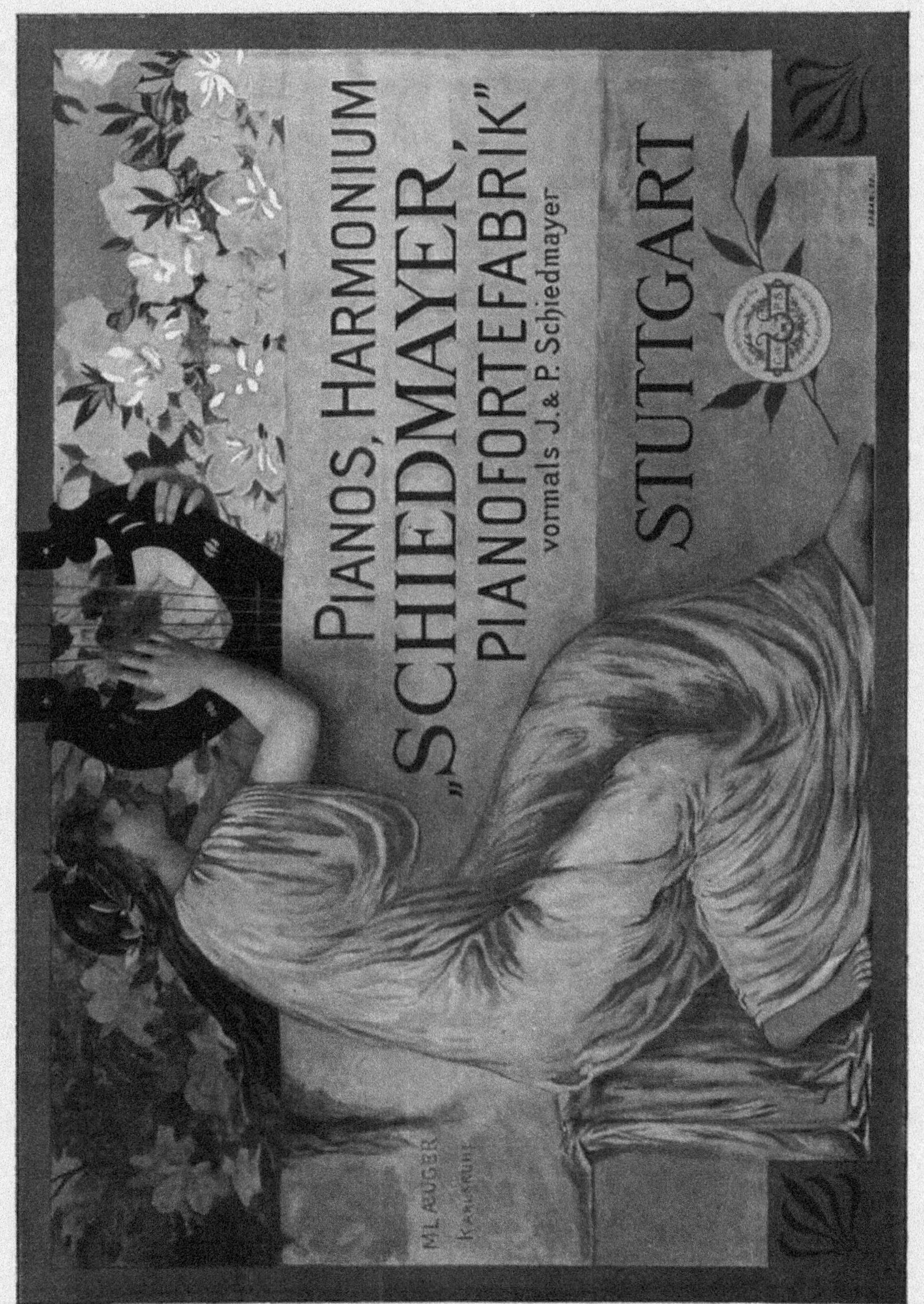

Fac-similé d'une affiche de M. Larcœur, pour la fabrique de pianos Schiedmayer, de Stuttgart.

un petit nombre seulement sert à des intérêts purement commerciaux, tandis que la plupart sont employées à annoncer les expositions d'art publiques, c'est-à-dire à des fins officielles ou officieuses.

A défaut d'un art décoratif personnel, on dut se servir de l'importation ; pour satisfaire à ce besoin très discutable, on revint surtout à des styles anciens, ou bien à des imitations de l'étranger.

A Berlin, Dœpler le jeune et son école créèrent cette nouvelle Renaissance qui, se servant avec prédilection de l'aigle impérial allemand comme motif de décoration, poursuit surtout des fins patriotiques. En des dimensions gigantesques, Dœpler créa une affiche de ce genre pour l'*Exposition allemande de Londres* (exécutée chez D. Allen and Sons, à Londres). Un héraut au manteau flottant est debout sur les faîtes d'une ville ; à côté de lui, les emblèmes des arts et métiers et de l'industrie ; vue sur un paysage orné de châteaux. Dans l'angle supérieur, à droite, les initiales : G E avec un écusson. C'est également par Dœpler qu'a été faite l'affiche de l'*Exposition générale allemande des moyens pour prévenir les accidents*, Berlin 1889. Trois forgerons au travail ; de la fumée du feu de forge s'échappe une forme féminine portant un bouclier protecteur ; au-dessus de cette composition symbolique, l'aigle impérial ; en bas, à droite, un amas d'objets utiles de formes variées, une roue, un tonneau, une pelle. Et dans les angles supérieurs, des amours de style Renaissance, portant sur leur tête des lampes électriques.

Cette description dit tout. Il n'est naturellement pas question d'un effet de coloris quelconque ; au lieu de simples lignes décoratives, un gâchis de petits riens ; au lieu de simples contrastes de couleurs, une tonalité générale semblable à une sauce brune. C'est dans ce genre que se fabriquent les trois quarts des affiches allemandes. Dœpler est encore un des meilleurs dans son genre. Chez ses élèves, l'absence d'art s'élève à la plus haute puissance. Je citerai, comme productions typiques dans ce genre, l'affiche de la *Société pour la facilitation des voyages des étrangers*, de Lubeck, — trois vues de villes sur une seule planche, par Kubik, — celle de l'*Exposition générale de chasse, de pêche et de sport*, à Cassel, en 1889, par C. Bruenner, et bien d'autres encore. Cette Renaissance décadente, que l'on retrouve aussi dans toutes les autres branches de l'art industriel allemand, surtout dans le mobilier, s'est développée chez quelques jeunes artistes de l'annonce murale vers une conception un peu plus libre et plus artistique, qui a trouvé en JOSEPH SATTLER son meilleur représentant. La petite affiche de Sattler pour la Société *Pan*, de Berlin, est certainement son travail le plus indépendant et produit, dans son petit cadre, un effet relativement décoratif. Dans des voies analogues, sinon avec le même succès, L. SUTTERLIN essaye son talent pour l'*Exposition industrielle de Berlin* de cette année, une affiche représentant une main avec un marteau. L'idée, dont le droit de propriété a d'ailleurs occasionné un procès

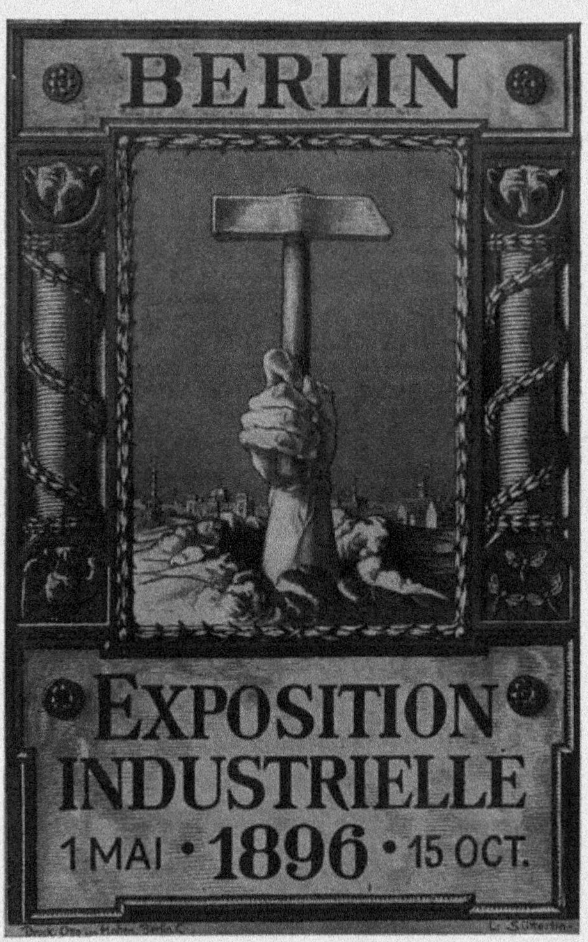

Fac-similé d'une affiche de M. L. SUTTERLIN, pour l'*Exposition industrielle de Berlin*, en 1896.

de réclame, n'est pas du tout mauvaise; mais dans cette exécution brutale, dans le coloris comme dans les lignes, la grossièreté berlinoise trouve surtout son expression. C. RŒCHLING est plus distingué dans son profil de jeune homme, style Renaissance, pour la *Grande Exposition de Berlin en* 1895. Nous devons encore citer, comme une produc-

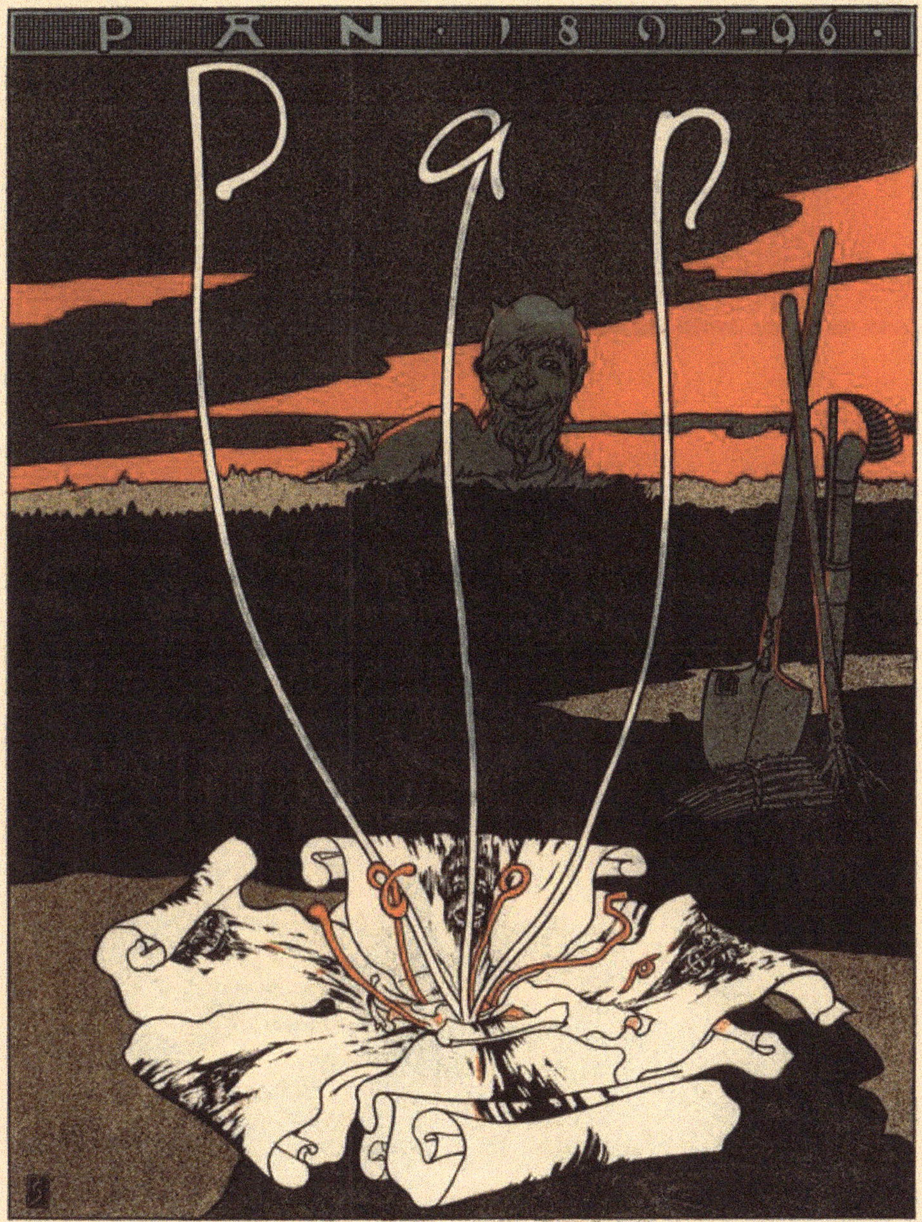

LES AFFICHES ETRANGERES

G. BOUDET, ÉDITEUR   IMPRIMERIE CHAIX

tion du même genre, l'affiche de OTTO FISCHER pour l'*Exposition acadé-mique d'art à Dresde en* 1895. Une femme ailée s'appuie du bras gauche sur un mur, une palme dans une main, dans l'autre un écusson ; son regard passe au-dessus de l'Elbe, dirigé vers la terrasse de Brühl, où se trouvait le palais de l'exposition. Le dessin est d'un joli mou-vement, le coloris d'un ton verdâtre tirant sur le noir

La dernière affiche de FISCHER pour l'*Exposition industrielle de Dresde* en 1896 a été exécutée chez W. Hoffmann, à Dresde. Elle est beaucoup plus moderne et beaucoup plus réussie. On peut dire que c'est une de nos meilleures affiches parce que, tout en conservant un caractère moderne, elle est en même temps artistique et allemande. On y trouve la note de naturalisme qu'ont créée en Allemagne Lieber-mann, Uhde et Kuehl; la facture de ce dernier, surtout, se retrouve dans les traits francs et les couleurs fraîches qu'a employés Otto Fischer. On voit, sur la rive gauche dé l'Elbe, la vieille ville avec ses toits rouges et son pont simple sur lequel la foule se presse. Au premier plan, une jeune paysanne est vue à mi-corps; elle est vêtue du costume — « wendisch » — des gens des environs de Dresde. Le texte, dont les caractères sont fort bien compris, complète heureusement cette affiche.

A Munich, nous retrouvons les agencements Renaissance sous des formes populaires souvent très bizarres. Les Munichois s'enthou-siasment pour les petits écussons de toutes les espèces, et leurs vieux peintres de race ont toujours tenu compte de ce penchant lorsqu'ils avaient à faire des annonces murales. Je nommerai seulement, comme exemple typique, l'affiche pour l'*Exposition nationale allemande d'art industriel à Munich*, exécutée par R. SEITZ. Sur une colonne Renais-sance interrompue par un écusson couronné, un petit gamin de pain d'épice bien nourri se tient debout ; il souffle dans une trompette et garde dans sa main droite l'aigle de l'Empire allemand. La plus grande partie de la feuille est occupée par l'annonce en lettres gothiques; au-dessous, Munich avec les deux cruches à bière de la Frauenkirche. C'est vert, c'est rouge et jaune... et c'est horrible ! — Un peu modifié, le genre reparaît dans l'affiche pour l'*Exposition industrielle de Nuremberg* en 1896. Toutes les affiches courantes de Munich sont dans ce genre. Le placard *classique*, par contre, est en opposition entière avec celles-ci. C'est le dernier reste de la période grecque de Munich qui se conservera probablement encore pendant un certain temps, puisque les représentants de ce courant sont en partie parmi les plus jeunes gens. Toutes les affiches munichoises appartenant à ce genre ont été faites, sans exception, pour les deux grandes expositions artistiques,

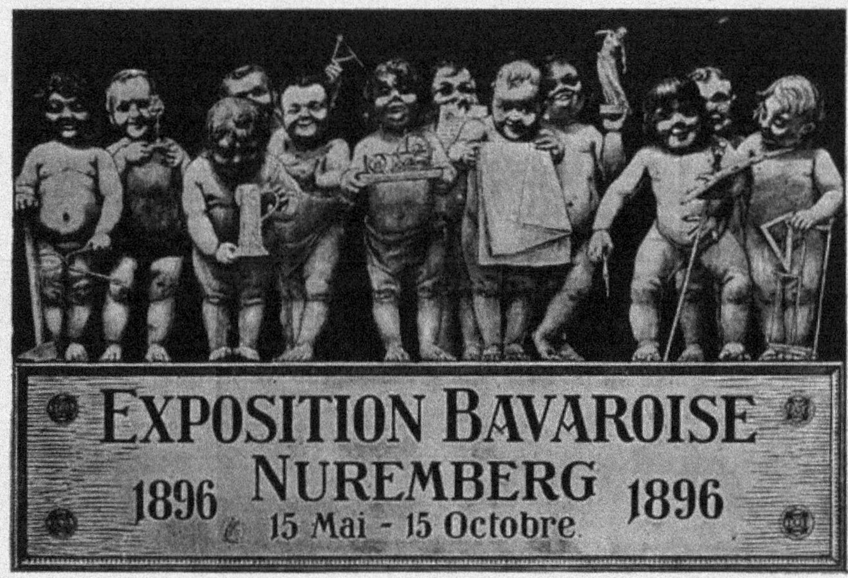

Fac-similé d'une affiche anonyme pour l'*Exposition industrielle de Nuremberg*, en 1896.

celle du *Palais de Cristal* et celle de la *Sécession*, et quoique cette dernière se soit élevée de très louable façon au niveau des premières expositions du monde, son emblème extérieur laisse encore deviner distinctement la base classique commune avec le Palais de Cristal, une base dont elle s'éloigne heureusement de plus en plus. Le dessinateur d'affiches par excellence pour le *Palais de Cristal* est M. Gysis, un Grec immigré qui, forcément, devait avoir le classicisme dans le sang. Son sujet est utilisé chaque année depuis 1892 ; on en possède plusieurs états avec des inscriptions en quatre ou cinq langues, soit en couleurs, soit en nuance sombre sur fond bleu, gris ou blanc. Le tirage en couleurs dont on se

servit en 1892 montre le siège de pierre en rouge foncé, le jeune garçon
et l'artiste en bleu noir, orange et blanc, le fond avec l'inscription *His-
toria* couleur orange, le livre en gris. La lettre est écrite de la main du
peintre, comme sur presque toutes les affiches issues de ce groupe; par
contre, les reproductions se font par voie mécanique. C'est là le principe
général que l'on poursuit dans l'exécution des affiches allemandes, en
opposition avec celui dont on se sert en France, et c'est une faute capitale, doublement incompréhensible dans un pays où fut inventée la lithographie et où l'imprimerie fut jadis des plus florissantes. Au lieu de se
servir, comme en France, de la lithographie qui fait de l'affiche une
estampe originale et qui laisse l'exécution à l'artiste, on emploie tous les
genres de procédés mécaniques, dont l'Allemagne est riche et qui, malgré
toute leur perfection, ne remplacent jamais la main de l'artiste. Mais les
conséquences indirectes qu'apporte ce renoncement à la lithographie
originale sont les plus graves inconvénients de cette méthode. En
France, l'artiste, ayant lui-même à veiller à la reproduction, est forcé de
songer à toutes les questions techniques; il dispose son croquis de façon
qu'il permette la plus grande utilisation des qualités techniques du
procédé. En Allemagne, l'artiste ne songe généralement point du tout à
cette question; il se contente d'exécuter un croquis qui lui paraît bon,
et, dans ce croquis, il voit déjà le but final, tandis qu'au contraire on ne
peut considérer comme résultat définitif que la reproduction à mille ou
cent mille exemplaires. Si l'on appuyait davantage sur la question de la
reproduction, les artistes allemands viendraient d'eux-mêmes à remplacer,
par des contrastes de couleurs plus francs, les tons impurs qui ne permettent pas d'effet décoratif lointain et deviennent généralement, dans les
reproductions, d'affreux empâtements. On ne fait d'ailleurs qu'effleurer
la cause principale de cette tare : l'absence complète, dans la peinture
allemande, des principes d'une coloration intense. Les anciennes affiches
allemandes manquent également, dans le croquis, de toute qualité de
couleurs, remarquable en quoi que ce soit.

GYSIS a peint encore un certain nombre d'affiches d'intérieur du même
genre : par exemple, celle pour la *fabrique de pianos de Rodolphe Ibach*

et fils, à *Barmen*, en trois dimensions différentes. Une figure de femme idéale, représentant l'Harmonie, est assise sur un mur de pierre (la seule activité remarquable de ces créatures idéales consiste toujours à être

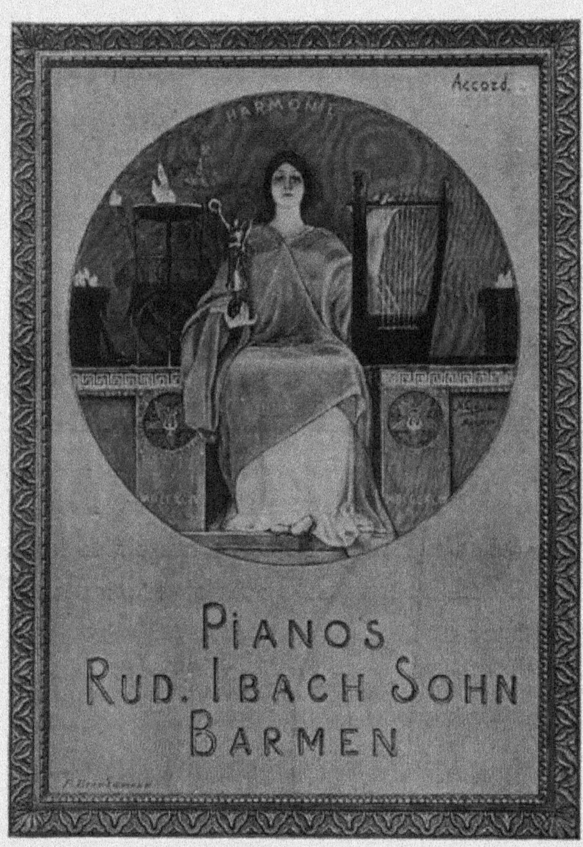

Fac-similé d'une affiche de M. GYSIS, pour la *fabrique de pianos*
Ibach et fils, de Barmen.

« assises »); on ne distingue d'ailleurs pas très bien où se trouve dans sa position la partie du corps qui sert à s'asseoir, même aux femmes idéales. Dans sa main droite, elle tient une petite Victoire; dans sa main gauche, la lyre en question. La pierre est grise, le vêtement de « l'Harmonie » de couleur violette, tirant sur le gris, la Victoire jaune bronzé. Sur le fond de pourpre, à peine encore perceptible sur la reproduction, passe un char grec attelé de chevaux en pleine

course et surmonté d'une figure debout. Toute cette composition, de même que les affiches de Munich, est placée dans un médaillon se détachant sur un fond bronzé, qui porte la lettre. Le tout est entouré, comme une peinture à l'huile, d'une imitation de cadre à larges ornementations grecques. Ce dernier détail est de nouveau typique, puisque s'y révèle, encore une fois, le point de vue absolument faux où se place, en Allemagne, la masse des artistes lorsqu'elle envisage l'art de l'affiche. C'est que l'Allemand

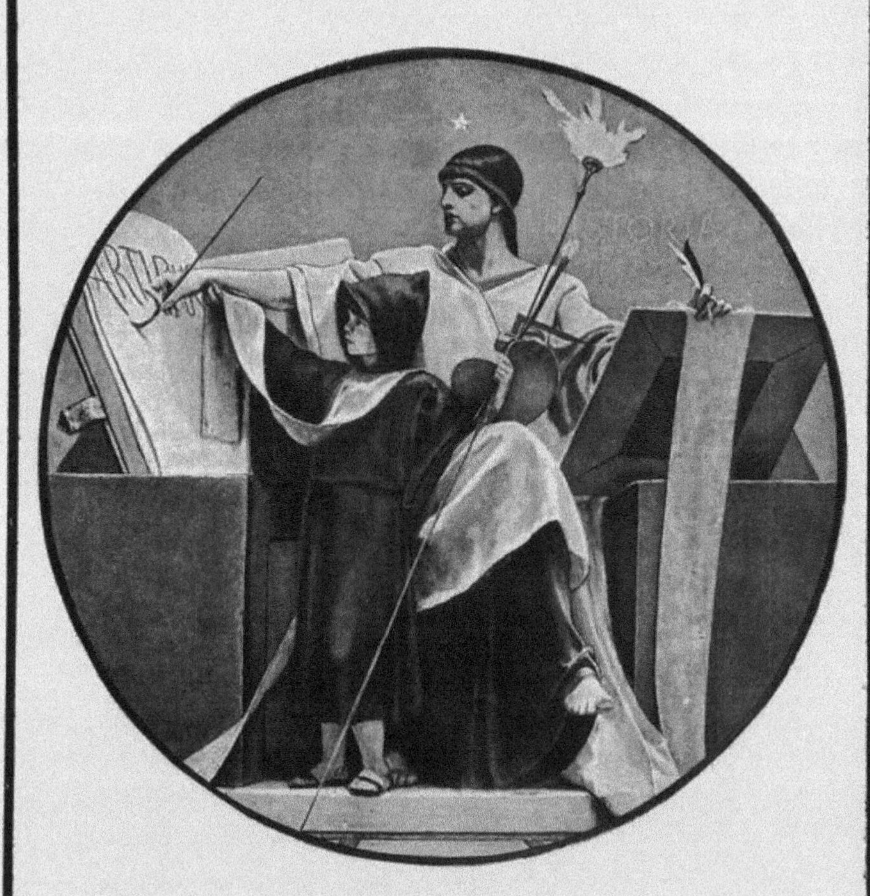

Fac-similé d'une affiche de M. Gysis, pour l'*Exposition annuelle des Beaux-Arts*, au *Palais de Cristal*
de Munich, en 1895.

véritable est toujours encore rétif à voir, dans une des formes de l'art appliqué, un produit égal à ceux du grand art, et il croit au-dessous de sa dignité de s'accommoder d'un mouvement moderne qui cherche à utiliser l'art en vue d'une rénovation de l'art industriel. C'est pourquoi la plupart des artistes muraux allemands cherchent à garder dans leurs affiches le caractère de la peinture à l'huile, et ne tiennent compte que d'une façon tout à fait accessoire des exigences particulières à l'annonce murale. C'est ce qui explique le fait qu'il n'existe pour ainsi dire pas en Allemagne d'affiches servant à des fins purement commerciales, un fait qu'il ne faut certainement pas rapporter uniquement à l'attitude négative des cercles industriels et commerciaux à l'égard de l'affiche. Gysis a d'ailleurs fait une petite annonce purement commerciale pour un de ses compatriotes, M. Papastathis, fabriquant de cigares à Munich; mais ce n'est là qu'une réclame mort-née ou un simple prospectus. Une rieuse Orientale montre ses cigarettes enlacées au moyen d'une ficelle autour de sa tête, de son cou et de ses bras. — Le prédécesseur de Gysis, pour l'affiche du *Palais de Cristal*, fut, en 1891, SPEYER, avec un sujet de genre également grec, mais d'une inspiration plus faible. Une Victoire aux ailes éployées, portant dans chaque main un flambeau, se dresse sur un char conduit par deux coursiers guidés par deux automédons vêtus à mi-corps, gris sur jaune, inscriptions noir et or. L'exécution du groupe, quoique sans caractère, repose du moins sur de consciencieuses études du nu. La composition est simple, mais la couleur est totalement manquée.

Dans le concours que le *Palais de Cristal* avait organisé pour 1890, M. KUSCHEL remportait le prix avec une affiche grecque. Sur une muraille se trouve assise une fille nue tenant une palette; à côté d'elle un jeune garçon aux ailes dorées met avec un flambeau le feu à un brûle-parfum élevé; sur les nuages bleus et blancs, qui ne s'harmonisent pas avec les couleurs sombres du groupe principal, se détache le chiffre 1890.

Pour le même concours, FRANZ STUCK de Munich avait fait une affiche qu'on lui refusa. Elle représentait un Ganymède aux ailes éployées tenant dans la main droite une couronne de laurier, dans la gauche une longue

trompette. Au-dessus de lui le texte en lettres gravées. Cette affiche a
servi comme couverture d'un livre de Bierbaum.

FRANZ STUCK a peint l'affiche pour l'année 1889, dans un goût semblable.

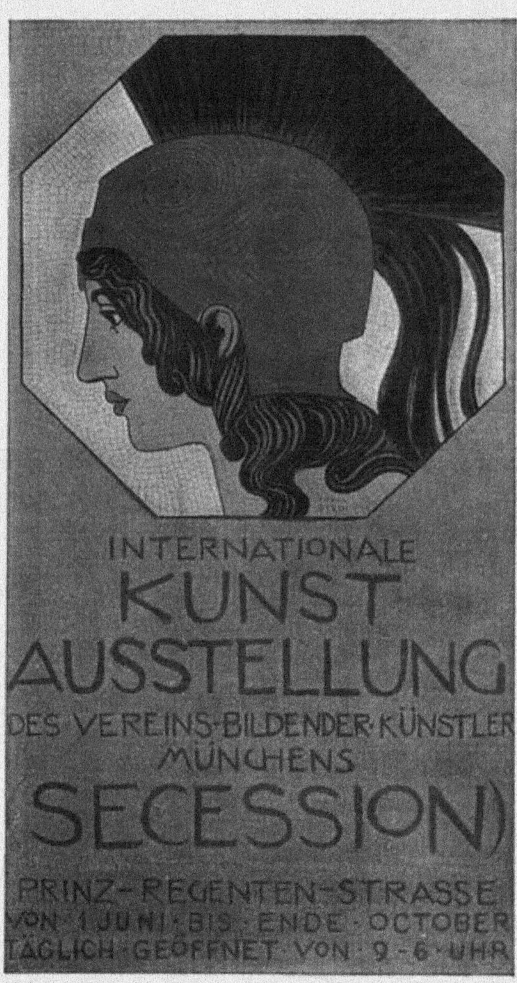

Fac-similé d'une affiche de M. FRANZ STUCK, pour l'*Exposition des
Beaux-Arts.* (*Sécession.*

Un Ganymède aux ailes
sombres, tenant dans la
main gauche une palme et
une couronne de lauriers,
une trompette dans la
droite, au premier plan se
trouve une femme assise,
le menton appuyé sur une
main bien mal dessinée.
Les lignes de cette composition révèlent déjà une
personnalité. Les couleurs
sont sombres ; les mosaï-
ques en or employées pour
le fond sont déjà les mêmes
qui serviront plus tard
d'arrière-plan à la célèbre
tête de Minerve, l'affiche
acceptée une fois pour
toutes par la *Sécession.*
Cette affiche me semble,
malgré ses tendances hel-
lénisantes très pronon-
cées, être ce que, en
Allemagne, on a fait de
mieux jusqu'à présent, — car elle s'impose. La ligne est caractéristique,
très simple, et la façon dont la tête s'adapte dans le cadre paraît très
décorative. Stuck a introduit dans l'hellénisme une note, sinon moderne,
du moins personnelle, note qui restera, même quand l'hellénisme sera
enfin définitivement vaincu à Munich. Ses contours sont si caractéris-

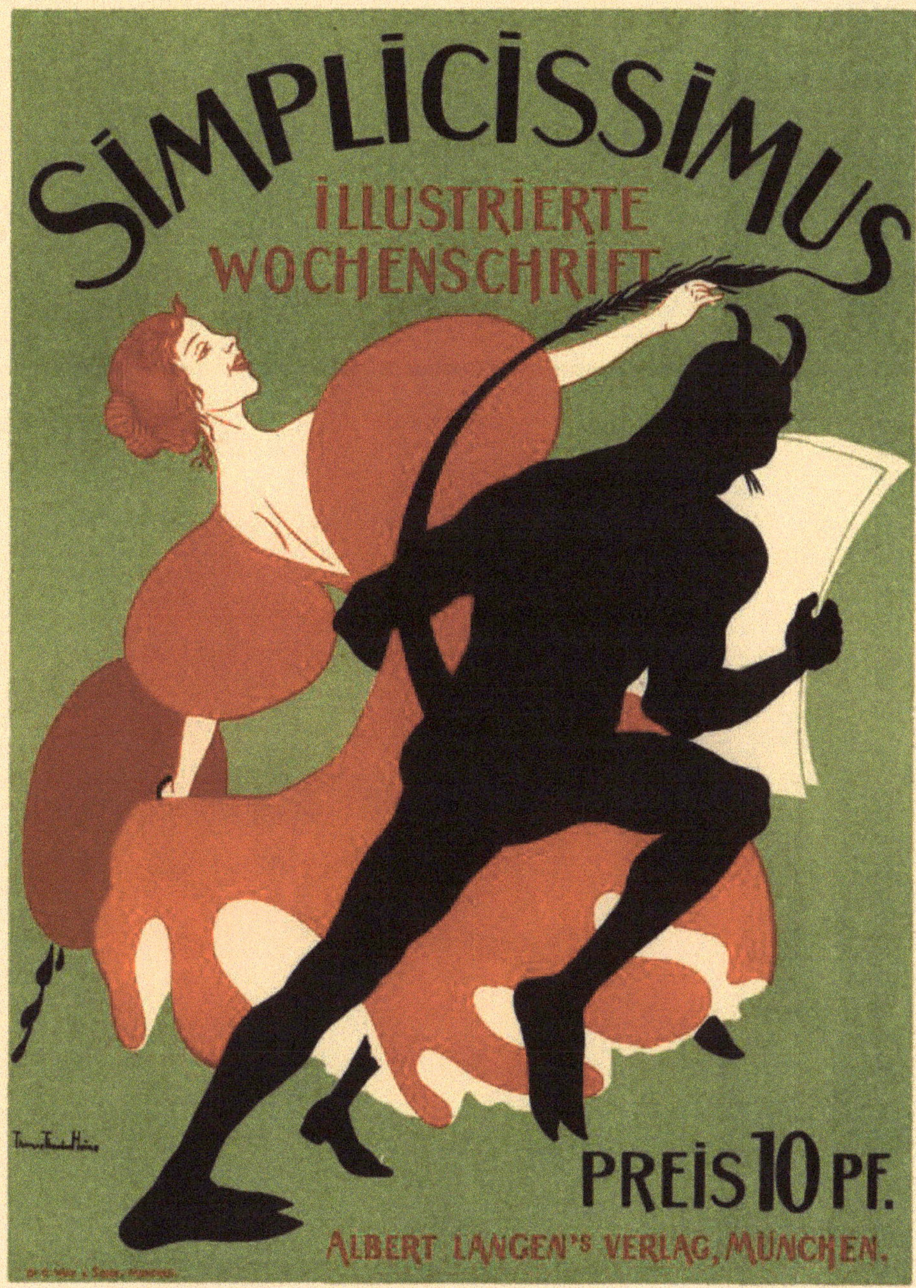

LES AFFICHES ÉTRANGÈRES

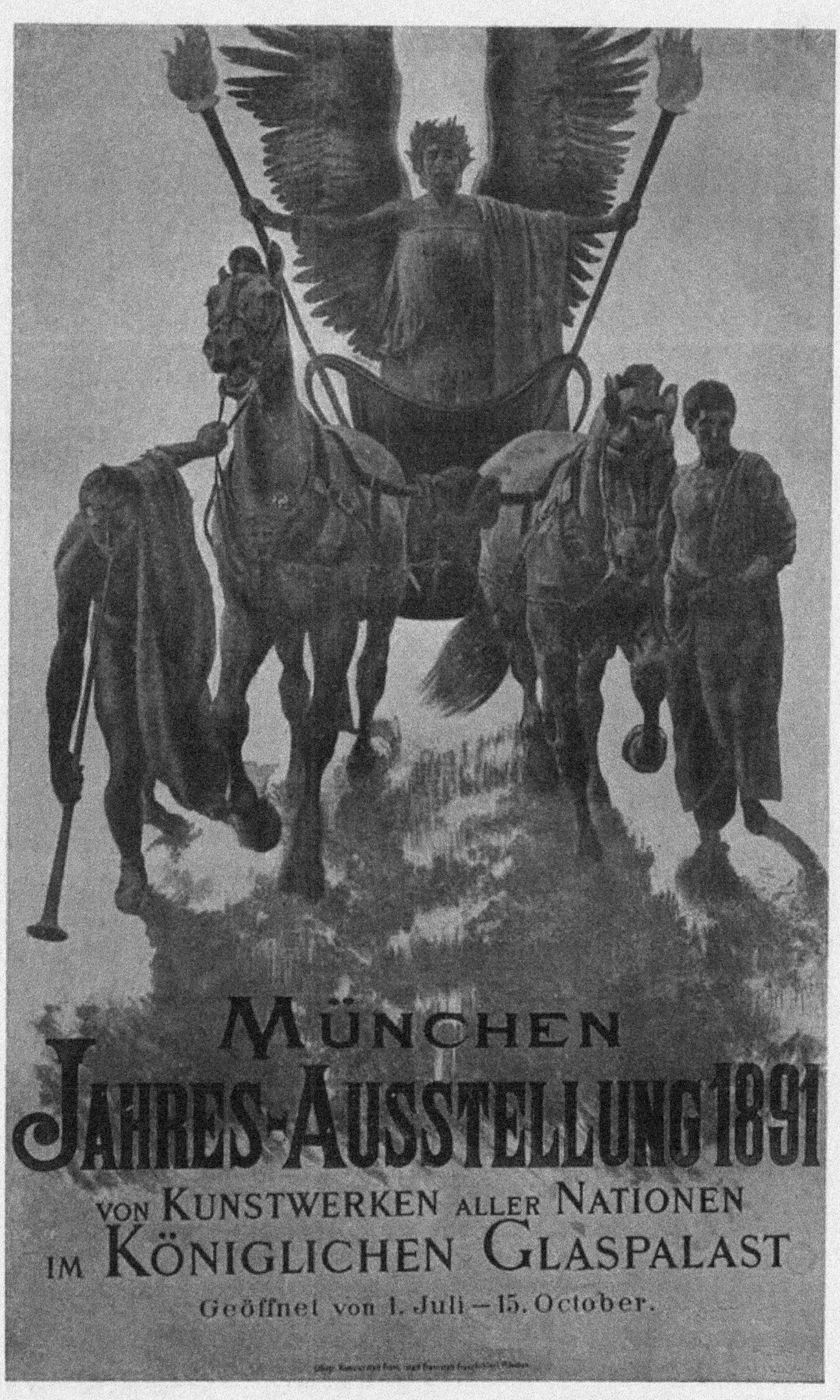

Fac-similé d'une affiche de M. Speyer, pour l'*Exposition des Beaux-Arts* au *Palais de Cristal*
de Munich, en 1891.

tiques, que l'on peut faire abstraction de la couleur, où il se montre
encore comme élève de Lenbach, partisan de cette sauce, typique mais
brune. Ce qu'il y a de mieux dans ses nombreuses ébauches décoratives,
c'est la lettre, qu'il sait manier avec un rare sentiment de la répartition
sur une surface. En cela, les Français et même les Anglais pourraient apprendre beaucoup de lui. Il est triste que le talent de Stuck se perde dans des voies si archaïques ; s'il était plus moderne, il serait peut-être homme à créer une typographie nouvelle que, partout, l'on s'efforce maintenant de trouver.

Dans le style gréco-moderne, Max Klinger pourrait

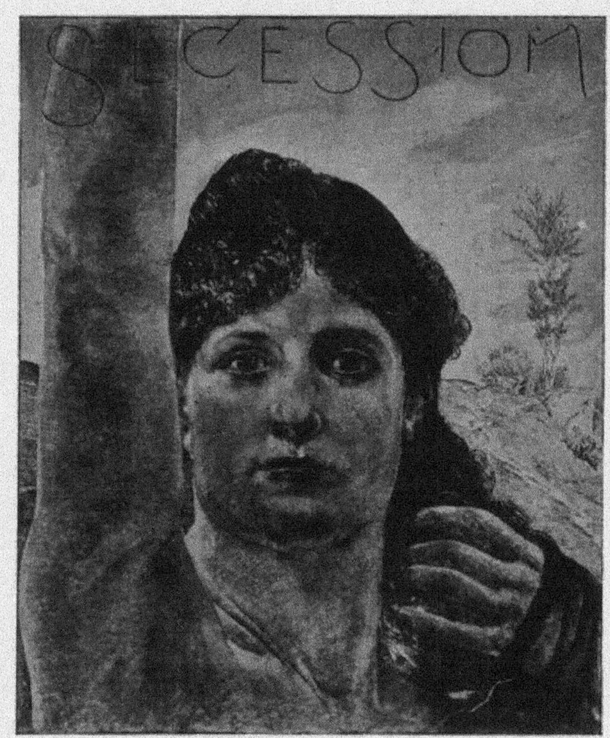

Fac-similé d'affiche de Max Klinger, pour la Société photographique de Berlin.

seul se mesurer avec Stuck, mais il n'a jamais fait d'affiche, à moins que
l'on ne veuille considérer comme telle la feuille de titre pour l'ouvrage
sur la *Sécession*, publié par la Société photographique de Berlin, qui, en
Allemagne, peut facilement passer pour une affiche. C'est également une
Minerve en buste, étendant le bras droit en l'air avec une raideur effrayante
et montrant, à côté de qualités très maigres, tous les défauts de l'art de
Klinger. Klinger est ici, par le côté sentimental, beaucoup plus allemand et doué d'infiniment plus de profondeur, mais c'est ce qui fait
qu'il n'arrive jamais à l'expression serrée qui réussit quelquefois à Stuck.

Un jeune artiste de Dresde, Hans Unger, a tiré une note bien décora-

tive de l'art de Klinger et de celui du plus grand artiste allemand, Arnold
Bœcklin. Il montre, dans une affiche lithographique pour une fabrique
d'orgues, les cyprès caractéristiques de Bœcklin qui se détachent sur
des nuages mouvementés. Au premier plan, une femme aux cheveux et

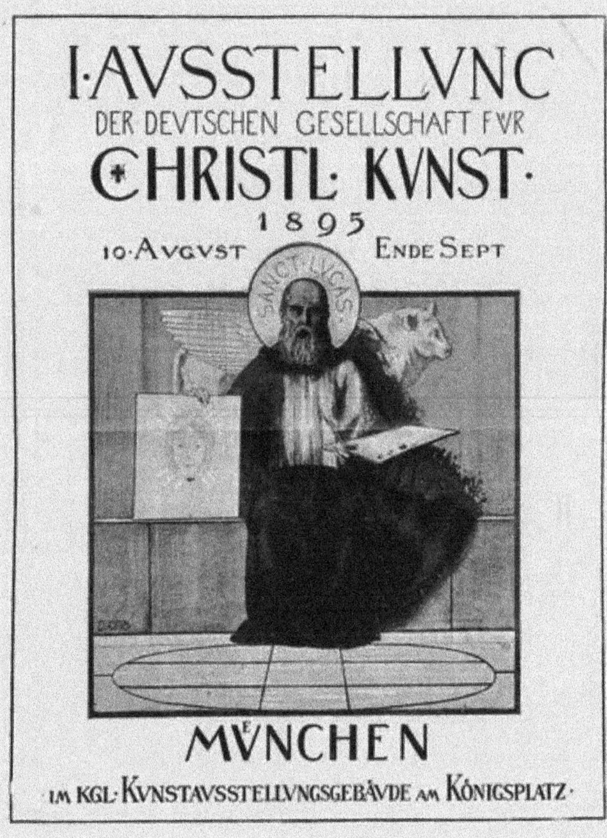

Fac-similé d'une affiche de M. Dasio, pour l'*Exposition de la Société pour
l'art chrétien* à Munich, en 1895.

aux yeux noirs joue de l'orgue. Cette partie est la pose même que Klinger a employée dans une eau-forte de son cycle « Brahmsphantasie »; seulement, chez lui c'est un homme qui joue. Le simple emploi du noir et blanc encadré de l'ornement jaune produit un mariage heureux et correspond bien à l'idée que veut annoncer l'affiche.

Ce courant hellénisant à la mode est exploité en Allemagne par un nombre incalculable d'artistes. Je mentionne l'affiche pour l'*Exposition de la Société pour l'art chrétien*, à Munich en 1895, par Dasio, qui possède tous les défauts de l'école, sans aucune de ses qualités. Saint Luc est « assis », tenant dans une main sa palette, dans l'autre une image sainte modernisée. Derrière lui se trouve un bœuf idéal ailé, et sur le visage du saint on distingue toute la peine que lui cause, naturellement, cette situation singulière. La lettre au haut et au bas de l'image est une caricature du style de Stuck.

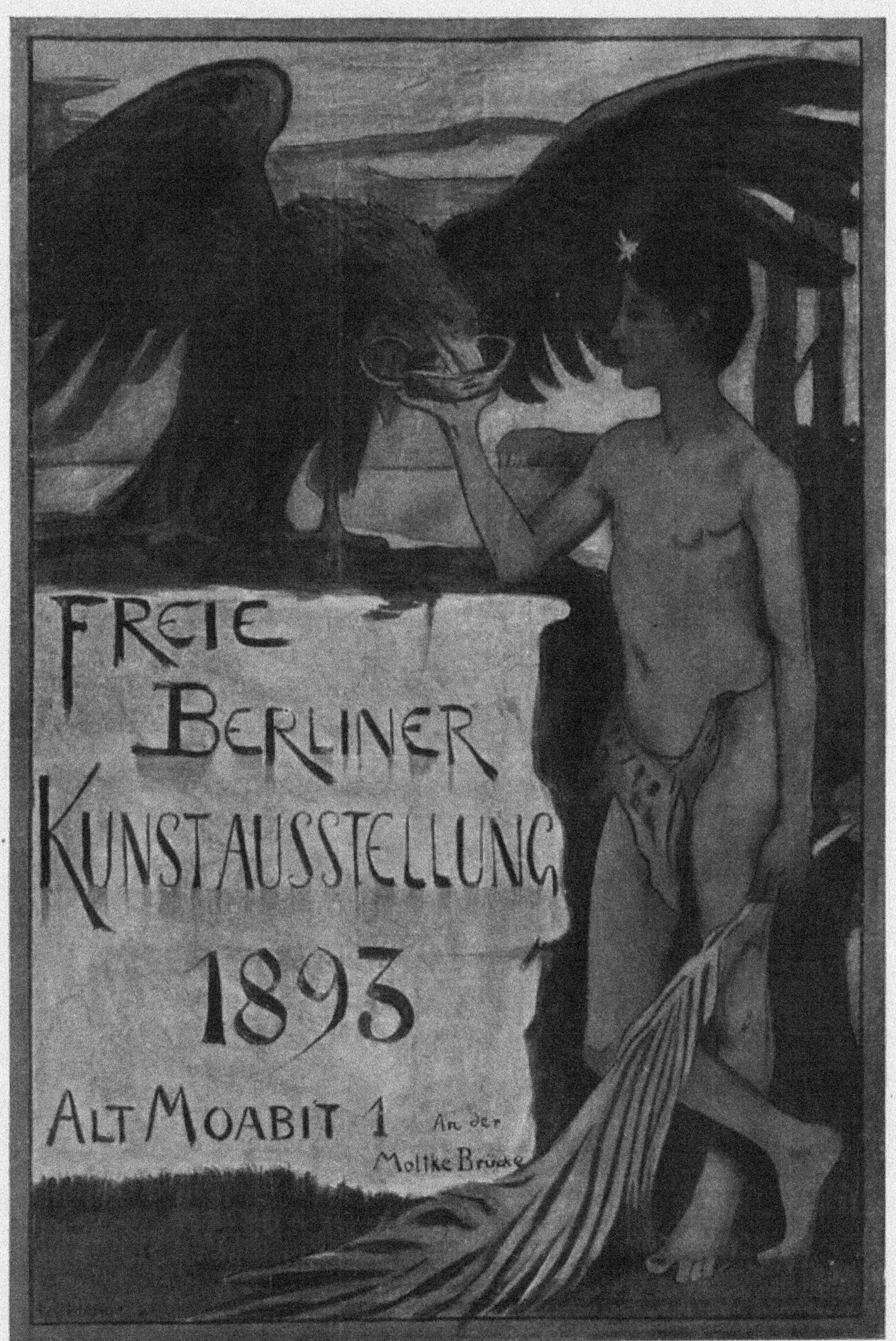

Fac-similé d'une affiche de M. LL. DE HOFMANN, pour l'*Exposition libre de Berlin*, en 1893.

Mêlée à une forte dose de sentimentalisme à la Paul Thumann, la même école se retrouve dans la vignette-annonce pour la *fabrique de pianos de Schiedmayer*, par Læuger, à Carlsruhe : une douce figure de jeune fille touche en rêvant les cordes d'une lyre. La feuille est d'un effet supportable quant à la couleur, où prédomine le bleu, sans cependant perdre son expression douce-reuse. — Un complet non-sens « idéaliste » sans style, ni grec, ni d'aucune sorte, semble être par contre l'affiche pour l'*Exposition d'électro-technique et d'art industriel* à Stuttgart en 1896 ; un jeune homme avec une jambe et deux ailes, dans une position vraiment bien incommode, s'appuie d'une main sur une roue et élève dans l'autre, aussi haut que possible, une étincelle électrique. Des produits dans ce genre existent naturellement à l'infini....

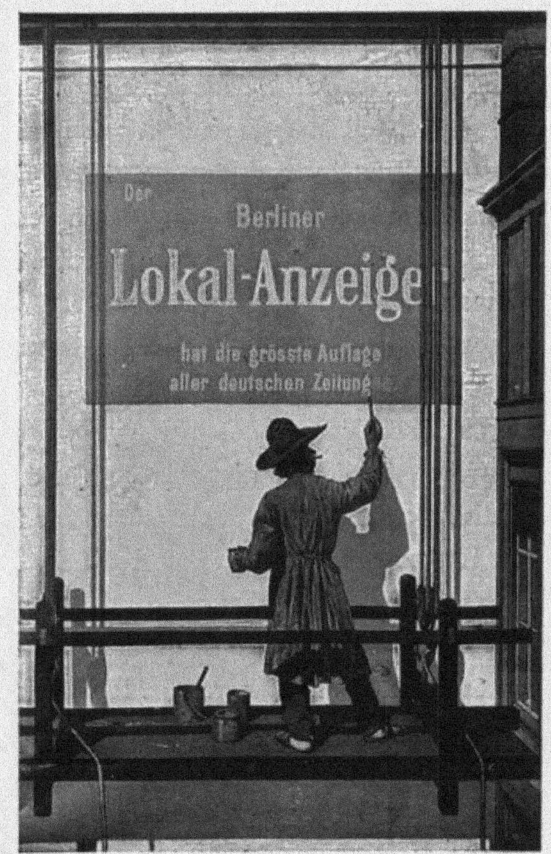

Fac-similé d'une affiche anonyme, pour le *Moniteur-Local* de Berlin.

Ce n'est que peu à peu que l'Allemagne commence à produire des affiches modernes. Il en existe déjà un grand nombre qui sont modernes dans le sujet, comme l'annonce pour la *fabrique d'affiches de Otto Troitzsch, à Berlin*, un afficheur devant une « colonne Morris » ; ou bien celle du *Local-Anzeiger* (Moniteur-Local) de Berlin, un peintre en bâtiments sur un échafaudage. — On peut cependant compter sur les doigts les affiches *modernes* qui sont en même temps artistiques.

A Berlin, seul L. DE HOFMANN entre, jusqu'à présent, en ligne de compte. Il esquisse, en 1892, pour le concours de la grande Exposition, une affiche qui fut naturellement refusée pour faire place à un projet insignifiant de HILDEBRANDT, mais qui fut utilisée l'année suivante pour une petite exposition collective. Elle est du moins moderne et charmante dans le dessin. Un jeune garçon debout, dessiné d'une façon très caractéristique, donne à boire à un aigle dans une coupe. Cette planche résume tout l'art distingué et féminin de Hofmann, que le monde de ses propres pensées n'empêche heureusement pas d'aspirer à des qualités techniques. Il est néanmoins très regrettable que de son sens des couleurs, assez rare à Berlin, rien n'ait pénétré dans son affiche. Peut-être faut-il en attribuer la cause à une prescription du concours.

Il existe encore à Berlin quelques autres artistes qui seraient capables de faire de bonnes affiches, mais ils se sont généralement refusés à des concours ridicules; ainsi CURT HERMANN, qui a juste assez de talent pour devenir un Dudley Hardy allemand, et dont je vis une fois un projet excellent pour le coloris, représentant une femme sur un grand globe.

A Hambourg, la *Société des Amis des Arts* se donne beaucoup de peine et obtient des affiches qui peuvent certainement être classées parmi les productions modernes et qui sont du moins exécutées avec le seul procédé véritable, la lithographie. R. OLLIES fit, en 1895, pour la grande Exposition d'art de la Société dans la *Kunsthalle*, une affiche qui, quoique étant encore trop un tableau et pas assez une affiche, mérite cependant d'attirer l'attention; c'est, en rouge, un homme nu qui tient une palette. Meilleure est l'affiche de EITNER pour la même exposition de l'année suivante : une femme de profil qui tient une fleur : bleu, jaune, blanc.

A Dresde, R. MULLER a fait au commencement de cette année, pour la *Maison de reproductions W. Hoffmann*, une grande annonce murale qui a quelque intérêt. La lettre sur la planche occupe la plus grande partie de l'espace, ce qui n'est point nécessairement une faute quand on réussit à donner à l'impression typographique un effet décoratif. Avec les dispositions spéciales à dessiner les lettres que possèdent beaucoup d'artistes allemands, il pourrait même se développer un art de l'affiche

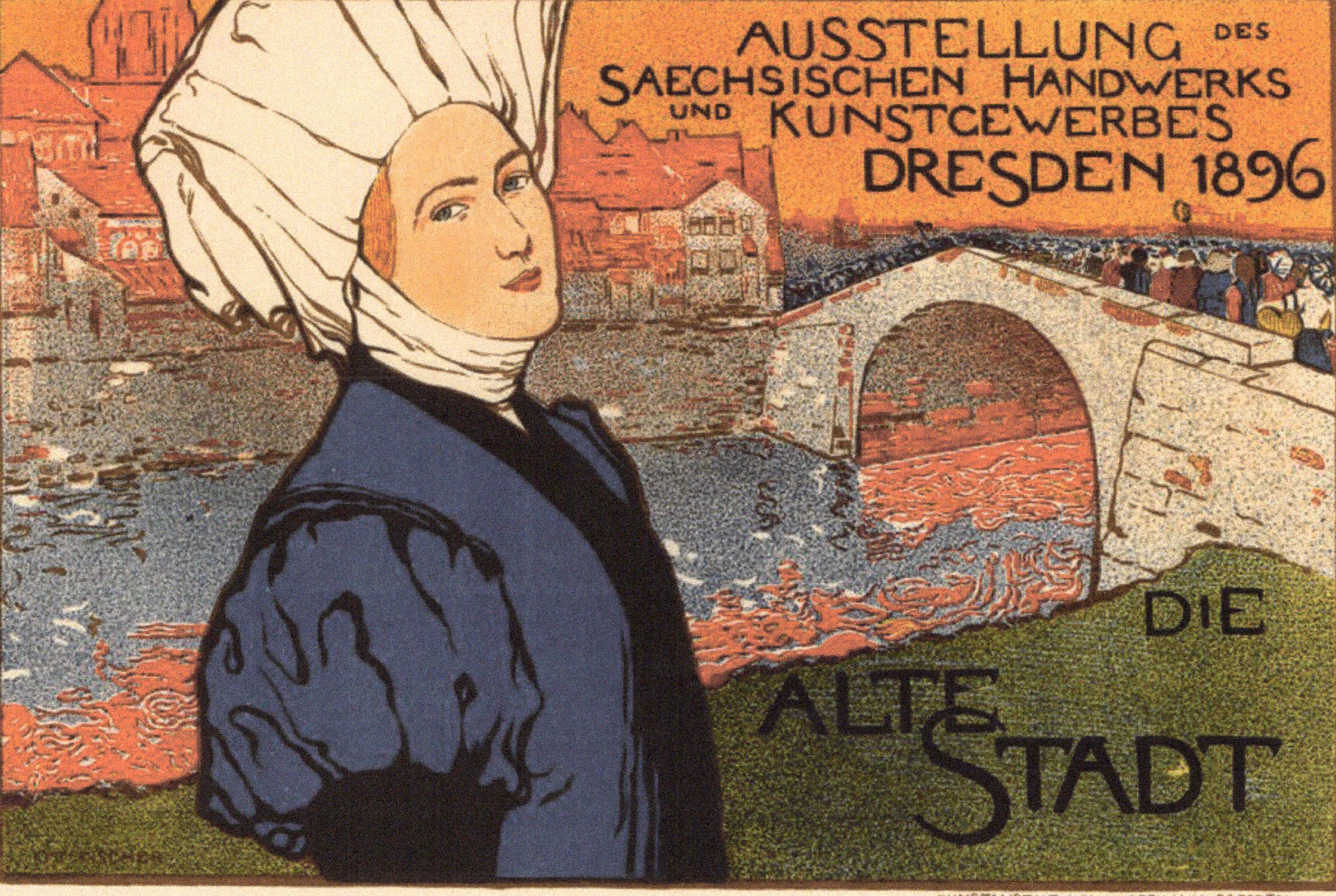

LES AFFICHES ÉTRANGÈRES

moderne nationale qui serait, en tous les cas, préférable à ce malheureux
art de l'ornementation par des figures symboliques. C'est ce que Muller
a essayé, non sans de grandes qualités. Dans les encadrements et dans
un grand motif de milieu formé par deux serpents enlacés, il y a plus
de goût que l'on n'a coutume d'en voir généralement en Allemagne.
Malheureusement, on y sent trop l'influence belge et anglaise : l'artiste
serait resté plus national si, au lieu de se servir de caractères latins, il

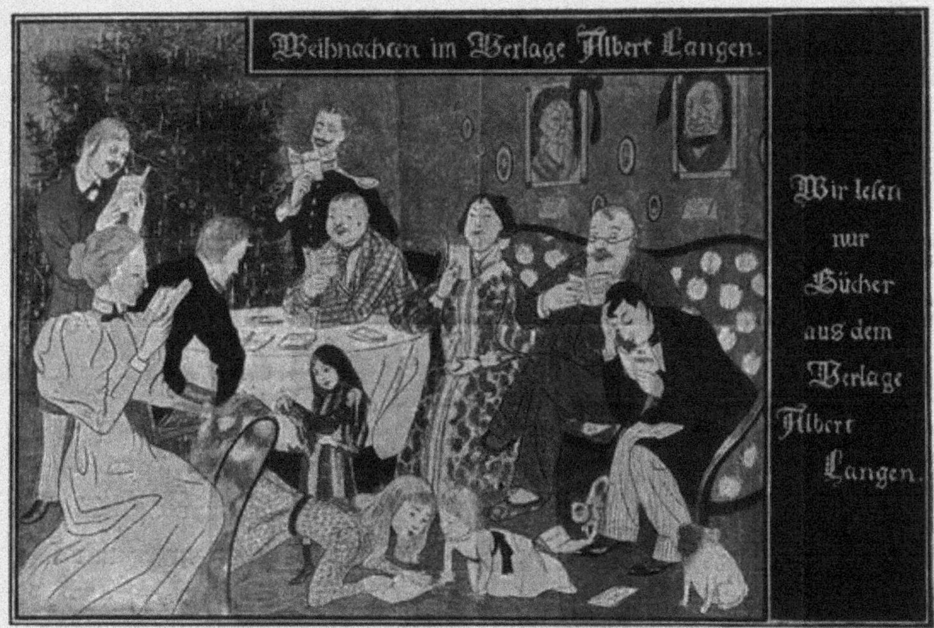

Fac-similé d'une affiche de M. Th.-Th. Heine, pour la Librairie Albert Langen, de Munich.

avait pris comme modèles ces merveilleuses lettres gothiques; s'il avait,
en outre, réussi à rester libre de tout archaïsme, son affiche serait devenue
une création entièrement originale.

Le véritable centre allemand pour les affiches modernes, c'est
Munich. Les concours y pleuvent littéralement depuis quelques années.
Même les grandes brasseries, ces malencontreuses mamelles où tète
le sentimentalisme allemand, commencent à prendre des allures artistiques. Grâce au nombre énorme de concours, il est évident que l'on
produit et que l'on couronne encore énormément de non valeurs.

Le petit nombre des artistes sérieux qui s'approchent de l'affiche avec

une véritable compréhension artistique finit cependant par pouvoir dire
son mot et, grâce à Dieu, il commence à y avoir aussi quelques acheteurs
raisonnables pour de tels travaux. Parmi ces derniers, il faut remarquer
M. Albert Langen, éditeur à Munich, qui s'efforce depuis de longues années déjà de rajeunir la librairie allemande par des moyens artistiques et qui a chargé un certain nombre de peintres de talent, allemands et étrangers, d'exécuter des couvertures artistiques pour les volumes de sa maison d'édition. Langen a fait faire par Th.-Th. Heine, à Munich, quelques affiches qui supportent la comparaison avec les meilleures estampes murales françaises et anglai-

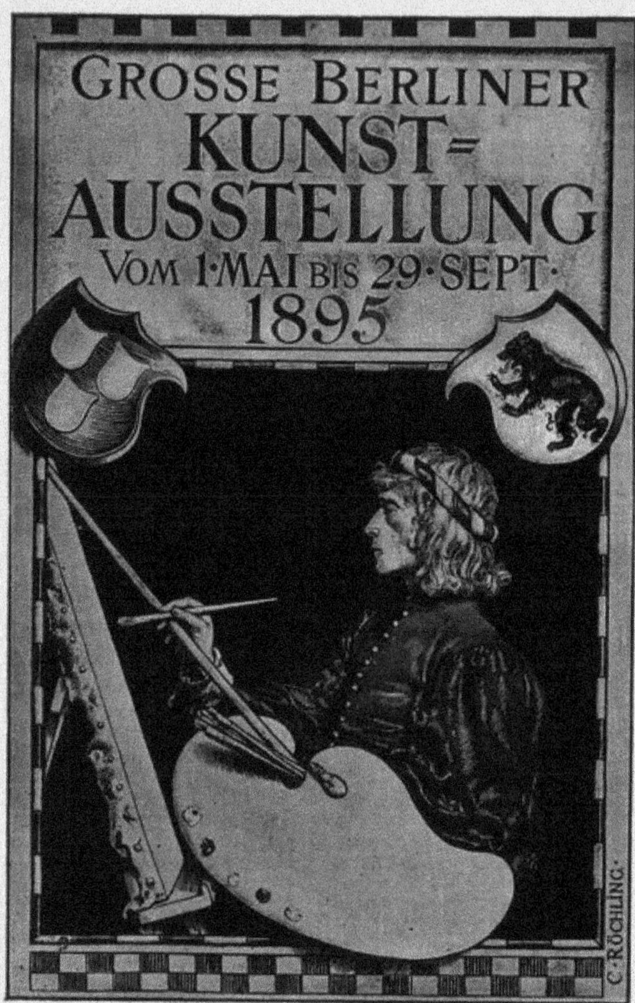

Fac-similé d'une affiche de M. C. Rœchling, pour la *Grande Exposition de Berlin*, en 1895.

ses. La première fut une petite *annonce de livres d'étrennes* en blanc et
noir, représentant une famille plongée dans des lectures variées autour de
l'arbre de Noël. Le brillant comique de Heine, suffisamment connu par
les *Fliegende Blaetter*, s'y affirmait d'une façon frappante. Au concours
d'affiches que fit Albert Langen pour *Simplicissimus*, sa revue nouvelle-
ment fondée, Heine présenta ses deux démons à longue queue, son meil-

leur travail jusqu'à présent, et sortit vainqueur. Sa dernière affiche montre deux dogues enchaînés, en rouge et en noir, et ressemble beaucoup aux caricatures stylisées de Jossot. Quelque peu parent avec Heine, OTTO ECKMANN est un des artistes décorateurs les plus doués de l'Allemagne. Mais je ne sache pas qu'il ait jusqu'à présent exécuté aucune affiche. Je dois enfin citer pour finir M. L. ZUM-BUSCH, qui vient d'exécuter une affiche pour le numéro de Noël 1896 de la revue *Jugend* publiée par l'éditeur G. Hirth. Deux jeunes filles entraînent par la main en courant dans la campagne un vieux professeur à l'air furieux.

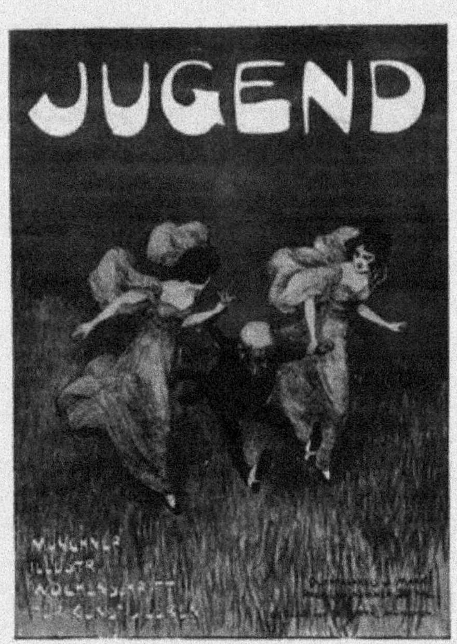

Fac-similé d'une affiche de M. ZUMBUSCH, pour le journal hebdomadaire *Jugend*. (C. Wolf et Sohn impr.).

C'est, à côté des artistes de Dresde, sur ces deux peintres et quelques autres d'une esthétique semblable que repose l'espoir en la naissance d'une affiche moderne en Allemagne. On peut douter jusqu'à présent qu'ils réussissent, eux et leur école, à créer une affiche qui soit spécialement allemande. Heine n'est pas libre de liens profondément allemands qui s'exprimaient surtout dans la reproduction des modes qui florissaient du temps de nos grands-pères. Mais, tout comme Eckmann, il suit avec conviction, dans son art de l'ornementation, le mouvement japonisant de l'art décoratif moderne, qui n'a pas encore mûri jusqu'à une différenciation nationale. Dans le développement de l'affiche allemande, un rôle très important sera joué, comme je l'ai indiqué au début de cette étude, par les usages de la réclame et la situation qu'elle occupera; mais il faudra tenir compte aussi de l'opinion du public qui, jusqu'à présent, est resté assez indifférent aux aspirations de l'art moderne.

J. MEIER-GRÆFE.

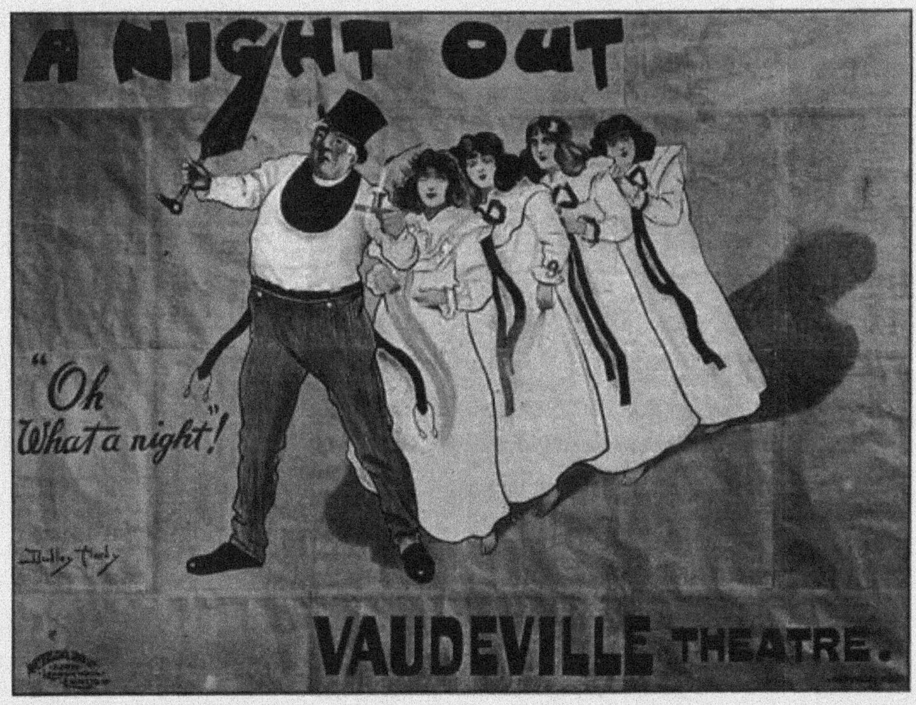

Fac-similé d'une affiche de M. DUDLEY HARDY, pour les représentations de *Une Nuit dehors*.
(Waterlow and Sons, impr.)

ANGLETERRE

Il n'est guère possible de fixer d'une manière précise l'époque qui vit surgir en Angleterre l'affiche illustrée, car il n'y a pas de raison pour qu'il n'en ait pas existé avant même l'arrivée dans l'île de Guillaume le Conquérant. Ceux qui prétendent que nous sommes redevables de notre *poster* moderne uniquement aux efforts que firent récemment dans cette voie, en France, les illustrateurs du livre d'art, ne veulent pas se souvenir de nos tableaux de foire et des merveilles qu'ils annonçaient. N'est-il pas plus que probable que les anciens ménestrels, puis les saltimbanques, qui allaient d'une ville à l'autre et volontiers visitaient les châteaux, aient eu recours à ce moyen de propagande? Pour faire l'histo-

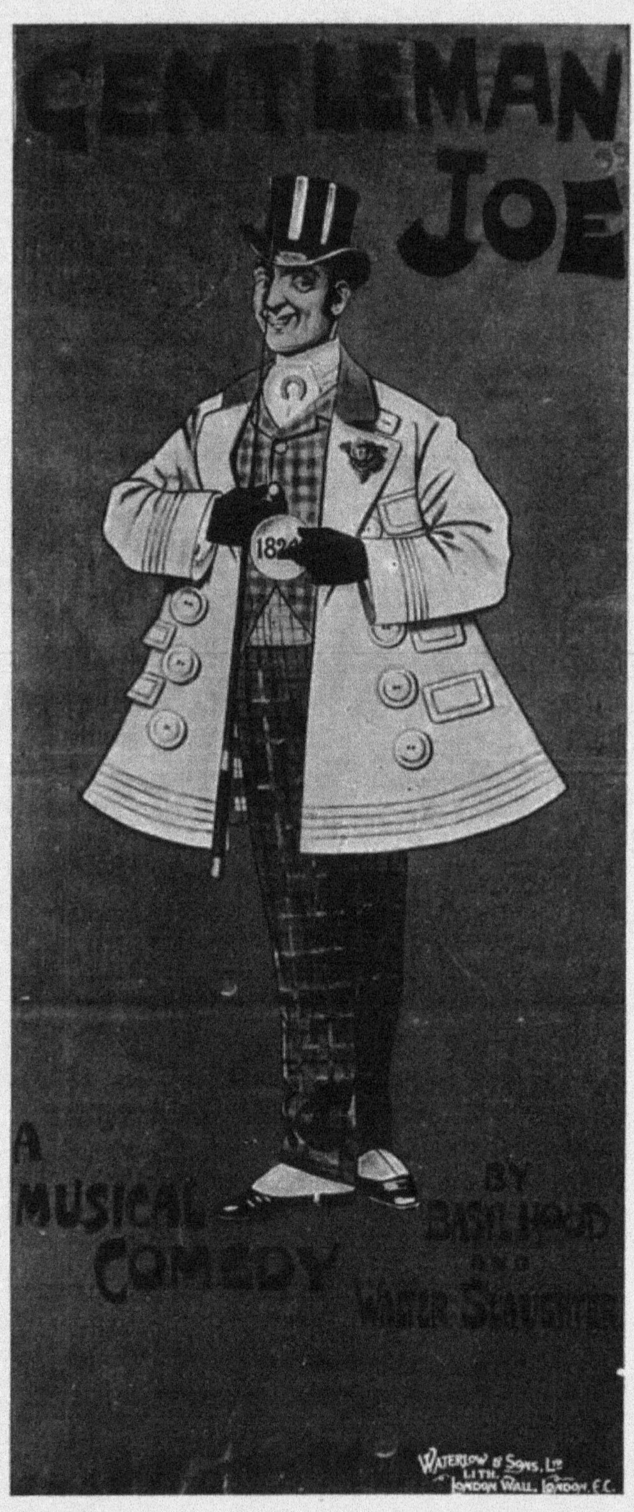

Fac-similé d'une affiche de M. DUDLEY HARDY. (Waterlow and Sons, impr.)

rique de l'affiche et en découvrir les origines, il faudrait retrouver la trace de ces troupes ambulantes et remonter dix siècles en arrière.

S'il n'existe rien, en Angleterre, de comparable aux dessins des Johannot, des Gavarni, des Grandville, à une époque où, en France, la caricature et la grande légende napoléonienne avaient atteint le comble de la popularité, les annales du théâtre et du cirque anglais pourraient fournir quelques documents, amusants, sinon artistiques.

Si, en Angleterre, l'art en général n'est pas directement un produit du sol natal, pourquoi en aurait-il été autrement en ce qui concerne l'affiche? Il est certain qu'elle devait être

d'une conception rudimentaire, et, à défaut d'autres preuves, nous devons
nous en tenir là, car rien ne survit qui puisse nous renseigner. Le musée
ne s'est pas montré hospitalier pour le placard, et personne n'a daigné
s'apercevoir de la valeur ethnographique que pouvait acquérir plus tard
aux yeux de la postérité une affiche illustrée. Et pourtant combien nous
saurions gré aujourd'hui à celui qui nous aurait conservé l'affiche par
laquelle on invitait le peuple à une *première* des pièces de Shakespeare !

Mais laissons là les conjectures. Si nous voulons envisager la question
à son point de vue nettement artistique, l'affiche célèbre que Fred.
Walker dessina en 1871 pour *la Femme en blanc* de Wilkie Collins
marque le point de départ. Évidemment des images, avant cette époque,
s'étalèrent sur les tableaux d'annonces de la capitale, car les fabricants de moutarde ou de savon, de blanc, de lessive ou de cirage, à
l'instar des forains ambulants, prônaient leurs marchandises à l'aide
d'une iconographie où l'excès même de vulgarité devenait un moyen sûr
pour capter le regard. Dans des rues comme celles de Londres où la
perspective trop souvent s'estompe d'une buée sombre, les tons criards
et l'exubérance du dessin devenaient presque des qualités estimables ;
et si une vulgarité évidente était fort goûtée de la majorité des pas-
sants, il importait peu que le peintre se trouvât offensé par les détails. Du
reste, même alors, l'artiste ne pouvait qu'être satisfait en constatant
combien les affiches, les plus crues et grossières en couleurs, étaient
estompées graduellement et agréablement par la brume, la pluie, la suie
et le brouillard.

C'est peut-être au *Graphic* qu'il faut attribuer l'honneur d'avoir, le
premier, compris les avantages artistiques de ce mode de publicité. Une
feuille qui comptait parmi ses rédacteurs et ses directeurs quelques-uns
des plus distingués parmi les artistes et les graveurs anglais n'a guère
pu être disposée à faire sa publicité avec la naïve indifférence concernant l'art dont firent preuve les industriels. GODFROY DURAND, membre
de la rédaction, fit dans ce but, de 1869 à 1870, deux ou trois dessins,
mais quoique, sans aucun doute, ils eussent dû constituer un progrès

comparé à tout ce que l'on avait réalisé jusqu'alors, ils sont depuis long-temps oubliés.

M. WALTER CRANE aussi, il y a vingt-six ans, avait employé ses théories en fait d'art décoratif au service d'une fabrique de crayons à la mine de plomb. Mais je n'ai jamais vu cette première de ses affiches ; peu de personnes s'en souviennent, et actuellement elle a complètement disparu. Du reste à l'époque même, ni M. Durand, ni M. Crane, dans leurs affiches, ne créèrent une sensation semblable à celle produite en 1871, quand *la Femme en blanc* de FRED. WALKER, pour la première fois, traîna ses draperies à travers les tableaux d'affichage.

Ceci fut réellement un triomphe pour WALKER.

Pour ce qui est de son œuvre en général, — on n'a qu'à consulter la collection de publications telles que *Once a week* ou du *Cornhill Magazine*, pour s'en rendre compte — dans ses dessins comme dans ses peintures, — et ici nous prenons pour exemple les *Vagrants* de la National Gallery — l'artiste s'arrêta souvent avec trop de complaisance aux moindres accidents, de sorte que l'intérêt général quelquefois en a souffert.

Pour en revenir à *la Femme en blanc*, le dessin devant être gravé sur bois, l'artiste dut conformer sa manière aux exigences du procédé, c'est-à-dire qu'il ne pouvait employer que le trait ; mais, quoique les tons plats

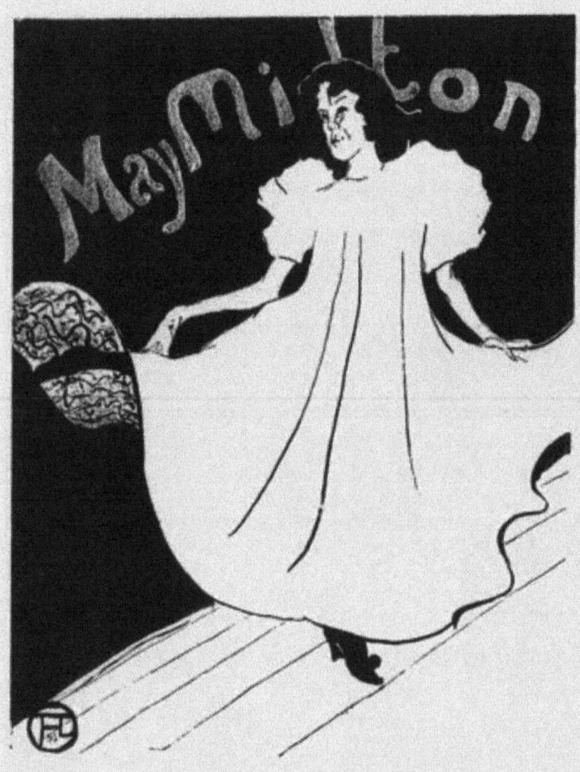

Fac-similé d'une affiche de M. de TOULOUSE-LAUTREC,
pour les représentations de Miss May Milton.

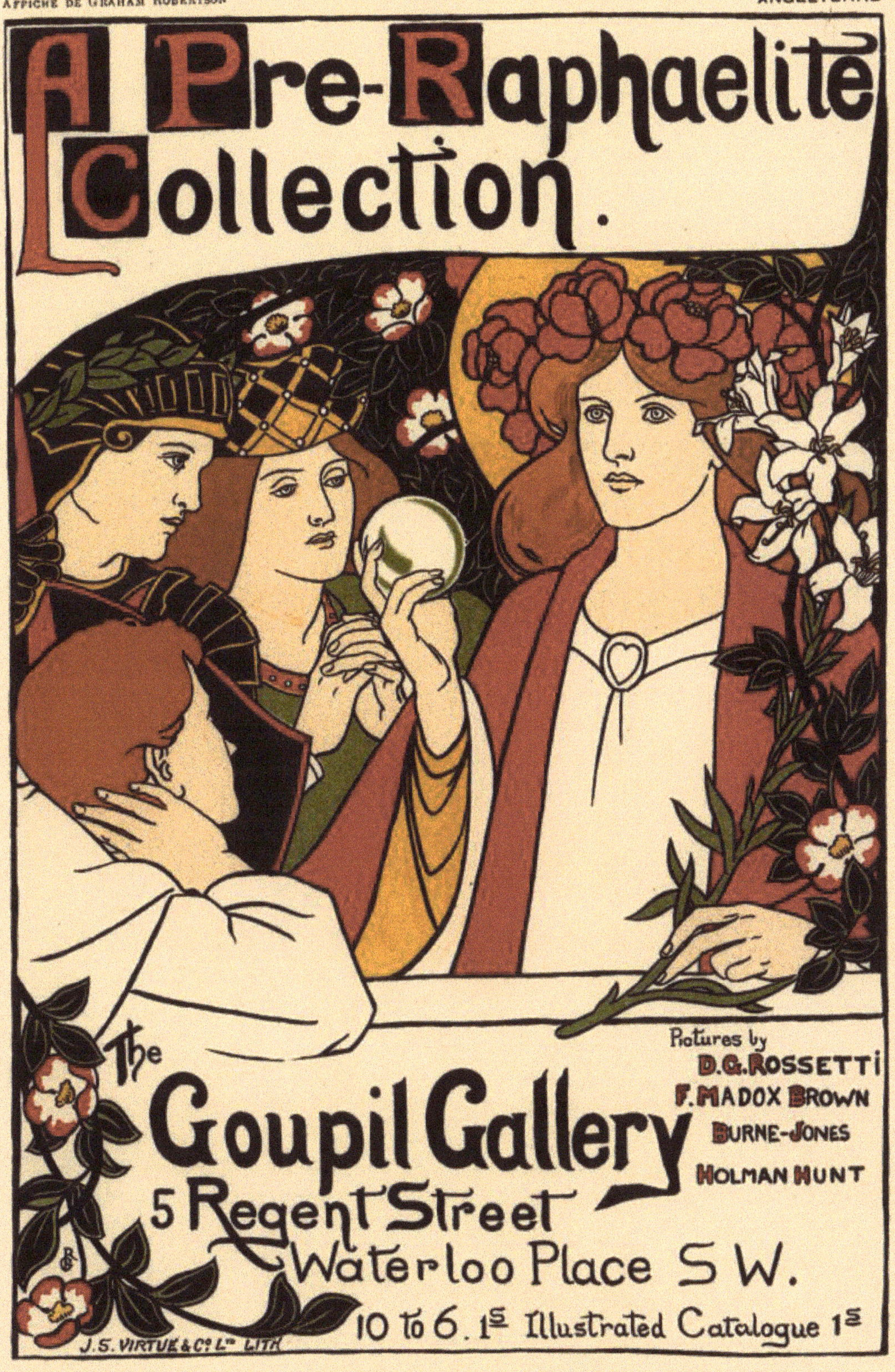

LES AFFICHES ÉTRANGÈRES

G. BOUDET, ÉDITEUR

IMPRIMERIE CHAIX

lui fussent interdits, il a su réaliser dans le noir et le blanc un effet net et large. Du reste, le dessinateur a été bien servi par le graveur, M. W.-H. Hooper, qui a fourni un excellent travail.

La blancheur de la longue jupe et du châle, pendant en plis lourds sur le corps de cette grande femme, qui se tient debout, le doigt sur les lèvres, devant la porte ouverte, s'enlève sur la nuit noire, au dehors, avec presque autant de succès que la silhouette d'Aristide Bruant, par M. Lautrec, sur la blancheur du papier. L'œuvre était bonne, comme dessin, et heureusement le carton original existe toujours; il était en parfaite concordance avec l'histoire à laquelle il servait d'annonce, ainsi que tous ceux qui lurent le roman de Wilkie Collins ont pu le constater. Il attira l'attention sur la pièce et remplit en tous points son rôle d'affiche.

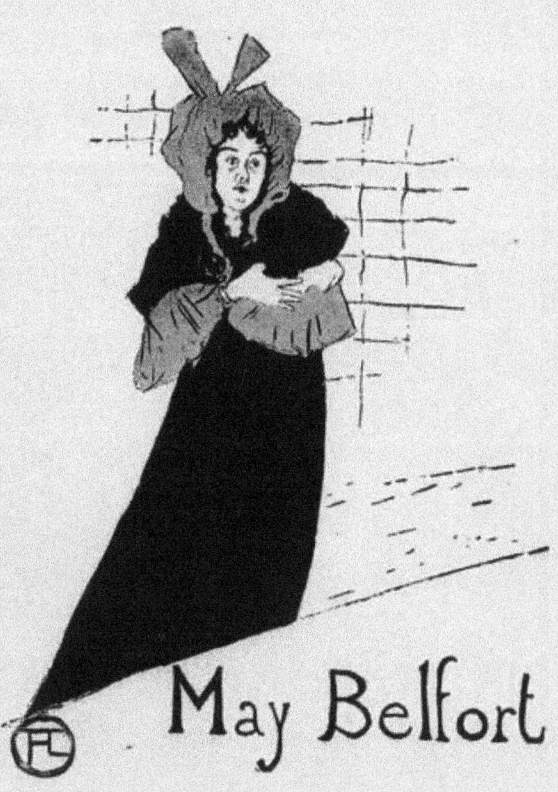

Fac-similé d'une affiche de M. DE TOULOUSE-LAUTREC, pour les représentations de Miss May Belfort.

Il faut croire que l'effet produit fut également bon au point de vue commercial, car à partir de son apparition, l'industriel fut plus souvent disposé à s'adresser à des artistes d'un certain rang ou de réputation. Il commença à croire que le nom du dessinateur pouvait avoir plus de valeur que le mérite même du dessin. Les titres de membre ou d'associé de la *Royal Academy* eurent, déjà à cette époque, l'effet d'un sortilège, et les clôtures de planches où s'appliquent les affiches, pendant quelque temps, avaient un aspect qui les faisait ressembler à une succursale de l'Exposition annuelle de l'Académie. Parfois l'académicien était sollicité de créer pour cet usage une œuvre nouvelle et originale.

Ainsi M. Hubert Herkomer fit une vaste affiche pour le *Magazine of Art*, quand cette revue fut fondée par MM. Cassell et Cie. L'influence de Fred Walker était évidente dans la facture des parties en noir et blanc,

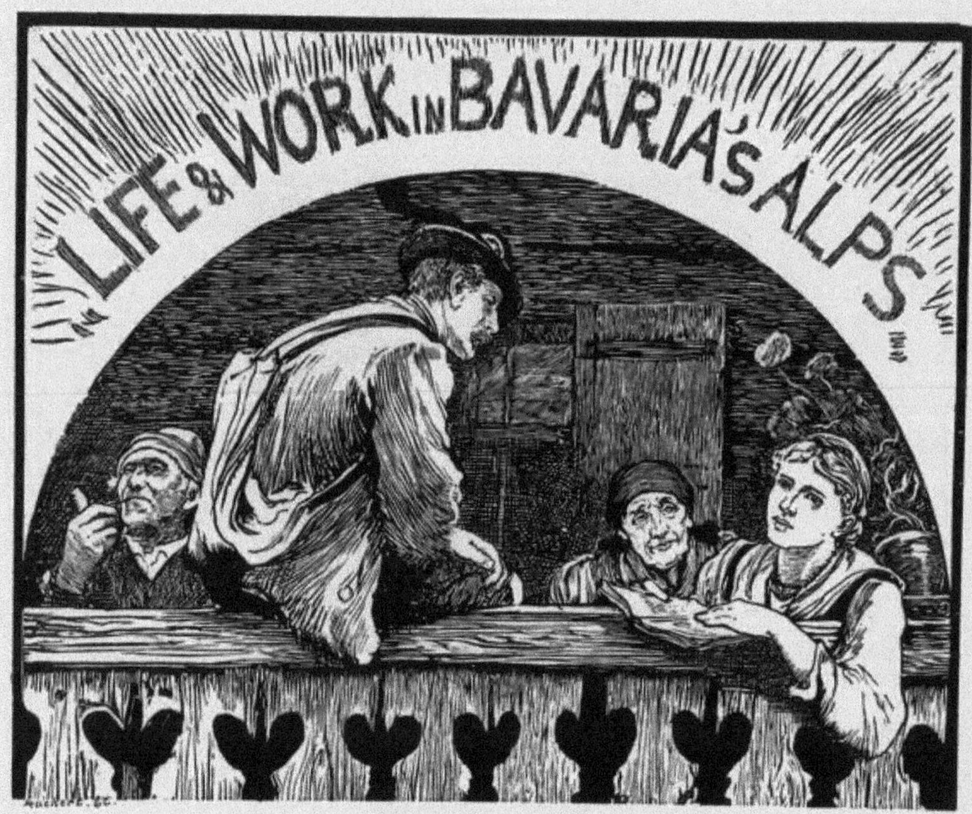

Fac-similé d'une affiche de M. Hubert Herkomer, pour la publication de *Vie et Travail dans les Alpes Bavaroises.*

mais la simplicité, le charme de l'ouvrage de Walker, avaient disparu. Sur le large escalier d'un édifice de style Renaissance une figure féminine, qui symbolise, je présume, l'Art, était debout, tenant en l'air une branche d'olivier. Sur le balcon au-dessus, étaient groupés les maîtres déjà couronnés — les traits d'un Raphaël, d'un Rembrandt, d'un Vélasquez, sont reconnaissables pour l'œil le moins exercé. En bas, dans l'attente, on voyait un artiste, un artisan, puis — et ici l'allégorie devient obscure — une femme avec deux enfants. Les figures, spécialement cette figure fémi-

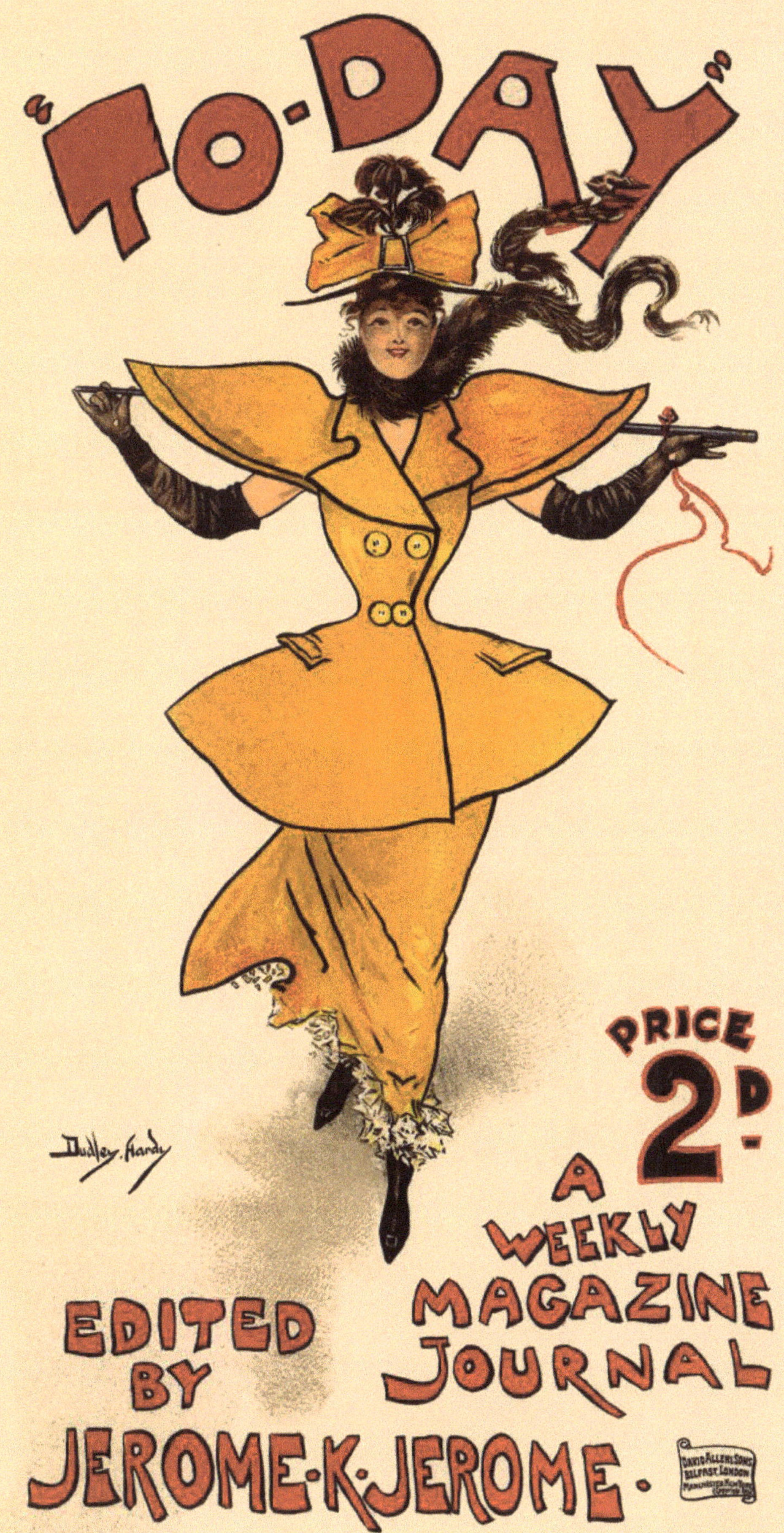
"TO-DAY"
PRICE 2D.
A WEEKLY MAGAZINE JOURNAL
EDITED BY JEROME·K·JEROME·
DAVID ALLEN & SONS
BELFAST LONDON
MANCHESTER

nine, au centre, avec ses draperies collantes, était vulgaire, le groupe était confus, à force de détails surabondants, et le résultat n'était pas fait pour

éveiller l'intérêt, soit du public en géné- ral, soit de l'artiste de son côté.

Quelques années plus tard, M. Herko- mer fit une seconde affiche qui fut pen- dant de longues se- maines visible dans les rues de Londres. Celle-ci servait d'an- nonce à la revue illus- trée hebdomadaire *Black and White*. Apparemment Wal- ker, ici encore, était la source de l'inspi- ration. Mais la femme à moitié nue, montée sur un globe et sup- portant à bras tendus le titre de la nouvelle publication, était lai- de, lourdement cam-

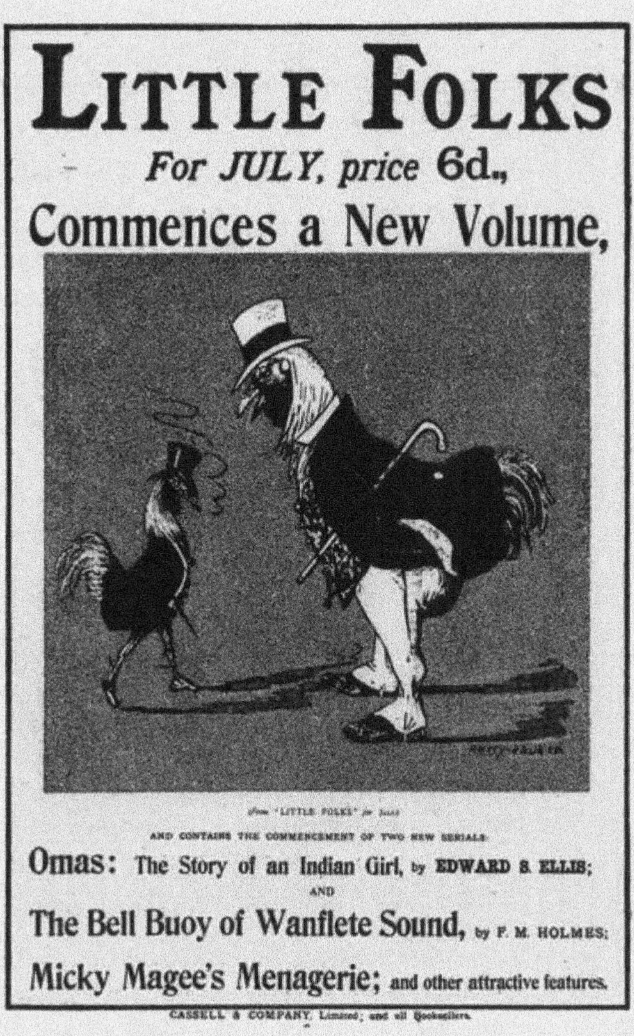

Fac-similé d'une affiche de M. HARRY NEILSON, pour la publication de *Little Folks*, éditée par Cassell and Cᵉ.

pée; pour cette simple raison que ce n'était là qu'un petit dessin élargi et exposant la faiblesse du trait de l'artiste, c'était sans effet, plat, et ne suggérait rien.

Une autre affiche, dont je n'ai jamais entendu parler, a été trouvée par M. Boudet. Elle a servi à la *Radcliffe Infirmary*; mais il semble à peine possible, à en juger par certains détails, qu'elle ait été dessinée pour cet usage. Elle est également en noir et blanc et constitue, avec quelques légers changements, une variante de celle déjà mentionnée plus haut, à laquelle est elle inférieure comme dessin. La lettre qu'on y

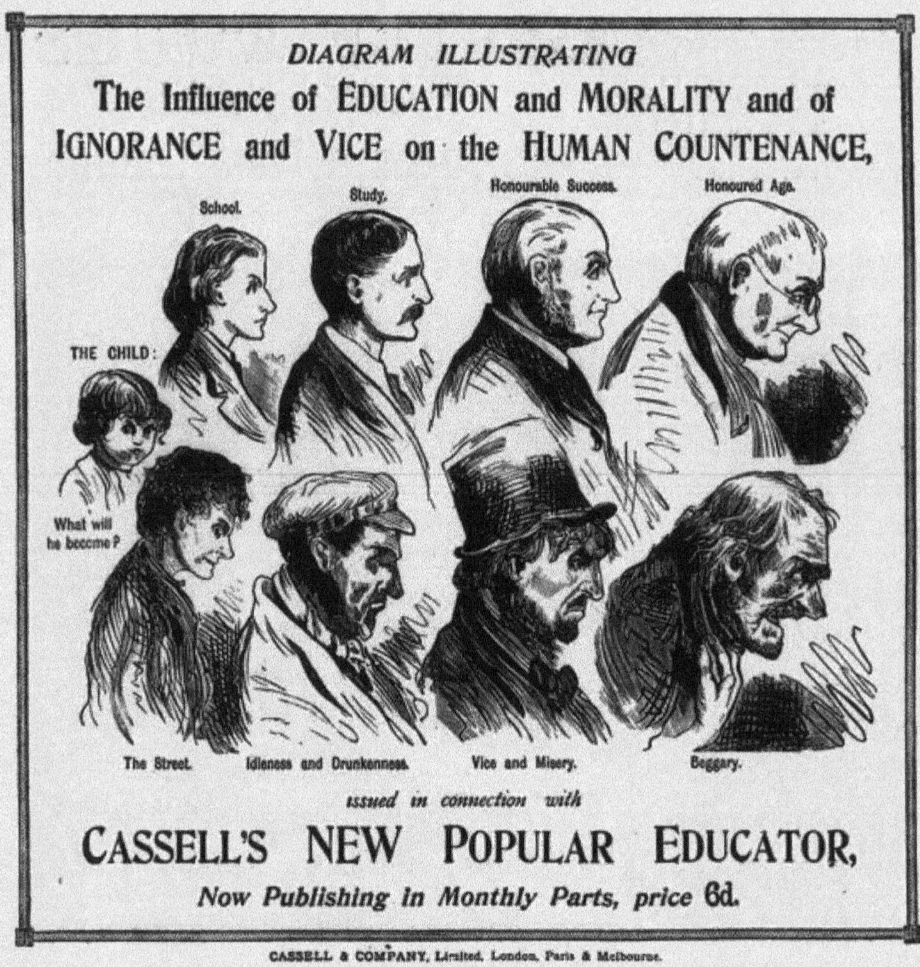

Fac-similé d'une affiche de F. Barnard, pour la *Nouvelle Éducation populaire*.
(Cassell and C°, éditeurs.)

voit semble être l'œuvre d'un enfant. Ce que M. Herkomer a fait de mieux dans ce genre c'est le petit paysan bavarois, un dessin également reproduit en noir et blanc, et qui annonçait l'exposition de ses dessins à la *Fine Art Society*.

Très souvent, l'industriel, à la recherche d'une annonce, au lieu de faire une commande se mettait en quête d'une peinture qui, par hasard, contenait

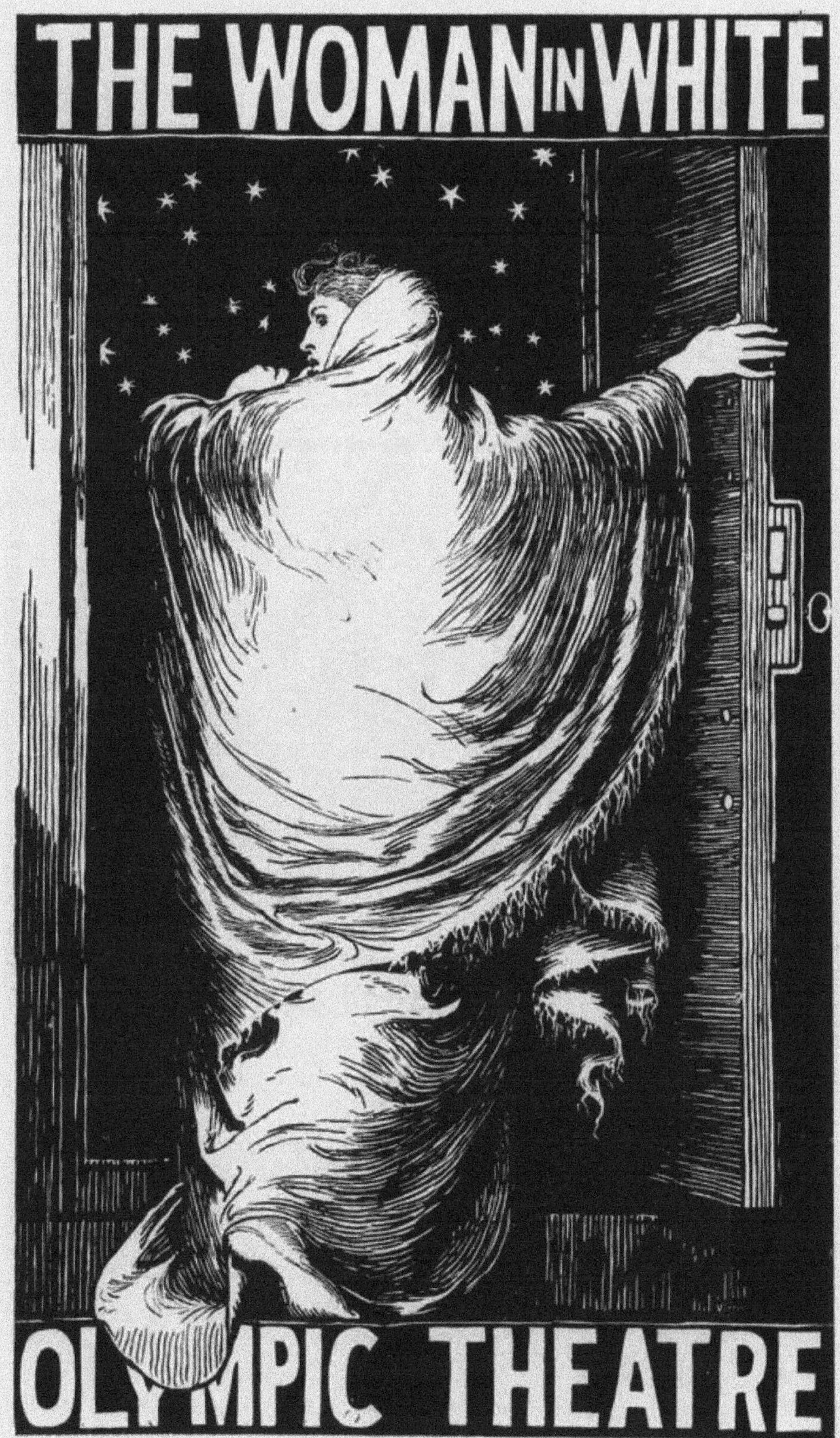

Fac-similé d'une affiche de FRED WALKER, pour les représentations de *la Femme en blanc*.

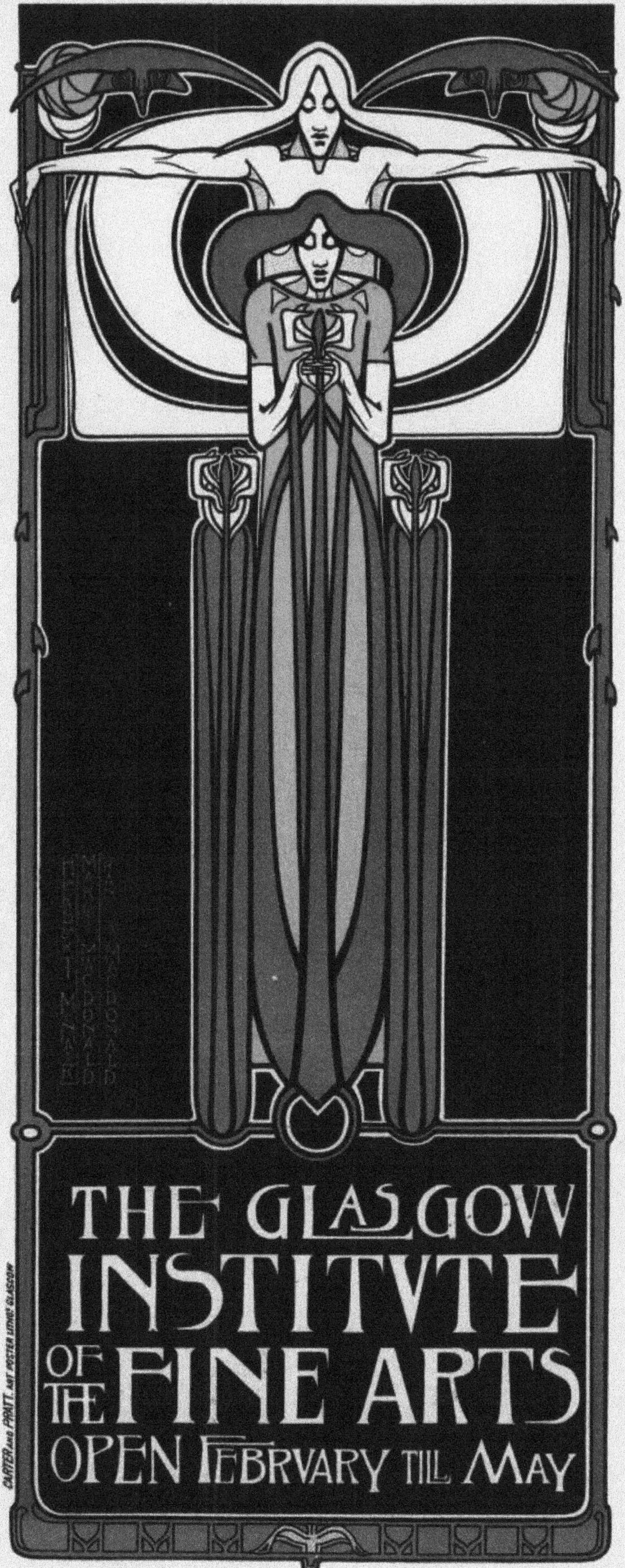

LES AFFICHES ÉTRANGÈRES

G. BOUDET, Éditeur   IMPRIMERIE CHAIX

une allusion utilisable. Le bruit fait dans les journaux autour de l'acquisition devenait un premier et excellent moyen pour impressionner le client.

Tout d'abord l'affiche avait été gravée sur bois. Mais, probablement à la suite de l'apparition de l'affiche théâtrale américaine, apportée de l'autre côté de l'Atlantique par les acteurs et les actrices dont elle reproduisait les traits, la chromolithographie y fut graduellement substituée.

La première affiche de provenance américaine dont nous ayons souvenance fut celle d'un prestidigitateur de café-concert. L'affiche n'était pas de grand format; elle ornait surtout les murs du chemin de fer souterrain, réalisant un effet en rouge et noir d'un dessin quelconque, mais qui frappa tous les artistes; elle est introuvable aujourd'hui. Je n'ai aucune

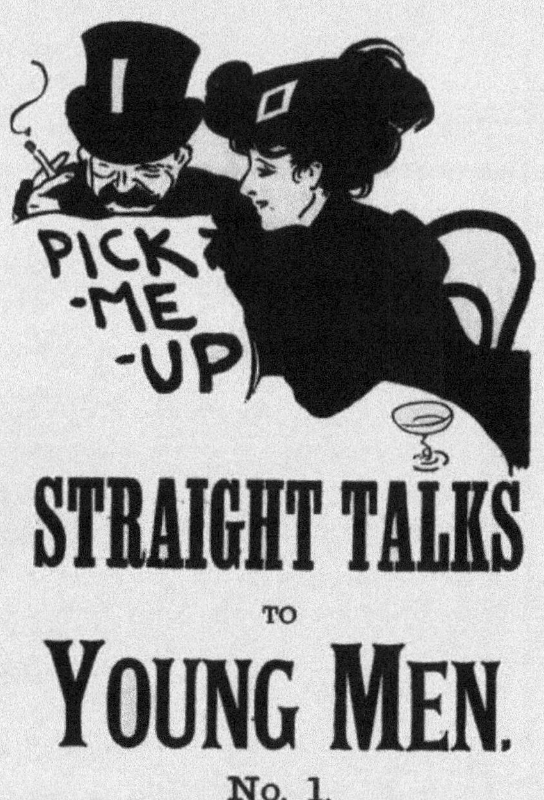

Fac-similé d'une affiche de M. RAVEN HILL, pour le journal *Pick-me-up*.

idée ni de son auteur, ni de ce qu'elle annonçait. A ce moment parut une autre affiche, dans un genre nettement décoratif, et due au crayon d'un HAUK ou d'un DETMOLD, nous ne savons plus lequel, et qui se rapportait à l'*Exposition allemande à South Kensington*. Une vue à vol d'oiseau de l'empire germanique et des armoiries dans le genre des compositions héraldiques de Dürer formaient un ensemble d'un assez agréable effet.

C'était l'emploi de la chromolithographie qui permit, à ceux qui faisaient des annonces, de transporter le tableau d'Académie sur les murailles.

L'événement le plus important dans cet ordre d'idées fut l'achat des *Bubbles* de SIR JOHN E. MILLAIS, par le propriétaire de Pears'Soap, et sa reproduction, cadre compris, comme affiche. Pendant trois ou quatre années (et de temps en temps encore elle fait sa réapparition), il n'y avait point de figure plus familière à Londres que ce garçon aux cheveux d'or, en peluche verte et avec de larges manchettes, qui était assis, soufflant

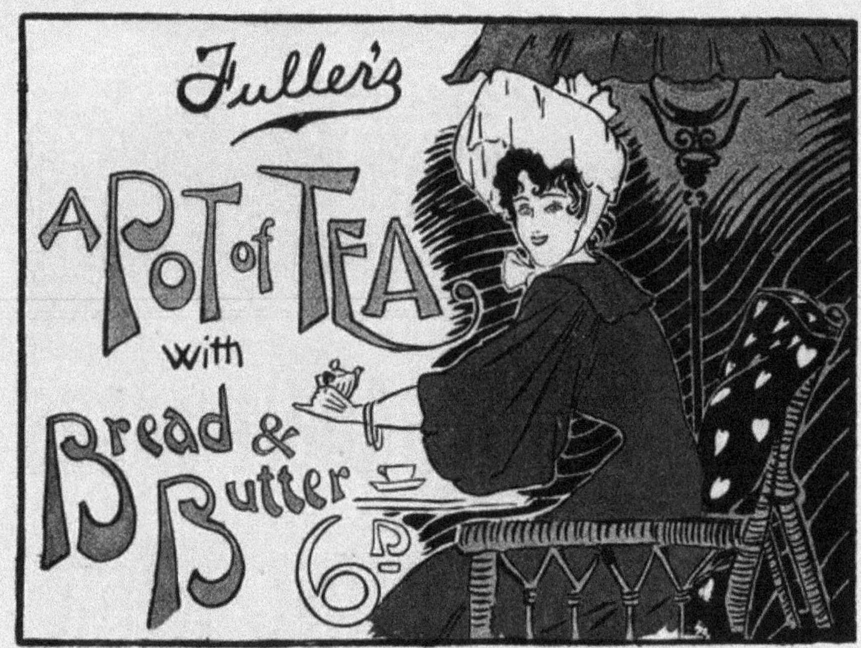

Fac-similé d'une affiche anonyme pour les biscuits Fuller.

des bulles de savon, avec un pain de Pears'Soap à côté de lui. Il regardait du haut des murs de chaque station du chemin de fer souterrain; il était assis, par rangées, sur chaque muraille, il pendait, par douzaines, le long du passage interminable et muni de planches qui mène vers les jardins de Earls Court. Il dominait les rues, ainsi que le dôme de Saint-Paul de Londres domine la cité quand on le contemple du côté du fleuve. Jamais il n'y a eu d'affiche plus connue et jamais aucune peut-être n'a rencontré plus de réprobation de la part de la critique. En vérité, comme tableau, on peut y relever de sérieux défauts; et, en effet, si la peinture

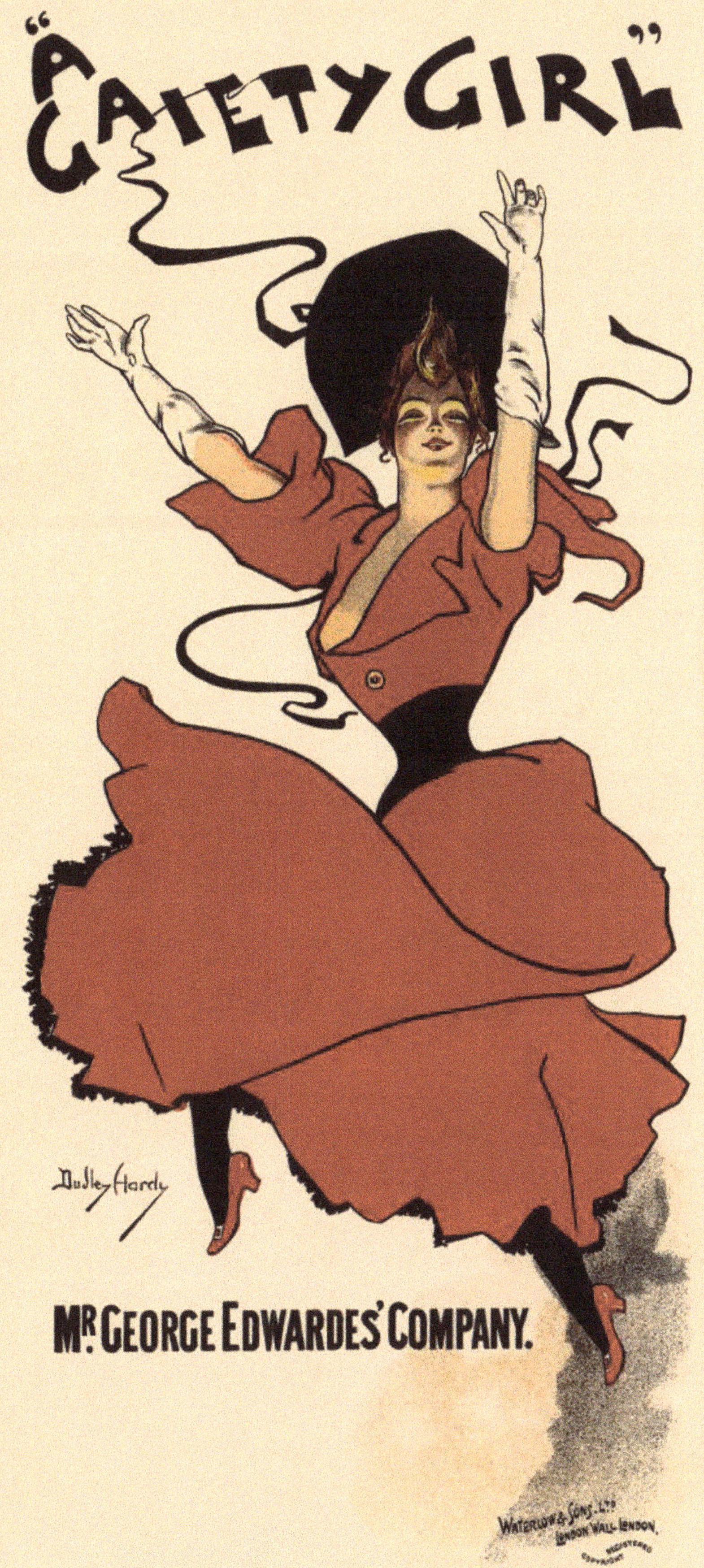
"A GAIETY GIRL"
Dudley Hardy
Mr. GEORGE EDWARDES' COMPANY.
WATERLOW & SONS L.TD
LONDON WALL LONDON.
REGISTERED
COPYRIGHT

n'avait pas été doucereuse et d'une gentillesse artificieuse, le caprice de l'agent d'annonce ne s'y serait probablement jamais arrêté. Mais, comme affiche, cette œuvre a ses qualités. Quoique élaborée avec une minutie qu'aujourd'hui on devra éviter, il y avait dans la peinture une simplicité d'arrangement, une tranquillité de couleur, qui obligeait le chromolithographe à une certaine retenue et qui procura à l'affiche une grande franchise d'expression vis-à-vis de son entourage en plein air. L'original n'était pas très parfait en ce qui concerne le modelé, et les quelques petites finesses qu'on pouvait peut-être y relever n'ont pas survécu après la mise sur pierre. Mais la peluche verte, les manchettes blanches, le visage vu de profil, étaient clairs et expressifs; les bulles de savon annonçaient de quoi il s'agissait. Vous ne

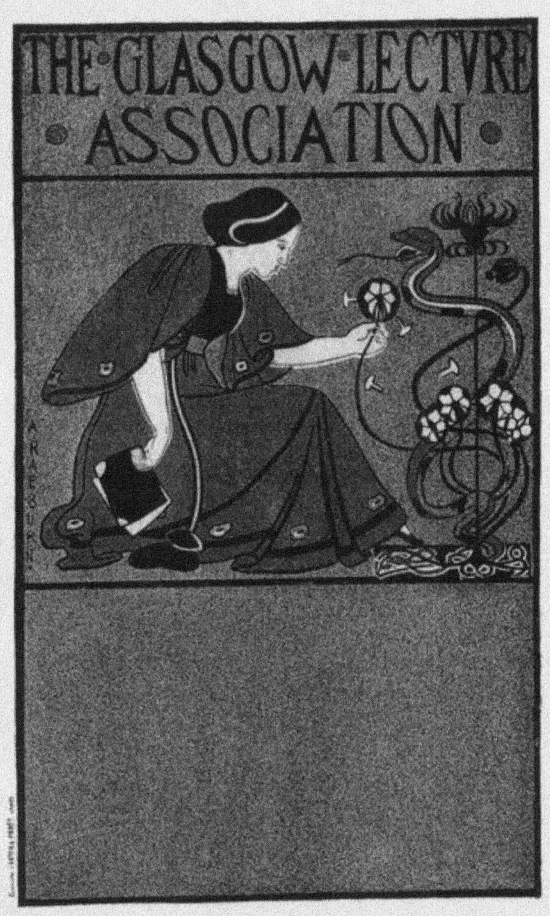

Fac-similé d'une affiche de M. A. RAEBURN, pour l'*Association de lecture de Glasgow*. (Carter et Pratt, impr.)

pouviez vous empêcher de voir le tableau, vous ne pouviez faire autrement que de reconnaître ce qu'il voulait dire, et non moins frappant était le sentiment qui fait appel aussi irrésistiblement, en Angleterre, au spectateur, que le fait, en France, la gaieté d'un Chéret.

M. Pears retourna donc à l'Académie, car il trouvait son compte à le faire, et quelques-uns de ses confrères suivirent son exemple. Ce fut alors que M. G. D. LESLIE vendit à la fabrique du *Sunlight Soap* son tableau représentant une petite fille en train de se laver les mains ; quelques légers changements complétèrent l'allusion. Mais, malgré le *R. A.* accompagnant le nom de l'artiste, cette affiche n'eut pas grand succès.

M. STACY MARKS de son côté exécuta sur commande un tableau qui depuis a été reproduit en blanc et noir et gravé sur bois ; ce tableau met en scène deux moines dont l'un est en train de se débarbouiller, l'autre occupé à se faire la barbe à l'aide du *Pear's Soap*. Cette affiche n'était guère plus décorative en somme que n'importe quelle affiche commerciale antérieure. Mais décidément le savon tenait la corde. M. BURTON BARBER n'est pas, il est vrai, de l'Académie, par contre il est le favori de la royauté. Il peignit un de ces bébés et un de ces chiens comme il aime à les faire, les groupa sur une même toile, et nous offrit le tout, nous ne savons trop pourquoi, comme une garantie des vertus

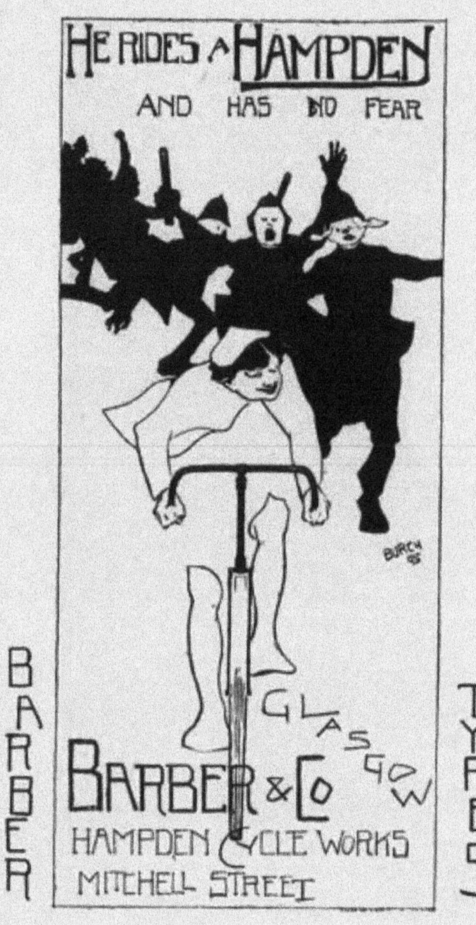

Fac-similé d'une affiche de M. BURCH,
pour les *Cycles Hampden*.

du *Lifebuoy Brand*, marque de fabrique d'un savon hygiénique. D'autre part M. FURNISS ayant publié dans le *Punch* un dessin à la plume représentant un pauvre hère, les vêtements en lambeaux, assis devant une table en train d'écrire un certificat ainsi libellé : « Il y a deux ans je me suis servi d'un morceau de votre fameux savon et depuis je n'en ai jamais employé d'autre. » M. Pears, le grand fabricant de savon, s'empressa de se mettre en possession du droit de reproduction ; il fit agrandir l'esquisse

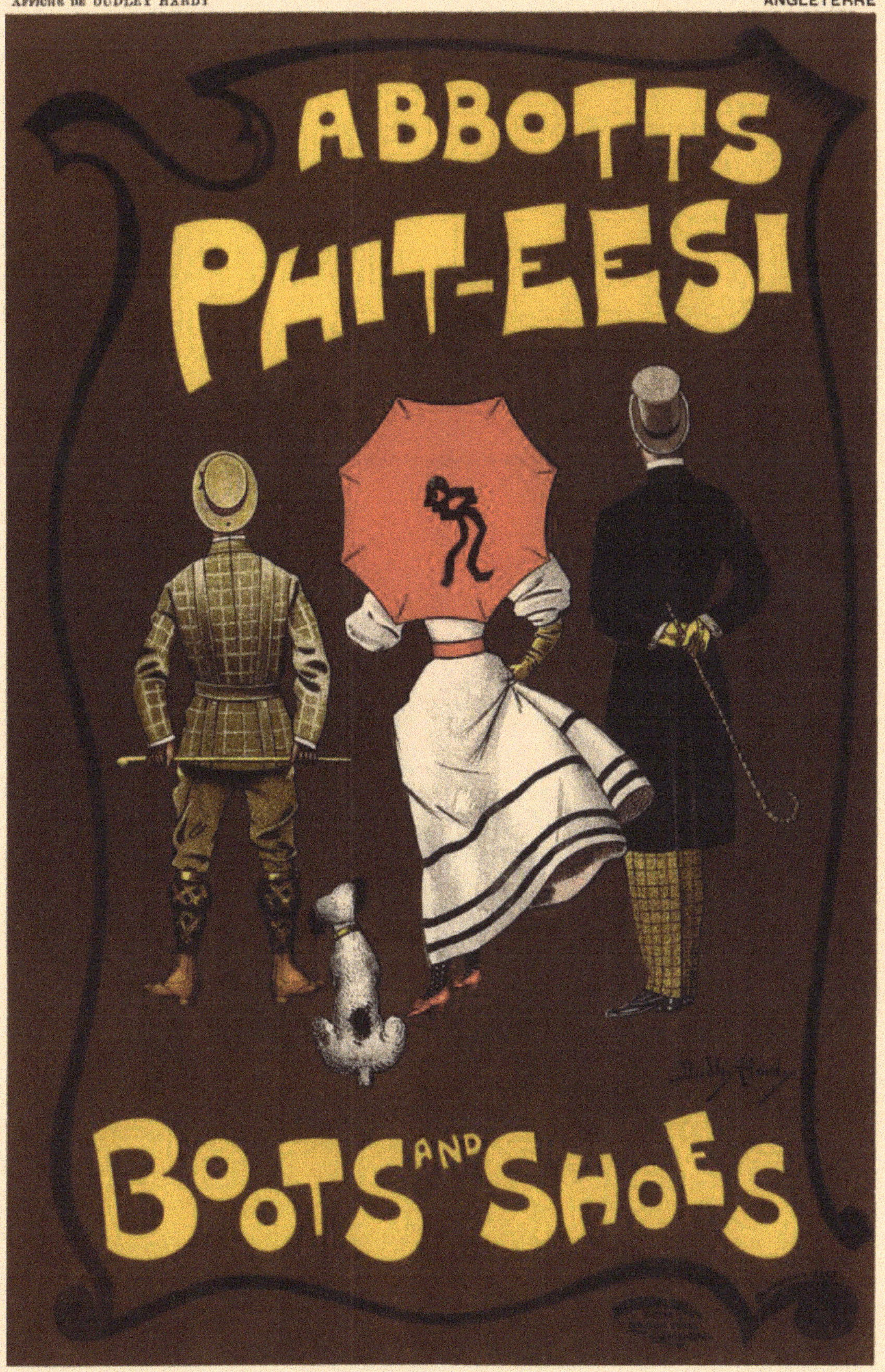

LES AFFICHES ETRANGÈRES

et l'employa depuis comme affiche. Le prétendu brillant esprit de la plaisanterie servit de compensation à ce que le sujet avait de déplaisant, et au manque de distinction de l'exécution.

Mais les artistes ne consacrèrent pas leurs talents au savon seul pendant les vingt années qui se sont écoulées entre l'apparition de *la Femme en Blanc* et le développement de la jeune génération de dessinateurs d'affiches qui ont emprunté leurs tendances et leurs modèles à la France. M. WALTER CRANE, entre autres, ne s'est pas arrêté dans ses efforts à cette page disparue de l'annonce de crayons à la mine de plomb. M. Crane est un artiste duquel on est en droit d'attendre des dessins délicats, impressionnants et de grand effet. Plus que d'autres, il a fait de la décoration une étude spéciale; aussi, que son dessin soit destiné à illustrer le livre, à être imprimé sur papier de tenture, ou à s'appliquer au métal, c'est toujours la qualité décorative qui préoccupe avant tout l'artiste. Pourtant celui-ci ne semble pas avoir su jus-

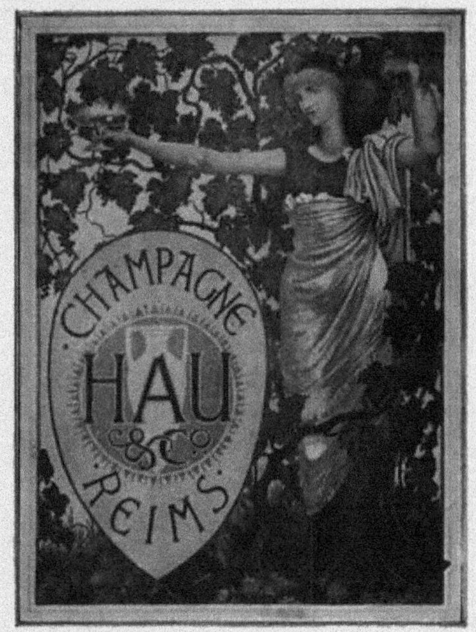

Fac-similé d'une affiche de M. WALTER CRANE.

qu'à présent s'accoutumer aux conditions du plein air; il n'a pas réalisé une théorie, ni trouvé encore l'adaptation juste de principes décoratifs au moyen desquels l'affiche décorerait les murs et parviendrait en même temps à expliquer clairement ses intentions. C'est là au moins la conclusion qui s'impose à moi par ce qu'il m'a été donné de voir. J'ai entendu dire beaucoup de bien de l'affiche du même auteur pour les *Concerts de la Promenade de Covent Garden*, exécutée en 1880 — ou à peu près à cette époque. On s'en souvient comme d'un chef-d'œuvre du genre. C'était une affiche où deux couleurs étaient employées, le bleu et le jaune; on n'a pas réussi jusqu'à présent à en retrouver un spécimen. M. Walter Crane fit enfin une affiche pour la troupe de l'*Hippodrome de Paris*, lorsque celle-ci vint pour la première fois donner des représentations à Londres. Cette affiche, malgré certaines qualités de bon aloi, ne se fit guère remarquer. Dans cette composition, deux médaillons servent de cadre à des scènes de cirque antique, d'un côté les jeux, de l'autre le groupe des spectateurs qui applaudissent. Mais la figuration étant minus-cule, l'effet s'en allait en pure perte, car les lignes générales n'étaient pas suffisamment accusées. Le dessin en outre laissait trop de marge et le programme était composé en caractères d'imprimerie ordinaires. Ce dessin également n'é-tait que l'agrandissement d'une illustration, et l'opé-ration, dans ce cas spécial, n'a pas donné un brillant résultat. Parfois pourtant le dessin au trait gagne à être agrandi mécanique-ment; on peut s'en assurer en projetant un dessin fait à la plume sur un écran au

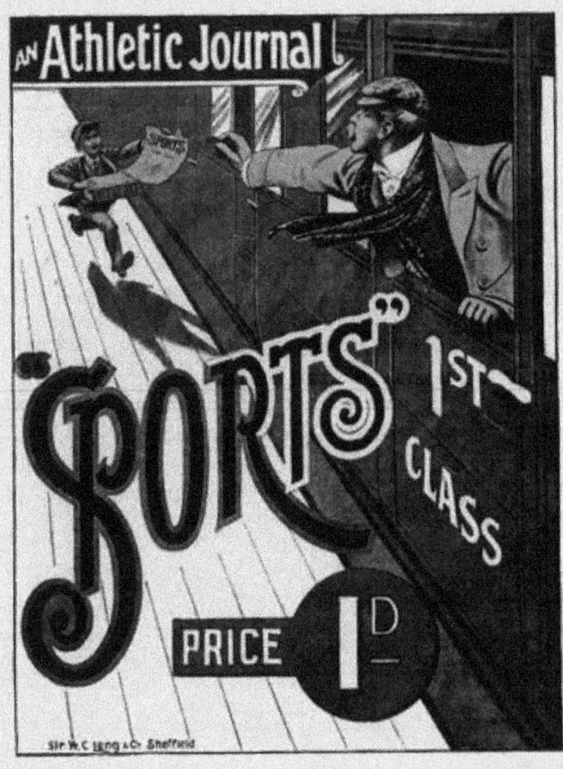

Fac-similé d'une affiche anonyme, pour le journal *Sports*.
(Sir W. C. Leng and Cⁱᵉ, impr.)

moyen de la lanterne magique; l'effet ainsi obtenu est souvent fort beau.

M. Crane a fait également une annonce pour le *Champagne Hau and Co*, petit dessin imprimé en couleurs.

Le même artiste a dessiné des affiches pour les différentes expositions organisées par l'*Arts and Crafts Society*, dont il est l'un des membres le plus en vue. Il en a fait d'autres pour l'*Exposition de ses œuvres* à lui, pour plusieurs *Compagnies d'assurances* et pour une revue : *The English Illustrated Magazine*. Toutes ces affiches étaient destinées à être placardées au dehors, et l'on voit que la liste en est longue.

Affiche de Hubert HERKOMER

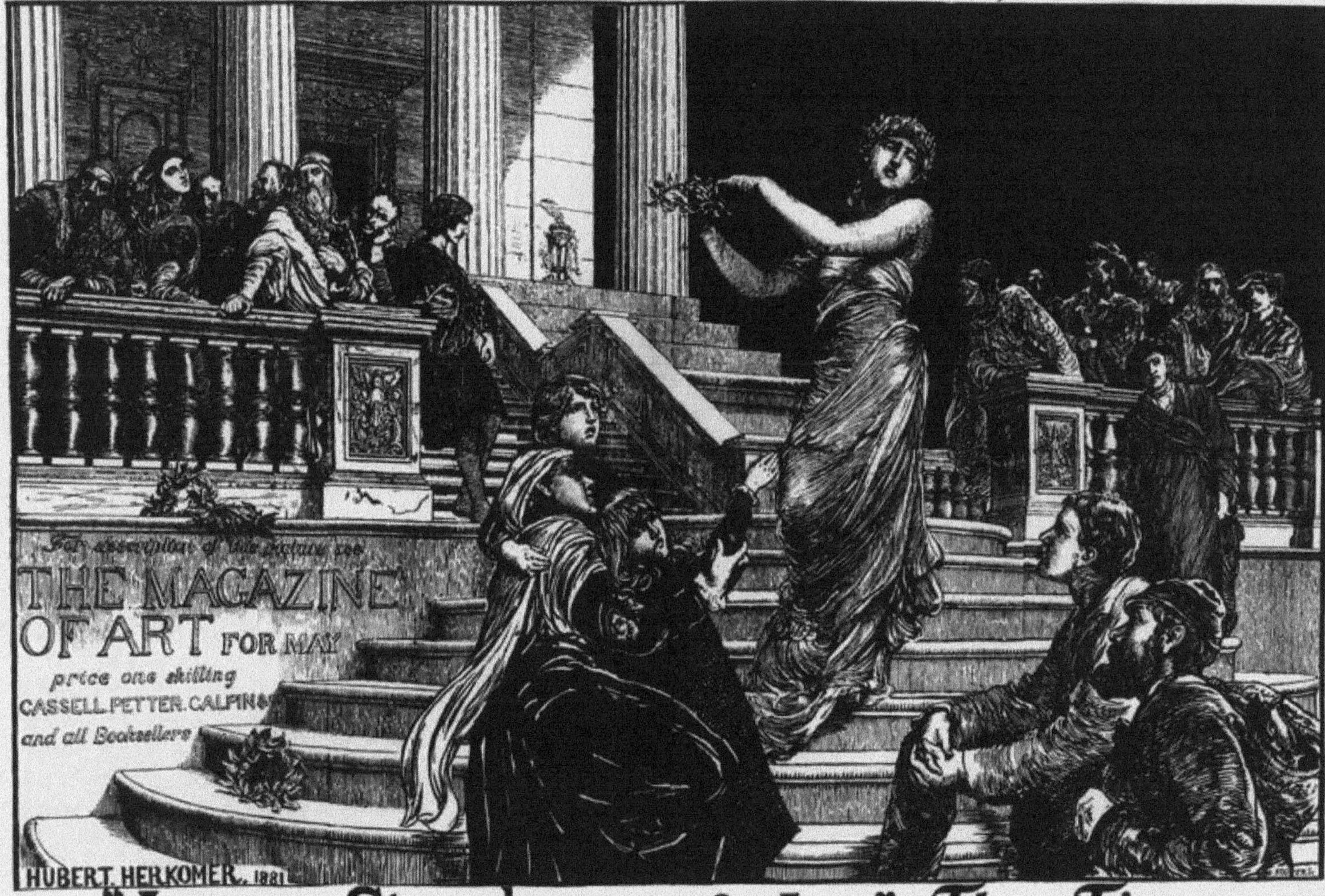

LES AFFICHES ÉTRANGÈRES

G. Boudet, Éditeur

Imprimerie Lahure

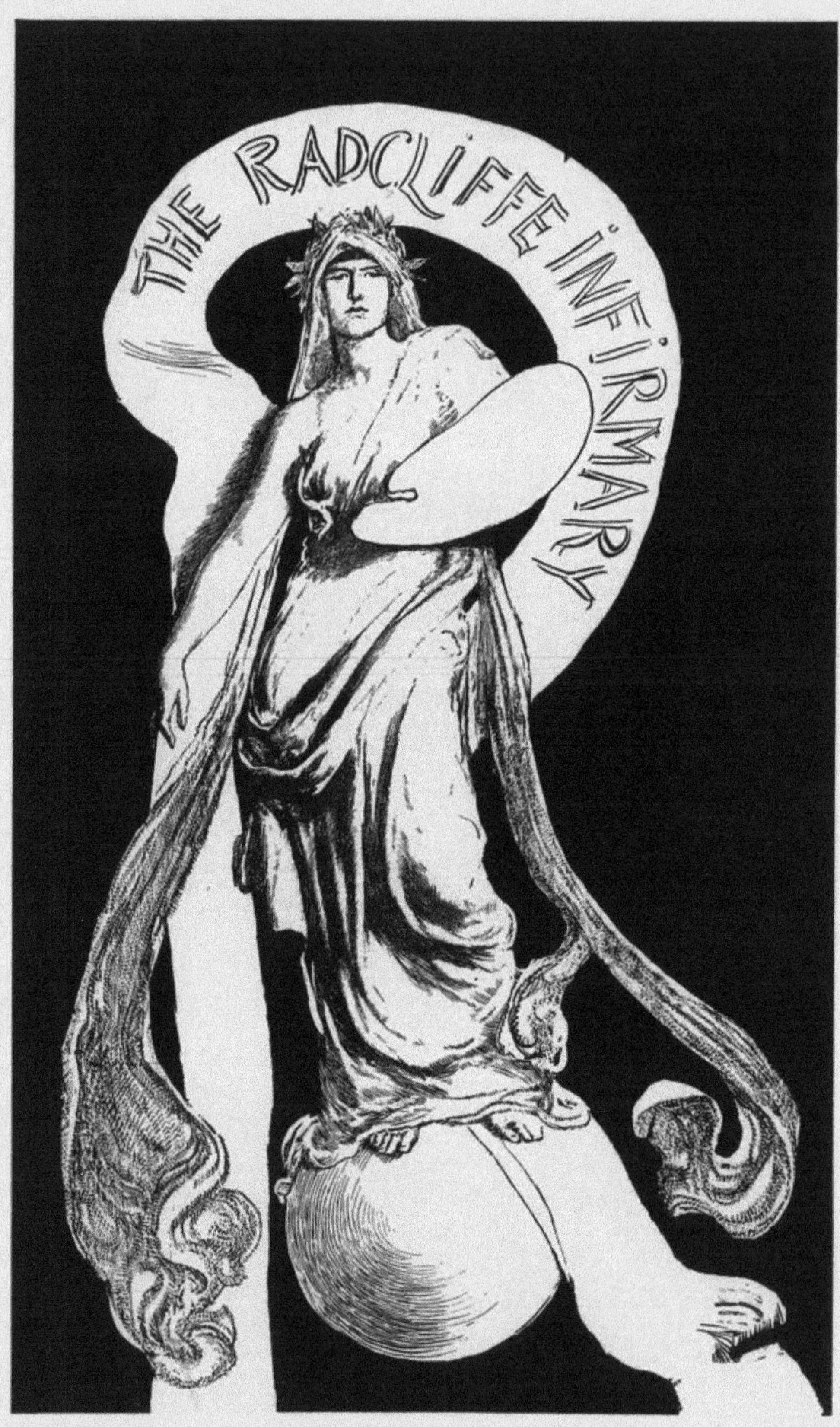

Fac-similé d'une affiche de M. Hubert Herkomer, pour une exposition au profit de la *Radcliffe Infirmerie*.

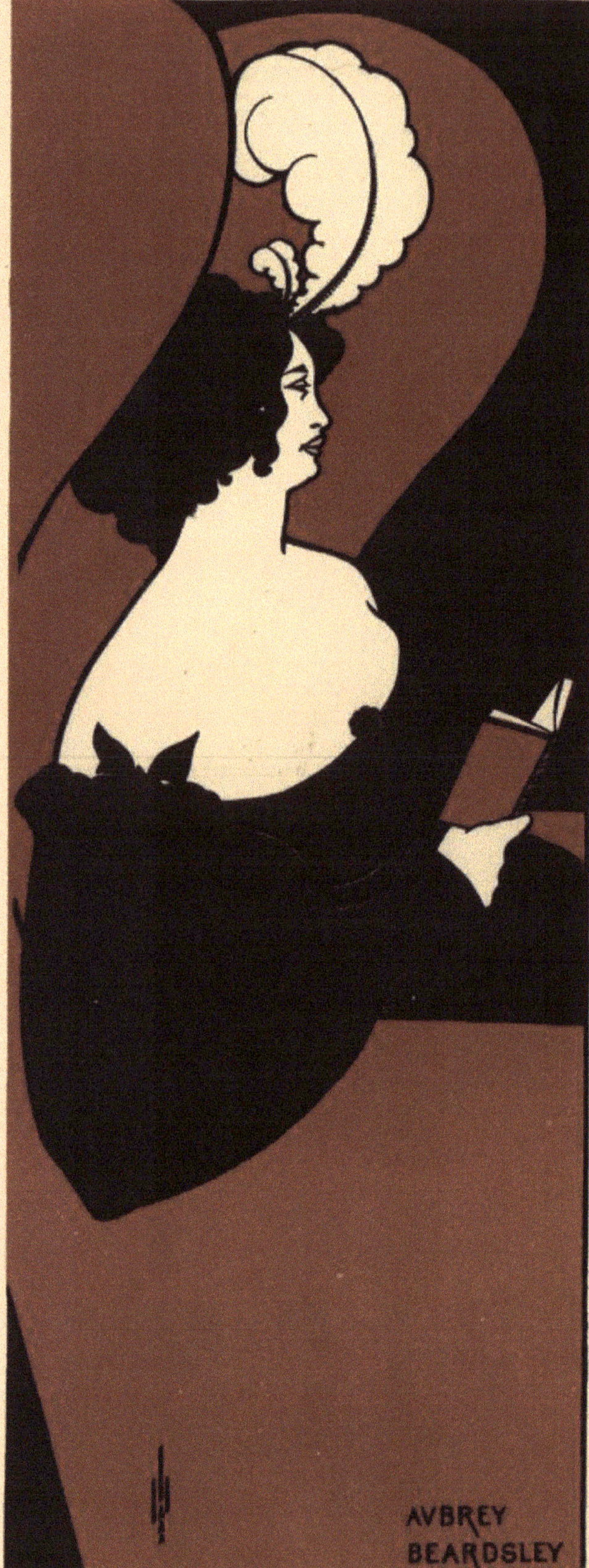

PUBLISHER.

CHILDREN'S BOOKS.

Topsys and Turvys.

Vols. I & II. By P. S. NEWELL. Coloured Illustrations. Oblong, size 9 by 7 in. Paper Boards, each 3s. 6d. net.

WORKS BY
PALMER COX.

Quarto, 10¼ by 9 inches. Illustrated.

The Brownies Around the World. *Cloth, 6s.*

The Brownies at Home. *Cloth, 6s.*

The Brownies, their Book. *Paper Boards, 3s. 6d.*

Another Brownie Book. *Paper Boards, 3s. 6d.*

THE
CHILDREN'S LIBRARY.

Illustrated, post 8vo., Pinafore Cloth Binding, floral edges, 2s. 6d. each.

1. The Brown Owl.	11. Finn and His Companions.
2. The China Cup.	
3. Stories from Fairyland	12. Nutcracker & Mouse King.
4. The Story of a Puppet	
5. The Little Princess.	13. Once upon a Time.
6. Tales from the Mabinogion.	14. The Pentamerone.
	15. Finnish Legends.
7. Irish Fairy Tales.	16. The Pope's Mule.
8. An Enchanted Garden	17. The Little Glass Man.
9. La Belle Nivernaise.	18. Robinson Crusoe.
10. The Feather.	19. The Magic Oak Tree.

The Land of Pluck.

By MARY MAPES DODGE. Illustrated. Crown 8vo., Cloth Gilt, 5s.

ST. NICHOLAS
For YOUNG FOLKS.

An Illustrated Monthly Magazine for Boys and Girls, price 1s.

Bound Half-Yearly Volumes, 5s.

The Volumes for 1894 contain Four "Jungle Stories" by RUDYARD KIPLING. "Tom Sawyer Abroad," by MARK TWAIN. Stories by MARY WILKINS, KATE WIGGIN, MARY MAPES DODGE &c.

BOOKSELLERS.

Seulement M. W. Crane, comme nous le faisions déjà remarquer, ne s'est pas encore bien habitué aux exigences du plein air; il ne veut pas se rendre compte que, pour être vu à travers le brouillard épais des rues de Londres et sur les murs enfumés des gares souterraines, pour supporter même le jour brutal de l'atmosphère londonienne, un style plus large, plus indépendant, est de rigueur.

La même remarque peut s'appliquer à M. Poynter qui a eu l'occasion de faire une affiche pour le *Guardian Assurance Company*. Il n'a pas non plus saisi, ou su réaliser, le caractère spécifique de l'affiche, mais s'est con-

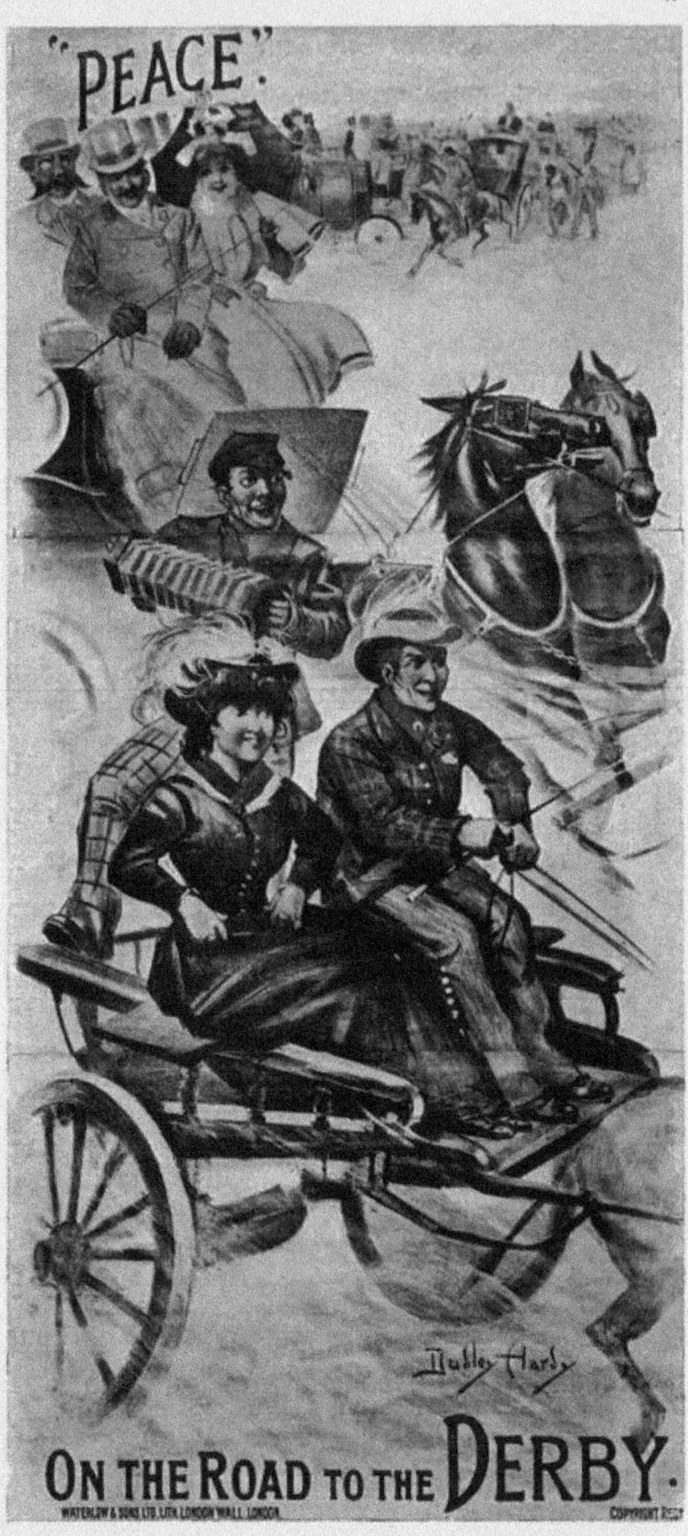

Fac-similé d'une affiche de M. Dudley Hardy, pour *Sur la route du Derby*.
(Waterlow and Sons, impr.)

tenté de dessiner correctement une Minerve campée sous un portique pseudo-classique, composition châtiée qu'il a mise en couleur avec un soin méticuleux, comme si l'ouvrage avait été destiné à la *Royal Academy*.

Sir JAMES LINTON a été plus heureux avec son affiche d'une seule couleur représentant *Antoine et Cléopâtre*; elle date de 1874.

M. CHARLES GREEN ayant dessiné une carte d'invitation pour l'*Exposition de l'Institut de Mosley Street*, on en fit un agrandissement qui fut affiché; c'est encore là un morceau bien académique.

Une esquisse de M. LINLEY SAMBOURNE enfin sert actuellement d'étiquette à une *fabrique de cigarettes*, elle a été affichée et nous montre une jeune personne perchée sur un bouchon de vin de Champagne.

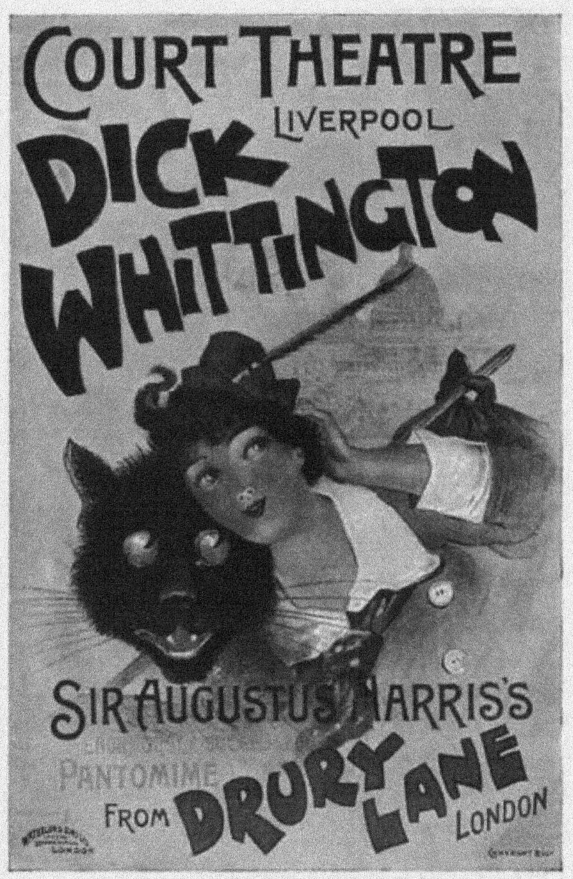

Fac-similé d'une affiche de M. DUDLEY HARDY,
pour les représentations de *Dick Whittington*. (Waterlow and Sons, impr.)

Après tout ce que nous venons de constater, on ne saurait blâmer le commerçant et l'entrepreneur s'ils hésitaient à faire appel aux artistes, car, pendant la période qui nous occupe, ceux-ci n'ont pas toujours eu l'inspiration heureuse. Une vulgaire lithographie, tapageuse, criarde et mal équilibrée, faisait trou; par contre, au milieu des placards insolents, le dessin artistique avec ses qualités exclusives de bonne tenue était noyé et disparaissait. Quelques exceptions entre-temps se firent valoir, et elles ont entraîné des manifestations d'un autre ordre,

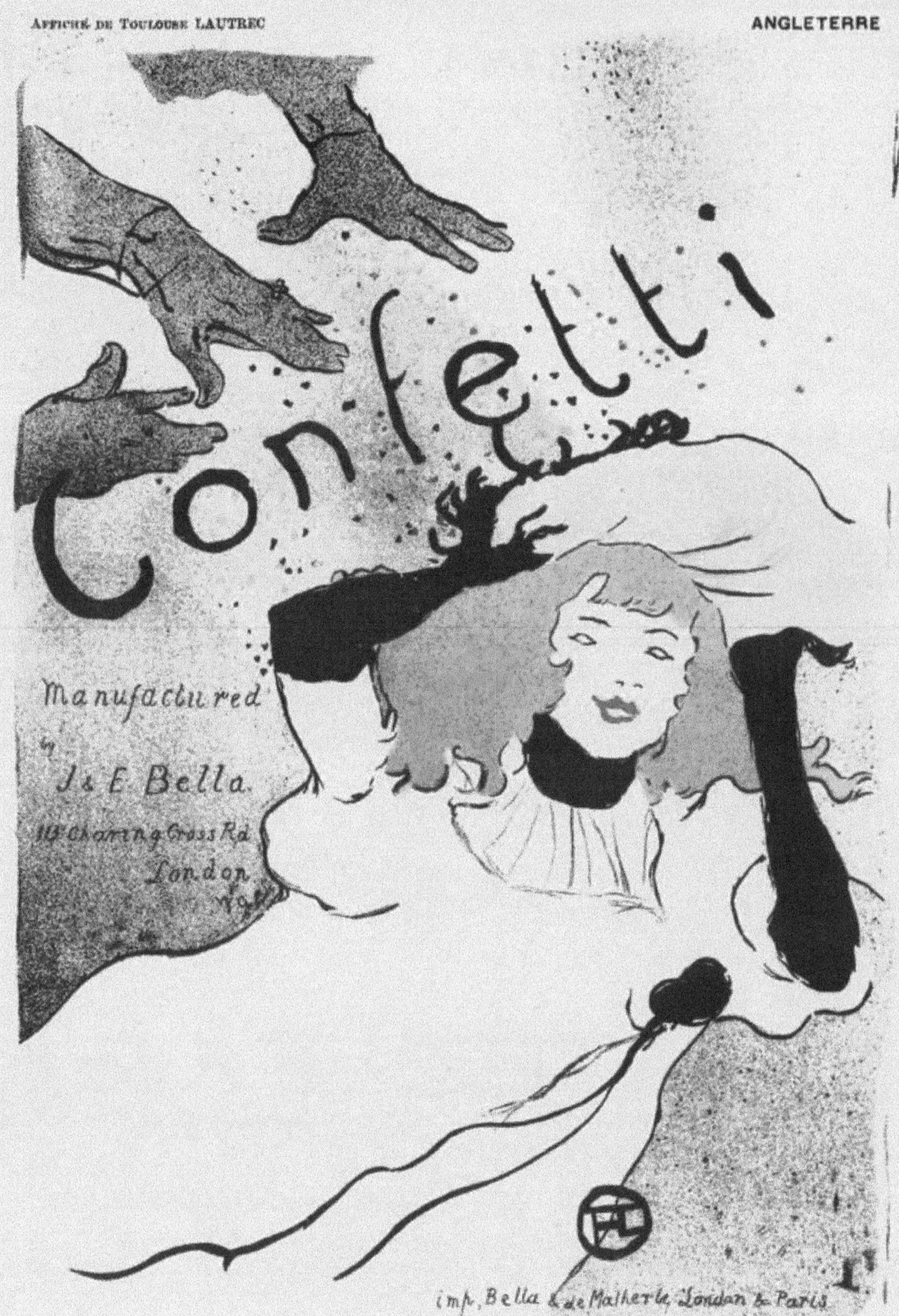

LES AFFICHES ÉTRANGÈRES

qui graduellement donnèrent des résultats plus satisfaisants. Cela durera-
t-il? Nous n'oserions être ici aussi affirmatifs ni aussi optimistes que le
sont quelques collectionneurs enthousiastes et, à leur suite, les éditeurs.

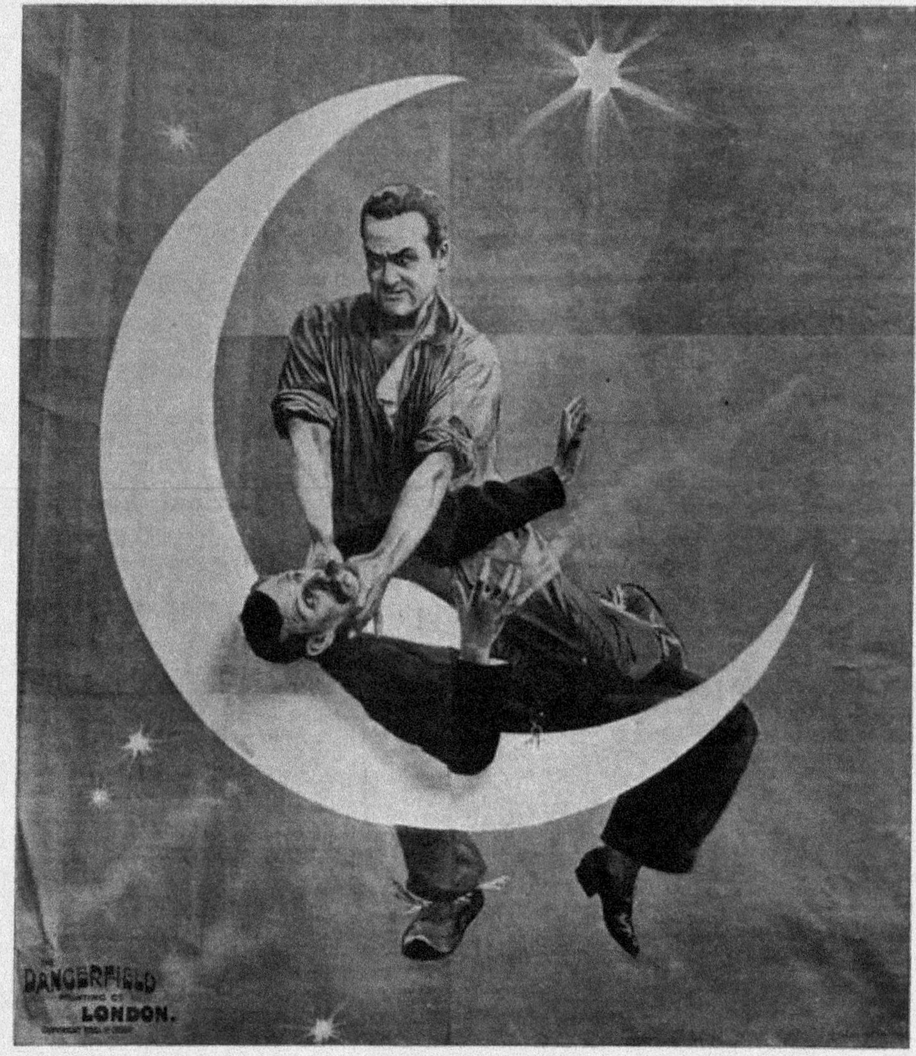

Fac-similé d'une affiche de théâtre, exécutée en collaboration par les artistes de la maison Dangerfield and Cⁱᵉ.
(Dangerfield and Cⁱᵉ, impr.)

Une marine faite par M. WYLLIE pour la *Orient Steamship Company*
ne passa pas inaperçue, quoiqu'en somme ce ne soit encore là qu'un
tableau imprimé et non pas, à proprement parler, une affiche. Et c'est
peut-être là encore le meilleur apport qu'ait fourni le clan académique.

Avant l'époque où l'usage de la bicyclette fut généralisé, M. GEORGE MOORE avait dessiné des affiches pour plusieurs fabricants de vélocipèdes. Ces échantillons sont oubliés aujourd'hui, à tort, car ils ont montré la route aux dessinateurs anglais. Les figures que M. Moore donnait de *sportsmen*, d'entraîneurs, de femmes flânant dans d'agréables sites, sont caractéristiques, et leur présence sur les tableaux d'affichage s'expliquait. La sobriété des moyens s'allie très bien au choix heureux des couleurs. Le mérite de ces affiches fut parfaitement reconnu en France où elles surent soutenir vaillamment le voisinage des œuvres de Chéret; abstraction faite, bien entendu, de l'exécution qui était bien moins poussée chez Moore que chez le maître français. C'étaient

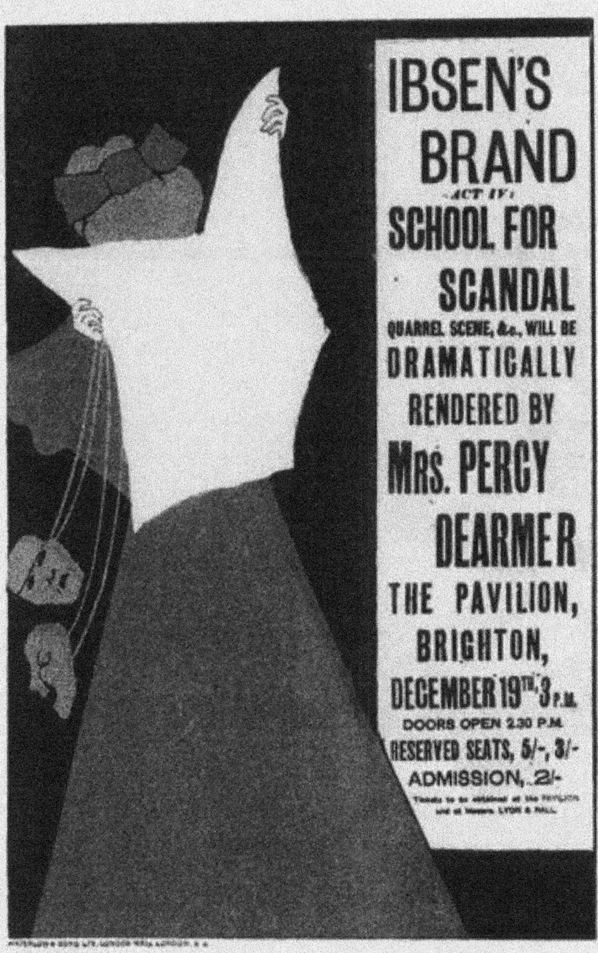

Fac-similé d'une affiche de Mme MABEL DEARMER, pour les représentations de la satire d'Ibsen : *l'École du scandale.*

là probablement les premières affiches ayant trait à la vélocipédie, même en France. C'est M. Moore qui exécuta la planche annonçant le gagnant de la première *course Paris-Bordeaux*, affiche que la maison Clément et Cie fit exécuter chez Dangerfield. Cette affiche représente le gagnant debout entre sa machine et la borne kilométrique finale. Et dès cette époque nous pouvons relever d'autres indices, qui nous permettent de constater que les artistes anglais recommençaient à se mettre bravement de la partie.

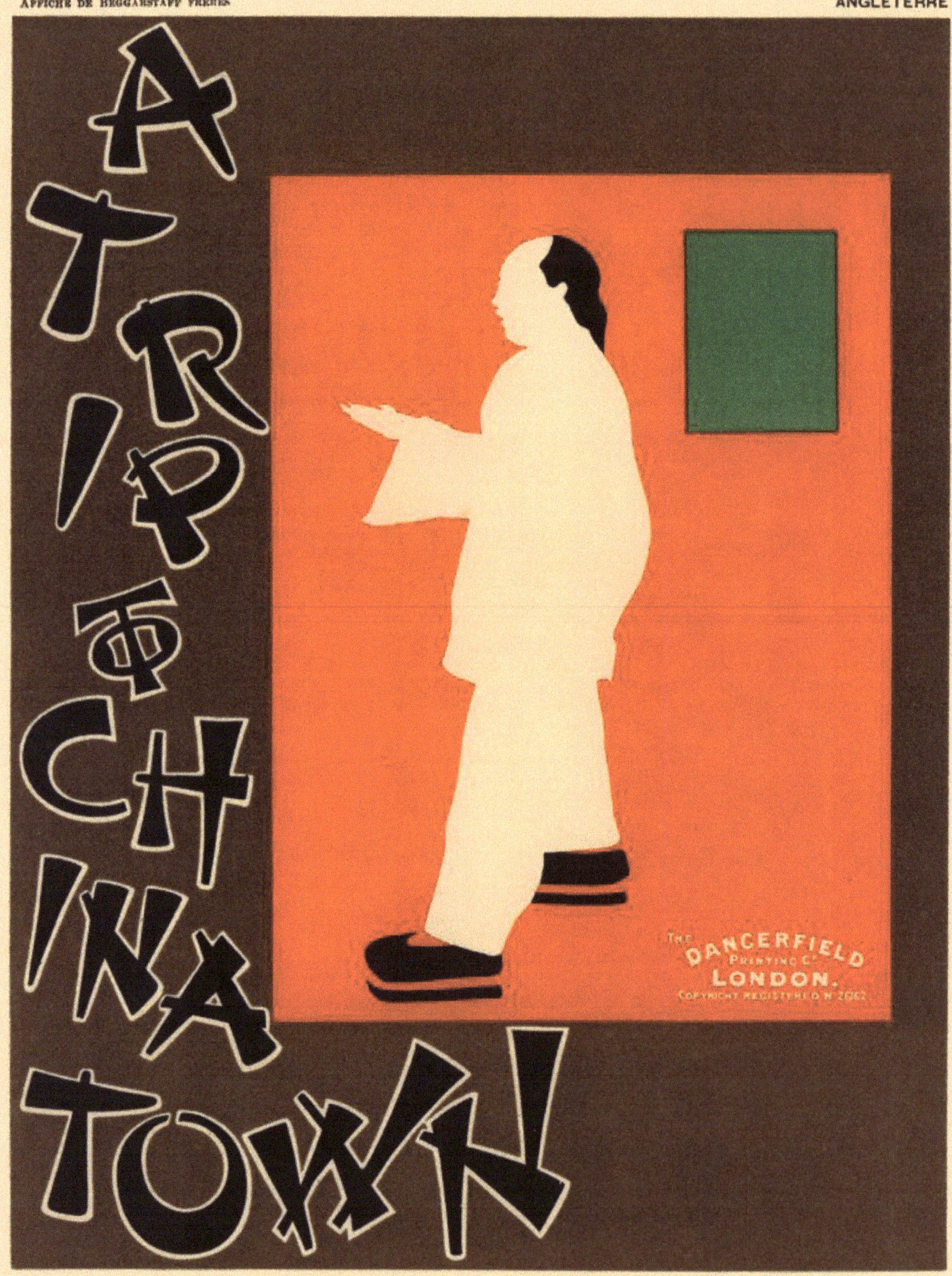

LES AFFICHES ÉTRANGÈRES

Il n'est pas douteux que l'impulsion fut donnée quand Barnum amena à Londres son *Greatest show on earth*, en 1889. Tout le monde avait entendu parler de Barnum et de ses affiches; maintenant la ville était tapissée de ces dernières.

Ces affiches étaient mauvaises, néanmoins elles créèrent un mouvement. Le négociant intéressé à écouler sa marchandise y vit un exemple bon à suivre, et l'artiste eut l'intuition de ce que l'on pourrait tirer de cette vogue, ainsi que des effets qu'on obtiendrait au moyen de principes tout opposés, c'est-à-dire en faisant simple.

Paris intervint encore une fois ici, et fort à propos. La Compagnie *Paris-Lyon-Méditerranée* fit placarder à Londres des affiches en couleurs; c'étaient plutòt de grandes esquisses, mais l'effet était bon; le nom du dessinateur est resté inconnu. Par degrés ainsi l'affiche artistique se constitua; mais le moyen de noter chaque production intermédiaire! Autant essayer de mentionner tous les exposants du *Salon*. Les sujets les plus variés ont été mis sur le chantier. Un jour même, à ma grande surprise, je vis quelques-unes de mes œuvres reproduites sur les murs de Paris. C'étaient des compositions en couleurs, faites d'après mes dessins

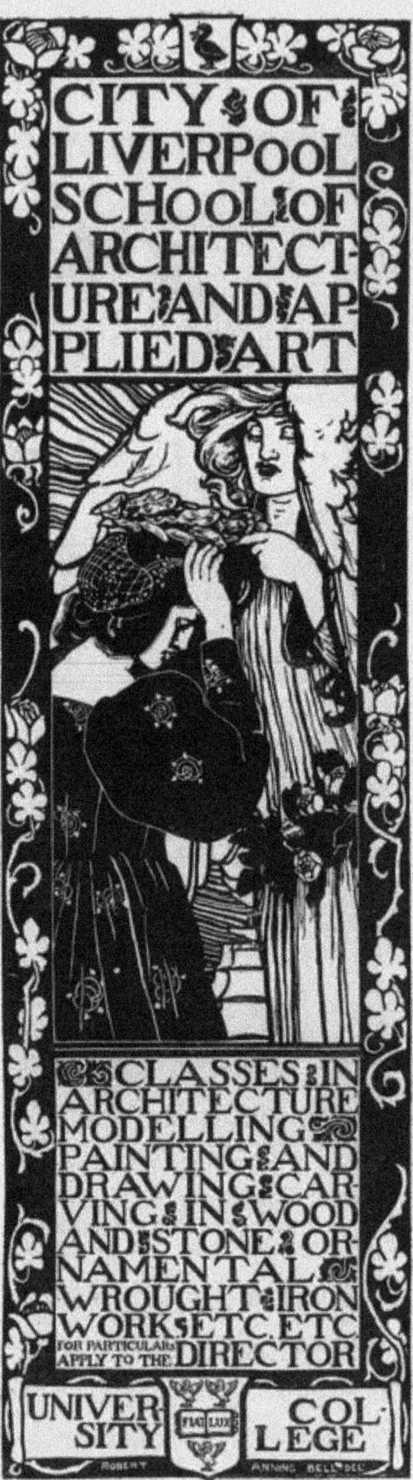

Afliche de M. R. ANNING BELL, pour l'École d'Architecture et d'Art de Liverpool.

en noir et blanc. Je n'en veux pas à la Compagnie *P.-L.-M.* d'avoir apprécié mes ouvrages, tout au plus aurais-je souhaité d'en voir des copies plus fidèles.

Suivent quelques essais individuels. M. SINET annonça une petite exposition dans la Goupil Gallery avec une petite affiche apposée sur les crochets des *sandwich-men*; traitée légèrement et plutôt en esquisse, si on la compare aux *Bubbles* et au *Life-buoy-Brand*, alors en pleine vogue, mais faisant bien comprendre la valeur d'un trait délié pour l'affiche destinée à être exposée dans la rue.

M. VAN BEERS arriva avec une affiche où les tons plats, dé-

Fac-similé d'une affiche de M. DUDLEY HARDY, pour les représentations de *A Gaïety Girl*. (Waterlow and Sons, impr.)

libérément employés, se faisaient valoir avantageusement; cette œuvre très remarquée a dû attirer du monde à l'exposition qu'avait organisée ce peintre.

M. Benson, le directeur de tournées artistiques consacrées au répertoire de Shakespeare, chargea M. HEYWOOD SUMNER de lui composer des affiches, et ici le *lettering*, c'est-à-dire le texte, devint le sujet principal

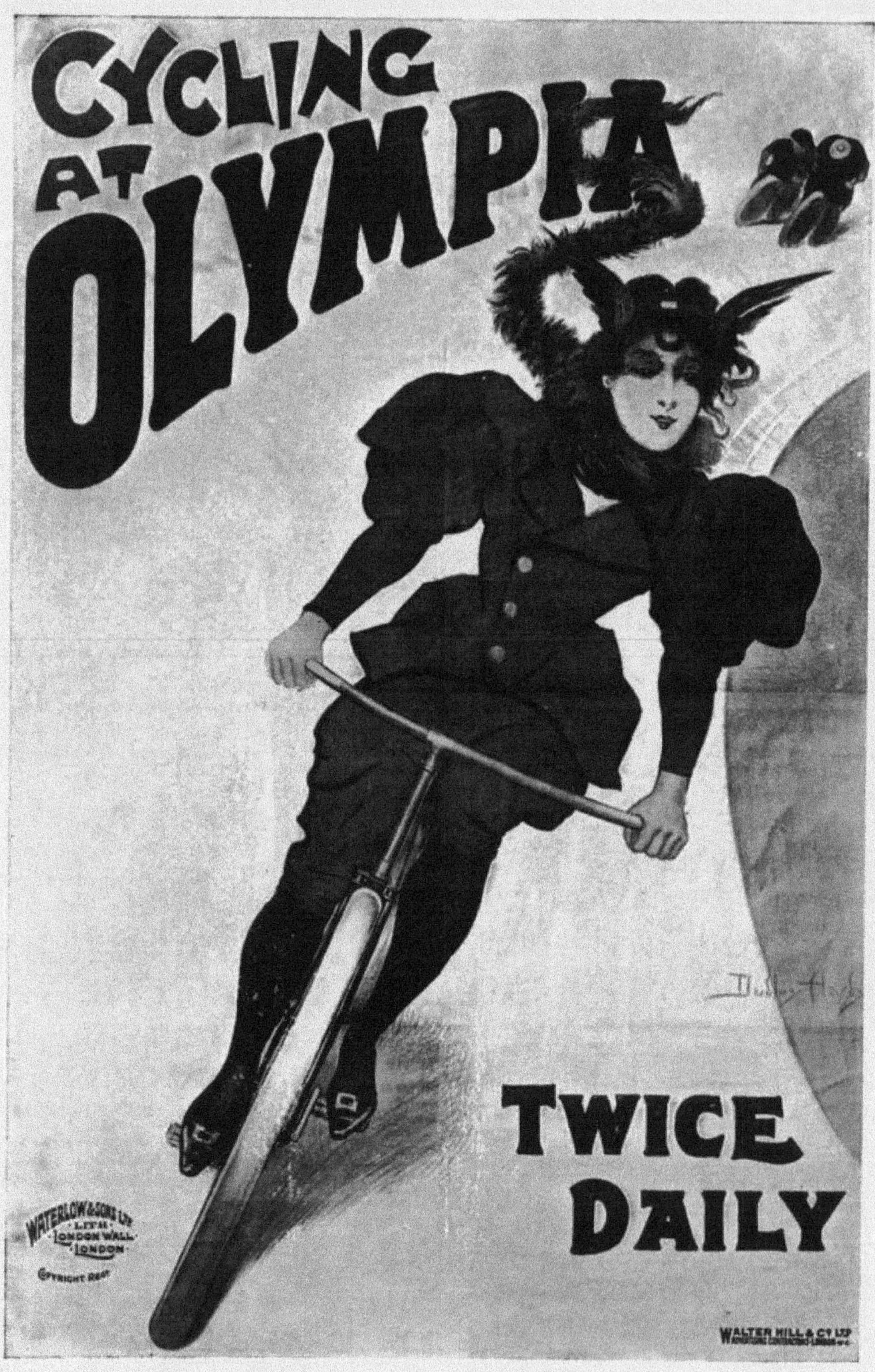

Fac-similé d'une affiche de M. Dudley Hardy, pour des courses de vélocipèdes à l'*Olympia* de Londres. (Waterlow and Sons, impr.)

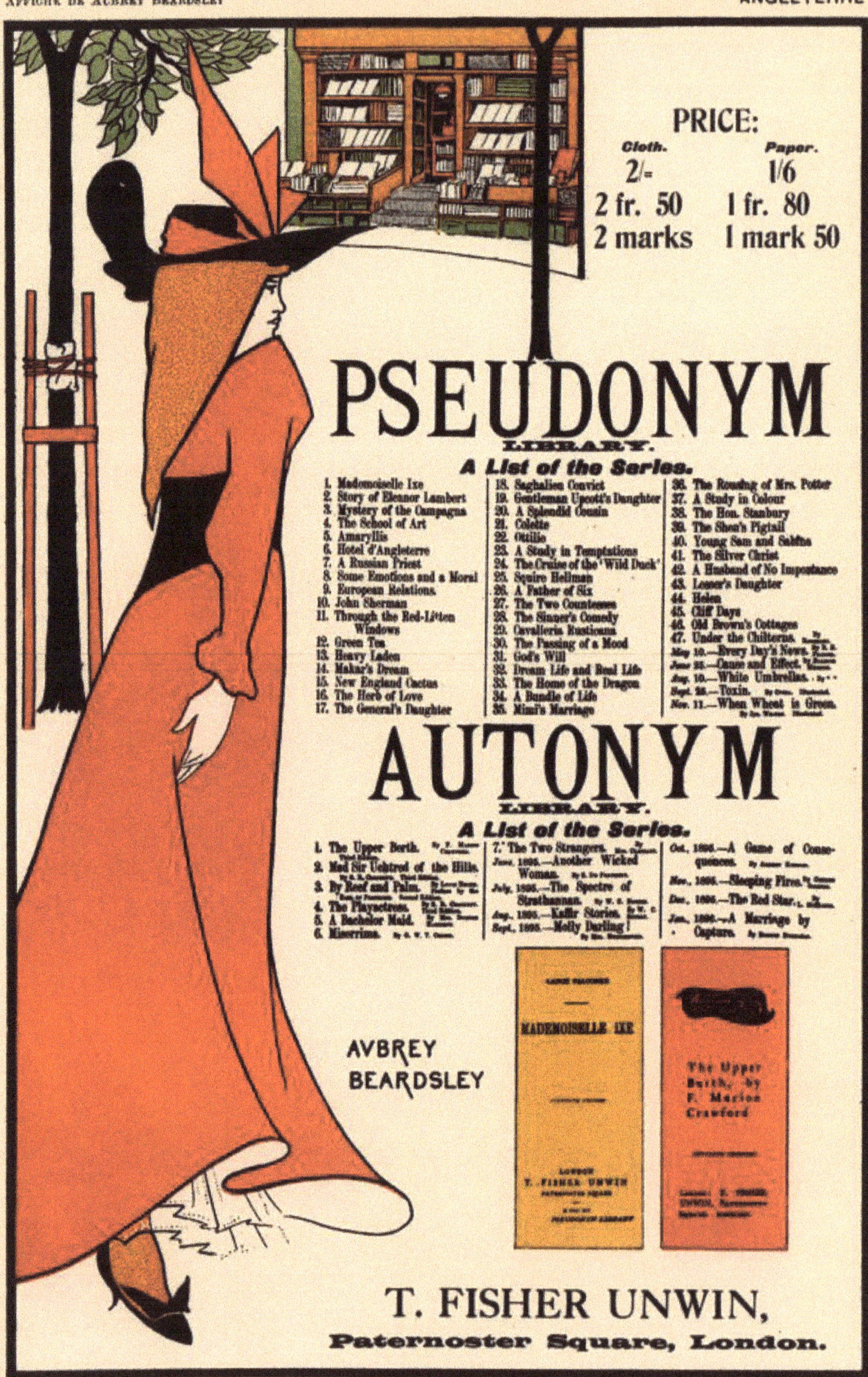

PRICE:
Cloth.   Paper.
2/=   1/6
2 fr. 50   1 fr. 80
2 marks   1 mark 50

PSEUDONYM
LIBRARY.
A List of the Series.

AUTONYM
LIBRARY.
A List of the Series.

AUBREY
BEARDSLEY

T. FISHER UNWIN,
Paternoster Square, London.

autour duquel se déroule un décor varié quoique simple. Si ce principe est très acceptable, le dessinateur, ici, n'a pas su le développer suffisamment ; le tracé des lettres n'était pas assez fortement accusé, et l'affiche, à cause de cela, ne portait pas.

Beaucoup moins affecté, mais bien plus harmonieux, était le texte dans les affiches que M. Mortimer Menpes fit pour ses propres expositions ; affiches, malheureusement, qui, quoique imprimées en couleurs, n'ont pas d'autre mérite spécial. En réalité c'est M. Whistler qui, le premier, s'est avisé de faire ressortir le texte d'une façon simple en employant des caractères appropriés. Il a montré ainsi la voie aux

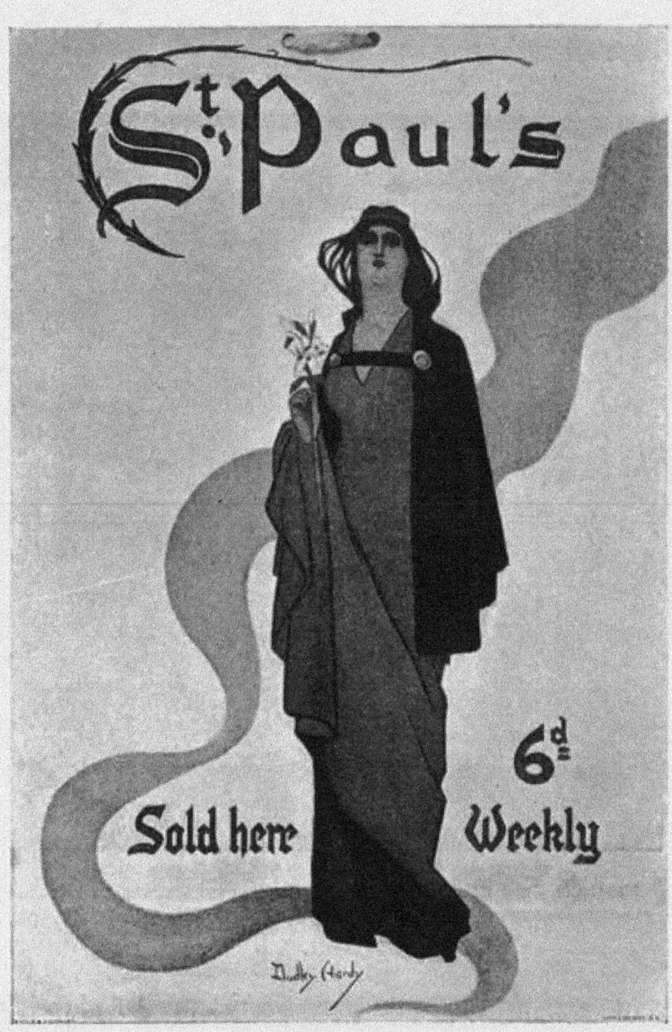

Fac-similé d'une affiche de M. Dudley Hardy, pour le journal hebdomadaire *Saint-Paul's*. (Riddle et Couchnan, impr.)

autres artistes, qui n'ont eu qu'à le suivre. Il n'a pas fait d'affiche illustrée au sens propre du mot, mais il a annoncé les expositions de ses ouvrages par des placards où le texte était bien en vue, et seul un papillon, délicatement posé, complétait l'ensemble.

Mentionnons encore deux autres artistes, M. Skinner et M. Paléologue, dont les affiches, si elles n'ont pas une réelle valeur décorative, avaient au moins le mérite d'attirer le regard et de fixer l'attention. Je devrais peut-être au moins mentionner, ici, la *Mariana* de M. J.-J. SHANNON et le *Dress Rehearsal* (la répétition en costume) de M. CHEVALLIER TAYLOR, deux tableaux, entre autres, dont les commerçants ont fait des affiches.

Le plus important mouvement en faveur d'une amélioration eut lieu

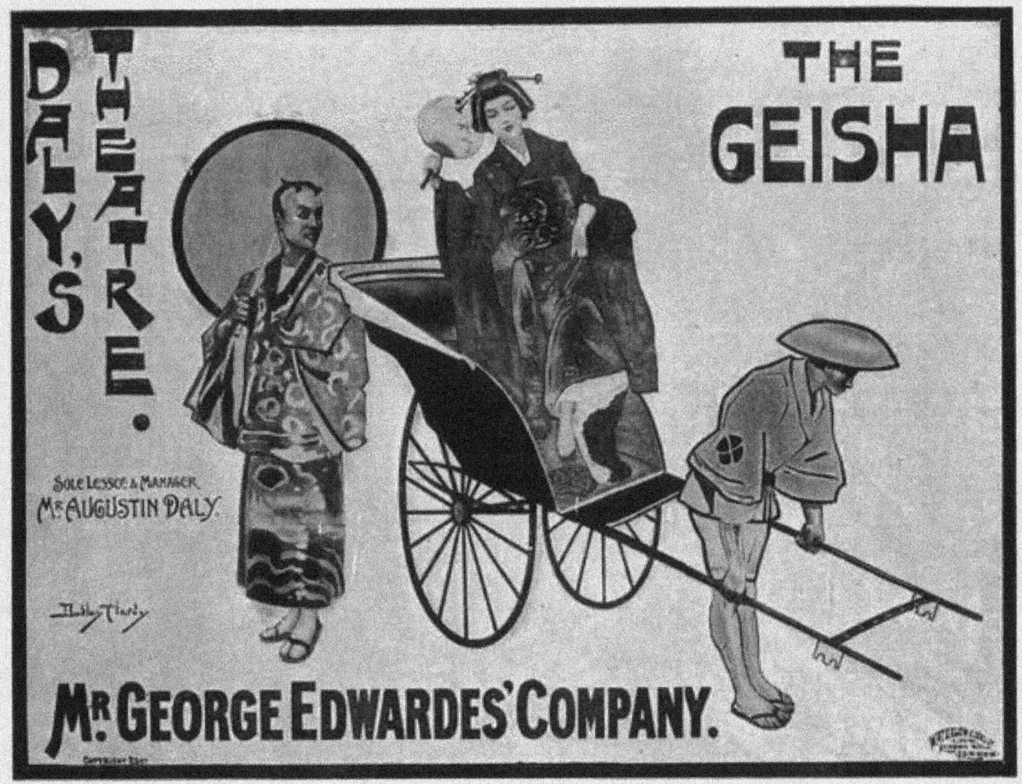

Fac-similé d'une affiche de M. DUDLEY HARDY, pour les représentations de *The Geisha*, au Daly's Theatre de Londres. (Waterlow and Sons, impr.)

vers 1894, quand quelques-uns parmi les plus jeunes, qui avaient été à Paris et y avaient vu des Chéret et des Lautrec, subitement tournaient leur attention à la confection d'affiches. Ils revinrent à la simplicité que, tant d'années avant eux, Fred Walker avait inaugurée, mais ils y ajoutèrent une nouvelle gaîté de couleur et d'attitude. Aucun artiste, travaillant pour l'industriel, n'avait encore, jusque-là, fait une étude aussi approfondie des intentions auxquelles leurs dessins devaient satisfaire, ni des conditions sous lesquelles ceux-ci devaient être vus, que ne le firent dès cette époque MM. DUDLEY HARDY, STEER, GREIFFENHAGEN et AUBREY BEARDSLEY.

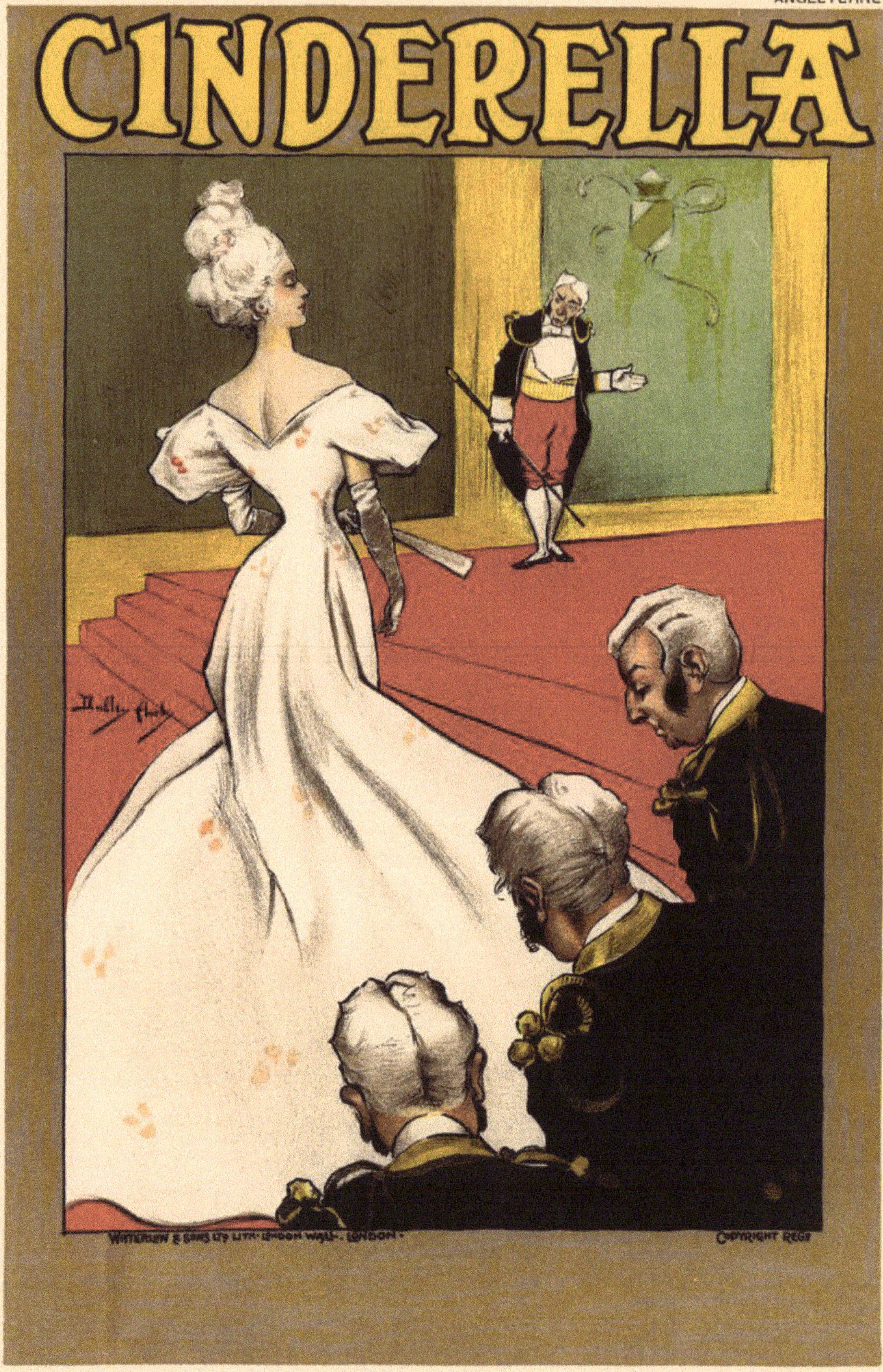

LES AFFICHES ÉTRANGÈRES

G. BOUDET, Éditeur   Imprimerie CHAIX

Ainsi donc l'impulsion leur vint de France, mais chacun, dans ce qu'il a produit, s'est montré novateur dans la mesure de ses forces. C'était pendant l'hiver de 1893 à 1894 qu'on vit apparaître, triomphante au milieu des affiches de sombres mélodrames, certaine demoiselle de jaune vêtue, à l'allure indépendante, respirant la franchise, dont le sourire enfin éclipsa toute autre manifestation. C'était l'affiche éminemment moderne par laquelle débuta M. DUDLEY HARDY, et qui servit à lancer un nouveau périodique intitulé *To Day*. Avec des contours sobres, un peu anguleux même, l'effet était obtenu, et sur le papier blanc la figure se détachait rayonnante, au détriment des chromos surchargées de couleurs en demi-teintes. Le brouillard de Londres, pour elle, n'était pas un obstacle, et victorieuse elle continuait son chemin. Là où les tendres effets d'un Chéret auraient succombé sous l'influence délétère d'une brume enfumée, une simple, mais spirituelle silhouette à la Lautrec conservait tous ses avantages.

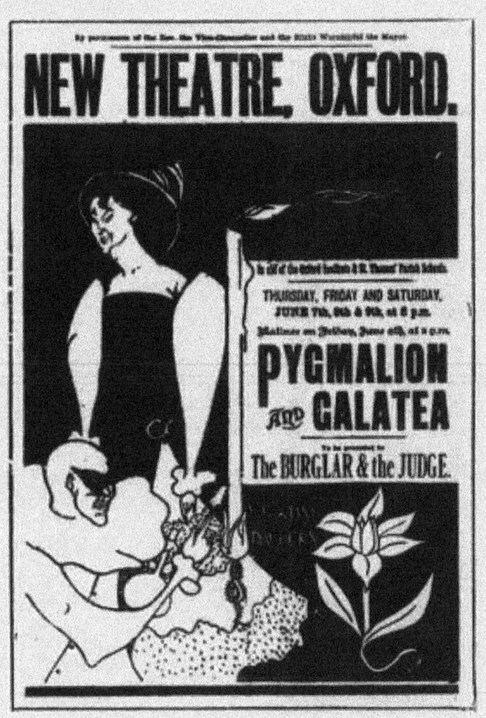

Fac-similé d'une affiche de M. WEIRDSLY DAUBERY, pour les représentations de *Pygmalion et Galatée*.

Si le texte de l'affiche *To Day* avait été le moins du monde distingué, le triomphe de M. Hardy aurait été complet.

Au printemps suivant M. STEER organisa chez Goupil (Boussod, Valadon et Cie) une exposition de ses tableaux. Pendant plusieurs semaines les hommes-sandwich promenèrent le portrait d'une demoiselle en vert, à la lourde chevelure rousse tombant sur les épaules; elle était vue de profil et prenait la moitié de l'affiche, l'autre moitié contenant l'annonce de l'exposition de M. Steer. Ici le texte était le grand attrait, et M. Steer avait eu le bon esprit, rare parmi les artistes qui travaillent pour l'affichage, de comprendre que l'inscription devait être traitée comme la partie essentielle du dessin.

Le même printemps fit sortir cette dame au parasol rouge, qui paraît profondément absorbée par la lecture du *Pall Mall Budget*. On la rencontra partout : sur les murs, en grand format, et derrière les vitrines, en réduction. M. Greiffenhagen a bien fait de confier à cette aimable personne le soin d'attirer l'attention sur le *Pall Mall Budget*, elle y a parfaitement réussi, grâce aussi à la simplicité des moyens mis en œuvre ; car avec trois couleurs franches, le rouge, le noir et le jaune, on a obtenu, par la lithographie, un effet à la fois net, élégant et suggestif.

De nouveau, au cours de ce printemps, M. Beardsley contribua à l'exposition du plein air. Sa première affiche était pour l'*Avenue Theatre*. Elle était reproduite en petit format, destinée essentiellement à servir de pancarte à la porte du théâtre et très bas sur les murs des stations du chemin de fer souterrain, parmi les programmes des spectacles divers de la ville. Mais elle eut un franc succès, avec sa gamme tranquille, pourpre et vert, et son dessin très simple. La femme aux sourcils épais, en robe décolletée, se tenant juste à l'intersection d'un rideau qui semblait être en gaze, était énigmatique, il faut en convenir. Mais elle ne l'était pas hors de propos, puisque c'était son rôle d'inviter le public à écouter une actrice pleine d'ambition, miss Florence Farr, qui tendait surtout à donner une valeur

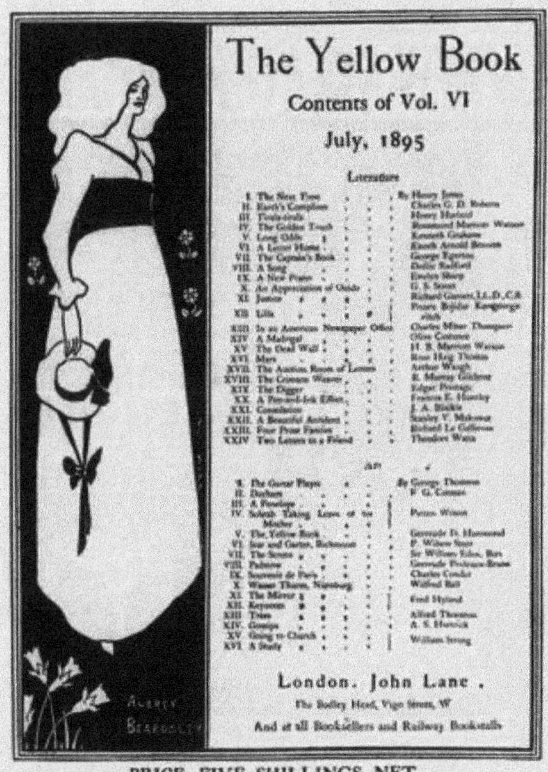

Fac-similé d'une affiche de M. Aubrey Beardsley, pour la collection de *The Yellow Book*.

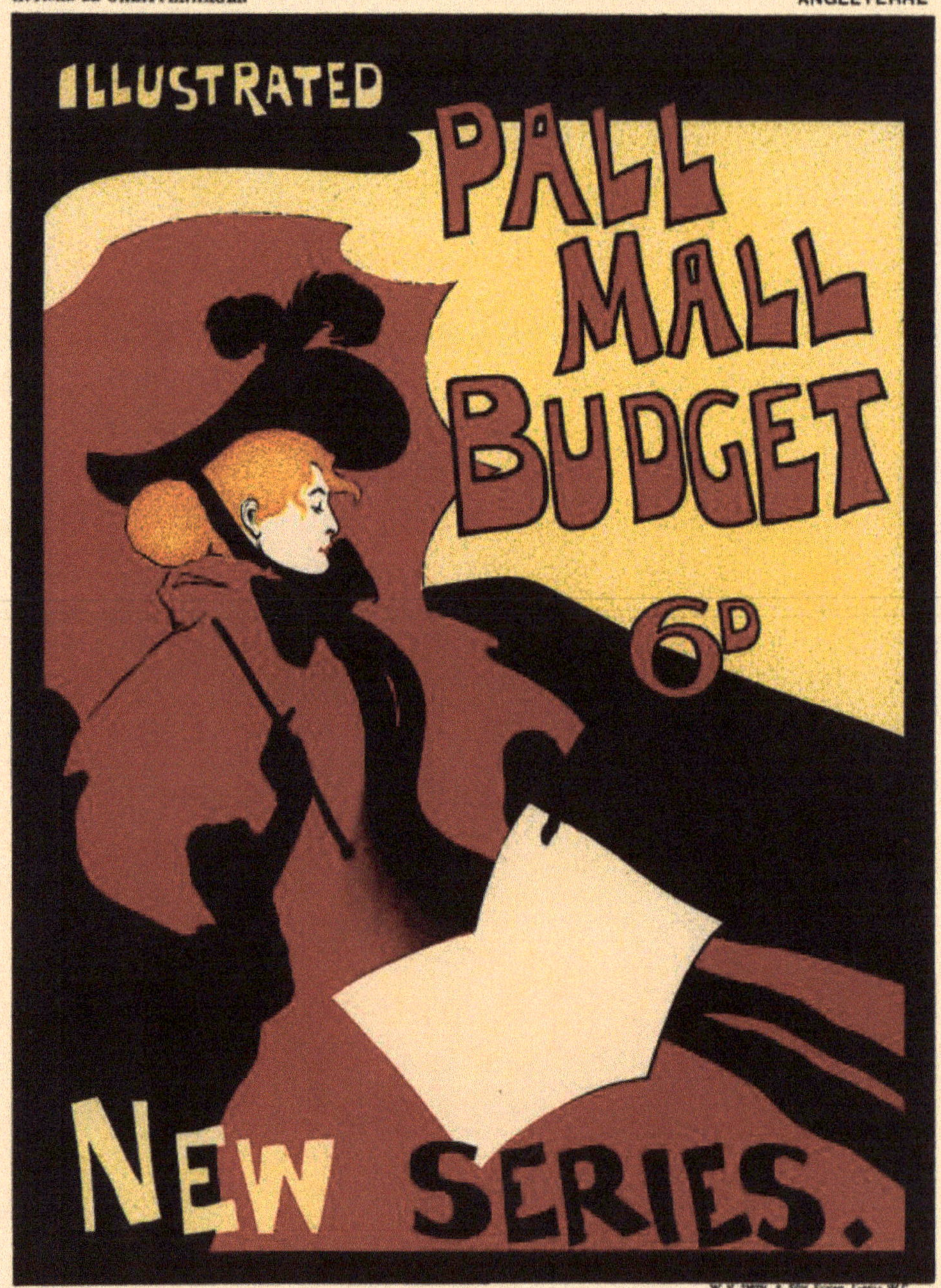

LES AFFICHES ÉTRANGÈRES

G. BOUDET, ÉDITEUR   IMPRIMERIE CHAIX

littéraire à ses ouvrages, qualité qui demeure à l'état d'énigme pour le commun des spectateurs. L'entreprise théâtrale échoua, mais l'affiche eut du succès. Elle était d'abord d'un dessin admirable; puis son originalité obligeait à la contempler, et enfin ceux qui s'arrêtaient à regarder la femme, nécessairement devaient lire la légende qui l'accompagnait.

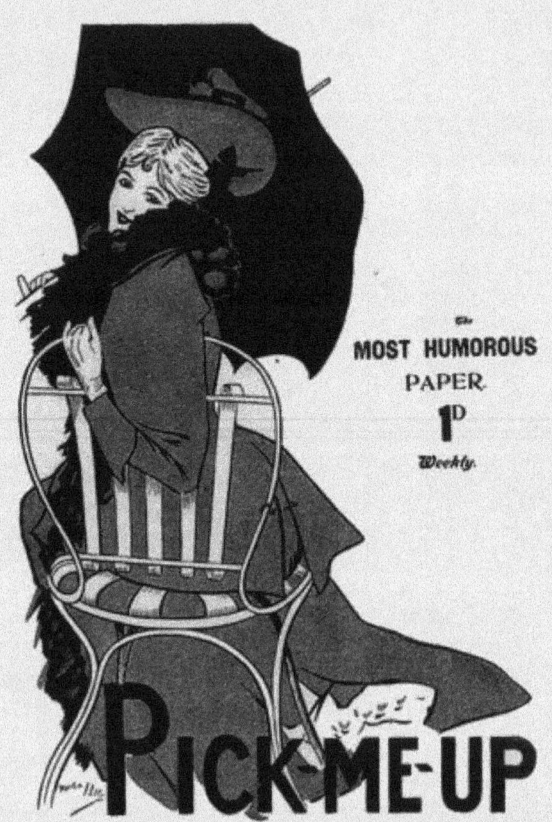

Fac-similé d'une affiche de L. RAVEN HILL,
pour le journal hebdomadaire *Pick-me-up*.

En novembre 1894 eut lieu une exposition d'affiches au *Royal Aquarium*, organisée par M. Edward Bella. Certains enthousiastes ne manqueront pas de dater de là une ère nouvelle pour l'affiche illustrée en Angleterre. Eh bien, si cette exposition a pu rendre des services aux collectionneurs, l'artiste n'y a pas appris grand'chose. Certainement l'ensemble était significatif et probant. C'est ainsi qu'on apprit à connaître et à apprécier dans le royaume l'œuvre des artistes parisiens. D'autre part, on y pouvait passer en revue les œuvres fournies par les dessinateurs anglais et se faire une idée plus appropriée des efforts de ces derniers; et cela avait son importance, car ces œuvres avaient déjà fait les frais d'une polémique assez vive. On aurait pu espérer que le fabricant anglais, lui aussi, recueillerait là des renseignements utiles, se formerait enfin une conviction et voudrait accorder dans la suite sa confiance à des artistes de carrière; puisque, en France, on s'en trouvait bien, — et la section française à l'Aquarium en fournissait amplement la preuve, — pourquoi ne s'en accommoderait-on pas en Angleterre? L'artiste, par contre, ainsi raisonna-t-on encore, ne puiserait-il pas des notions utiles dans la contemplation des œuvres exposées et, en même temps, un encourage-

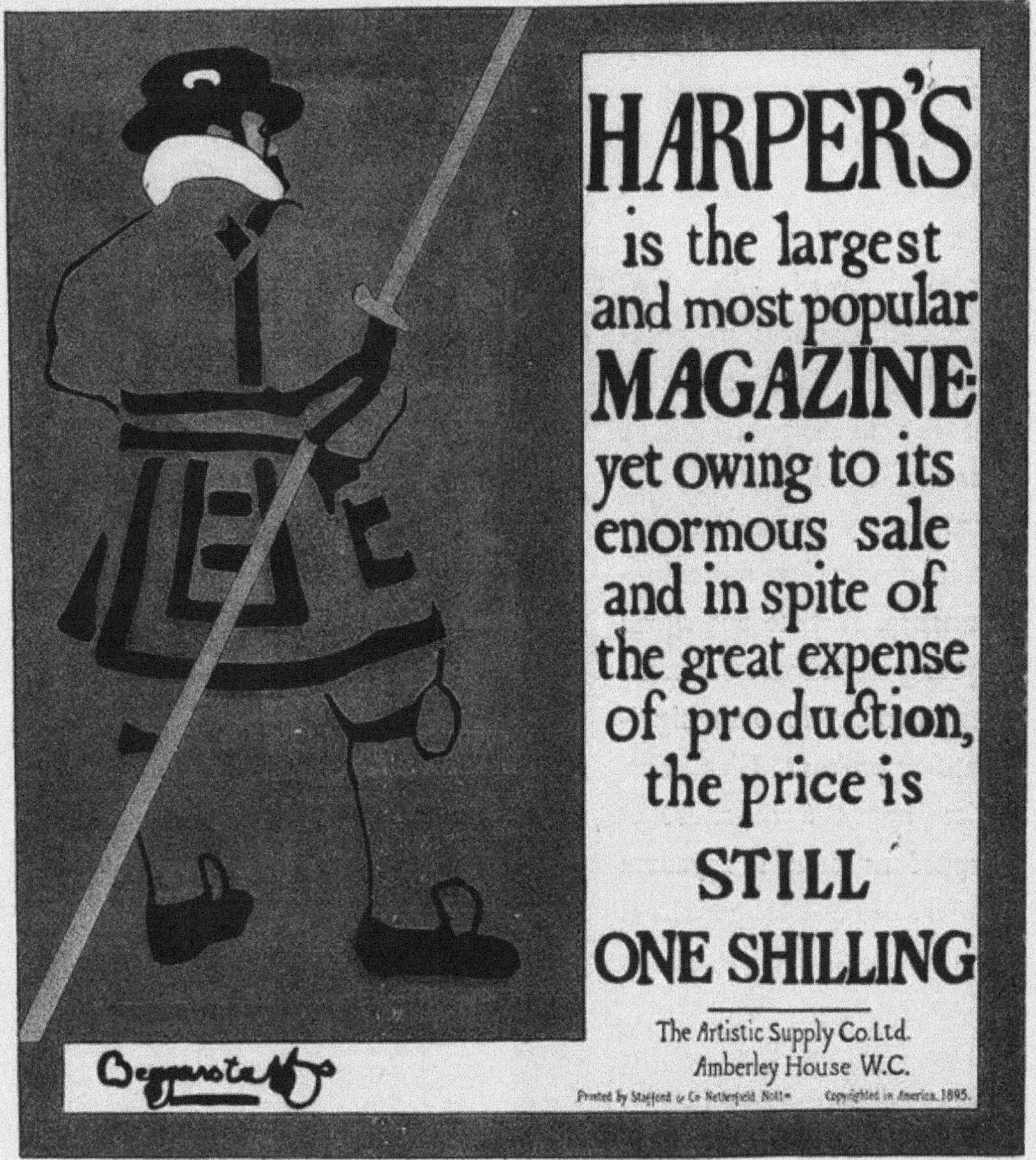

Fac-similé d'une affiche de MM. Beggarstaff frères, pour la vente à Londres de la Revue américaine *Harper's Magazine*. (Stafford and C°, impr.)

ment à ne plus s'abandonner à l'à-peu-près? En somme et pour tout dire, on avait la conviction que le renouveau de l'affiche illustrée serait la conséquence de cette exposition d'un nouveau genre, et qu'il en rejaillirait un reflet aimable jusque sur les murs enfumés de la capitale.

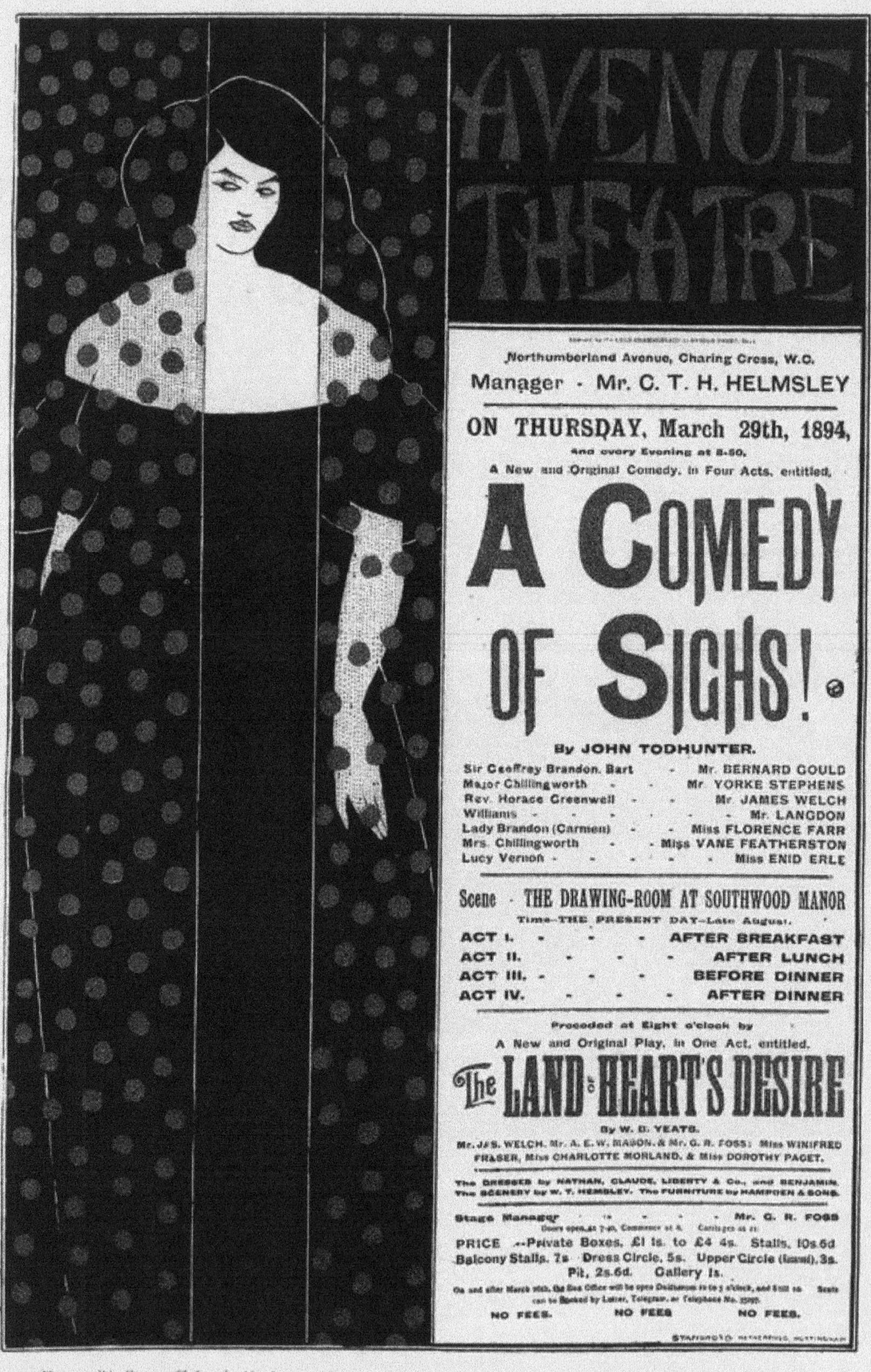

Fac-similé d'une affiche de M. AUBREY BEARDSLEY, pour les représentations de : *Une Comédie de soupirs.*

(Stafford and C°, impr.)

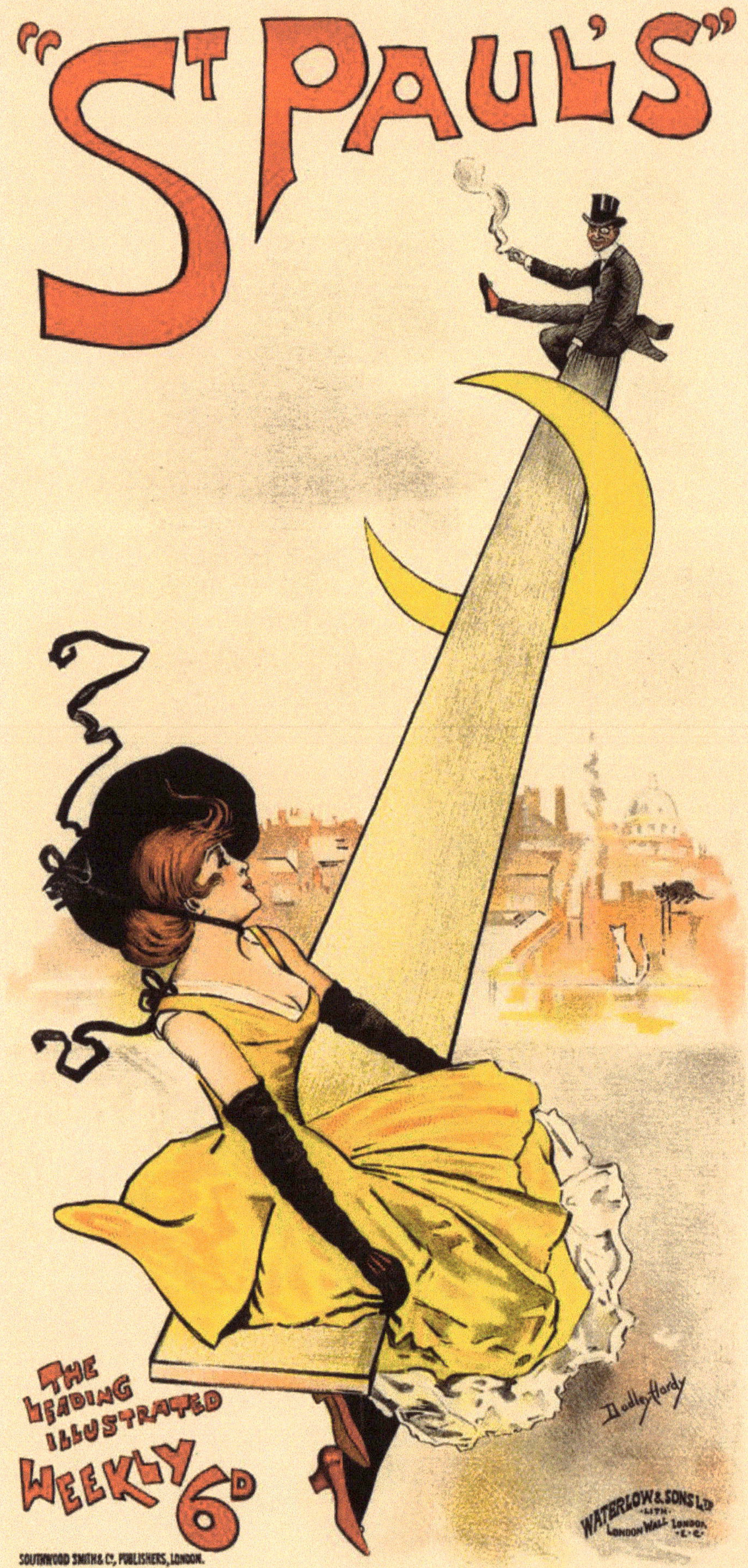

LES AFFICHES ÉTRANGÈRES

G. BOUDET, ÉDITEUR

IMPRIMERIE CHAIX

Ce n'est pourtant pas tout à fait ce qui arriva. L'exposition fut plutôt rétrospective, en ce sens que, ce que nous pouvons citer de meilleur, encore aujourd'hui, y figurait déjà, et que d'autre part, chez quelques artistes, la tendance au laisser-aller, à la routine que leur imposent volontiers les industriels, était déjà sensible. M. DUDLEY HARDY, par exemple, était enclin à se répéter, à être moins primesautier; nous prenons pour preuve de ce que nous avançons les trois affiches que cet artiste fit pour la pièce *A Gaiety Girl* dont l'une est de grand format et fort connue. Son affiche pour le journal illustré hebdomadaire *Saint-Paul's,* — publication qui alors espérait grouper autour d'elle un cercle de lecteurs plus ou moins gens d'église, — était certainement conçue dans une note tout autre que celle à laquelle l'artiste nous a habitués de-

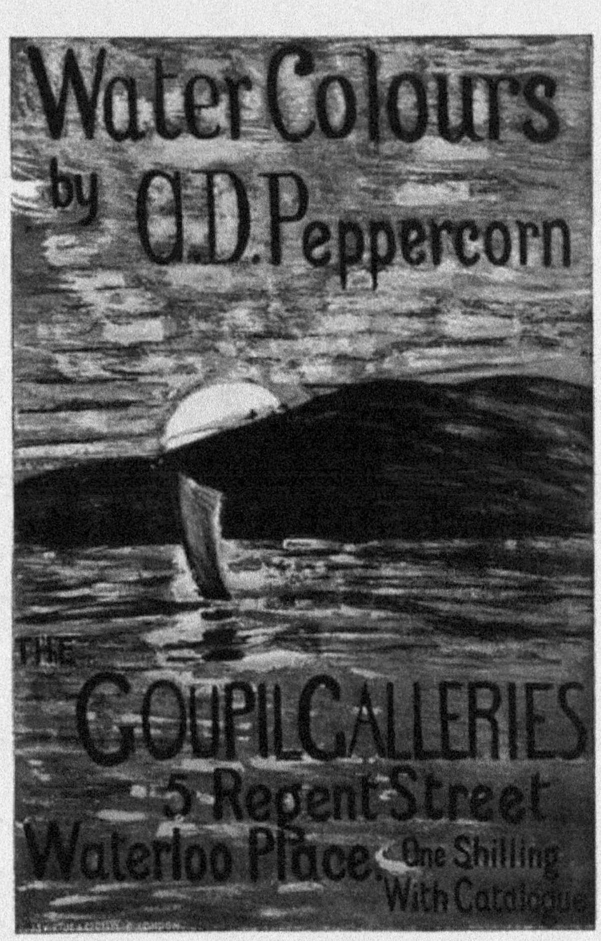

Fac-similé d'une affiche de M. PEPPERCORN, pour son Exposition d'aquarelles à la Galerie Goupil. (Virtue and Cⁱ, impr.)

puis; la figure féminine, drapée d'un vêtement sombre et tenant un lis à la main, était commune, et à peu près rien de plus. Le même artiste en exécuta aussi une autre pour le même journal, représentant un homme et une femme sur une balançoire. M. Dudley Hardy a eu depuis l'occasion de produire beaucoup d'affiches, dont deux surtout sont remarquables. D'abord l'affiche qui sert de réclame à un fabricant de chaussures : *Boots and shoes*; si elle n'a pas d'autre mérite, elle est du moins d'un plaisant à-propos. A voir ces deux messieurs et cette dame, qui tous trois vous tournent le dos, fixer obstinément le bord supérieur de l'affiche, vous ne pouvez vous empêcher d'en faire autant et de les imiter en lisant l'inscription. M. Dudley Hardy a fait une large affiche pour le Drury Lane Theatre. Il

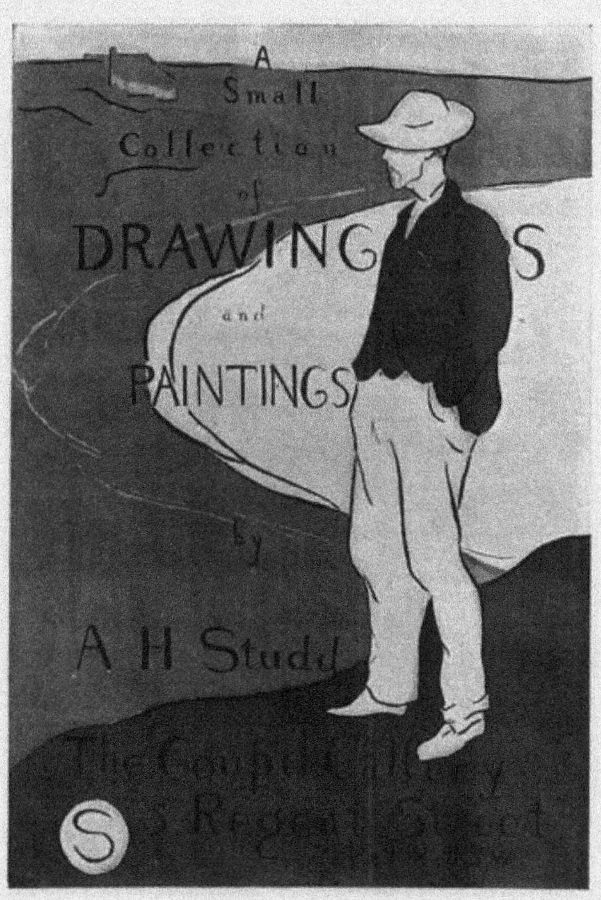

Fac-similé d'une affiche de A.-H. Studd, pour son Exposition
de dessins et peintures à la Galerie Goupil.

s'agit d'une de ces pantomimes comme on en monte régulièrement pour les fêtes de Noël, et cette fois-ci de *Cinderella*, en français *Cendrillon*. Celle-ci monte les marches d'un grand escalier, vêtue d'une robe à traîne en satin blanc, à laquelle sert de repoussoir la muraille d'un ton rouge vif et uni. Au premier plan, à l'instar de ces fleurs emblématiques qu'on peut voir complaisamment s'épanouir dans les vieilles gravures, trois laquais, poudrés et galonnés sur toutes les coutures, jaillissent pour produire l'effet le plus réjouissant.

Il existe un grand nombre d'autres affiches de sa main, exécutées pour différents théâtres, parmi lesquelles plusieurs pour l'Olympia; nous citerons *the Chieftain*; *Cheer Boys Cheer*; *An Artist's Model*; *A Night out*. Malheureusement, pour l'instant le but principal que poursuit M. Hardy, en variant continuellement son style et sa méthode, paraît être uniquement de se rendre compte de ce qu'il est, ou plutôt de ce qu'il n'est pas capable de faire. C'est ainsi que, d'une part, on voit actuellement à Londres une

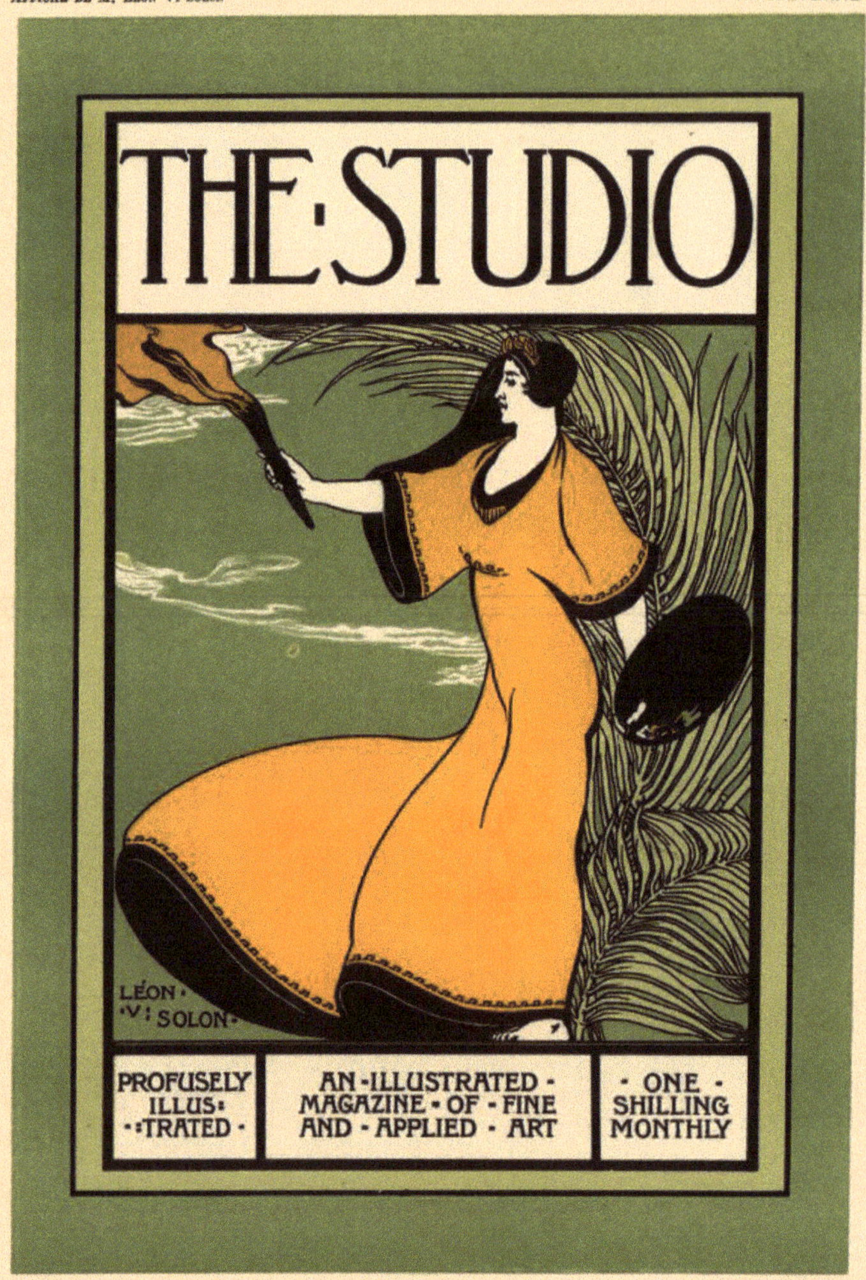

LES AFFICHES ÉTRANGÈRES

G. Boudet, Éditeur

Imprimerie Chaix

grande affiche qu'il a dessinée pour la pièce *The Geisha*. La scène est empruntée au Japon, mais, selon toute apparence, M. Hardy ne comprend rien à l'art japonais, pas plus qu'il ne sait, sans doute, apprécier la beauté de la petite affiche que M. Edgar Wilson exécuta pour la même pièce ; à moins pourtant que le directeur du théâtre ne lui ait imposé des conditions restrictives et ne lui ait ainsi forcé la main. En province, d'autre part, on rencontre de lui une annonce pour une maison de vins d'Australie, *The Orion*. L'artiste a entrepris ici de traîner la préraphaélisme un peu plus avant dans l'ornière. Au fur et à mesure que M. Dudley Hardy nous donne de ses productions, la conviction en nous se fortifie qu'il devrait,

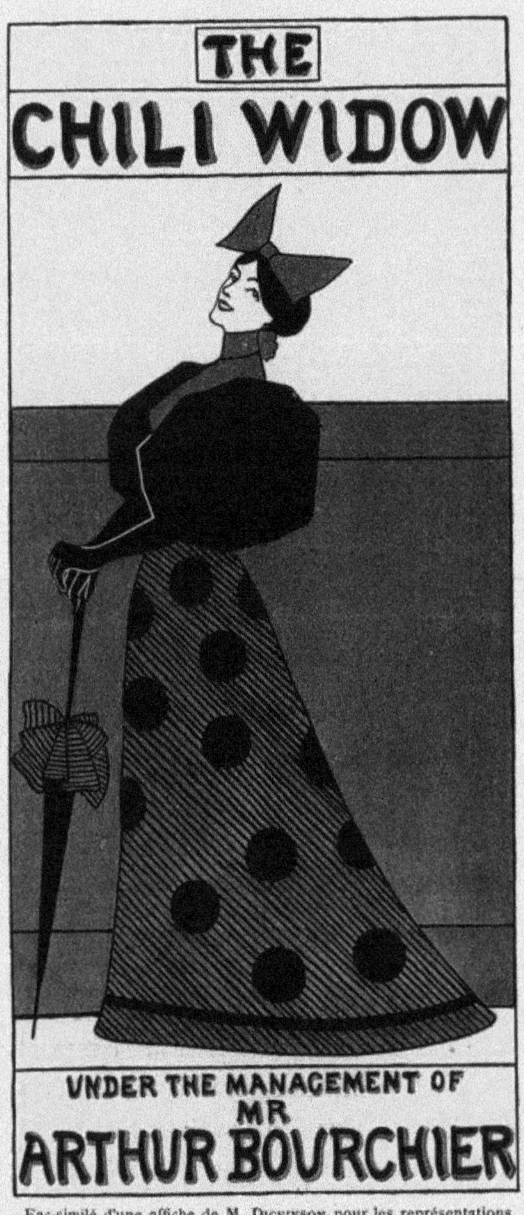

Fac-similé d'une affiche de M. Dickinson, pour les représentations de *The Chili Widow*.

avant tout, rester fidèle a ce qu'il a appris en France et respecter les bonnes traditions qu'il en a rapportées. Nous ne voulons pas dire par là que les artistes — lui ou d'autres — devraient d'une façon générale s'en tenir à un même sujet, à une seule méthode; par contre, nous estimons qu'un artiste ferait sagement d'agir ainsi lorsqu'il a fourni la preuve que toutes les méthodes, nouvelles pour lui, dont il cherche à se servir, sont contraires à ses aptitudes et à son tempérament. M. Hardy est un homme très doué; c'est pourquoi l'on est porté à être sévère, en le critiquant, et il est certain que très souvent, s'il voulait, il pourrait faire beaucoup mieux.

On voyait aussi à l'Aquarium l'affiche de M. Beardsley représentant une jeune personne affectée se dirigeant vers une boutique de librairie, dessinée d'une façon charmante; les tons simples et posés à plat sur le fond blanc prêtent un intérêt nouveau aux *Pseudonym* et *Autonym Librairies* publiées par M. T. Fisher Unwin, pour lesquelles l'attention est ainsi sollicitée.

Plus loin était exposée une affiche assez habilement troussée et signée Weirdsly Daubery. Le sujet est une parodie ayant trait à la pièce *Pygmalion et Galatée*, qui fut représentée au Nouveau Théâtre d'Oxford; le dessinateur de son vrai nom s'appelle L. Hearn.

On connaît le dessin de M. Beardsley pour le *Yellow Book*, car il a été souvent reproduit. Une seule des affiches de cet artiste depuis a affronté le jour : c'est une jeune femme à belle encolure, coiffée d'une plume blanche qui fait panache au-dessus de sa sombre chevelure; assise sur des coussins violet foncé, elle est extrêmement intéressée, selon toute apparence, dans la lecture d'un volume de l'*Autonym Library*. Cette figure ne pouvait manquer d'attirer l'attention du passant.

Quant aux deux artistes, MM Steer et Greiffenhagen, ils paraissent s'être contentés de leur succès à l'Aquarium, car ils n'ont, à notre connaissance, plus rien donné depuis.

Mais n'oublions pas les croquis si lestement enlevés de M. Raven-Hill et publiés par le journal *Pick-me-up*, dont cet artiste était alors le directeur. Puis encore une affiche un peu compliquée de M. Fowler pour la *Walker Art Gallery* de Liverpool; cinq couleurs y sont mises à contribution.

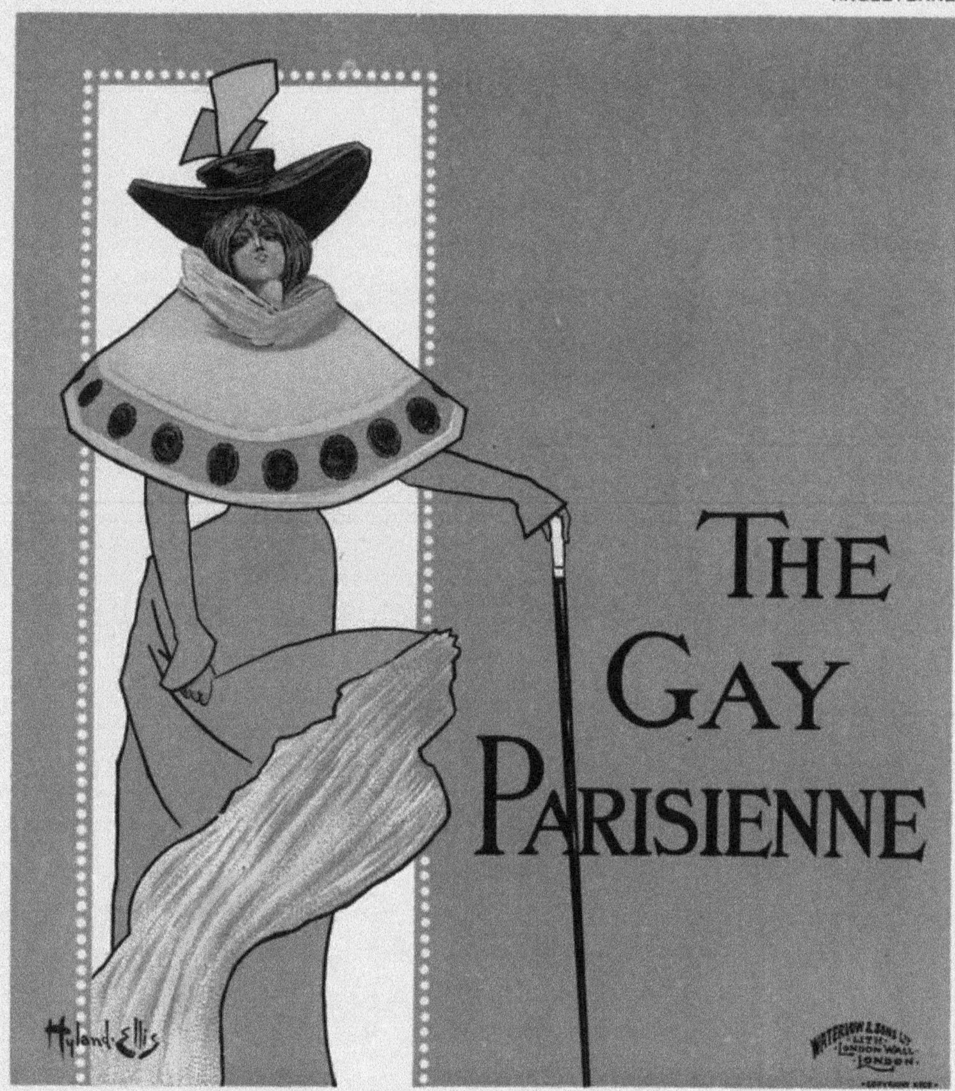

LES AFFICHES ÉTRANGÈRES

D'autres œuvres restent à l'état d'esquisses comme les projets de M. Sickert et de M. Manuel pour des affiches de café-concert, qui, autant que je sache, n'ont jamais été exécutés d'une façon pratique. Les affiches dues à M. Lockhart Bogle pour les *Jeux* dans le pays d'Écosse, et de M. Cleaver pour le *Daily Graphic*, n'étaient pas très satisfaisantes.

Par contre, l'originalité imposante de l'œuvre des frères Beggarstaff fit sensation. Jusqu'ici les plus habiles parmi les artistes avaient pris exemple sur ce qu'ils avaient vu en France et ne s'en cachaient pas. MM. Pryde et Nicholson, qui eurent l'idée de se présenter sous le nom de *Frères* Beggarstaff, ont puisé à la source une inspiration qui porte un cachet tout personnel. Éclairés sur la valeur de la silhouette, ils portèrent toute leur attention de ce côté. Ils réussirent ainsi à isoler puissamment cette silhouette, de façon à distancer même un Lautrec ou un Gausson.

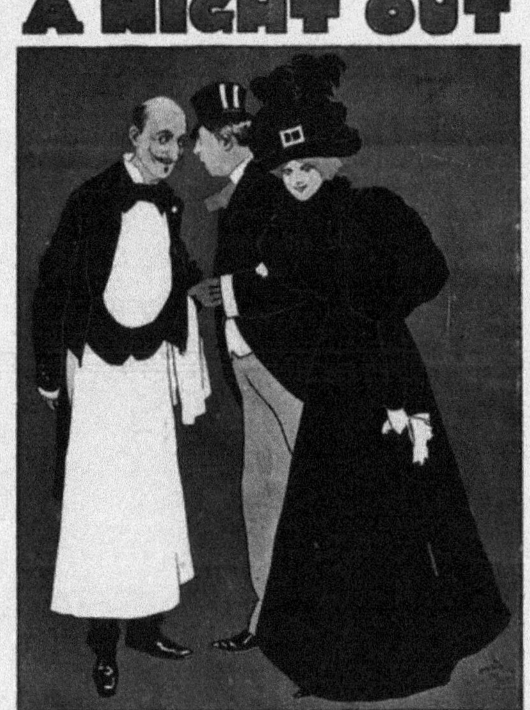

Fac-similé d'une affiche de M. Hassall, pour les représentations de *Une Nuit dehors*.

Ainsi, dans un dessin-projet pour le *Blue*, dont aucun industriel jusqu'à présent n'a eu le bon sens de reconnaître les excellentes qualités, une figure noire est séparée du fond noir par un contour blanc, et la seule couleur est une tache unique — une très large tache — de bleu dans un bassin à ses pieds. Le résultat est amusant, l'intention ne prête pas à l'équivoque.

De même du *Piano* où la foule est indiquée avec une supercherie spirituelle. Il y a encore le carton pour les *Niggers* (les nègres), puis un autre pour une fabrique de bougies (*Candles*) et ce dernier, avec sa flamme rutilante qui sort des ténèbres, est peut-être le plus remarquable de tous. Les deux artistes n'ont rien fait de mieux que ces quatre projets, mais aucun fabricant ne s'est laissé convaincre, et c'est fort regrettable, car si les frères Beggarstaff avaient rencontré un meilleur accueil auprès des industriels, l'affiche aurait pu prendre un développement inattendu et nous aurions vu des merveilles. Celles de leurs affiches qui ont été utilisées sont, de fait, en ce qui concerne la hardiesse de l'invention, plutôt les moins vigoureuses dans l'ensemble de leur œuvre. Le *beefeater* (gardien de la Tour de Londres), tout rouge qu'il est, n'était cependant pas suffisamment énergique pour se faire pardonner cette incongruité de servir, lui, le représentant du civisme anglais, de héraut et d'appariteur à une revue américaine, *Harper's Magazine*. L'affiche *China-Town* fut une de leurs premières ; mais, absolument contre leur goût, une bordure ridicule y fut ajoutée qui affaiblit quelque peu l'effet. Puis il y a eu *The Hour,* la simple figure d'une jeune fille annonçant ce périodique.

La *Cinderella* pour *Drury Lane Theatre* n'a pu s'acclimater et fut remplacée trop tôt par l'affiche de Dudley Hardy dont nous avons déjà parlé, et pourtant, à l'Aquarium, le carton des Beggarstaff tua son entourage.

Quelques-uns des dessins des mêmes artistes ont été faits pour Sir Henry Irving et le Lyceum Theatre : le solennel et grave *Hamlet*; le majestueux *Becket*; le vaillant *Don Quichotte*, qui n'attend qu'une occasion pour reparaître sur les murs et ne manquera pas d'y faire excellente figure. Quoique le *Hamlet* n'ait jamais été affiché à Londres, les collectionneurs qui en possèdent un exemplaire peuvent être fiers, car, d'après ce que m'ont dit MM. Beggarstaff, ceux-ci, dans le but de se rendre compte de l'effet à obtenir, en ont colorié un assez grand nombre de leurs propres mains, au moyen d'un patron qu'ils avaient fabriqué. Ce n'est même que sous cette forme que l'affiche a été publiée. Les quelques collection-

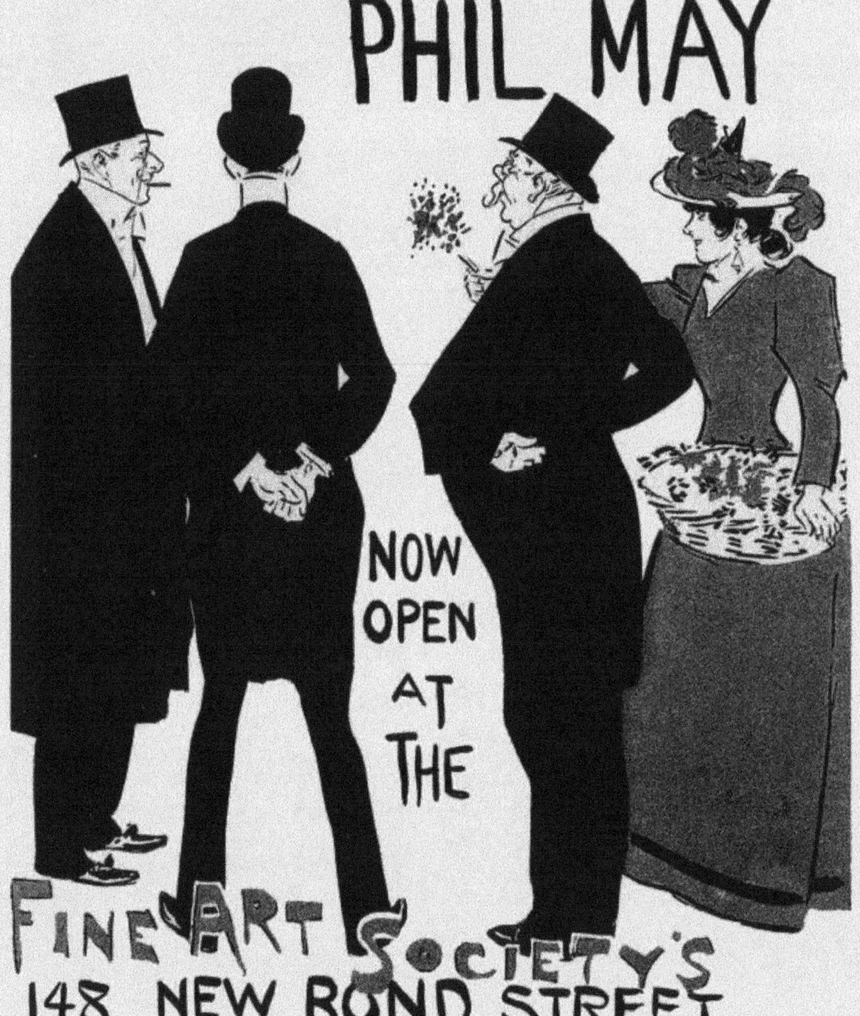

Fac-similé d'une affiche de M. Phil. May, exécutée pour son Exposition à la Société des Beaux-Arts de Londres.

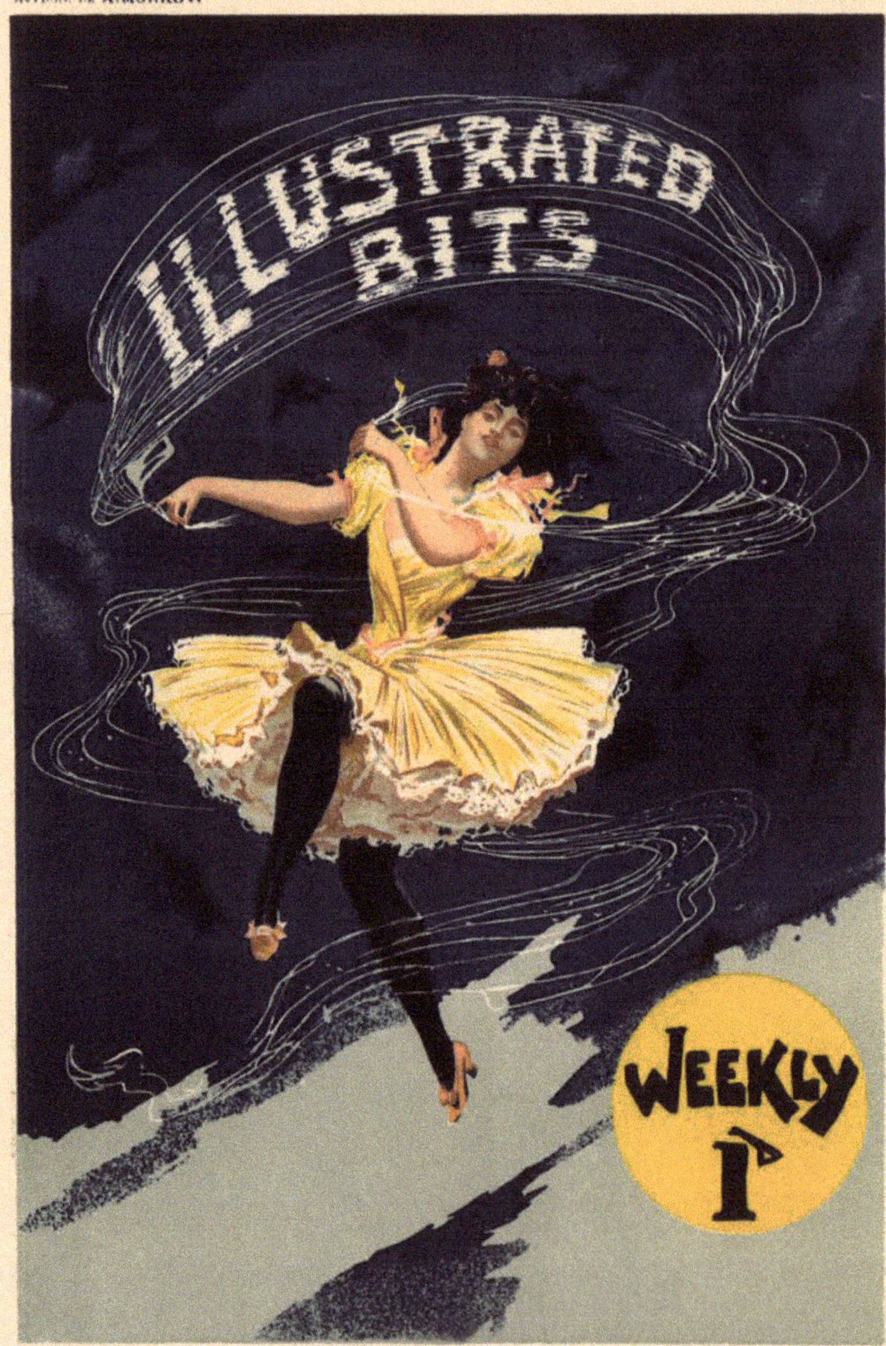

LES AFFICHES ÉTRANGÈRES

neurs, qui ont la bonne fortune de posséder ce dessin peuvent donc être assurés d'avoir une œuvre d'art originale des Beggarstaff. Ceux-ci croient pourtant que quelques-uns des spécimens ainsi coloriés ont été affichés en province, précisément pour fournir l'occasion de juger de l'im-

pression que l'affiche produirait au grand jour. Un autre de leurs dessins, destiné à annoncer une certaine farine (cornflour) qui porte le nom de *Kassama*, est absolument inconnue à Londres, mais cette affiche a également paru en province, et les amateurs, à Paris, la connaissent bien; elle ne figure pourtant dans aucun catalogue anglais.

Ainsi donc voici des affiches qui n'existent qu'en forme de projet et qui cependant sont d'ores et déjà célèbres. Cela s'explique par le goût toujours croissant qui porte l'amateur à collectionner des

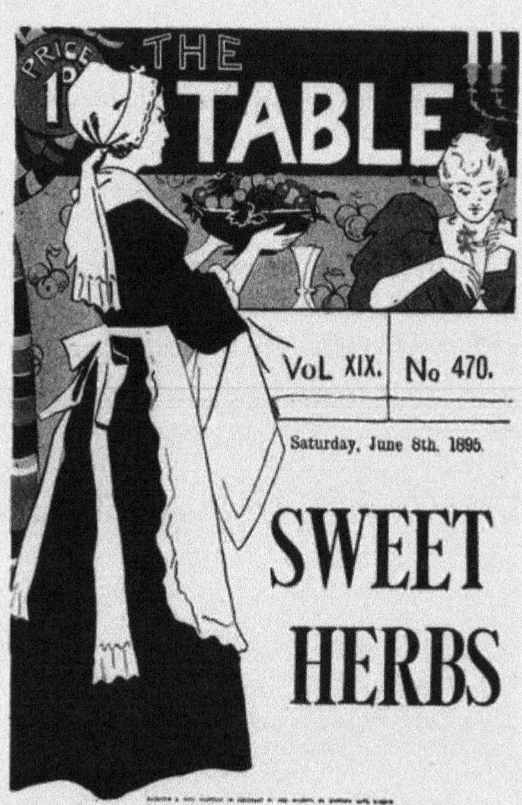

Fac-similé d'une affiche de M. DUDLEY HEATH, pour la revue hebdomadaire *la Table*.

affiches; pour lui l'intention de l'artiste, vaguement esquissée, compte déjà, et sa place est marquée dans les catalogues, alors que le projet dort tranquillement dans le carton.

Si nous nommons ici MM. PARTRIDGE, TOWNSEND, H. R. MILLAR, ROCHE et MAX COWPER comme ayant tous des propositions en réserve, nous sommes loin d'être au bout. Par contre, si nous ne tenons compte que de ce qui a été publié et placardé depuis 1894, le nombre des affiches qui ont un caractère artistique déterminé n'est pas considérable.

L'exposition de 1896 ne marque point une étape, la note nouvelle y faisant complètement défaut. Tout au plus avons-nous pu constater que l'influence des Beggarstaff est toujours vivace; parmi les dessins exposés beaucoup en fournissent la preuve. Certains procédés, même, que les Beggarstaff avaient mis à l'essai autrefois, mais auxquels ils avaient prudemment renoncé, sont employés de nouveau par quelques imitateurs attardés. Il en est ainsi, par exemple, du choix d'un papier teinté, gris de préférence, et sur lequel on a essayé d'imprimer un dessin en couleur. Si les Beggarstaff ont renoncé à tirer parti de ce principe, c'est que le résultat est généralement peu satisfaisant.

Nous ne pouvons pas nous arrêter à toutes ces tentatives, ni citer toutes les œuvres en quête d'un acheteur : autant tenir compte des manuscrits inédits et des chansons qui courent de bouche en bouche. Nous ne pouvons pas non plus donner ici la liste complète des lithographies publiées, qu'elles soient simplement mélodramatiques ou scandaleuses, au sens britannique, comme, par exemple, *An Artist's Model*, par Julius Price. Et vraiment, pour compléter la série, je dois faire mention de la belle *Zaeo*, une gymnaste dont le dos offensa tellement les autorités que l'affiche fut supprimée et le costume amplifié, sans que personne se préoccupât autrement de l'artiste. Puis, où mènerait le nombre infini des autres représentations, depuis le monstre menaçant jusqu'au bébé en maillot? Le fait est que cette sublime régénération de l'affiche qu'on nous promettait se fait encore attendre. Les murs sont toujours recouverts d'une amphigourique collection d'affiches presque toutes vulgaires, et le commerçant, encore une fois, triomphe. Grâce à M. Steinlen l'œil se repose à voir la petite fille en rouge boire le bon lait de Nestlé. Parfois une affiche de spectacle sort un peu du commun.

Mentionnons la *New Woman* de M. Morrow, la *Chili Widow* de M. Dickinson, la *Geisha*, en bleu et jaune, de M. Edgar Wilson, *Mrs. Ponderbury's Past* de M. Ellis Hyland, dessin simple et très réussi, en noir et blanc, le *Artistic Home* par M. Arthur Haward; *On*

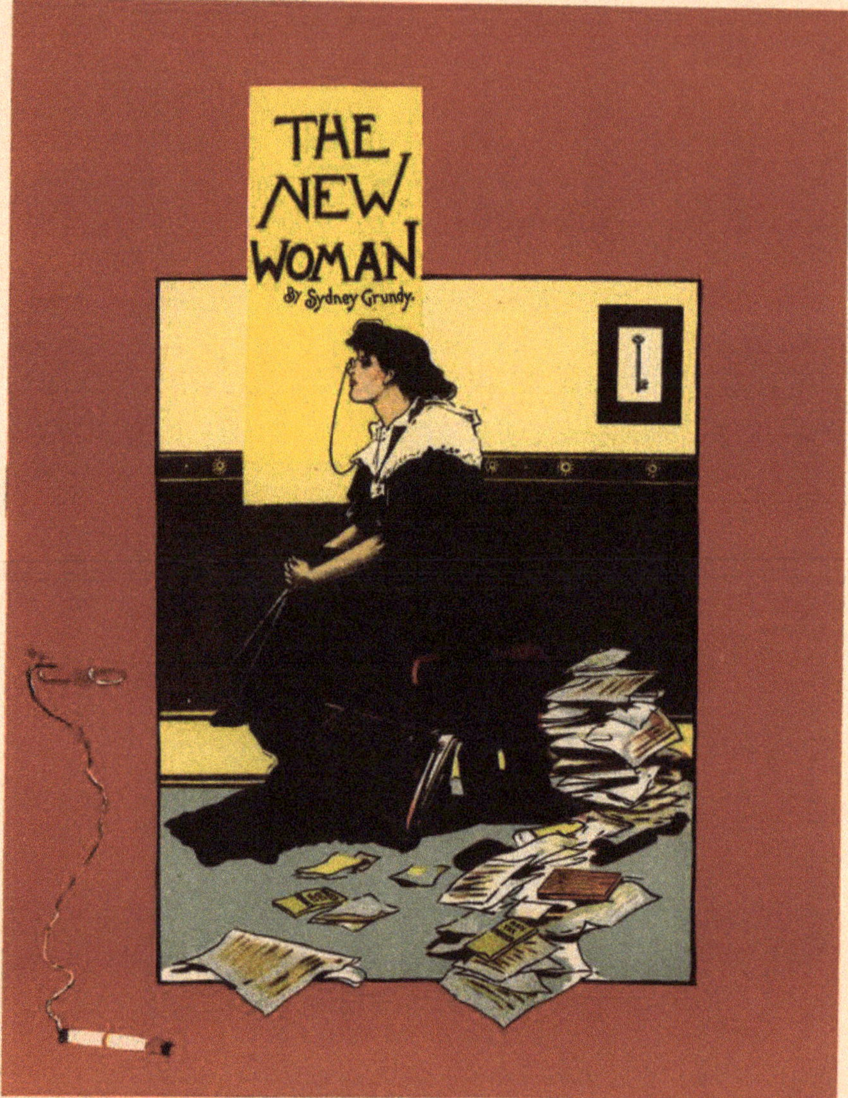

From the COMEDY THEATRE · LONDON ·

LES AFFICHES ÉTRANGÈRES

G. BOUDET, ÉDITEUR

IMPRIMERIE CHAIX

the March et *The Little Ge-
nius* par M. Hassall : ces
deux derniers dessins, chacun édité en grand et en petit
format; les deux affiches sont
très amusantes. La dernière
nommée est tout simplement
un morceau réaliste : c'est la
figure d'un jeune garçon qui
joue du violon. Dans le petit
format la figure reste isolée,
mais dans l'autre le jeune
homme se trouve placé à côté
d'un piano et plusieurs figures complètent l'ensemble;
il faut regretter, dans ce dernier cas, que le principal personnage de l'action et les
assistants n'aient pas été
traités d'une manière confor-
me, car l'harmonie en souffre.
Tout récemment cet artiste a
été représenté par une autre
affiche — celle-ci très grande
— pour une pièce de théâtre
intitulée : *The Mummy*. Ce
dessin est une combinaison
incohérente de figures égyp-
tiennes et d'accessoires modernes; il est traité en caricature : ce n'est pas une production d'un caractère très
élevé, mais elle produit cer-

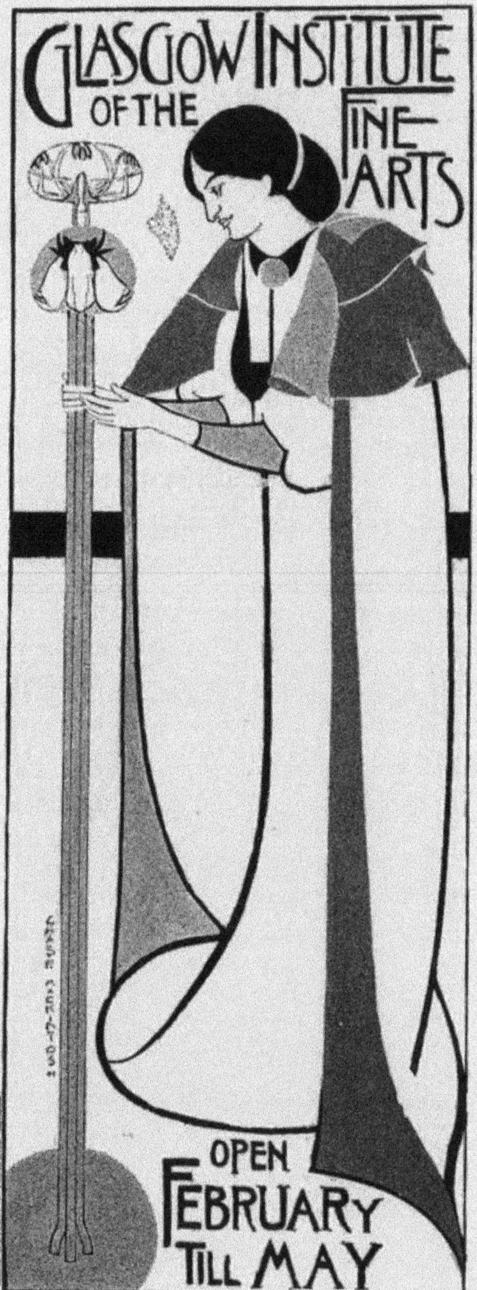

Fac-similé d'une affiche de Mʳ Chas. R. Mackintosh,
pour l'*Institut des Beaux-Arts* de Glasgow. (Carter et Pratt, impr.)

tainement de l'effet. Pour le moment, à Londres, M. Hassall est plus en vue que tout autre.

Si l'arrangement en bleu et jaune de M. Wilson, pour le *Unicorn*, journal qui a eu la vie si courte, a été une affiche manquée, c'était tout au moins là une défaillance d'artiste.

Les revues suivantes, *The Studio* et *The Artist*, ont leurs affiches. Parmi celles du *Studio*, l'une est de M. Léon V. Solon, le même qui a fait un dessin qui eut du succès pour « les Grenouilles » d'Aristophane — *The Frogs*.

Très connue est la *Table* de M. Dudley Heath.

Aujourd'hui, dès qu'un artiste songe à exposer quelques-unes de ses œuvres, il crée une affiche qui sert de carte d'invitation. M. Phil May, M. Brangwyn et M. Raven-Hill ont suivi cet exemple. M. Arthur Studd, M. A.-D. Peppercorn et M. Wilson Steer ont vu leurs affiches d'exposition publiées par la maison Goupil et Cie; enfin la dernière affiche publiée par cette maison — elle a servi pour l'exposition d'une collection d'œuvres de l'école préraphaëlite — est due à M. Graham Robertson, qui non seulement a su fournir, avec son petit groupe de femmes à la manière de Rossetti, un effet de couleur d'une finesse remarquable, mais qui, en même temps, a tenu compte du style et des nuances des productions des artistes exposants pour en reproduire habilement le type.

A Glasgow encore on a produit des choses qui sont originales à force d'être excentriques. MM. McNair et Macdonald, en collaboration, et M. Mackintosh, de son côté, ont annoncé le *Glasgow Institute of Fine Arts*. Mais la plus belle affiche récente, à notre avis, est celle consacrée à l'*École d'Architecture de Liverpool*, laquelle est due au crayon de M. R. Anning Bell. La composition et l'exécution ici vont de pair et satisfont à toutes les exigences. Les espaces sont bien ordonnancés, et les figures, aussi bien que le texte, sont en harmonie avec l'ensemble. Cette affiche est digne d'un maître qui a déjà illustré d'une façon si charmante *le Songe d'une nuit d'été* de Shakespeare et une série de livres dite les *Banbury Fairy Books*.

Parmi les plus belles affiches qu'on voit à Londres il y en a qui viennent de France; M. Chéret, qui, je crois, commença à travailler à Londres, et M. Lautrec, comme M. Steinlein, y sont bien connus. M. Lautrec vient de tracer une de ses figures caractéristiques pour les *Confetti* de M. Bella. Enfin le dernier venu est M. Louis J. Rhead; anglais de naissance, il a cependant exécuté toutes ses affiches en Amérique, où il est établi. On vient d'en apposer une sur les murs de Londres; c'est un dessin très caractéristique et d'un coloris très cru; il a été publié par le *Weekly Despatch*. Mais on parlera plus longuement des affiches du même artiste

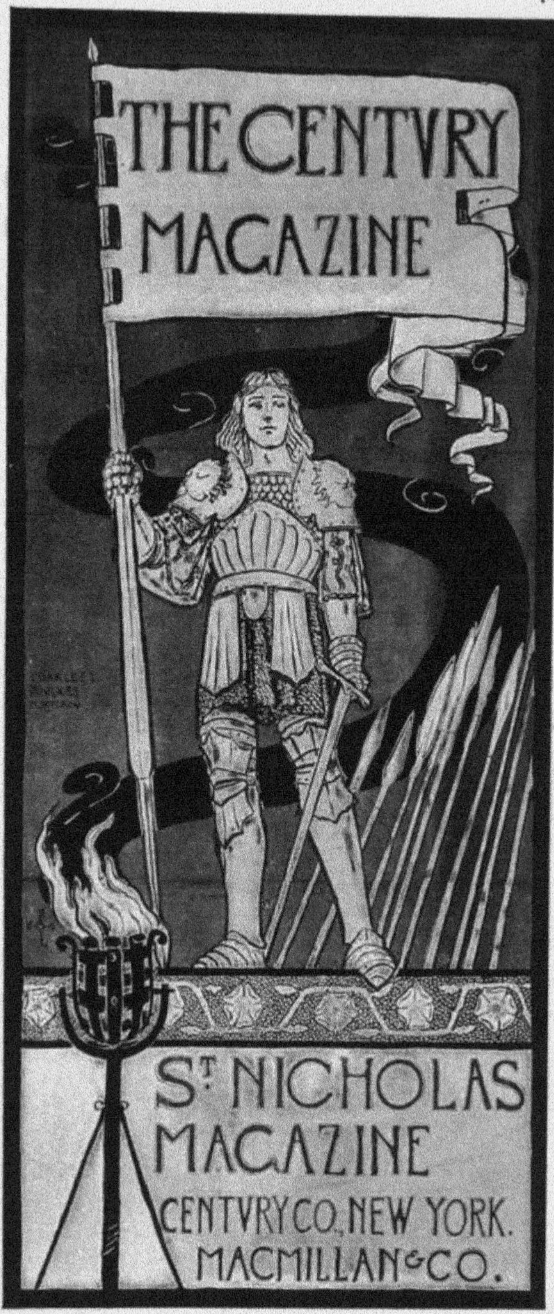

Fac-similé d'une affiche de M. Ch. Foulkes. (The Artistic Supply C°, impr.)

dans l'article concernant les États-Unis, et je pense qu'à l'avenir on en verra plus souvent à Londres, où M. Rhead a fait tout récemment une exposition de ses affiches, la première exposition individuelle de ce genre qui ait eu lieu en Angleterre.

Il faut constater finalement la tendance à diriger l'afficheur, mais de ceci on entend parler plus souvent qu'on n'en voit les résultats. L'habitude de placarder des dessins discordants jusqu'à les faire empiéter les uns sur les autres a été considérée comme choquante par des gens délicats. On a exigé de ceux qui sont chargés de l'affichage de réserver un espace libre, de repos, entre les affiches. Le County Council, je crois, est intervenu, et, dans quelques cas, l'affiche se présente maintenant entourée d'un carré de papier blanc.

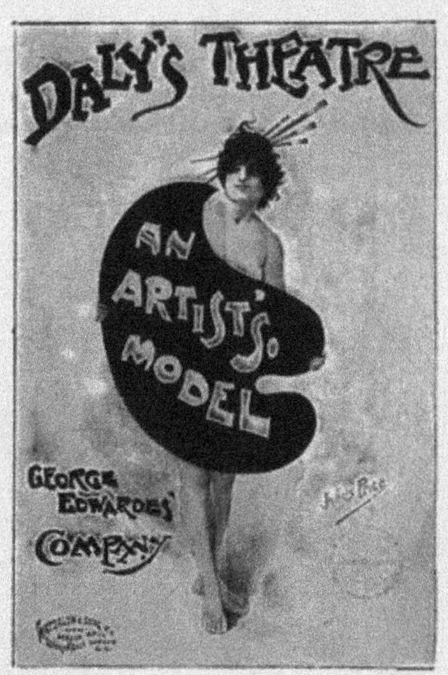

Fac-similé d'une affiche de M. Julius Price,
pour les représentations de *An Artist's Model.*
(Waterlow and Sons, impr.)

En ce moment on sent généralement que trois conditions surtout s'imposent pour que l'affiche produise son effet complet, du haut des murs (bien entendu, si l'on veut commencer par en confier l'exécution à des artistes) : elle doit être placée en bon lieu avec un large espace de marge blanche tout autour; il devrait exister non seulement une dimension fixe, grande ou petite, pour les affiches, mais une bordure, une quantité voulue d'une teinte neutre, autour de chacune : de fait, un cadre. Et enfin, mais c'est ce qu'il y a de plus important, les artistes devraient être afficheurs ou les afficheurs des artistes.

JOSEPH PENNELL.

Londres, 25 septembre 1896.

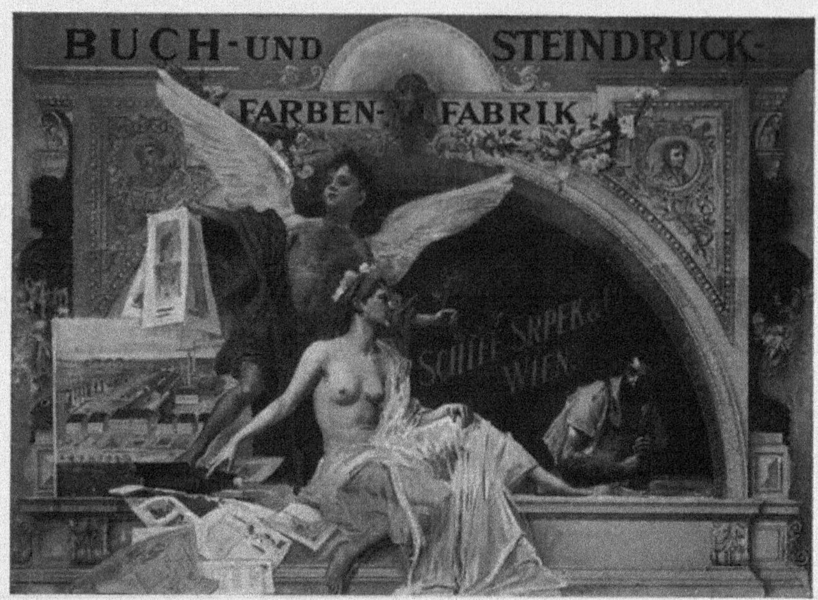

Fac-similé d'une affiche anonyme, pour l'imprimerie et la fabrique d'encre
de MM. Schiff Srpek et Cᵉ, de Vienne.

AUTRICHE

En Autriche-Hongrie, l'affiche moderne manque encore presque totalement; bien plus encore qu'en Allemagne, c'est une exception de voir
un artiste sérieux s'occuper d'une pareille tâche. On sait que l'Autriche
occupe, parmi les nations artistiques productives, un rang tout à fait
inférieur; tous ses intérêts sont absorbés par la musique, qui possède
toujours encore à Vienne un centre très actif. Depuis quelques années,
une littérature moderne est née sur les bords du Danube, une littérature
très agitée, qui a déjà produit un nombre considérable de talents solides,
mais qui n'apporte aux beaux-arts qu'un intérêt très passif. Vienne est
en possession d'une superbe architecture moderne; les meilleurs archi-
tectes de l'ancienne école de l'Europe entière s'y sont réunis dans les

somptueuses constructions de la Ringstrasse. Les vieux quartiers de
Vienne montrent partout, en opposition avec Berlin, un caractère particulier très prononcé; tous les défauts de l'architecture surchargée de
Berlin sont absents ici, les maisons sont simples et construites selon des
principes communs. Il faut joindre à cela des conditions intellectuelles
très favorables. L'Autrichien, et spécialement le Viennois, se trouve
beaucoup plus près du Parisien que l'Allemand du Nord; son esprit a
cette même grâce légère, cette finesse érotique que l'on apprécie tant chez
le Parisien; l'âme populaire, avec sa joie et sa conception facile de l'exis-

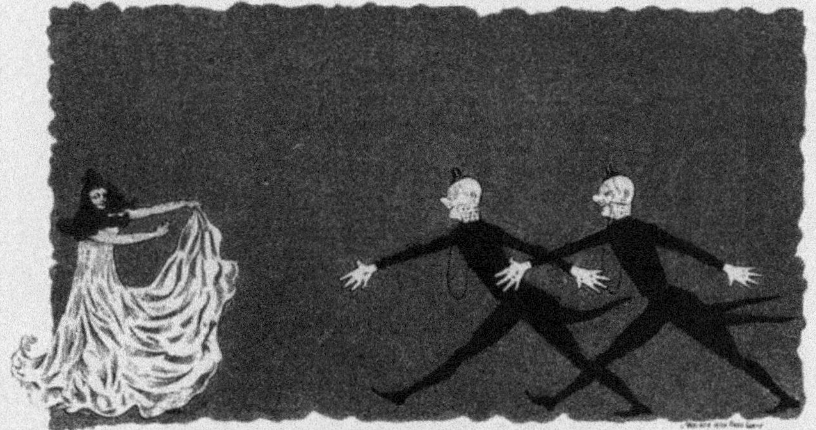

Fac-similé d'une affiche anonyme, pour un bal masqué. (Weiner, impr.)

tence, se réjouit de la vie des rues, et les toilettes célèbrent leurs triom-
phes à Vienne tout comme à Paris. Le plaisir des couleurs se manifeste
à toutes les réunions, à toutes les fêtes publiques, et l'habitation vien-
noise témoigne d'un goût inné, cette habitation qui, bien qu'elle fût de
tout temps très conservatrice, garda toujours un cachet bien plus élégant
que la maison de Berlin. A Berlin, l'absence d'affiches est naturelle; à
Vienne, on peut s'en étonner. Cependant, une seule raison est décisive :
les artistes manquent. Si Vienne avait un art, il y aurait aussi des affiches
viennoises. On peut construire théoriquement, avec une précision presque
absolue, un art viennois, en prenant Makart comme point de départ, et
en ajoutant comme facteurs les faits énoncés plus haut. Cet art supposé

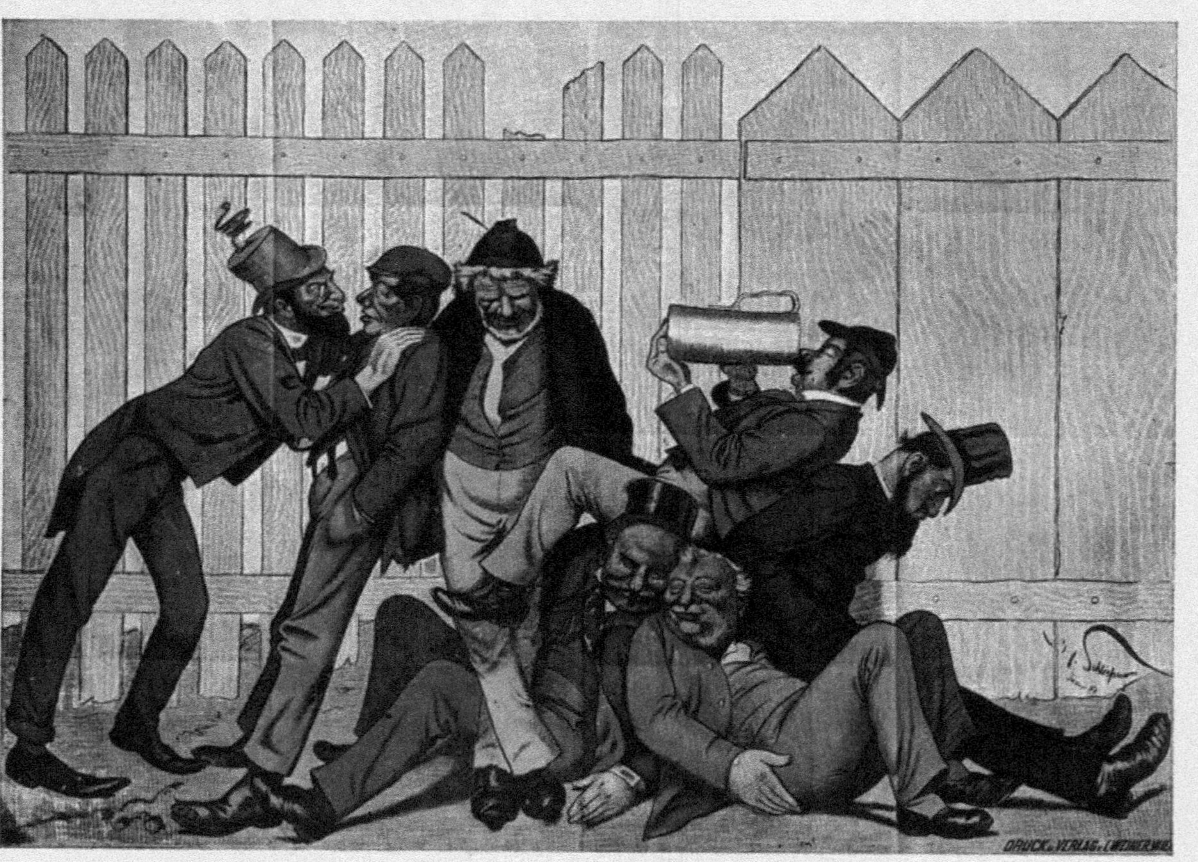

Fac-similé d'une affiche de M. SCHLIESSMANN, pour le *Bal des Pochards*. (Weiner, impr.)

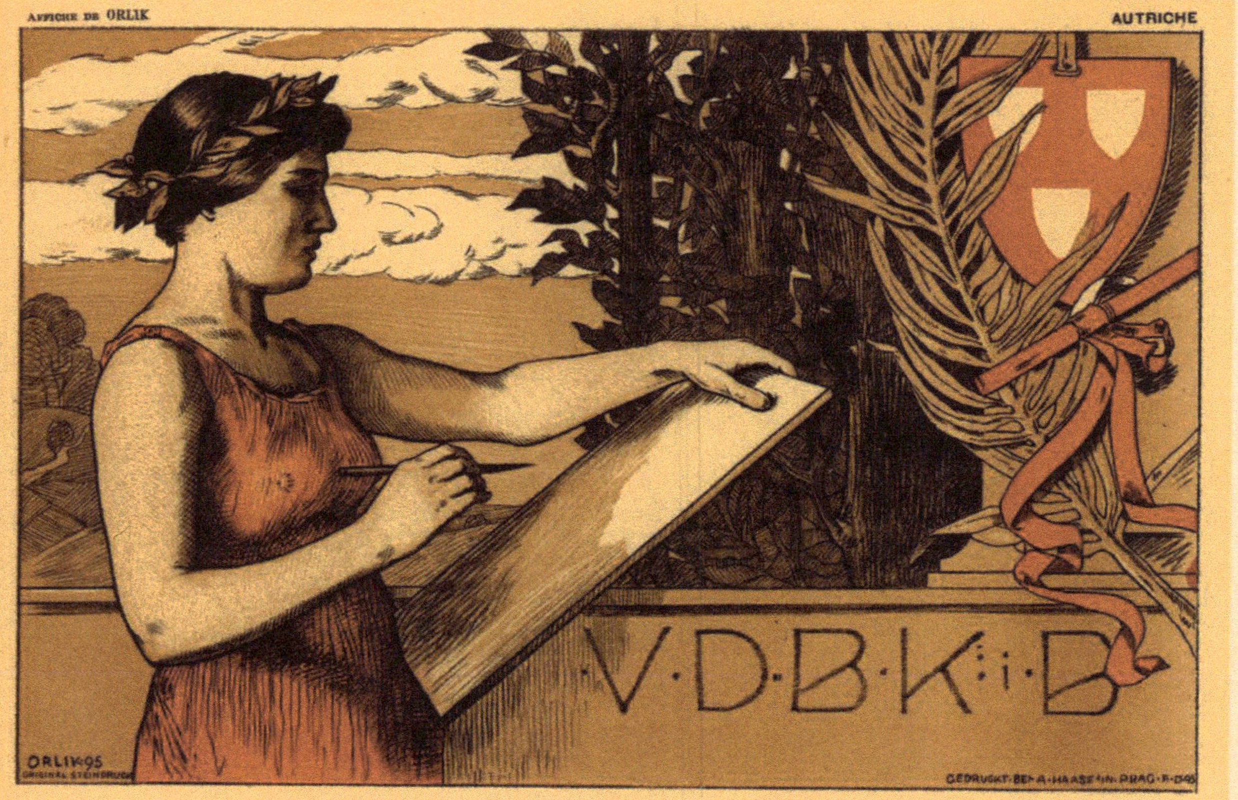

LES AFFICHES ÉTRANGÈRES

G. BOUDET, ÉDITEUR

IMPRIMERIE CHAIX

aurait une grande valeur décorative et serait, avant tout, national. Si l'avenir artistique de Berlin paraît désespéré, la légèreté du sol viennois semble pleine de promesses. Un trésor y gît inutilisé. Il surgira un jour, quand un Viennois de talent, au lieu de naître musicien, aura l'idée de naître peintre.

Jusqu'à présent, l'art de l'affiche à Vienne a été, ce qu'il devrait être partout, — avec d'autres moyens, il est vrai, — un art populaire spéciale-

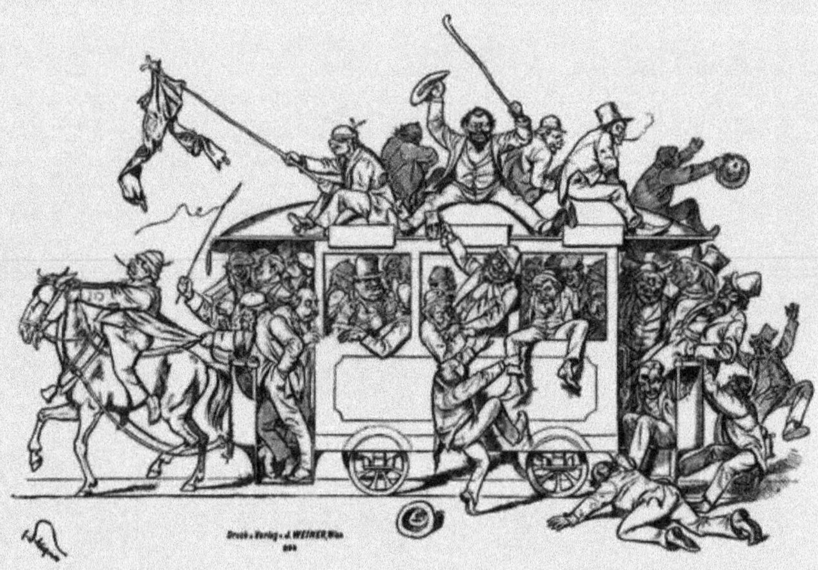

Fac-similé d'une affiche de M. Schliessmann, pour l'annonce d'un bal de carnaval. (Weiner, impr.)

ment viennois et qui n'a de raison d'être qu'à Vienne. Les meilleures annonces murales de cette espèce sont celles qui naissent pour les bals aux environs du carême, ces fêtes dont l'exubérance ne peut être comparée qu'au carnaval, comme il se pratique encore sur les bords du Rhin. C'est à ces occasions que quelques artistes viennois ont exécuté un certain nombre d'affiches humoristiques. Parmi eux, il faut d'abord citer Schliessmann, originaire de Mayence, qui vécut à Vienne depuis sa neuvième année. Sans avoir jamais pris de leçons de dessin, il se fit très tôt une renommée comme caricaturiste, surtout dans les *Fliegende Blaetter* dont il est collaborateur régulier. Le crayon de l'artiste a saisi les types

populaires de Vienne, fixés en un grand nombre d'images amusantes ;
telles sont, par exemple, le *Tramway surchargé*, les scènes d'ivrognes,
l'affiche pour le *Bal des Pochards* dans le *Colosseum de Schwender*
en 1889, le type d'une vieille grognace avec un éventail à la main,
pour la *Fête estivale du Vieux-Vienne*, un monsieur et une dame en
costumes anciens (rouge, jaune, orange, noir et bleu), et bien d'autres

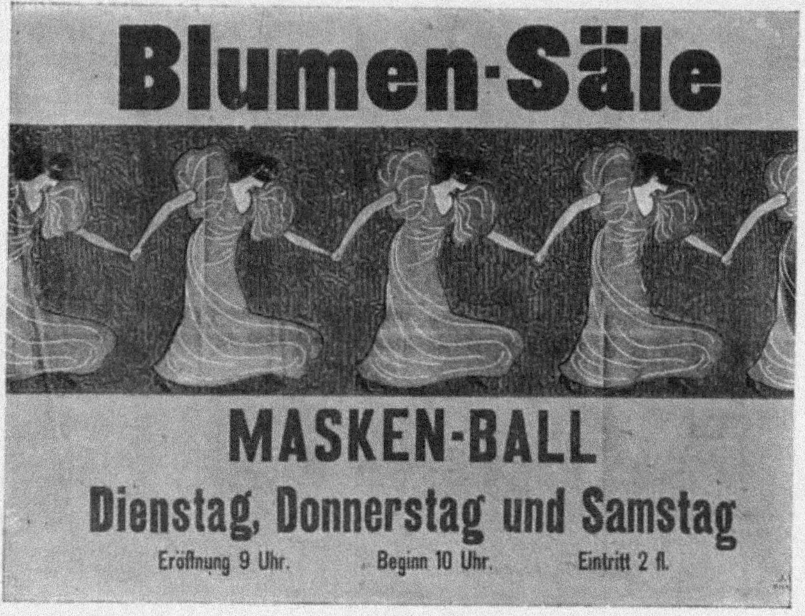

Fac-similé d'une affiche anonyme, pour un bal masqué dans la *Blumen-Säle*.
(Weiner, impr.)

encore. Toutes ces feuilles sont très amusantes et très typiques, mais
ne constituent pas en réalité de véritables affiches. En réduction, elles
seraient tout à fait à leur place dans le journal humoristique allemand
les *Fliegende Blaetter* ou toute autre feuille du même genre. Ce qui
leur manque par-dessus tout, c'est la distinction de facture et le mouvement décoratif qui attire le regard et arrête les yeux ; ce résultat n'est
possible, du reste, que si les dimensions du sujet principal et de la lettre
ne sont pas trop restreintes. A ces défauts artistiques de premier ordre
viennent s'ajouter de graves erreurs dans le mode de reproduction.

La plupart de ces feuilles ont été faites par la grande imprimerie
J. Weiner, à Vienne, qui est intimement liée à l'histoire de l'affiche
autrichienne. Cette maison a entre les mains presque toute la production

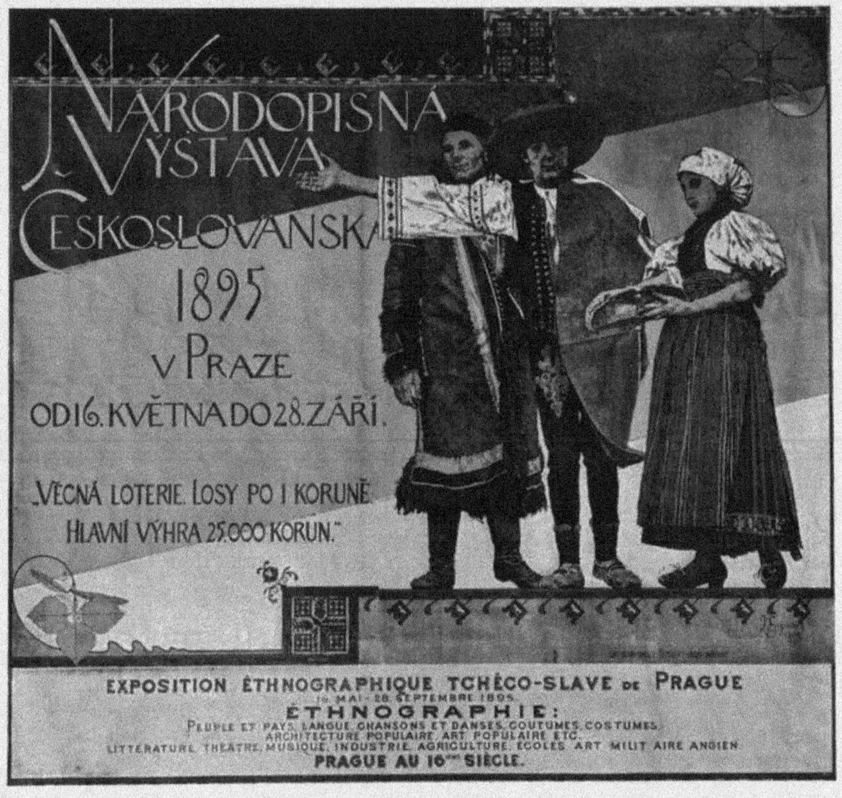

Fac-similé d'une affiche de M. Hynais, pour l'*Exposition ethnographique tchéco-slave* de Prague.
(V. Neubert, impr.)

d'affiches de l'Autriche; elle exécute non seulement des reproductions, mais elle occupe encore à ses frais un certain nombre d'artistes
qui lui fournissent des affiches sans lettres qu'elle utilise en quantités
innombrables à toutes les occasions, revêtues, selon les besoins,
d'inscriptions correspondantes. Les affiches utilisées, comme à Paris,
une seule fois seulement pour un but tout particulier, sont à Vienne en

minorité. Je citerai, parmi celles-ci, *la Petite Fille aux bouteilles* de
J. VEITH, l'affiche pour le bal masqué dans les *Blumensäle*, composition
en large bande, représentant des danseuses en rouge et en vert.

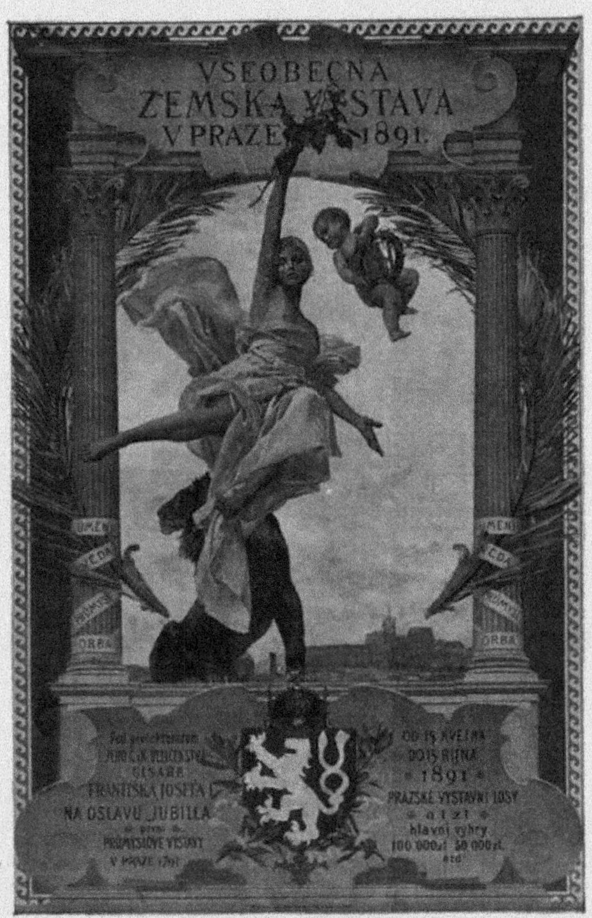

Fac-similé d'une affiche de M. HYNAIS, pour l'*Exposition du Jubilé*
de Prague, en 1891. (Willner et Pick, impr. à Teplitz-Schœnau.)

L'affiche de mauvais goût que l'on retrouve partout, dans tous les pays, sous des formes peu variées, ne manque naturellement pas; sa trivialité ne change point selon les sujets représentés. Je me contenterai de nommer l'affiche pour l'*Exposition internationale du Théâtre et de la Musique* en 1892, dessinée par ERNEST KLIMT. Un assemblage des trois muses dont il est question, Thalie, Euterpe, Melpomène avec une tête d'Apollon dans le genre de Thumann. Et encore la vignette-réclame pour la parfumerie *Apollo*, des fleurs avec une femme provocante, d'un style à la Makart gâté, en rouge, en jaune et en vert.

L'affiche pour la *Wiener-Mode* (édition autrichienne de *Paris-Mode*),
le sujet très connu d'une grande femme qui tourne le dos au public, ne

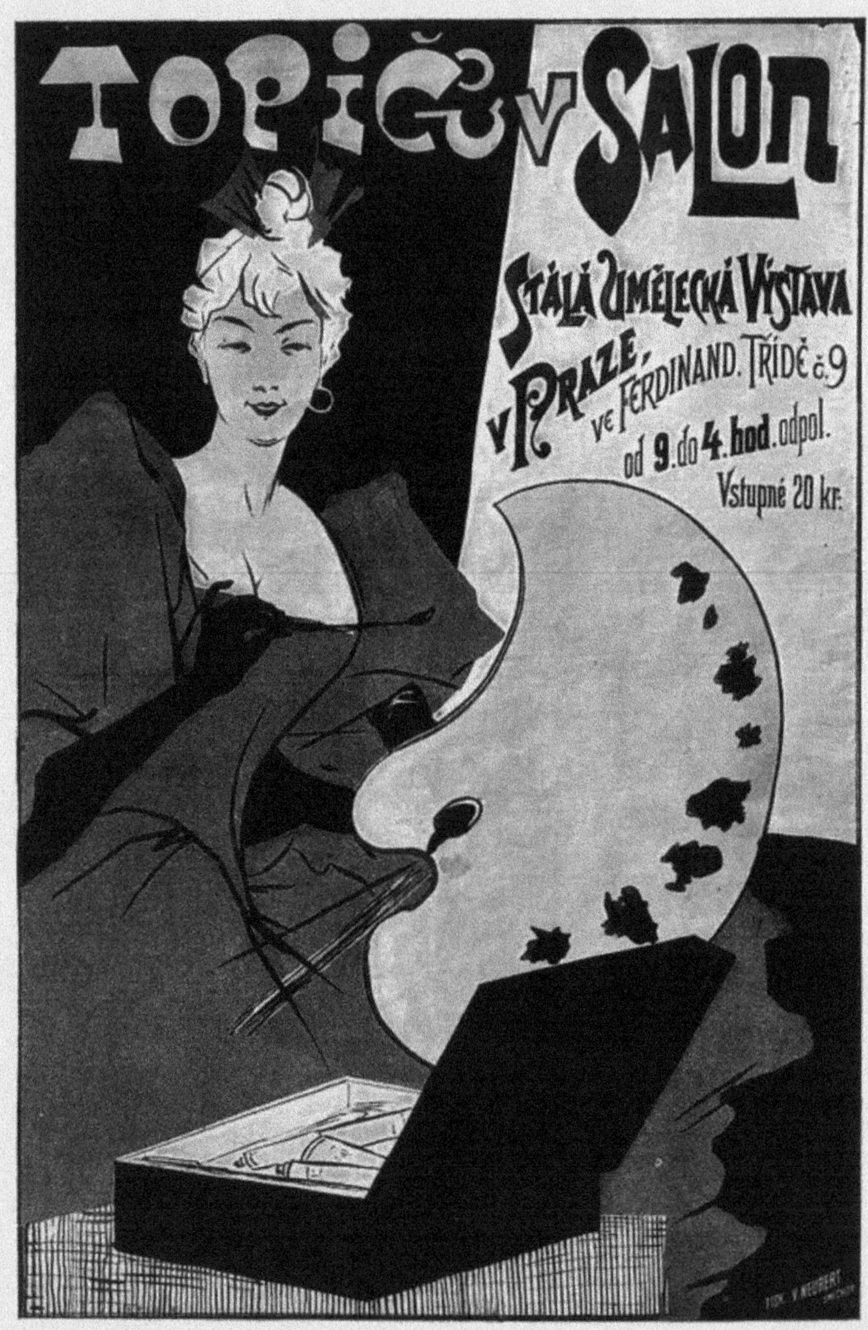

Fac-similé d'une affiche de M. OLIVA, pour le *Salon des Beaux-Arts* de M. Topic.

peut naturellement être considérée comme une production autrichienne, puisqu'elle est due à RÉALIER-DUMAS.

En dehors de Vienne, seule Prague entre encore en ligne de compte en ce qui concerne l'affiche. Nous y découvrons quelques annonces qui ne manquent pas d'un cachet local tout particulier : telle l'affiche pour l'*Exposition ethnographique Tchéco-Slave en* 1895, par HYNAIS, avec des types de paysans slaves en costumes nationaux, un joli motif de broderie en guise de . cadre et une inscription passable. L'affiche du même artiste pour l'*Exposition du Jubilé à Prague, en* 1891, est, par contre, tout à fait manquée. Une femme plane au-dessus d'un livre; Prague apparaît à l'arrière-plan;

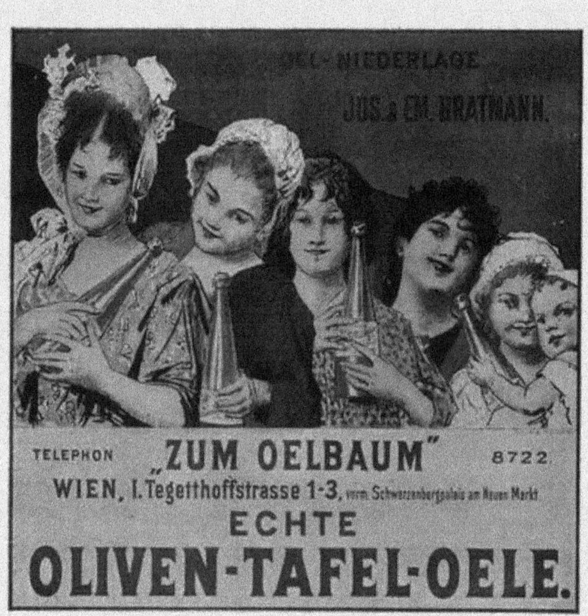

Fac-similé d'une affiche anonyme. (Édouard Sieger, impr. à Vienne.)

des couleurs horribles sans aucun caractère.

Une des meilleures affiches est celle d'ORLIK pour l'*Exposition artistique en* 1895 : *la Femme à l'ardoise.* Dans les couleurs et dans certaines parties du dessin, surtout dans les nuages, l'influence de Hans Thoma semble se faire sentir, sans que cependant pour cela la composition manque d'originalité propre.

OLIVA, avec son annonce pour le *Salon des Beaux-Arts de Topic*, est sous l'influence française; une Japonaise, lestement dessinée, qui tient une palette; cela est très décoratif, mais manque entièrement de personnalité. Les couleurs : rouge, jaune, blanc et noir.

Je ne connais pas d'autres affiches remarquables en dehors de Vienne. L'art productif se trouve dans la plupart des pays de la Couronne encore tout à fait dans ses premières phases. Ce serait un curieux spectacle si la lutte pour les nationalités, qui ne cesse d'agiter la monarchie austro-hongroise, se transportait sur le domaine artistique, forçant les peuples nombreux qui composent l'empire polyglotte à faire valoir leurs particularités en images. Les costumes variés, les légendes et les mœurs présenteraient des sujets assez différents, la couleur est là en abondance et, partout, le point de départ pourrait être pris dans l'art populaire. Le tissage, le découpage du bois et surtout la céramique, tant de travaux originaux exécutés par la main des paysans, témoignent hautement de la puissance de cet art.

J. Meier-Graefe.

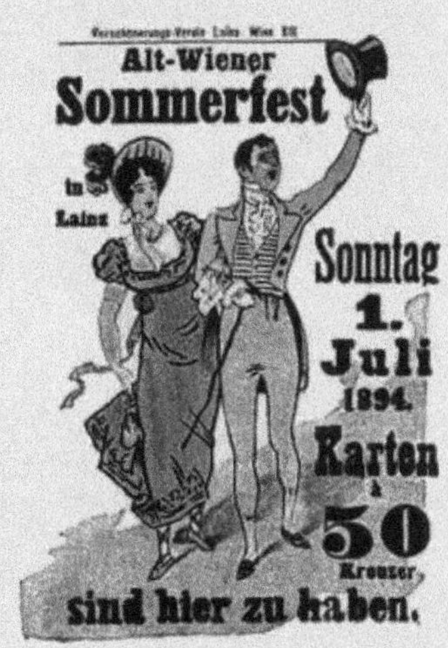

LES AFFICHES ÉTRANGÈRES

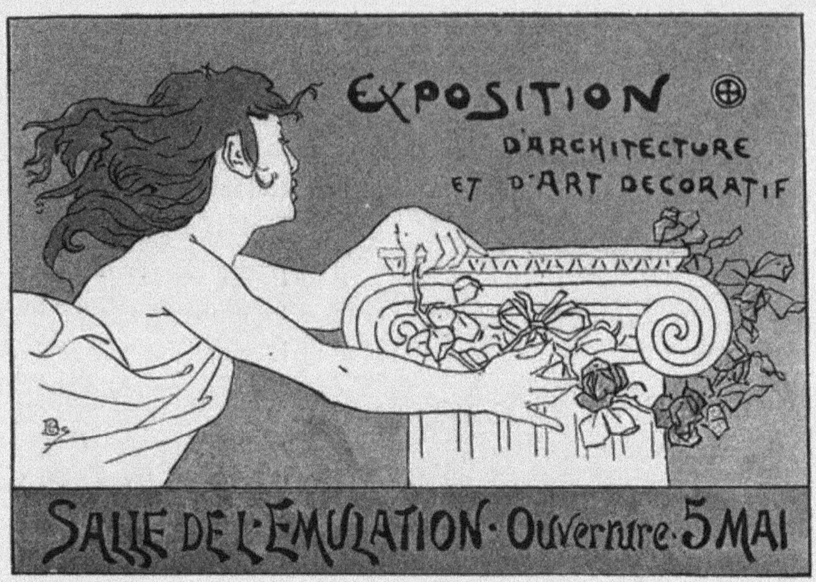

Fac-similé d'une affiche de M. Emile Berchmans. (Bénard, impr. à Liège.)

BELGIQUE

La Belgique, éternellement orgueilleuse de l'intensité de sa vie artistique des XVIᵉ et XVIIᵉ siècles, devait se soumettre facilement à la puissante évolution vers le Beau qui se manifeste depuis vingt ans en France et en Angleterre. Ce triomphe de l'Idée nouvelle au milieu de l'écrasante platitude bourgeoise est dû à l'opiniâtreté de certains prophètes, annonciateurs d'une prochaine rénovation artistique. L'élan était magnifique : la poussée fut irrésistible, et les derniers réactionnaires, dont rien jusqu'à ce jour n'avait pu troubler la quiétude du néant qui chez eux tient lieu d'âme, comprirent qu'il *fallait* abandonner quelques-uns de leurs chers préjugés, et qu'il ne messiérait pas à leur suffisance d'admettre que certaines tentatives pouvaient être intéressantes. La Littérature, la Musique et la Peinture avaient donné à la fois. La victoire dès lors était certaine.

Depuis quinze ans, d'indépendantes revues renversent insolemment les plus vénérés parmi les vieux bonzes du temple académique. En musique, le public subit d'abord malgré lui l'influence wagnérienne, puis, initié, par de nombreux concerts, à la jeune école française, il s'aperçoit qu'en Belgique aussi il existe de talentueux compositeurs. Enfin, d'innom-

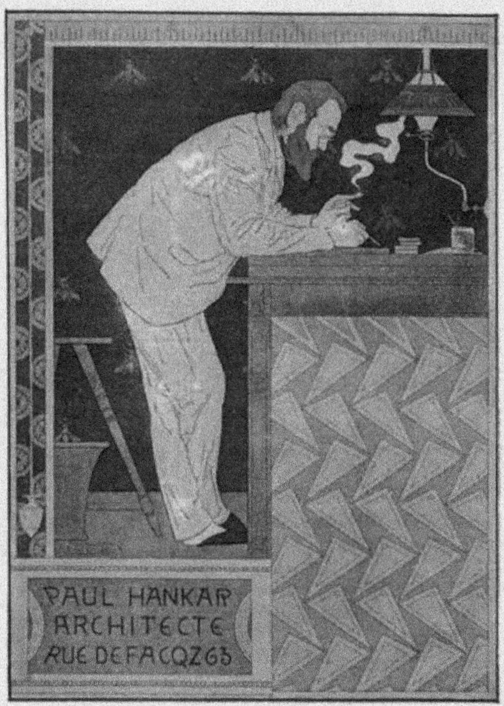

Fac-similé d'une affiche de M. Crespin.
(Ad. Mertens, impr. à Bruxelles.)

brables expositions témoignent de l'affranchissement définitif de l'Art en les dernières années d'un siècle qui paraissait avoir assuré le triomphe de la Médiocrité. Ceux qui avaient semé audacieusement de l'Idéal sur l'ornière des conceptions bourgeoises avaient donc fait œuvre utile! L'art cesse d'être une fiction, il entre dans notre vie, et aucun artiste ne se croit déshonoré en dessinant des meubles, des tapisseries ou des affiches.

Cette universelle fièvre du Beau amène bientôt la création d'industries d'art, nées des goûts et des besoins actuels. La joie que nous éprouvons à nous entourer des intéressants produits d'une orientation décorative nouvelle nous montre d'une façon frappante l'odieuse laideur de nos rues. Dès 1881, *l'Art moderne* rappelle que les anciens avaient la coquetterie des rues et que la décoration ne comprend pas uniquement les fontaines et les statues. Quinze ans après, on reconnaît enfin que la Rue, ce musée de l'actualité, doit jouer un rôle important dans l'éducation artistique du Peuple. Des habiles, toujours prêts à profiter des

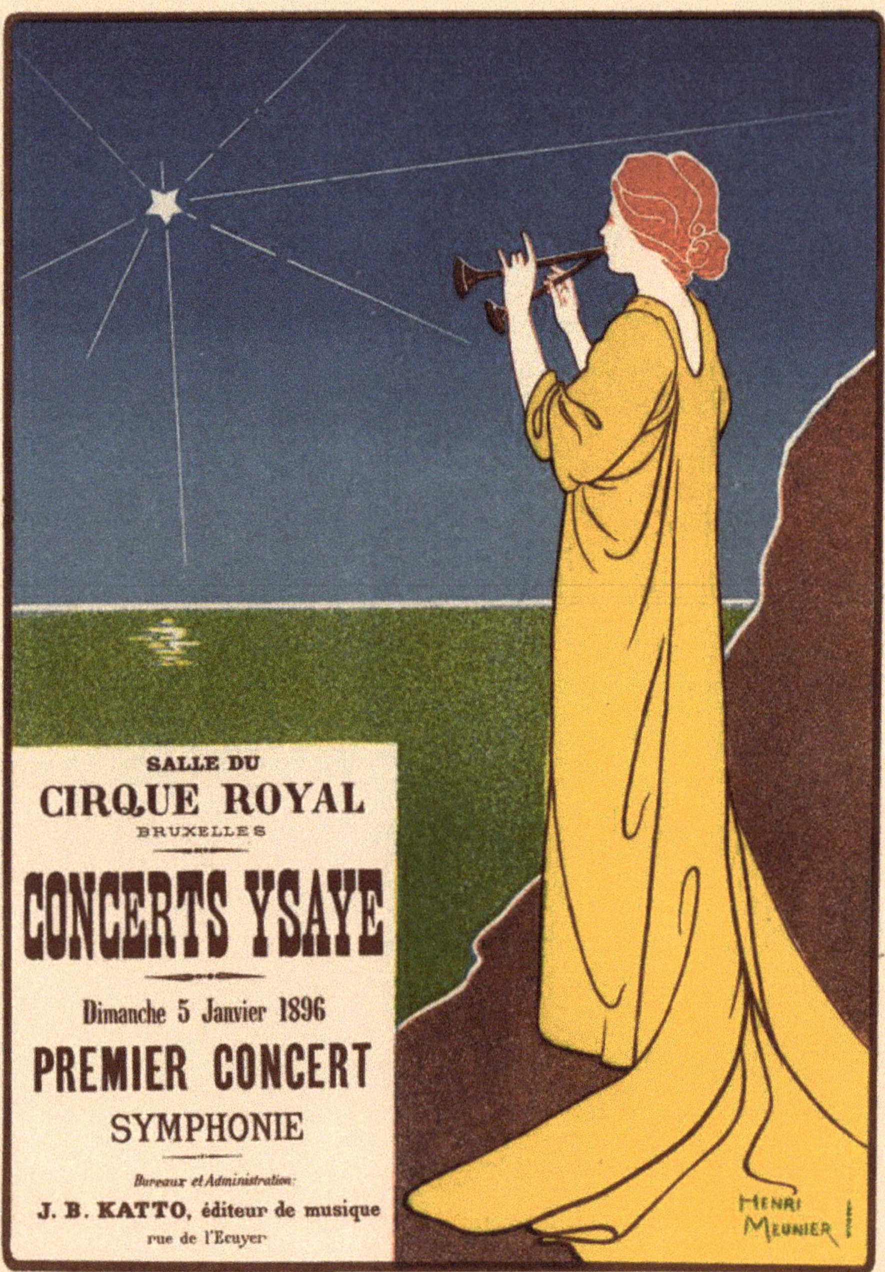

LES AFFICHES ETRANGÈRES

événements, s'empressent de créer l'*Œuvre nationale de l'Art appliqué à la rue*. Un concours d'enseignes est décidé : par suite de l'organisation défectueuse de ce concours, le résultat obtenu est déplorable. De lourdes et prétentieuses enseignes symbolisent étrangement les différents commerces.

Mais la Reine-Affiche veille et rêve déjà d'apporter sa gaîté communicative au milieu des ennuyeux avis administratifs et des solennelles annonces jaunes ou vertes des officiers ministériels.

L'affiche illustrée ne s'est vraiment imposée en Belgique comme une nécessité commerciale que depuis deux ou trois ans. Il est curieux qu'en ce siècle de la Réclame nous ayons aussi longtemps ignoré ce puissant mode de publicité ; certes, les étonnants placards anglais ou américains, qui seuls recouvraient parfois nos murs, ne pouvaient nous faire connaître la séduction qu'exerce sur le passant une allégorique affiche. Aussi ne furent-ils guère encouragés, les audacieux qui tentèrent, il y a sept ou huit ans, de troubler l'affligeante monotonie à laquelle nos murailles paraissaient condamnées. Les tirages, il est vrai, étaient absolument défectueux ; aucune imprimerie n'était convenablement montée pour éditer une affiche en couleur. Mais depuis qu'il est reconnu qu'une réclame, pour être efficace, doit appeler par ses tons éclatants la foule indifférente, la plupart de nos imprimeries ont perfectionné leurs installations, et quelques-unes de nos lithographies sont dirigées par des artistes de talent.

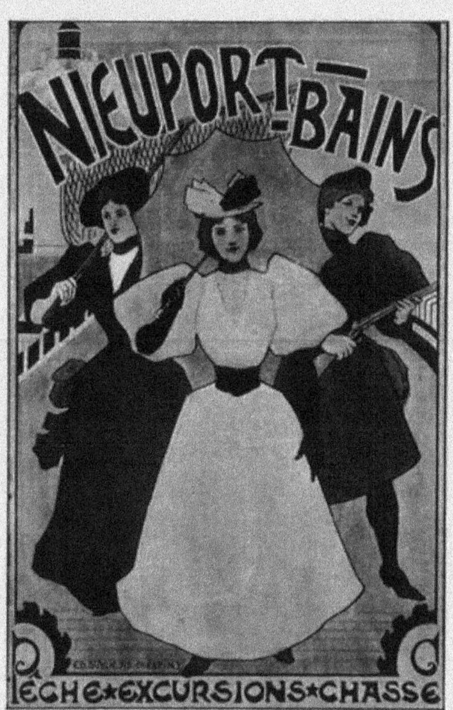

Fac-similé d'une affiche de MM. Duyck et Crespin.
(Ad. Mertens, impr. à Bruxelles.)

La puissance de l'affiche illustrée s'affirme définitivement en Belgique par une importante exposition internationale tenue à Bruxelles en 1894. A la suite de cette exhibition, le goût de l'Affiche se développe même si rapidement que beaucoup d'artistes ne possèdent plus un seul spécimen de leurs premières œuvres : le collectionneur a fait son apparition! Il est vrai qu'à cette époque le tirage de nos estampes murales variant entre cent cinquante et trois cents exemplaires, les éditeurs sont facilement dépouillés! Si nos amateurs ont dédaigné aussi longtemps l'affiche belge, c'est qu'ils ne la connaissaient pas; en effet, certains plumitifs, funestes fabricants d'idées à l'usage des masses, se contentaient de rééditer parfois de vieux clichés et de proclamer gravement que l'affiche belge est absolument mauvaise, qu'elle a le grand tort de ne pas procéder de la belle École flamande ! Et c'était tout. En quelques mots vides de sens,

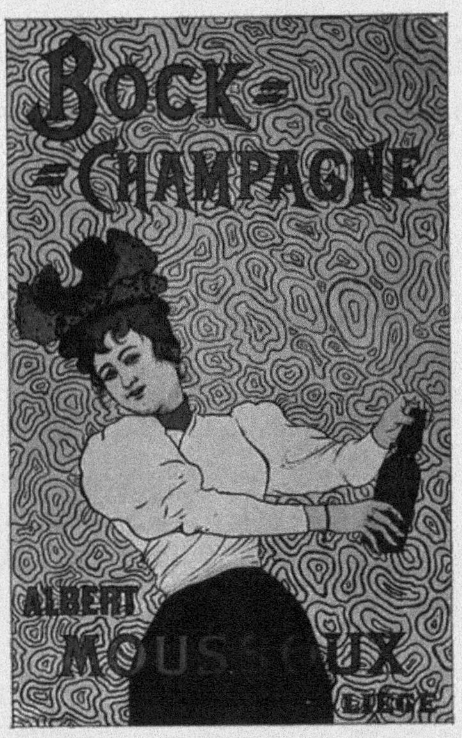

Fac-similé d'une affiche de A. Rassenfosse. (Benard, impr.)

ces souverains juges du Beau condamnaient irrévocablement les tentatives de publicité artistique faites en Belgique. Cependant deux expositions d'affiches belges, l'une organisée à Paris par *la Plume*, l'autre par *l'Effort* à Toulouse, affirment les succès obtenus par nos compatriotes dans cet art nouveau. Il est néanmoins certain que sans la récente exposition consacrée spécialement par *la Maison d'Art* aux artistes belges, ces intelligents critiques ignoreraient encore l'existence de nos talentueux affichistes! Ce fut pour eux une révélation et ils voulurent bien reconnaître qu'il n'était

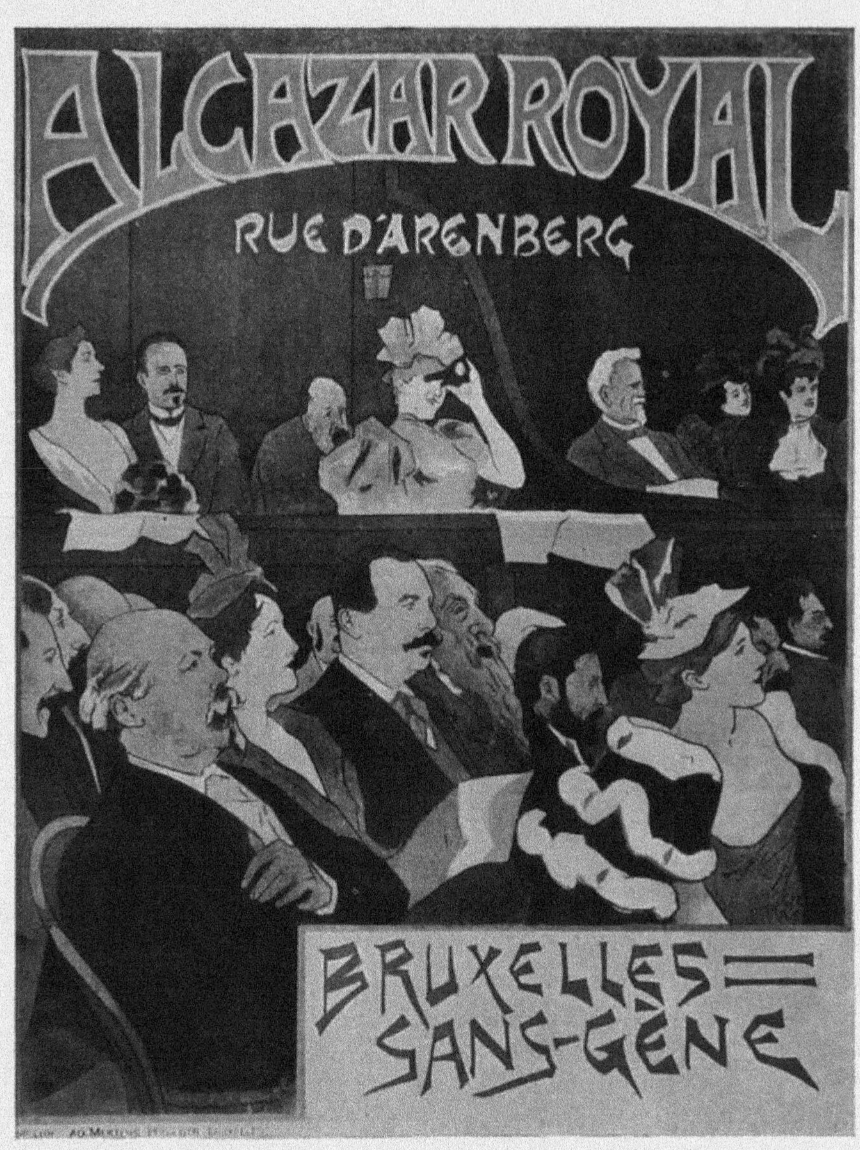

Fac-similé d'une affiche de MM. Duyck et Crespin. (Ad. Mertens, impr. à Bruxelles.)

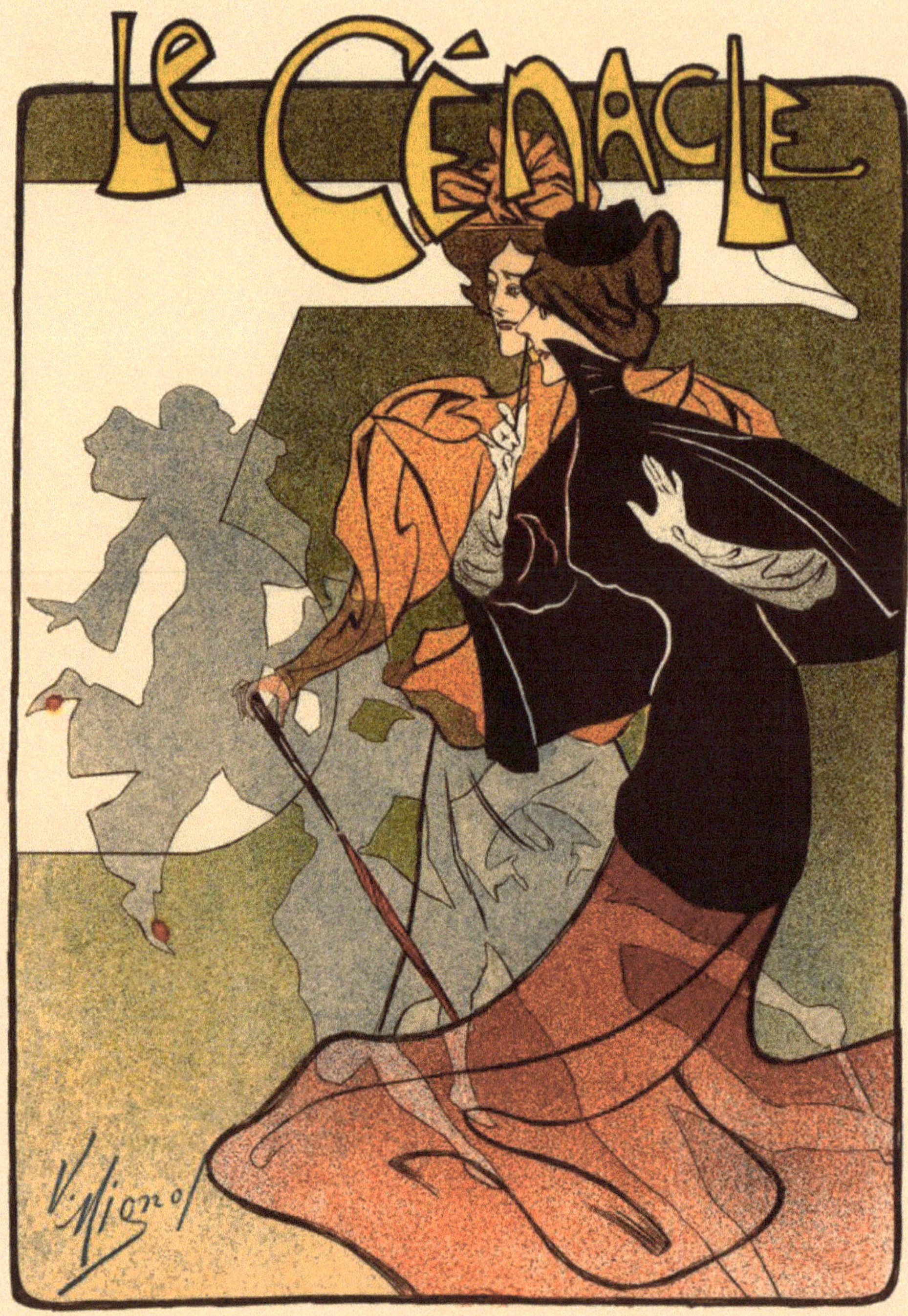

LES AFFICHES ÉTRANGÈRES

G. Boudet, Éditeur
Imprimerie CHAIX

plus besoin pour avoir une belle affiche de la commander à Paris. C'était
en quelque sorte la reconnaissance officielle de l'affiche belge; malheureusement, le brave commerçant trouve encore que cet *article nouveau*
lui coûte bien plus cher que ses habituelles réclames, et il marchande
impitoyablement le prix de l'affiche projetée.

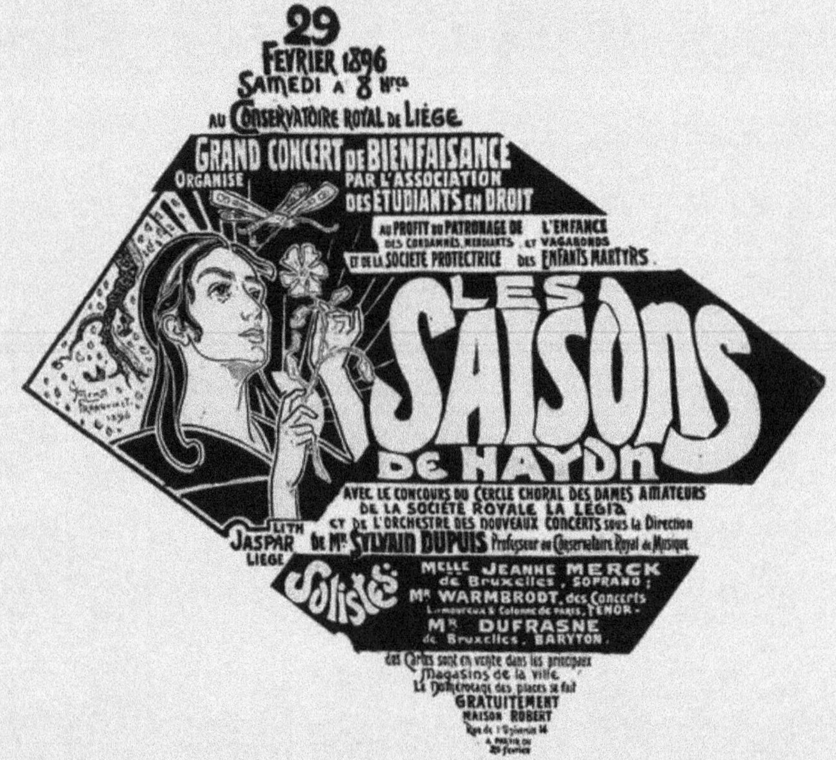

Fac-similé d'une affiche de M. Franquinet. (Jaspar, impr. à Liège.)

Pourquoi demander aux artistes wallons Berchmans et Rassenfosse
les tons chauds de l'École flamande? Peut-on reprocher aux œuvres
des Meunier, Evenepoel, Donnay, Lynen, d'être insuffisamment originales? Il faut se rappeler que les principales manifestations de l'Affiche
illustrée ne datent que de l'année dernière; en présence des merveilleux
résultats déjà obtenus, on peut donc affirmer que le développement de la
publicité par l'image, en Belgique, est vraiment prodigieux.

La plupart de ceux qui ont contribué à ce mouvement ne sont point

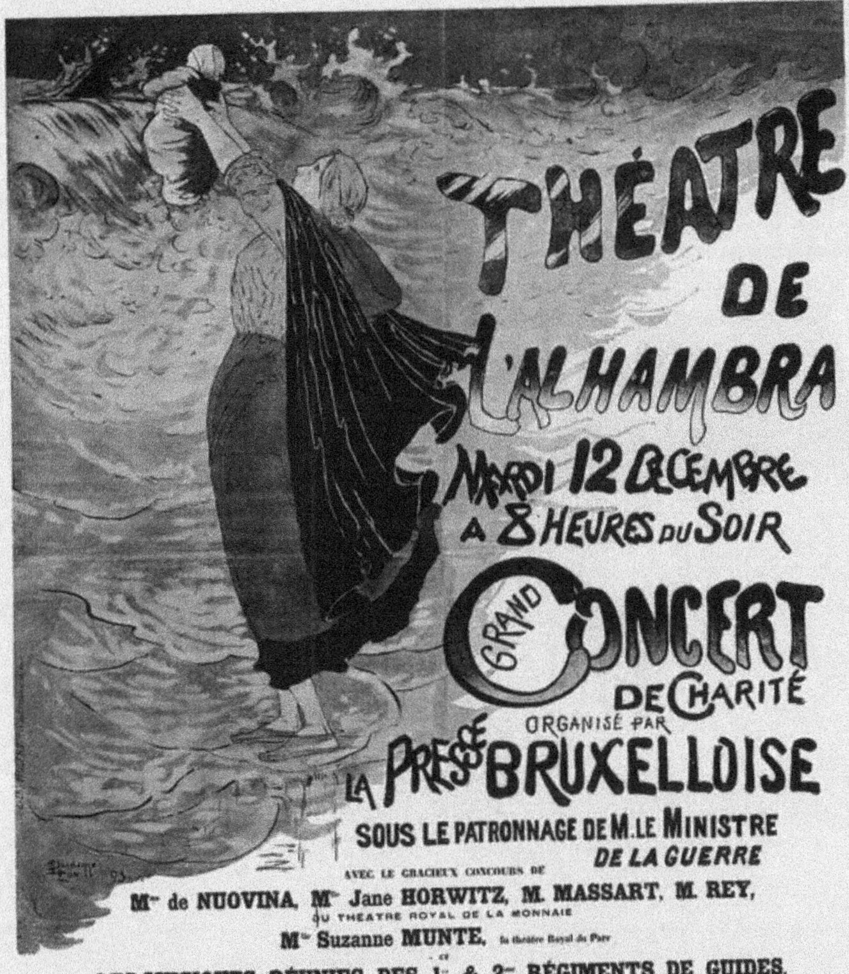

Fac-similé d'une affiche de M. Dardenne. (Bulens, impr. à Bruxelles.)

des spécialistes, mais leurs tentatives sont néanmoins intéressantes et
méritent à ce titre d'être signalées dans ce volume.

Voici d'abord MM. Duyck et Crespin, les frères siamois de la

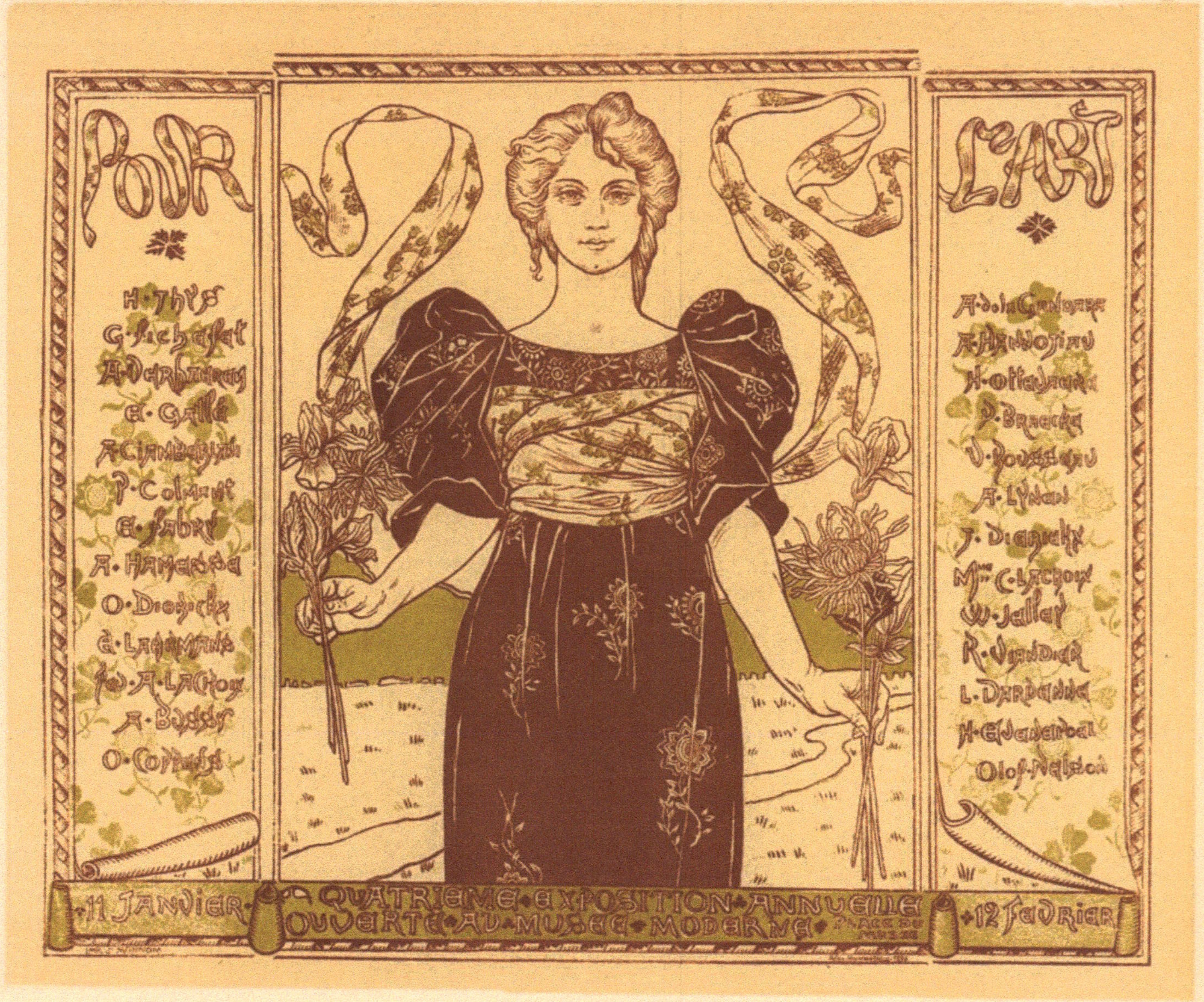

BELGIQUE

AFFICHE DE A. HANNOTIAU

LES AFFICHES ÉTRANGÈRES

G. BOUDET, ÉDITEUR

Imprimerie CHAIX

réclame belge. C'est à ces collaborateurs unis que nous devons les premières affiches polychromes ; dès 1886, pour un bal de la Monnaie, ils nous donnent une *Folie semant de l'argent*. Ils détiennent du reste le record de la production. Une grande expérience de l'art décoratif se retrouve dans toutes leurs compositions. Les tons de leurs placards coloriés sont vifs, attirent infailliblement le regard, et la disposition du dessin est toujours heureuse.

Voyez notamment leur excellente *Ferme de Frahinfaz* et l'affiche pour les *Fêtes de Bruxelles*, le saint Michel écrasant le dragon et semant des fleurs.

Chez ces artistes nous trouvons une corrélation absolue entre le dessin et ce qu'il offre au public. Chaque ornement, chaque élément décoratif ressort du sujet à exprimer : ces qualités se retrouvent dans le *Vélodrome d'hiver*. Il importe de signaler dans le même ordre d'idées deux petites affiches dues à M. Adolphe Crespin seul ; celle pour l'*architecte Hankar* et celle symbolisant son art personnel.

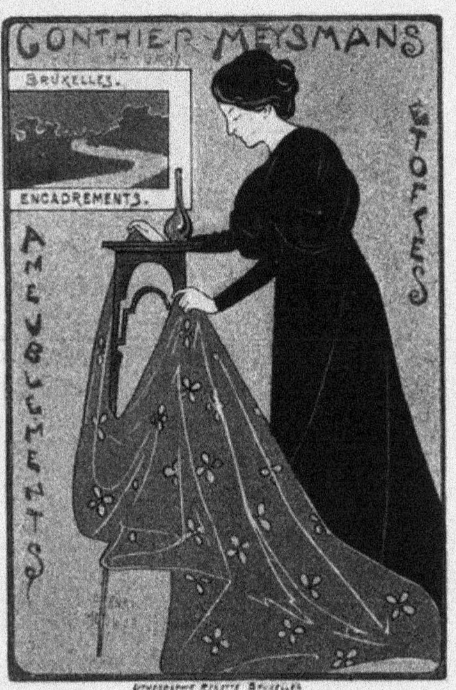

Fac-similé d'une affiche de M. H. Meunier. (Renette, impr.)

Ces œuvres sont suffisamment originales et ne s'inspirent d'aucune influence étrangère ; fournisseurs attitrés du théâtre de l'Alcazar, ils ont, pour la revue *Bruxelles sans gêne*, imaginé de représenter la salle et un public d'élite parmi lequel on reconnaît aisément plusieurs personnages plus ou moins célèbres à des titres très différents : Yvette Guilbert, Edmond Picard, Rochefort, l'avocat Robert, Aciana, le flamingant Hiel, etc.

Le Petit Belge de MM. Duyck et Crespin rappelle avec les mêmes qualités et les mêmes défauts *le Petit Bleu* de M. Dardenne. C'est sans doute une gracieuse attention pour les nombreux collectionneurs qui n'ont pu se procurer le document aujourd'hui introuvable de Léon Dardenne.

Outre une ravissante affiche pour *Nieuport-Bains* : trois femmes personnifiant la Pêche, la Promenade et la Chasse, citons encore leur *Vélodrome d'Ostende* et une jolie affiche pour le dernier *Cortège des fleurs* à Bruxelles.

A l'occasion des fêtes offertes à Mons par les *Chasseurs à cheval* de la Garde civique, MM. Duyck et Crespin viennent de produire une œuvre de vraiment grande allure, mais qui a le tort de s'inspirer de trop près de la belle affiche du maître Grasset pour les Fêtes de Paris.

M. Léon Dardenne débute en 1891 par une excellente affiche aujourd'hui introuvable : *la Chute d'un Ange*. Rappelons dans quelles curieuses circonstances cette affiche, énigmatique pour la plupart des collectionneurs, a été placardée. L'Université libre de Bruxelles avait à cette époque, comme recteur, un juif allemand de beaucoup de science peut-être, mais animé d'un malencontreux esprit d'intolérance ; les étudiants, fiers de leur indépendance jusqu'alors inviolée, protestent tant et si bien que le pauvre recteur doit

Fac-similé d'une affiche de M. Lynen. (Severeyns, impr. à Bruxelles.)

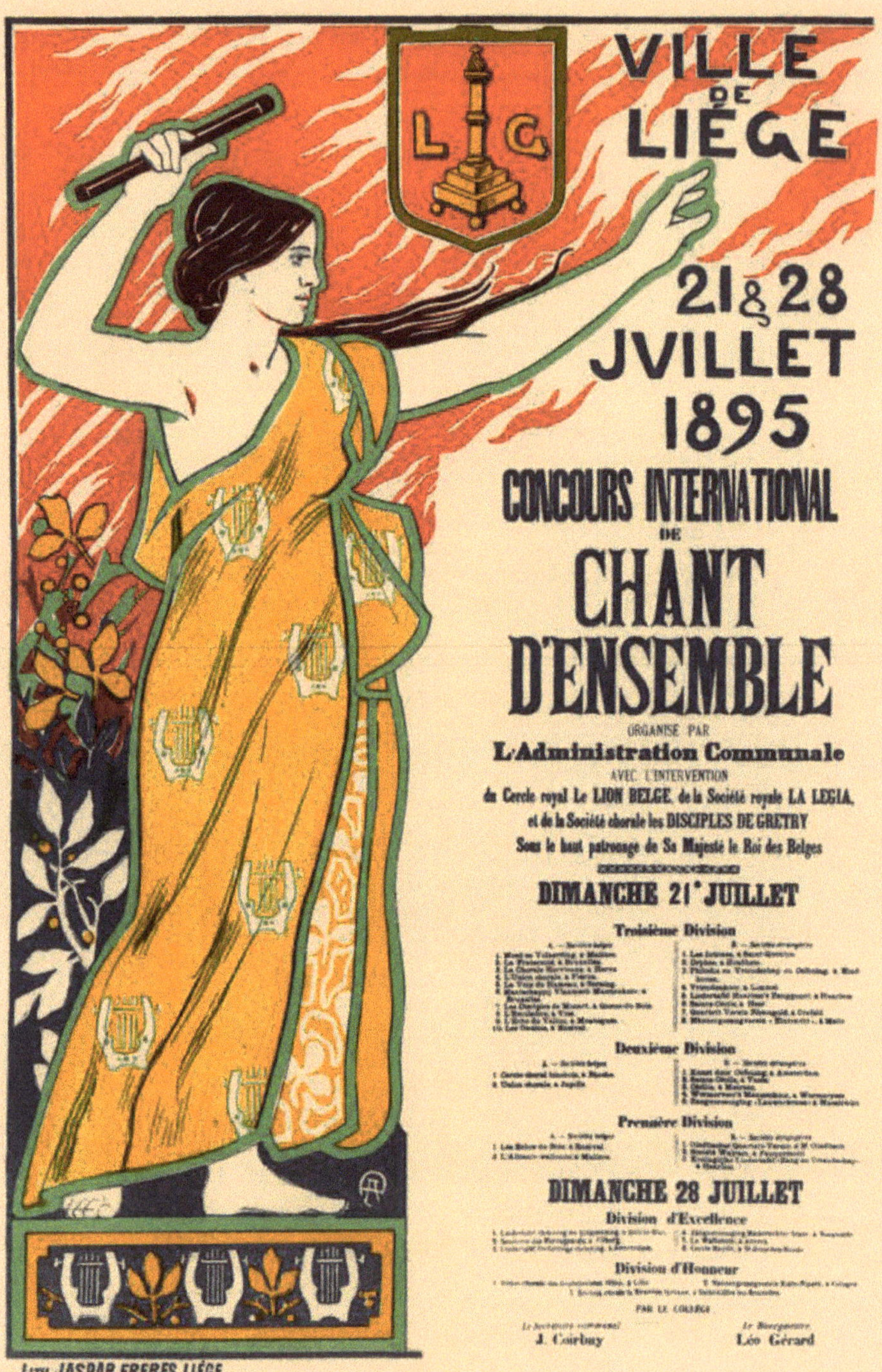

LITH. JASPAR FRERES LIÉGE.

abandonner sa chaire et s'en retourner piteusement en Allemagne. Le
Cercle des Sciences consacre à cette triste mésaventure sa représentation

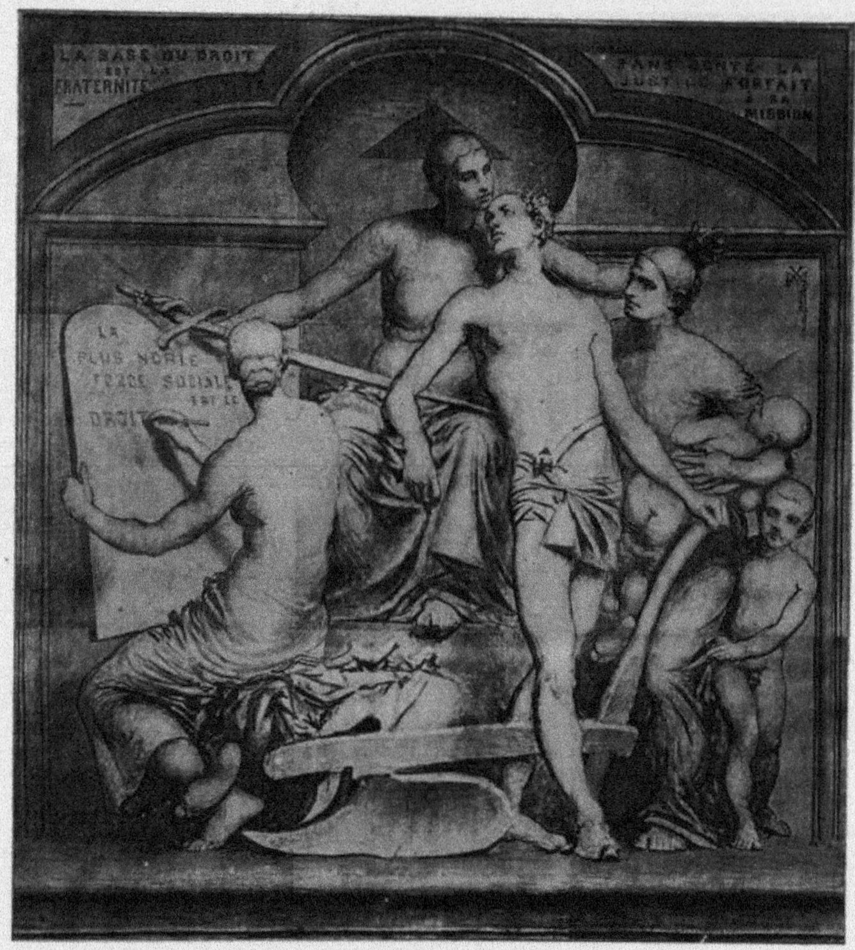

Fac-similé d'une affiche de M. MELLERY, pour l'Ordre des avocats de Bruxelles.
(Exécutée par les procédés de reproductions photographiques de Malvaux, à Bruxelles.)

annuelle, et Dardenne annonce au public cet événement estudiantin. L'affiche nous montre le recteur pitoyablement étendu : ses ailes d'ange ne
lui ont donc servi à rien; il a tout perdu, ses illusions, sa chaire et son
rectorat, tandis que, insolents, deux étudiants — un de chaque sexe — se
balladent.

Depuis deux ans, l'imprimerie Bulens prenant la spécialité des affiches illustrées, s'attache la précieuse collaboration de Léon Dardenne. Il annonce lui-même le fait par un amusant placard, mais la vulgaire réclame ne convient pas à son crayon spirituel ; il aime trop Pierrot et ne l'abandonne qu'à regret. Ceux qui ont assisté au théâtre d'Ombres du

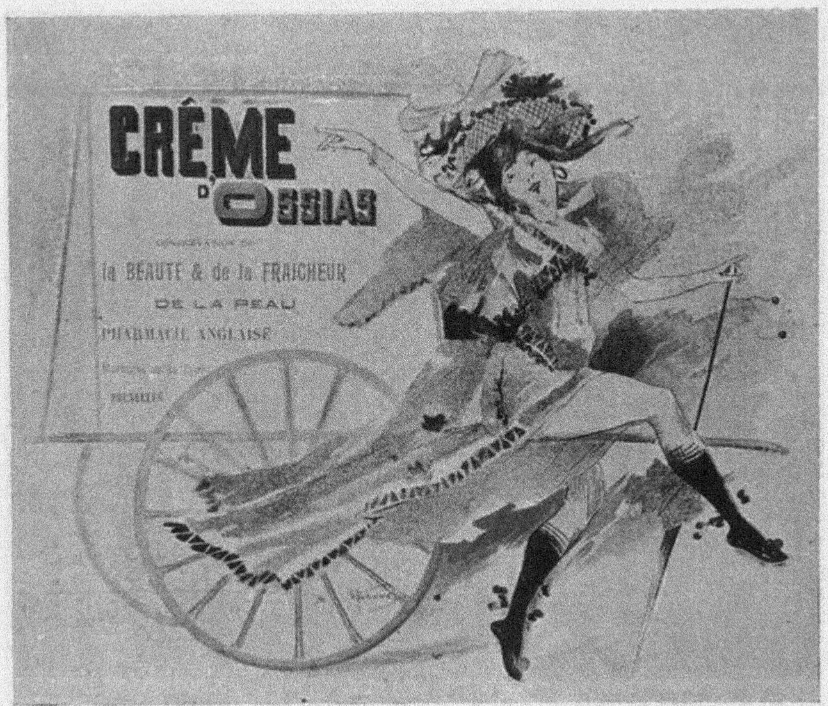

Fac-similé d'une affiche de M. Stéphane. (O. de Rycker et Cⁱᵉ, impr.)

Diable au Corps, cabaret artistique bruxellois, à la représentation du délicieux poème, *la Marche à la corde*, ont pu apprécier le talent du Willette belge. Son dessin pour un *Concert de charité* au théâtre de l'Alhambra est plein de sentiment. Ceux qui aiment Pierrot n'ont-ils pas tous beaucoup de cœur ?

Le grand succès qu'obtint sa dernière affiche pour le désormais populaire *Petit Bleu* était d'un heureux présage pour le nouveau journal quotidien de l'actualité illustrée. M. Léon Dardenne a également signé

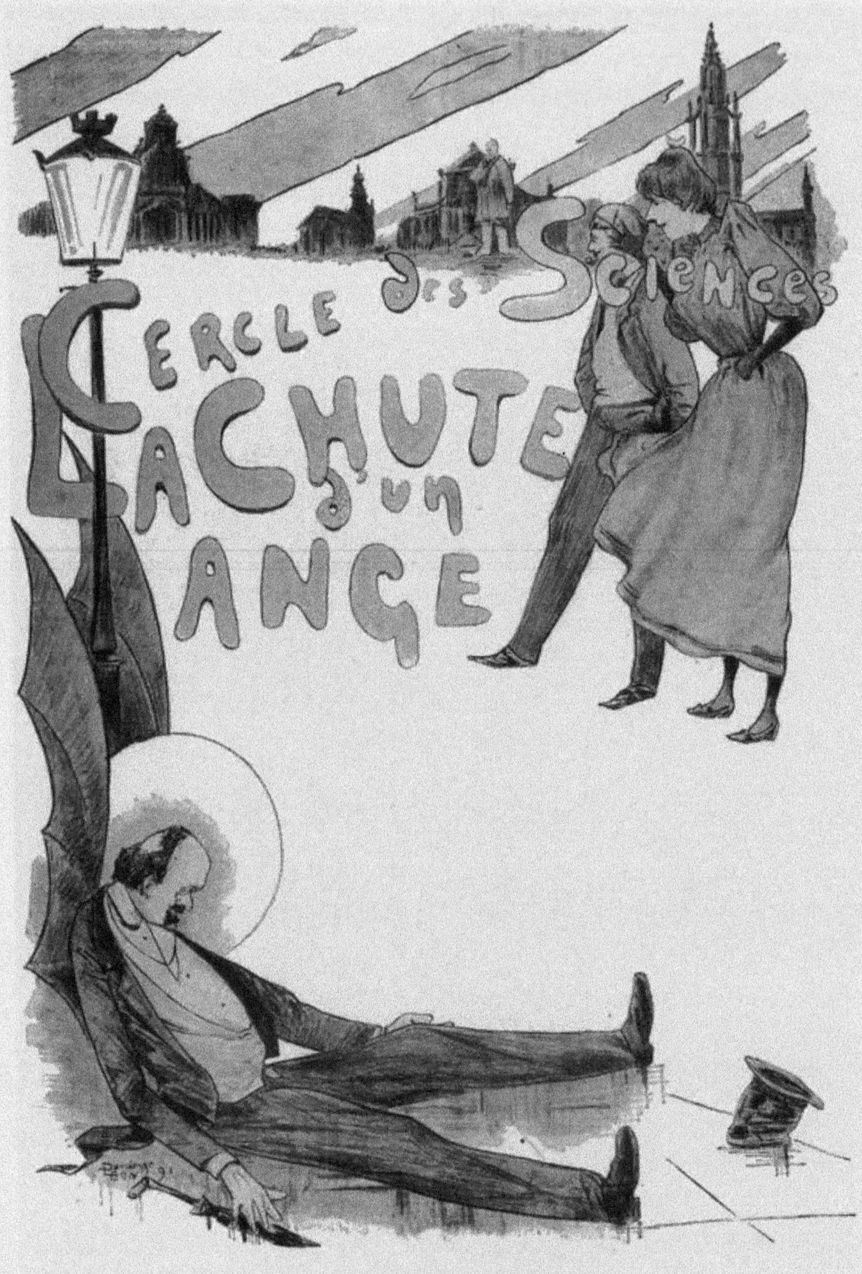

Fac-similé d'une affiche de M. Léon Dardenne.

G. BOUDET, ÉDITEUR

IMPRIMERIE CHAIX

une affichette, *Pour Carnaval*, simplement tirée en bistre sur fond blanc.

M. HENRI MEUNIER, un des derniers venus dans la Réclame artistique, s'est, dès sa première œuvre, signalé par de rares qualités chez un débutant : ses tons sont chauds et bien venus, sa simplicité de composition est étonnante. Il se dégage de son affiche, exécutée pour les *Concerts Ysaye*, une belle et allégorique impression de calme et de grandeur.

Là-bas, en mer, un vieux marin, un simple, songe, tandis que les éclatantes lumières du *Casino de Blankenberghe* se projettent au loin dans la mer, montent audacieusement jusqu'au ciel. Cette œuvre magistrale, d'une sobre vigueur de coloris, d'une surprenante sûreté d'exécution, est absolument empoignante. L'œuvre de Henri Meunier, affranchi de toute

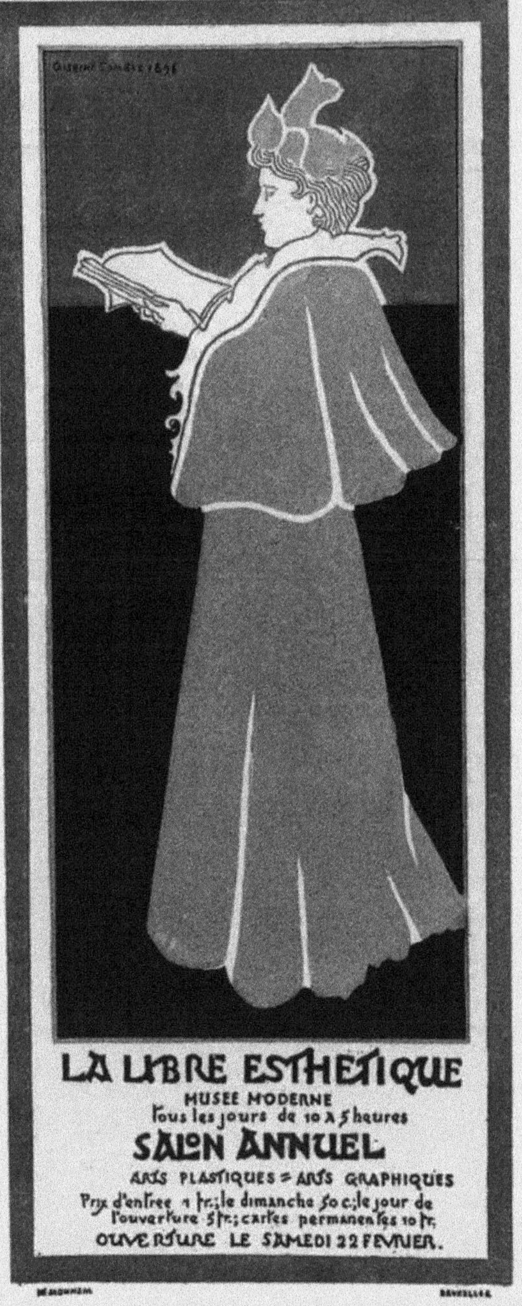

Fac similé d'une affiche de M. COMBAZ. (Mme Ve Monnom, impr. à Bruxelles.)

influence étrangère, se différencie même curieusement des données habituelles de nos affichistes. Chez cet artiste l'affiche devient plutôt une œuvre intellectuelle qu'une habile réclame ; elle n'amuse point par ses colorations joyeuses, mais émeut fortement par la puissante simplicité du dessin. Ces deux magnifiques estampes murales, le *Concert Ysaye* et le *Casino de Blanckenberghe*, affirment d'irréfutable façon que l'affiche est une véritable œuvre d'art et sera, sans aucun doute, un puissant instrument de vulgarisation artistique.

Pour une *Maison d'ameublements*, Henri Meunier vient de faire une jolie affiche d'intérieur traitée à la façon des maîtres japonais. Il est également l'auteur d'une affichette annonçant l'été dernier, successivement dans chaque ville, une collecte en faveur de l'*Œuvre du grand Air pour les Petits*. J'estime trop le talent si personnel de cet artiste pour ne pas signaler dans toutes ses œuvres l'emploi abusif et toujours identique de mêmes tons jaunes et bleus.

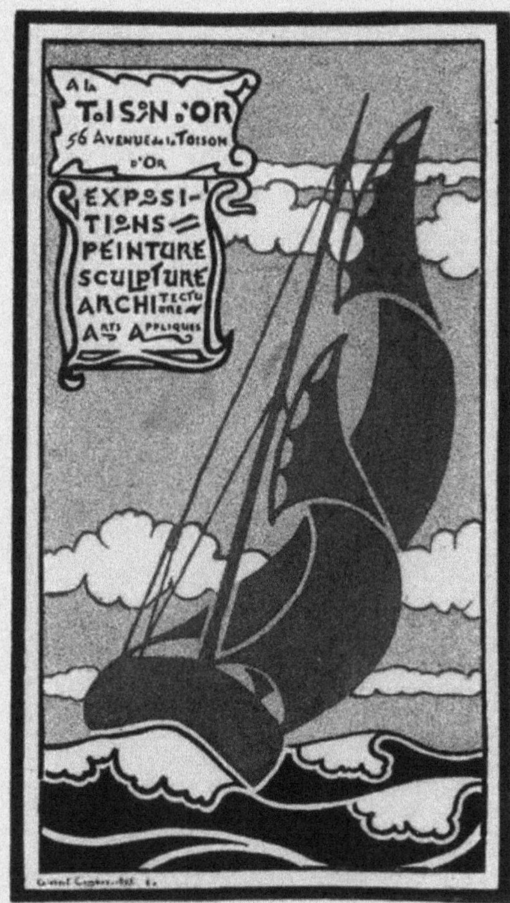

Fac-similé d'une affiche de M. COMBAZ.

Anvers et son Exposition, l'amusante affiche d'EVENEPOEL, se distingue par une sûreté et une harmonie de lignes qui font heureusement présager de l'avenir du jeune peintre. Ces sérieuses espérances se confir-

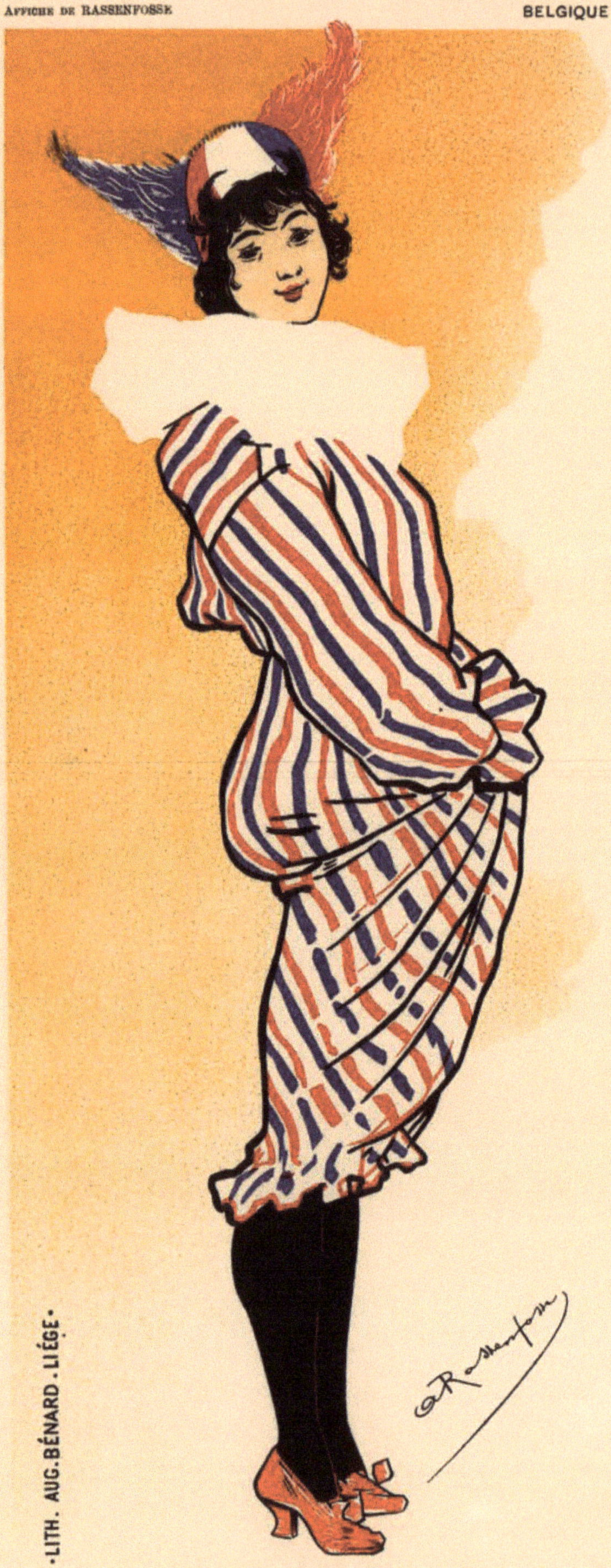

·LITH. AUG. BÉNARD · LIÉGE·

LES AFFICHES ETRANGÈRES

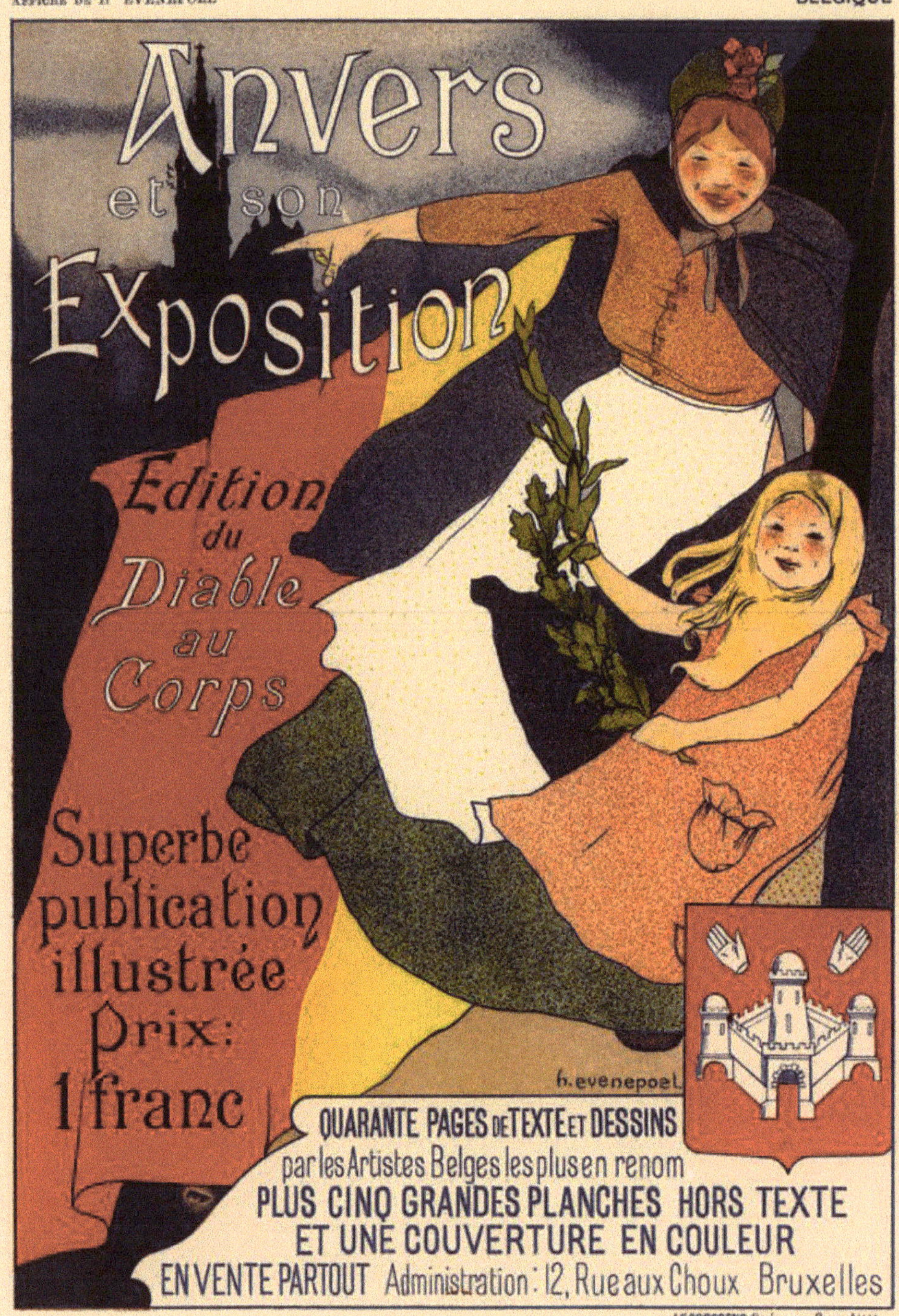

LES AFFICHES ÉTRANGÈRES

G. BOUDET, ÉDITEUR   IMPRIMERIE CHAIX

ment du reste dans un projet d'affiche pour la *Librairie Sagot*, projet exposé au dernier Salon « Pour l'Art ». M. Evenepoel a déjà émigré à Paris; espérons qu'il ne dédaignera pas l'estampe murale, qui lui a si bien réussi.

Le souvenir du *Cénacle*, un éphémère cercle d'artistes, est transmis aux collectionneurs par une élégante affiche de MIGNOT. D'une piquante modernité, l'allure du dessin est vraiment gracieuse. Dans son affiche pour la *Salle Debel*, M. Mignot donne très exactement l'impression de l'atmosphère grise et terne d'une salle d'armes, mais c'est trop peu pour rendre une affiche intéressante. M. Victor Mignot était trop artiste pour ne pas prendre une prompte revanche, et, le comité de la *Kermesse de Bruxelles* mettant au concours l'affiche destinée à annoncer cette joyeuse festivité, c'est le projet du jeune affichiste qui obtint le premier prix. Il nous

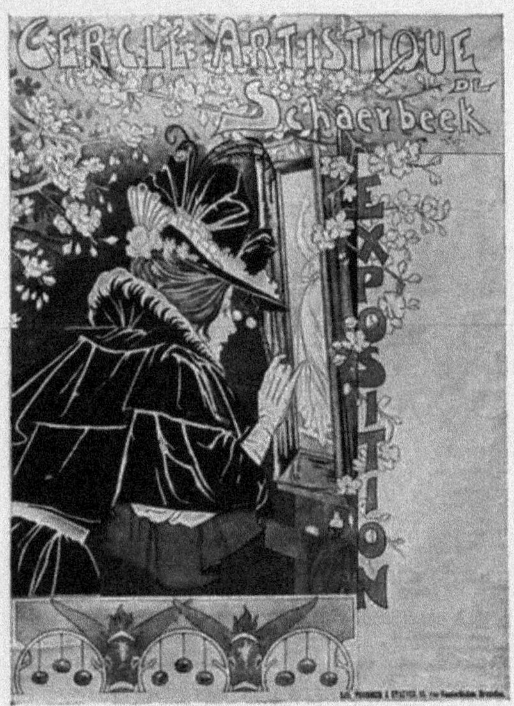

Fac-similé d'une affiche de M. PRIVAT-LIVEMONT.
(Trommer et Staeves, impr.)

montre une parade foraine et, au premier plan, un hercule en maillot invitant le public à entrer dans l'arène. Cette affiche bien vivante amuse l'œil par la pose heureuse des couleurs. C'est une œuvre parfaite, telle qu'on était en droit de l'exiger de l'auteur du *Cénacle*.

Une superbe Flamande aux formes puissantes, une significative fourchette à la main, fait une entrée triomphale sur le plus dodu des cochons. C'est ainsi que le joyeux AMÉDÉE LYNEN nous annonce une non moins joyeuse *Kermesse aux boudins* au cabaret du *Diable au corps*. Peintre des mœurs bruxelloises, M. Lynen personnifie la franche gaieté brabançonne. Il est également l'auteur d'une attrayante affichette pour son cher théâtre d'Ombres du *Diable au corps*. C'est à la verve inépuisable de ce fantaisiste que le cabaret artistique bruxellois doit une vogue vraiment prodigieuse.

La reconstitution du vieux Bruxelles, à l'Exposition de 1897, vient d'être annoncée, sous la dénomination de *Bruxelles-Kermesse*, par une pittoresque affiche d'Amédée Lynen : des personnages à la façon de 1830 sont bien campés dans un vieux décor bruxellois. Cette pièce, inspirée avec à-propos de certaines estampes d'autrefois, fait regretter que cette manifestation nouvelle de l'Art appliqué, l'Affiche illustrée, n'ait pas attiré davantage ce décorateur de talent.

M. Bataille, élève de l'Académie d'un de nos faubourgs, est l'auteur de l'affiche pour une *Exposition d'Enseignes* organisée au Musée par *l'Œuvre nationale de l'Art appliqué à la Rue*. Cette affiche avait, paraît-il, été mise au concours; dès lors on pouvait s'attendre à voir choisir une sorte d'affiche type de la Réclame artistique, mais la plupart de nos artistes ne participant jamais aux concours organisés par cette Société, c'est le consciencieux projet de M. Bataille qui a été primé.

La Société Cibils ayant eu la fâcheuse inspiration de charger le comité de *l'Art appliqué à la Rue* d'organiser un concours d'affiches, le jury, avec un grand souci de la hiérarchie, attribua le premier prix au président de *l'Art appliqué*, M. Broerman, tandis qu'au secrétaire, M. Crabbe, il n'accordait que le second prix. Il est à souhaiter que la Société Cibils utilise le projet très symbolique et fort bien traité de M. Crabbe. Le dessin de M. Broerman est vraiment trop académique.

Une allégorique estampe du grand artiste belge Mellery, reproduite au moyen de la phototypie, a été placardée à l'occasion de la réunion à Bruxelles de la *Fédération des Avocats*. En 1885 déjà, le maître peintre flamand avait dessiné une affiche pour la *section des Beaux-Arts du Grand Concours*.

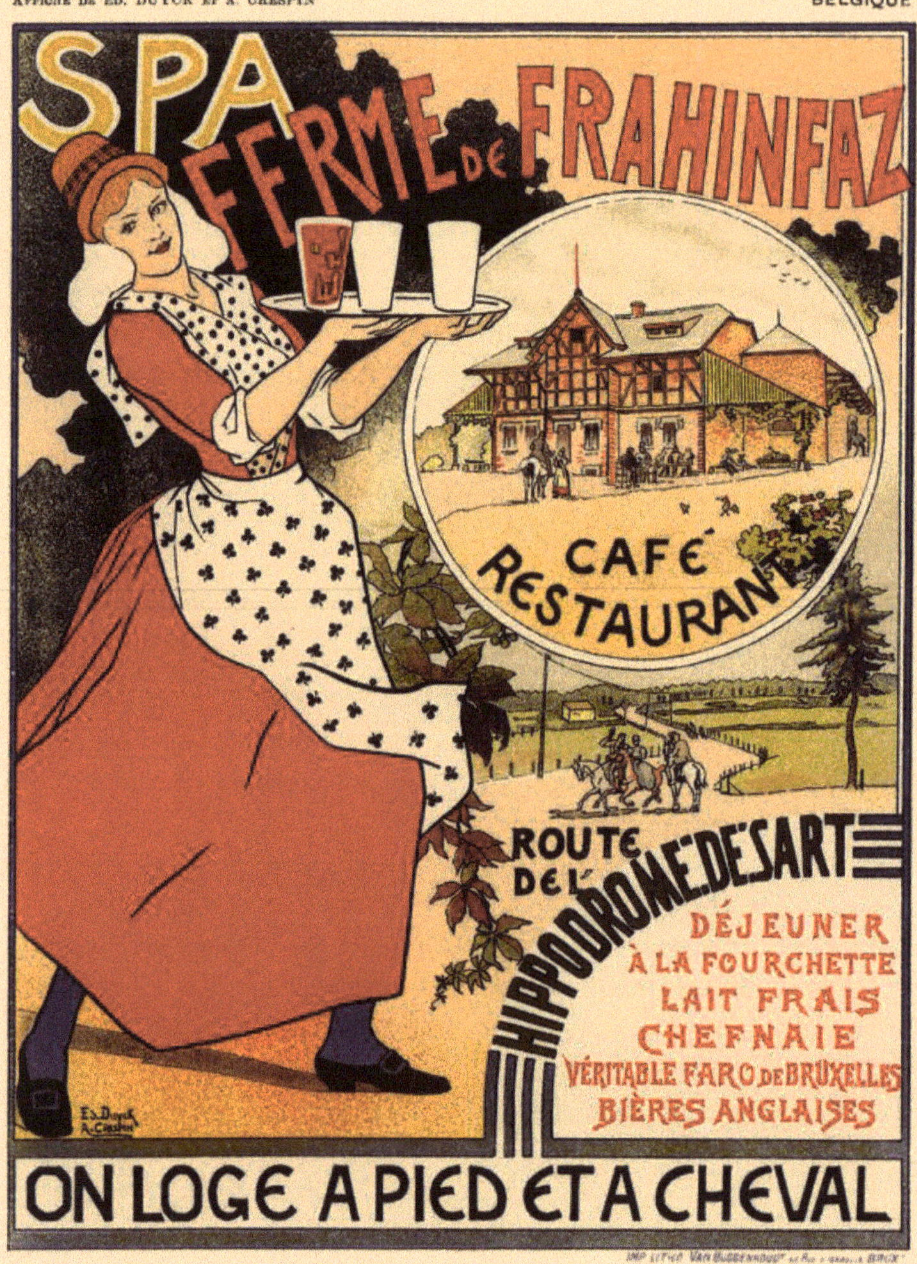

LES AFFICHES ETRANGÈRES

G. BOUDET, Éditeur   Imprimerie CHAIX

Aucune exposition artistique ne s'ouvre actuellement sans qu'aussitôt une symbolique affiche invite le public à s'y rendre.

Pour le premier salon de *Pour l'Art*, en 1893, M. Delville dessine un étrange Sphinx; il me paraît vouloir se créer une spécialité de sphinx pour expositions. Il vient d'en produire un nouveau pour le *Salon d'Art Idéaliste*. Le bleu de son affiche est d'un goût déplorable et n'attire même pas l'œil. Chaque année un membre différent du groupe *Pour l'Art*, trace l'affiche. C'est ainsi que successivement nous avons vu des affiches originales d'Ottevaere, de Fabry et d'Hannotiau. L'essai d'Ottevaere est intéressant, bien qu'il témoigne de certaines inexpériences, mais ce peintre a trop de talent pour qu'on puisse insister sur quelques détails défectueux au point de vue du placard mural.

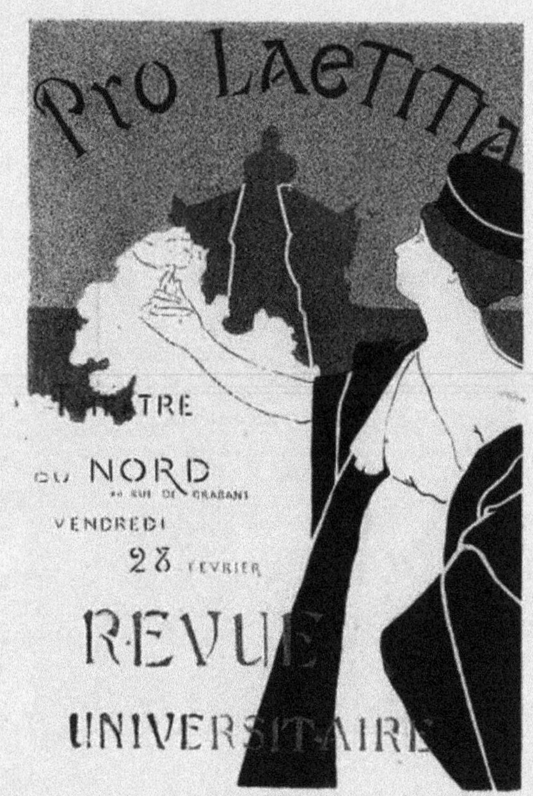

Fac-similé d'une affiche de M. Janlet.

La belle affiche de M. Fabry, simplement tirée en vieux rouge sur fond blanc, est de loin supérieure aux deux précédentes. La forte impression d'art qui se dégage de cette caractéristique affiche arrête infailliblement le passant. Sa sobriété même lui donne une grande puissance, c'est une œuvre magistrale; on pouvait s'y attendre d'un dessinateur tel que Fabry.

Cette année, la Société *Pour l'Art* a fait appel au talent raffiné d'Alexandre Hannotiau, le peintre exquis des vieux coins de Bruges.

Cette affiche intéresse par sa simplicité et sa distinction; son esthétique me semble être le produit d'un mélange de l'influence anglaise et de souvenirs académiques.

M. FERNAND TOUSSAINT, pour l'exposition du *Sillon*, nous donne une délicieuse aquarelle aux tons adoucis. Il a été bien inspiré en s'adressant au très habile artiste lithographe DE RYCKER, dont la collaboration est toujours précieuse. Une charmante finesse de tons, les plus exquis assemblages de couleurs, font presque oublier la nullité absolue du dessin. Il serait du reste difficile de se tirer avec plus de bonheur, que dans cette œuvre de début, de l'art des colorations délicates. Déjà dans son affiche pour le *Café Jacqumotte* la combinaison des nuances est moins heureuse. Le dessin n'a sans doute plus la vague incohérence signalée dans l'affiche du *Sillon*, mais, par contre, la lettre est confuse et ne se détache pas suffisamment sur le fond. Il importe que les artistes

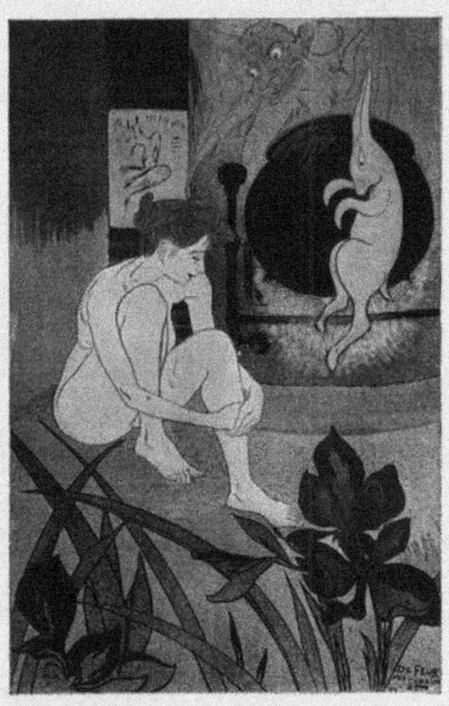

Fac-similé d'une affiche de DE FEURE, pour le cabaret du *Diable au corps*. (Bataille, impr. à Paris.)

s'occupent davantage du but de l'affiche commerciale et ne se laissent pas entraîner à composer de vrais tableaux.

Certain placard anonyme, destiné à recommander la *Distillerie Fouassin* de Liège et attribué généralement à M. F. Toussaint, montre bien à quel point il faut posséder la science des couleurs pour ne pas faire œuvre de mauvais goût. La fusion des tons voyants est également moins adroite dans son affiche pour le *Longchamps Fleuri* organisé, cette année, à Dinant, par le cercle privé du Kursaal.

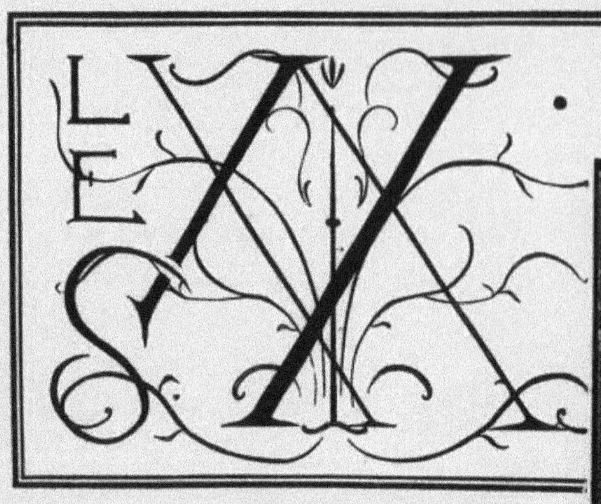

Fac-similé d'une affiche de M. F. KHNOPFF. (Mᵐᵉ Vᵉ Monnom, impr. à Bruxelles.)

BELGIQUE

IMPRIMERIE CHAIX

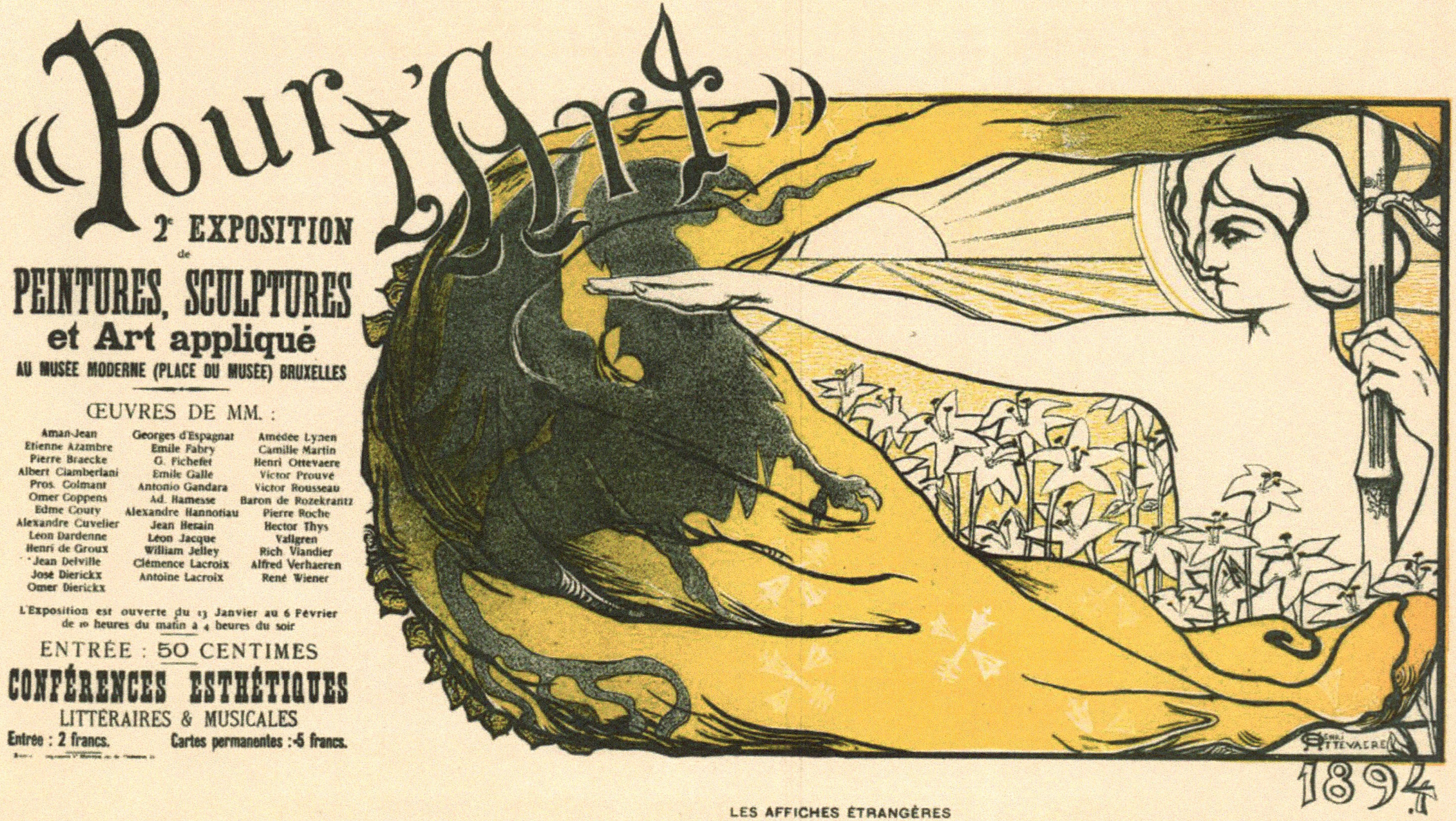

LES AFFICHES ÉTRANGÈRES

AFFICHE DE OTTEVAERE

G. BOUDET, ÉDITEUR

OTTEVAERE

1892

Pour l'Art

2e EXPOSITION de
PEINTURES, SCULPTURES
et Art appliqué
AU MUSÉE MODERNE (PLACE DU MUSÉE) BRUXELLES

ŒUVRES DE MM. :

Aman-Jean
Etienne Azambre
Pierre Braecke
Albert Ciamberlani
Pros. Colman
Omer Coppens
Edme Couty
Alexandre Cuvelier
Leon Dardenne
Henri de Groux
Jean Delville
José Dierickx
Omer Dierickx

Georges d'Espagnat
Emile Fabry
G. Fichefet
Emile Galle
Antonio Gandara
Ad. Hamesse
Alexandre Hannotiau
Jean Hezain
Leon Jacque
William Jelley
Clémence Lacroix
Antoine Lacroix

Amédée Lynen
Camille Martin
Henri Ottevaere
Victor Prouvé
Victor Rousseau
Baron de Rozekrantz
Pierre Roche
Hector Thys
Vallgren
Rich Viandier
Alfred Verhaeren
René Wiener

L'Exposition est ouverte du 13 Janvier au 6 Février
de 10 heures du matin à 4 heures du soir

ENTRÉE : 50 CENTIMES

CONFÉRENCES ESTHÉTIQUES
LITTÉRAIRES & MUSICALES

Entrée : 2 francs.   Cartes permanentes : 5 francs.

Le lithographe de Rycker a imprimé une jolie affiche anonyme pour l'*Exposition de Poupées* qui vient d'avoir lieu à Spa. Bien qu'elle manque un peu de finesse, cette pièce, d'une chaude coloration, n'en constitue pas moins un excellent début pour son jeune auteur, M. Rocher, dont nous regretterions de ne pouvoir dévoiler l'incognito.

M. G. M. Stevens, l'un des mieux doués parmi les peintres de la jeune

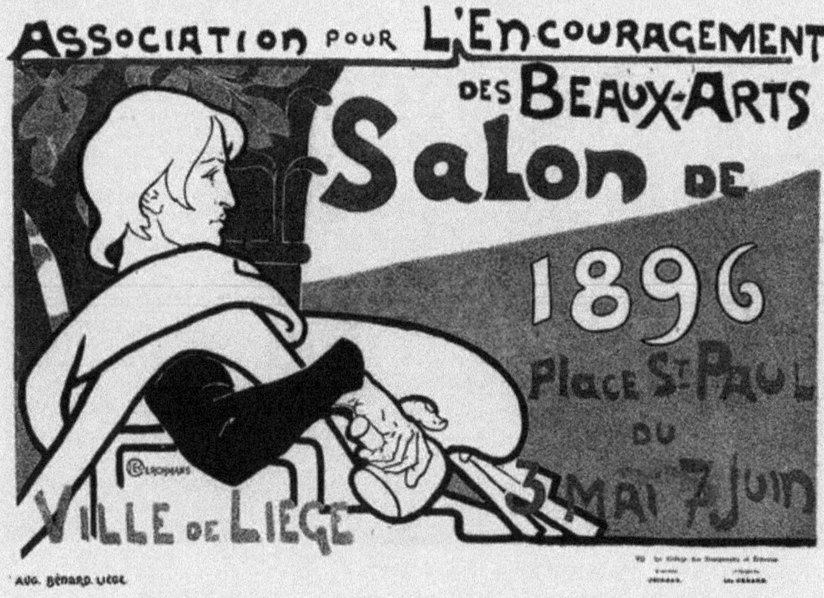

Fac-similé d'une affiche de M. E. Berchmans. (Bénard, impr. à Liège.)

école, a eu l'heureuse inspiration de suivre l'exemple donné par la plupart des artistes et a fait une belle affiche pour l'exposition de 1896 du cercle d'art *le Sillon*. Cette œuvre de valeur, qui se signale à la fois par la correction des lignes et la distinction des nuances, ne fera certainement pas regretter à son auteur d'avoir, momentanément, abandonné ses pinceaux. La rare élégance de la lettre complète parfaitement cette excellente affiche.

Un jeune avocat bruxellois, maître Combaz, est l'auteur d'une curieuse affiche pour la Maison d'Art *à la Toison d'Or*. Une série d'intéressantes plaquettes apprennent pourquoi ceux qui ont conçu cette œuvre d'Idéal la nomment humblement et pieusement *Madame la*

Maison d'Art, ainsi que des croyants disent Notre Dame. « Dans les appartements successifs de cette maison unique en son genre, à ses divers étages, au long de sa galerie, sur les planches de son théâtre, parmi les arbustes de son jardin, ce sera une existence qu'on retrouvera

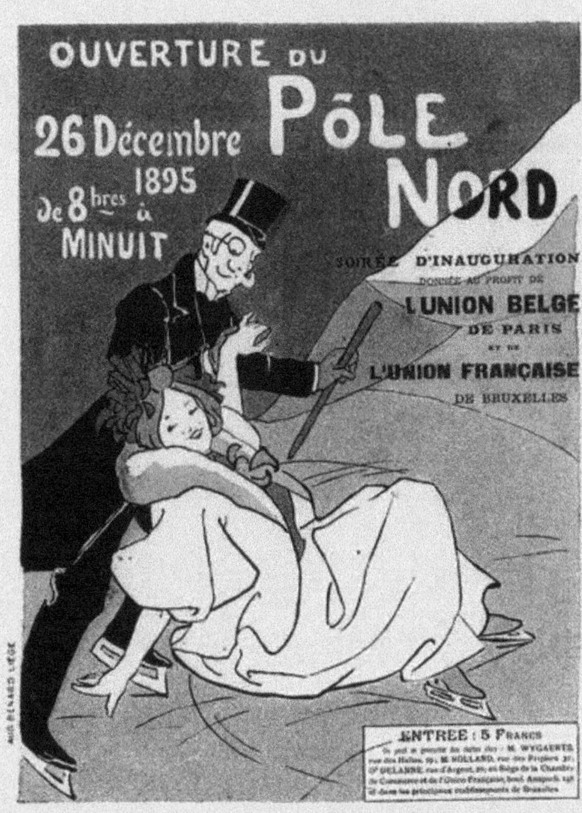

Fac-similé d'une affiche de M. Berchmans. (A. Benard, impr.)

en ses formes préférées, en mélange intense et continu avec l'Art ramené à cette dignité d'être partout présent et de ne plus apparaître en rareté détachée, reléguée à part ainsi qu'un butin, ainsi que des dépouilles arrachées aux lieux qu'elles ornaient, aux lieux avec lesquels elles faisaient corps. » Et comme unique rémunération des esthètes qui lui donneront le secours de leur argent et de leur activité, elle promet le *Dividende Intellectuel*. D'une rare distinction de facture, l'affiche de M. Gisbert Combaz rachète par de réelles qualités ses dimensions restreintes. Nous devons à l'excellent éditeur liégeois Bénard un agrandissement de cette pièce : l'effet en est étonnant. Son premier essai pour la *Libre Esthétique* n'était guère heureux. Cette année, pour la même exposition, il a dessiné une jolie affiche d'intérieur. Les tons rouges et verts de cette œuvre sont francs et bien posés ; malheureusement, ils se retrouvent identiques

AFFICHE DE DONNAY

BELGIQUE

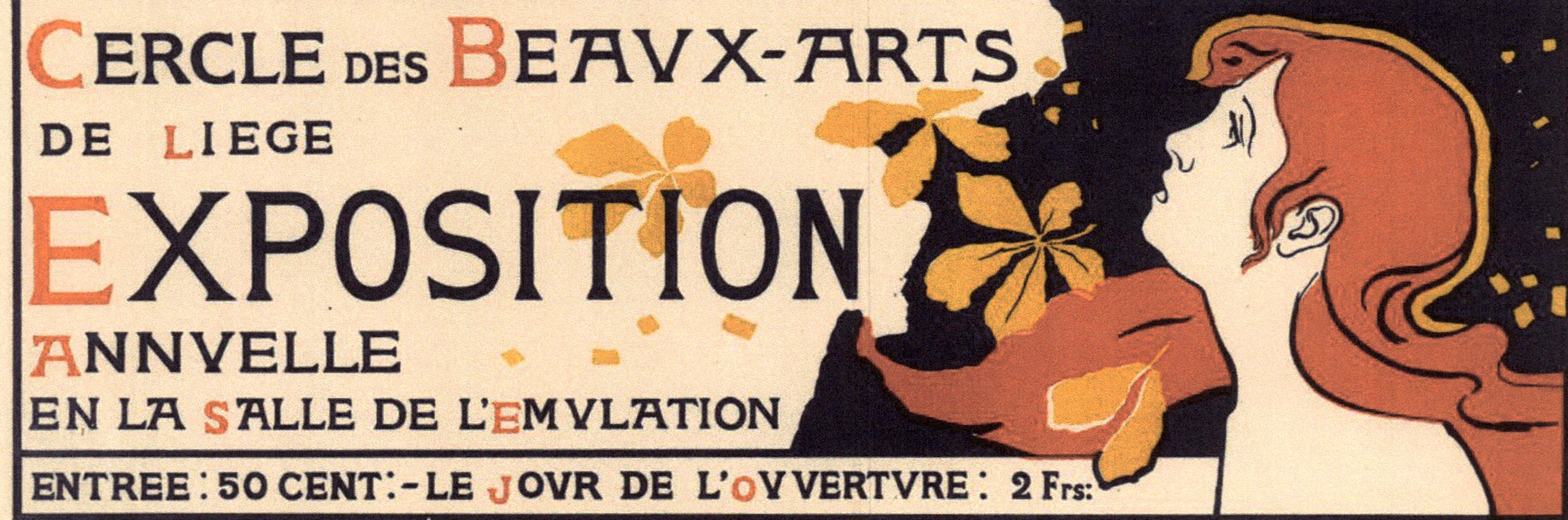

G. BOUDET, ÉDITEUR

IMPRIMERIE CHAIX

AFFICHE DE E. BERCHMANS

BELGIQUE

N'EMPLOYEZ QUE LE

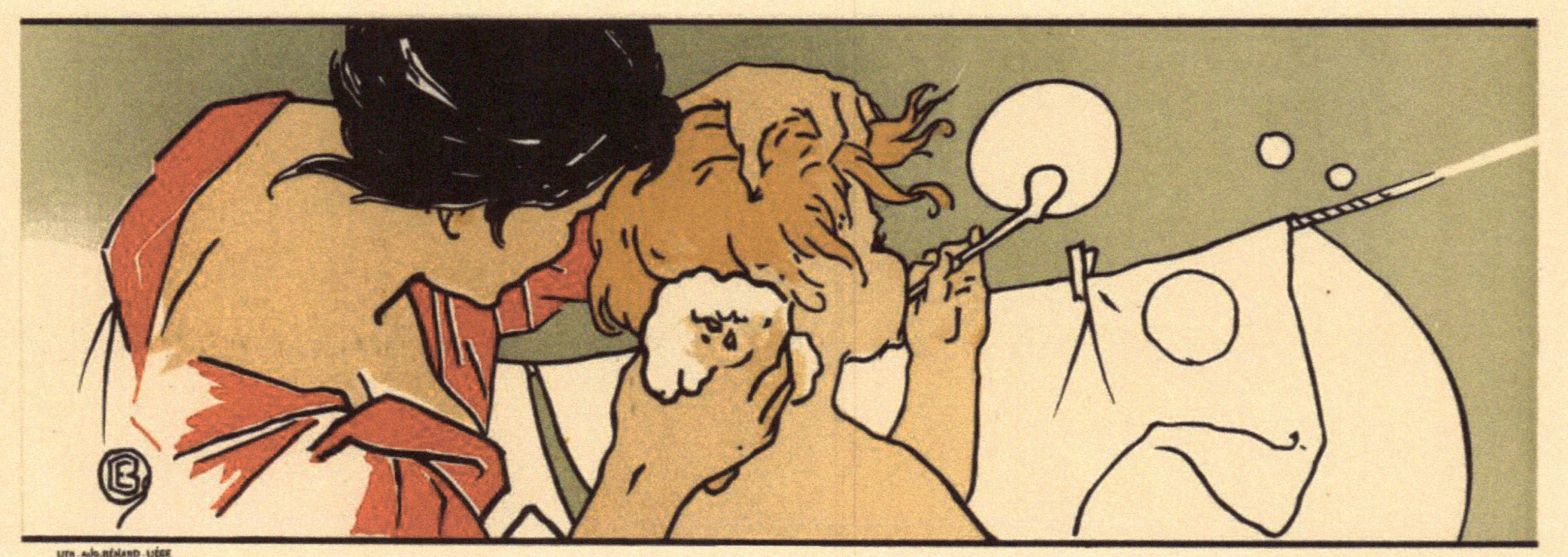

SUNLIGHT SAVON

LES AFFICHES ÉTRANGÈRES

G. BOUDET, ÉDITEUR

IMPRIMERIE CHAIX

dans sa nouvelle affiche pour *The Fine Art and General Insurance Company*, une société qui assure les œuvres d'Art contre l'incendie, le vol, la détérioration, etc., sur des bases à la fois pratiques et rationnelles.

Un certain M. Barabandy vient de plagier servilement pour annoncer une publication parisienne, *les Femmes du Monde*, l'affiche de Combaz pour *la Libre Esthétique*. On se demande si c'est par sotte vanité ou bien par quelque scrupule tardif que cet artiste peu délicat a modifié légèrement l'original : la figure de la femme, au lieu d'être de profil, est de face. A part ce changement, suffisant d'ailleurs pour nous montrer l'absence complète de toute espèce de talent chez son auteur, l'identité est absolue : même disposition de l'encadrement et du texte, mêmes couleurs, même format.

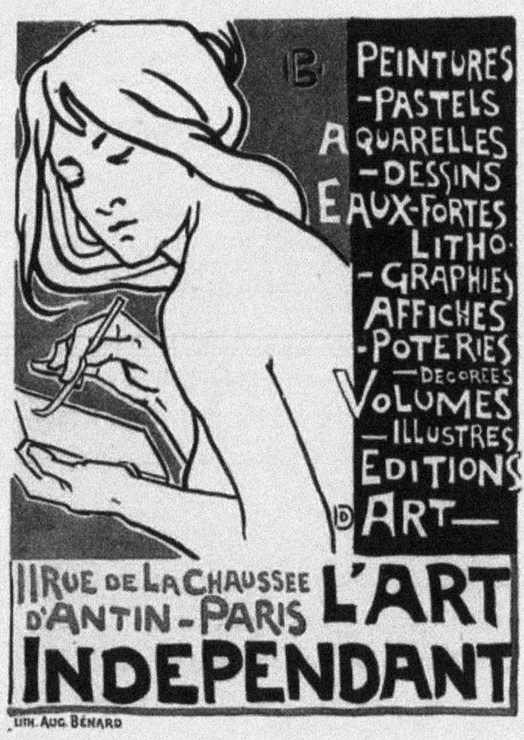

Fac-similé d'une affiche de M. E. BERCHMANS. (A. Bénard, impr.)

M. Théo Van Rysselberghe, peintre de talent, débute par une excellente affiche pour le salon de la *Libre Esthétique*. Cette œuvre d'artiste charme autant par la distinction que par la délicatesse des nuances; peut-être trouverait-on certains détails défectueux accusés, sur les murs, par un manque de netteté. Cette belle estampe est néanmoins très appréciée par tous les collectionneurs de goût.

Le vaillant groupe des *apporteurs de neuf*, les *XX*, dont les audaces voulues amusèrent longtemps les *mondains* qu'insolemment ils invitaient à l'ouverture de leur salon, laisse aux collectionneurs une affiche de FERNAND KHNOPFF. Un artiste aussi raffiné que M. F. Khnopff devait faire mieux que cette immensément longue jeune femme sans grâce ni charme. Ce document date de 1891. C'est en grande partie à l'esprit de combativité des Vingtistes qu'est dû le puissant mouvement d'émancipation artistique qui se manifeste en Belgique depuis quelques années.

M. PRIVAT LIVEMONT, pour l'exposition de 1895 du *Cercle Artistique* de Schaerbeek, a fait une très amusante affiche : un adorable bébé d'un modelé parfait, légèrement posé sur une branche de cerisier en fleur, tire les ficelles d'un petit âne en bois; puis, en manière d'encadrement, une théorie de longues oreilles d'âne et d'alléchantes cerises. Pour comprendre la spirituelle allusion de ce dessin, il faut savoir que les Bruxellois appellent railleusement Schaerbeek le pays des ânes et des cerises! C'est également à M. Livemont que le *Cercle Artistique* schaerbeekois doit son affiche pour l'exposition de cette année. L'œuvre est trop fine au point de vue mural, les tons manquent absolument d'éclat, mais le dessin est charmant et témoigne d'un grand souci artistique.

Le *Savon Cristel* a judicieusement confié au sympathique décorateur bruxellois le soin de défendre sa cause auprès de ces dames, et, dans ces conditions, il n'est pas douteux que celles-ci ne fassent les conclusions de l'élégant avocat, représenté par l'affiche, en déclarant toutes que le savon Cristel est le meilleur! L'apparition d'une jolie baigneuse fait émerger des flots un curieux choix de têtes de soupirants jeunes et vieux : voilà comment l'original artiste annonce la plage de *Cabourg*. Cette affiche d'une joyeuse fantaisie n'a, malheureusement, pas été rendue avec toute la perfection désirable par suite d'un tirage défectueux.

Je ne connais pas l'*Absinthe Robette*, mais la délicieuse affiche de M. Livemont, symbole charmant de la troublante liqueur, m'a aussitôt convaincu de son excellence. J'ai rarement vu une corrélation aussi parfaite entre l'affiche et l'objet de la réclame; les ornements décoratifs, le choix des couleurs, tout rappelle le sujet à exprimer : l'absinthe. L'affiche d'intérieur destinée à recommander le *Chocolat Delacre* est également une

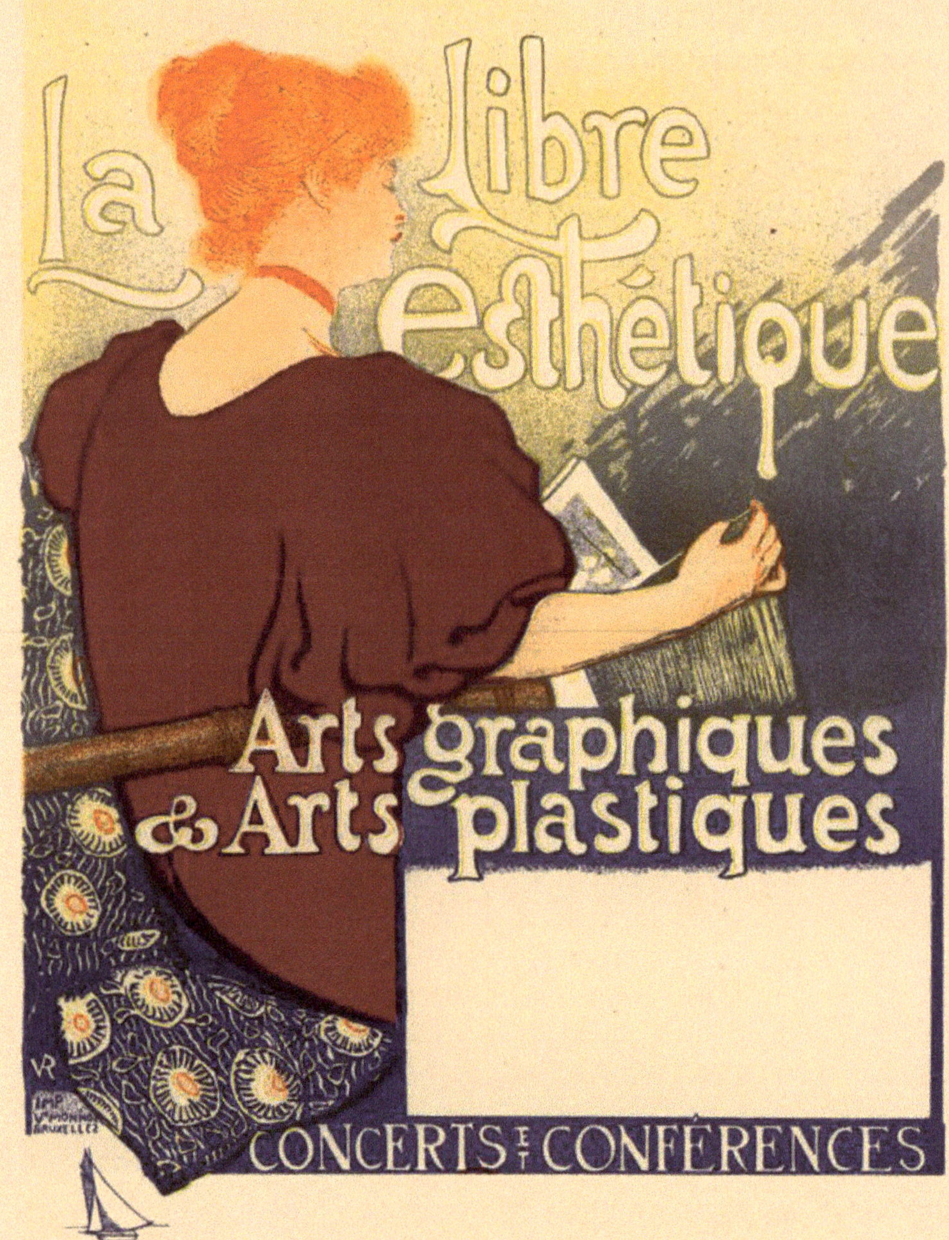

LES AFFICHES ÉTRANGÈRES

pure merveille de dessin et
de coloration. L'emploi des
nuances les plus fugitives
donne à ces deux ravissantes
affiches une fraîcheur exquise sans nuire toutefois
à la netteté du dessin. La
distinction du dessinateur
signalée déjà dans ses essais
pour l'*Exposition de Schaerbeek* s'est bientôt complétée
par l'expérience du décorateur, et il est à espérer que
cet artiste, aux procédés
bien personnels, nous donnera fréquemment d'aussi
intéressants documents.

Auteur d'une bonne af-
fiche pour le journal *la
Réforme*, M. Privat Live-
mont a aussi composé un
étrange placard pour un roman feuilleton : *l'Orgueil
d'une Mère.*

L'affiche de M. Baes pour
l'*Exposition internationale
de Bruxelles* en 1897 est
suffisamment voyante et, à
ce seul titre, plaira, sans
aucun doute, au public spécial auquel elle s'adresse.
Il est toutefois absolu-
ment certain que cette

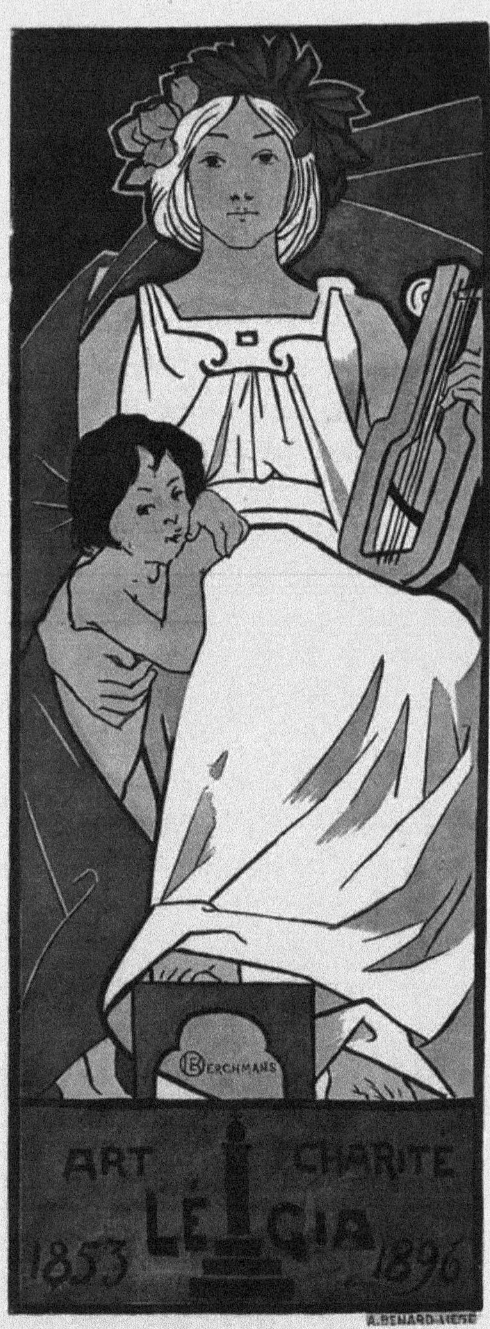

Fac-similé d'une affiche de M. E. BERCHMANS.

affiche ne donnera pas aux étrangers une bien haute idée de l'originalité de nos artistes.

M. G. Gaudy, un de nos meilleurs cyclistes, paraît aimer beaucoup l'affiche illustrée. Nous connaissons de nombreux documents dus à M. Gaudy, et tous se signalent par leurs riantes couleurs. Sa dernière affiche pour la *Ligue vélocipédique* est particulièrement bien venue.

La fièvre des estampes murales est telle que les étudiants eux-mêmes se mettent à dessiner d'originales affiches. La représentation d'une joyeuse revue universitaire, *Pro Laelilia*, est annoncée par une affiche d'un ensemble agréable et fort bien exécutée au patron par un jeune étudiant, M. Janlet.

Le talent si personnel du jeune Georges de Feure devait attirer et retenir l'attention des artistes. Dès ses premiers essais, d'une surprenante modernité, d'une curieuse variété de couleurs, il était naturalisé Parisien, sinon Français. Cet étrange enfant des pays calmes et froids, passionné des délicatesses extrêmes du dessin et des joyeuses clartés, se souvenant sans doute qu'il est du Nord, adresse à ses *copains du Diable au corps* de Bruxelles une amusante affiche, non point pour être collée sur les murs, mais pour être offerte à ses nombreux admirateurs et amis : il n'est donc pas étonnant qu'elle ait été aussi promptement épuisée. Sa meilleure affiche pour la Belgique était destinée au journal *le Diablotin* ; malheureusement, cette pièce de choix réunissant les originales qualités de Georges de Feure n'est guère connue : le journal *le Diablotin* avait déjà vécu lorsque l'affiche a été tirée, et seuls quelques rares affichomanes ont la joie de la posséder.

Nous connaissons deux bonnes affiches de M. Marius Stéphane, un dessinateur de race française, dont le spirituel crayon illustre hebdomadairement le journal bruxellois *le Flirt*. Par la légèreté du dessin et la fraîcheur des tons, on pourrait attribuer au maître Chéret son affichette d'intérieur : *Crème Ossias*. Son *Sadi Alardin*, d'une conception toute différente et plus personnelle, nous montre une jeune femme regardant, à travers les vitres, le cabinet d'un antiquaire. Un contraste mieux établi

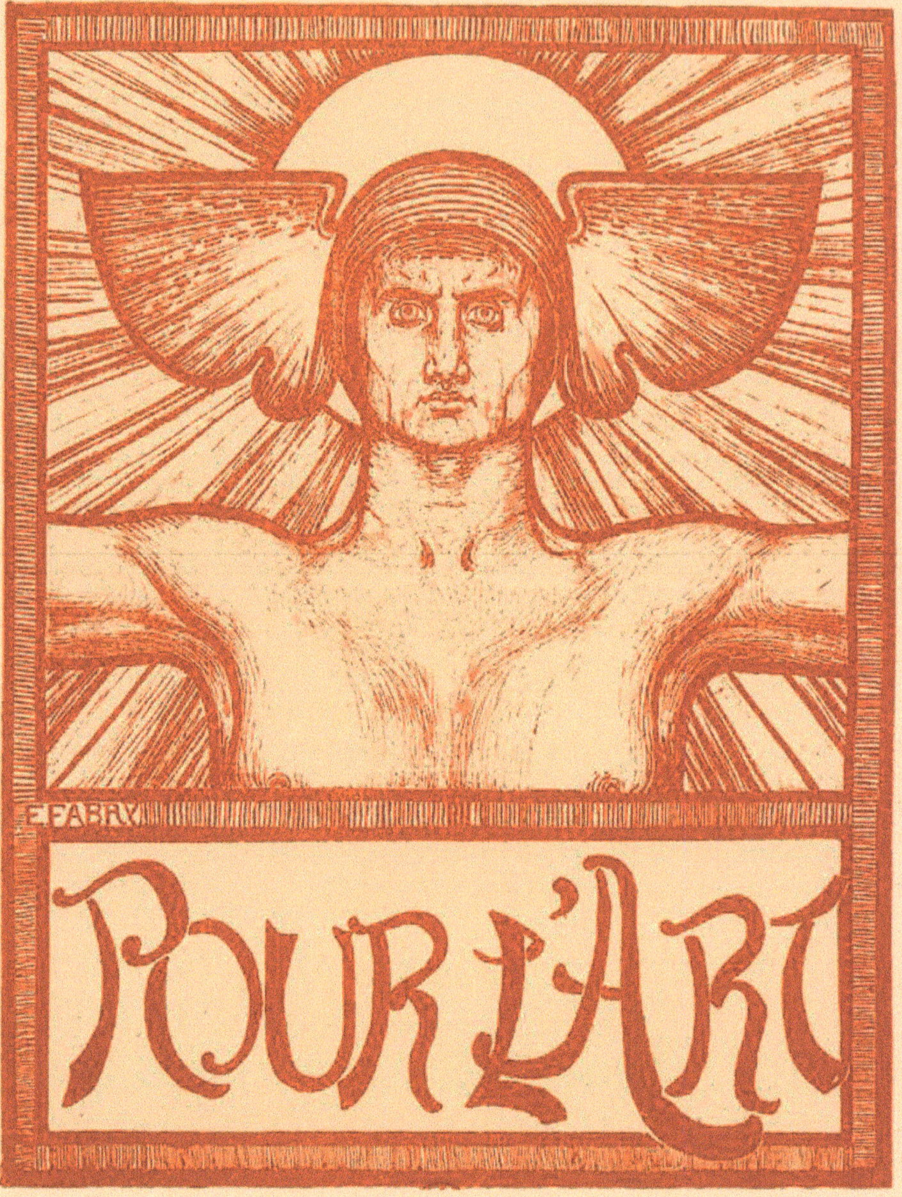

LES AFFICHES ÉTRANGÈRES

G. BOUDET, Éditeur   IMPRIMERIE LAHURE

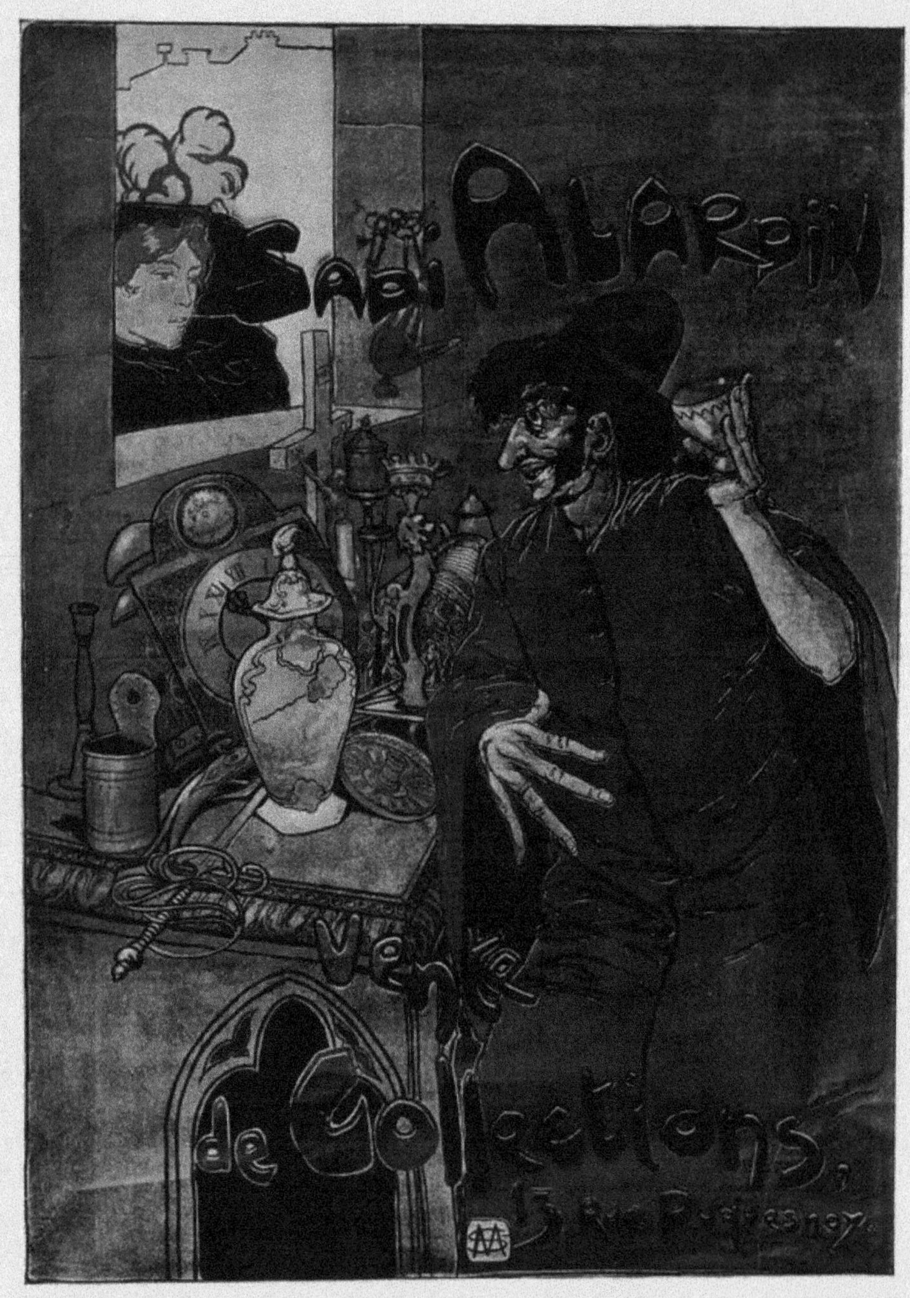

Fac-similé d'une affiche de M. STEPHANE. (Gouweloos, impr. à Bruxelles.)

G. BOUDET, ÉDITEUR

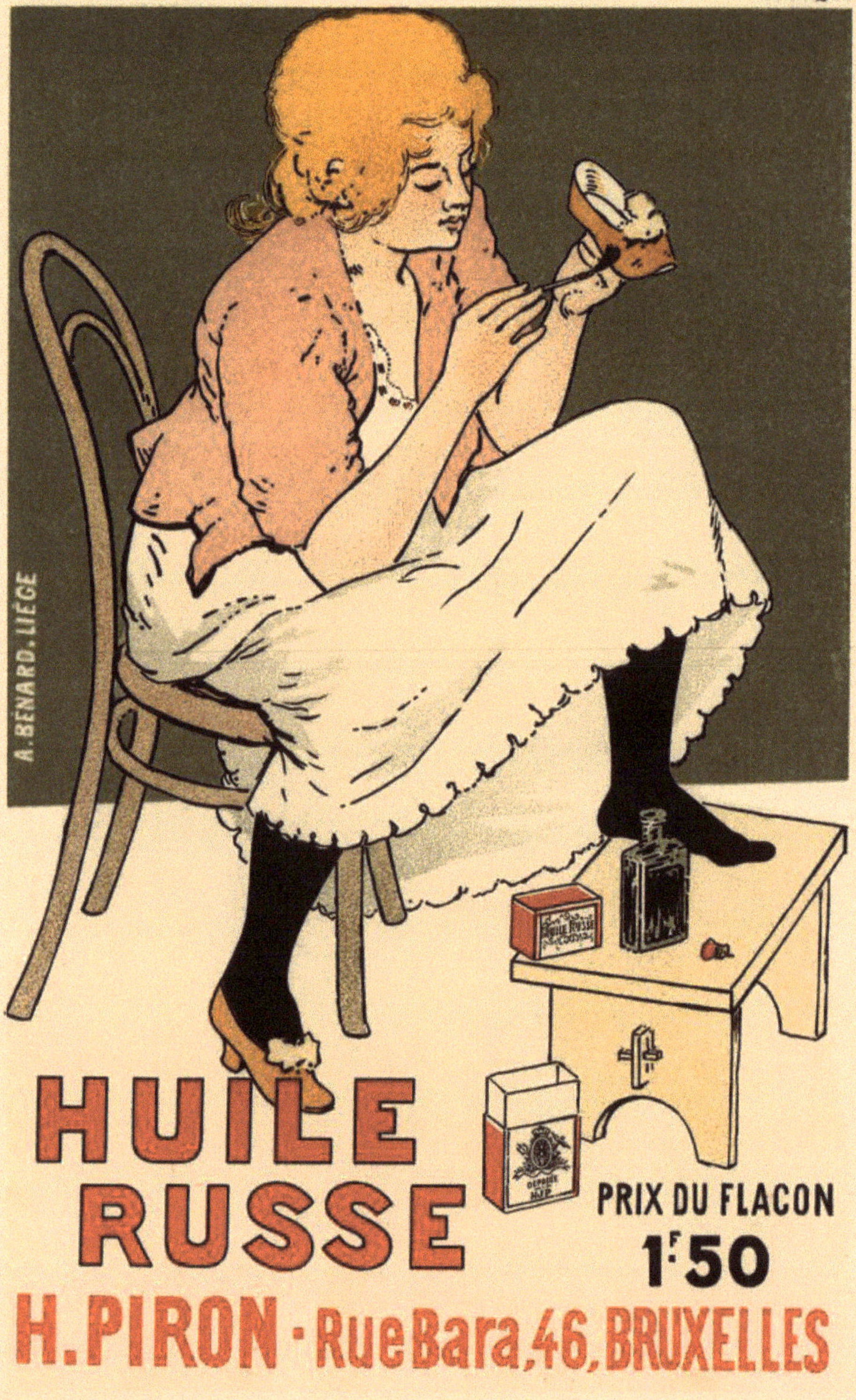

IMPRIMERIE CHAIX

entre la jeunesse de la femme et le vieux type de collectionneur eût, tout en jetant de la lumière dans ce milieu un peu sombre, rendu l'œuvre plus intéressante.

M. Cassiers, un aquarelliste, a publié d'officielles lithographies pour la ligne *Ostende-Douvres*, et l'animalier Clarys a fait pour l'affiche du *Concours hippique* un joli dessin.

Le légitime désir de m'étendre davantage sur les trois excellents affichistes wallons Berchmans, Donnay et Rassenfosse m'a sans doute fait oublier le nom de quelques affichistes bruxellois, mais personne ne m'en voudra de ne pas citer ces étranges placards multicolores qui bariolent parfois nos murailles.

Je crois qu'en Belgique aucun décorateur de la rue n'est actuellement comparable à

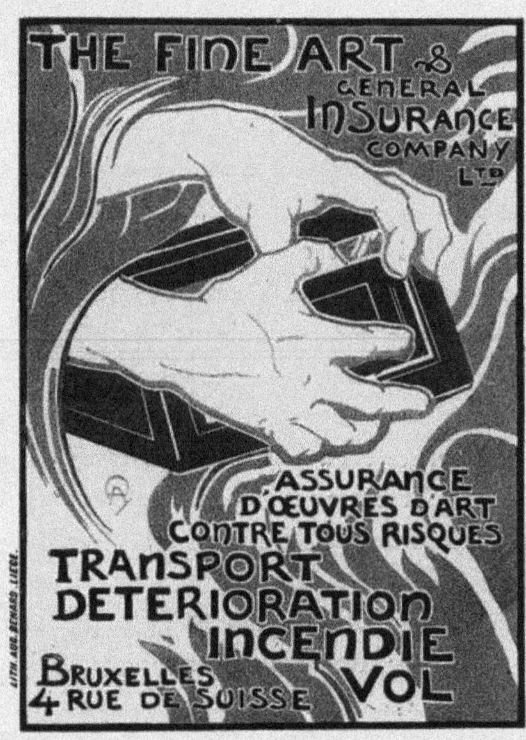

Fac-similé d'une affiche de M. Aug. Donnay. (Aug. Bénard, impr.)

Émile Berchmans. Il vient de se signaler par plusieurs productions tout à fait personnelles et bien différentes les unes des autres. Sa première affiche pour une *Exposition d'Architecture et d'Art décoratif* séduit par une charmante simplicité de tons et de lignes ; le mouvement de la jeune fille qui dépose une gerbe sur un chapiteau est absolument gracieux. Peut-être pourrait-on reprocher à cette pièce de passer inaperçue au milieu d'autres placards plus voyants.

Son affiche pour l'*Amer Mauguin*, au contraire est vraiment décorative et tout à fait réussie. Les attitudes de l'homme et de la femme sont bien observées; un contraste habile des couleurs attire l'œil. Les maîtresses qualités du subtile artiste liégeois se retrouvent dans une excellente affiche pour une compagnie d'*Assurance contre le vol de bijoux* : un fond rouge, adroitement disposé, fait ressortir le dessin, d'une finesse merveilleuse. Cette œuvre seule suffirait à consacrer définitivement le talent du remarquable affichiste, si chacune de ses belles estampes murales n'affirmait à nouveau son originalité et sa puissance. Berchmans, qui est en même temps un charmeur, possède admirablement le sens de la composition et de la coloration. L'habileté du décorateur se retrouve dans sa dernière affiche pour le *Salon de* 1896 à Liège. Cette affiche, qui n'est certes pas la meilleure de Berchmans, a du moins l'avantage d'être parfaitement symbolique et de ne plus représenter l'éternelle femme au catalogue, destinée à annoncer au public quelque exposition. L'amusante affiche qu'il a exécutée pour l'ouverture du *Pôle Nord* à Bruxelles est moins personnelle que ses autres œuvres.

M. Berchmans a dessiné pour le *Sunlight Savon* une affiche qui est un petit chef-d'œuvre : une mère lave son enfant, tandis que celui-ci insouciant lance des bulles de savon. Ce délicieux spécimen d'affiche, qui ne forme qu'une bande assez petite, réunit toutes les qualités spéciales de l'annonce murale; il montre bien à quel magnifique résultat un artiste peut arriver avec des moyens fort simples et une fraîcheur de tons charmante. Mais il y a pour cela une condition essentielle : être un artiste tel que Berchmans!

M. *Libotte-Thiriar* annonce sa brasserie par une des meilleures affiches d'Emile Berchmans; elle représente une jeune femme levant un verre de bière. L'affichiste liégeois, qui recourt souvent aux teintes plates, s'est cette fois directement inspiré des Japonais. Certains critiques le blâmeront sans doute d'avoir mis à profit sa science de l'art japonais, mais je ne pense pas que les Anglais aient seuls le privilège d'appliquer à la décoration les étonnants procédés de cet art. Pour la célèbre société de chœurs *la Légia*, il a composé une affiche qui, par la raideur des lignes et la sécheresse des tons, produit l'effet d'un document

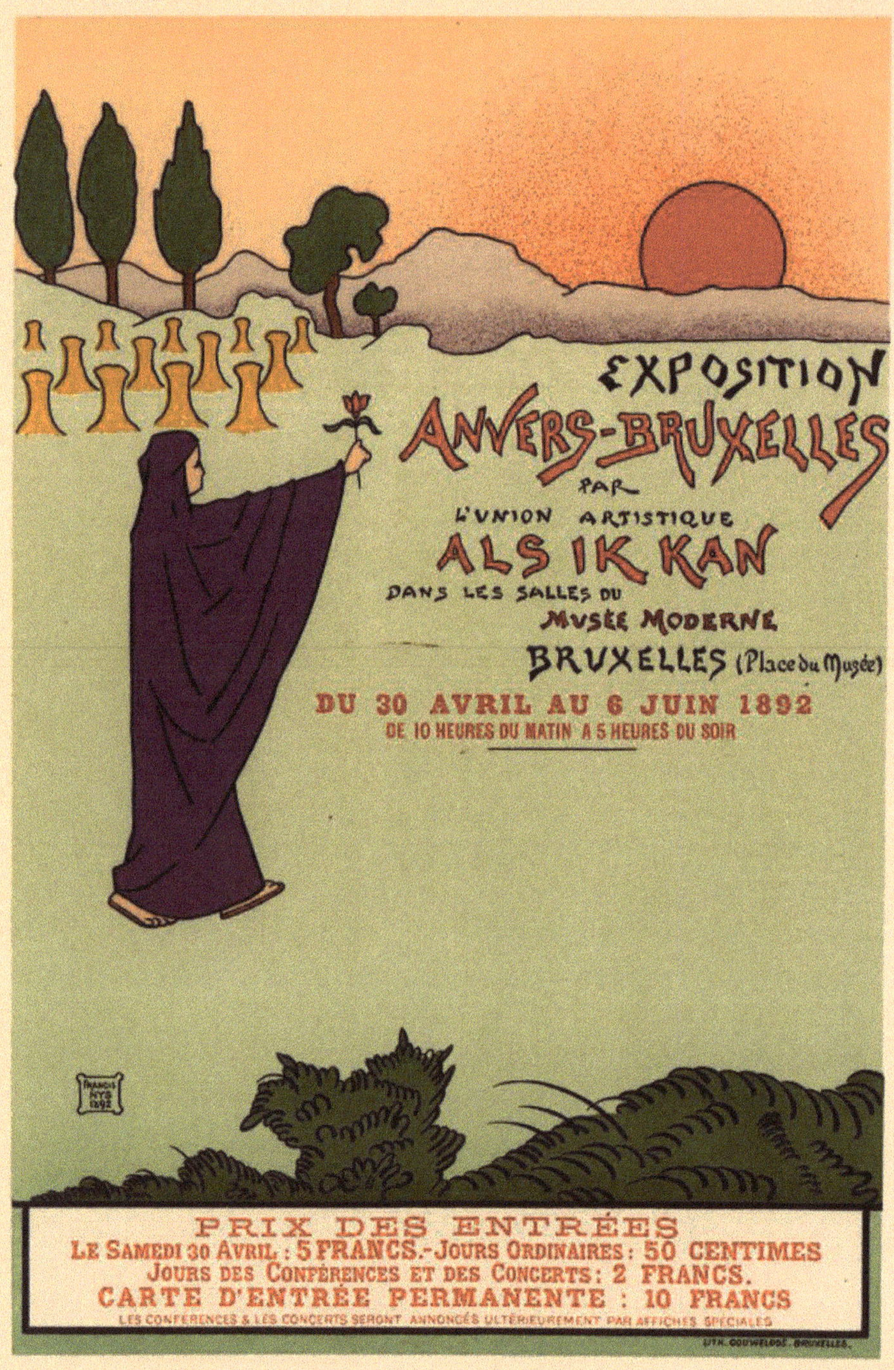

LES AFFICHES ETRANGÈRES

G. BOUDET, ÉDITEUR   IMPRIMERIE CHAIX

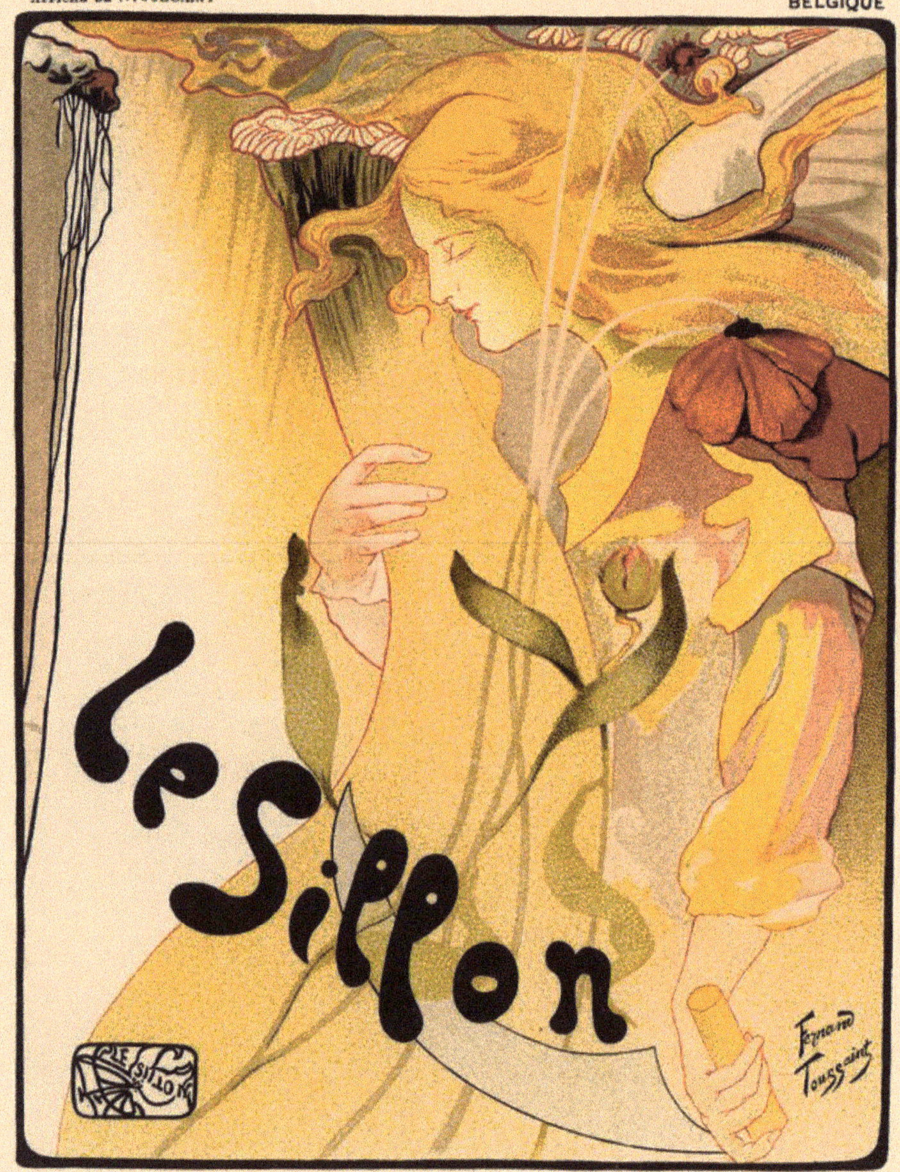

LES AFFICHES ÉTRANGÈRES

G. Boudet, Éditeur   Imprimerie Chaix

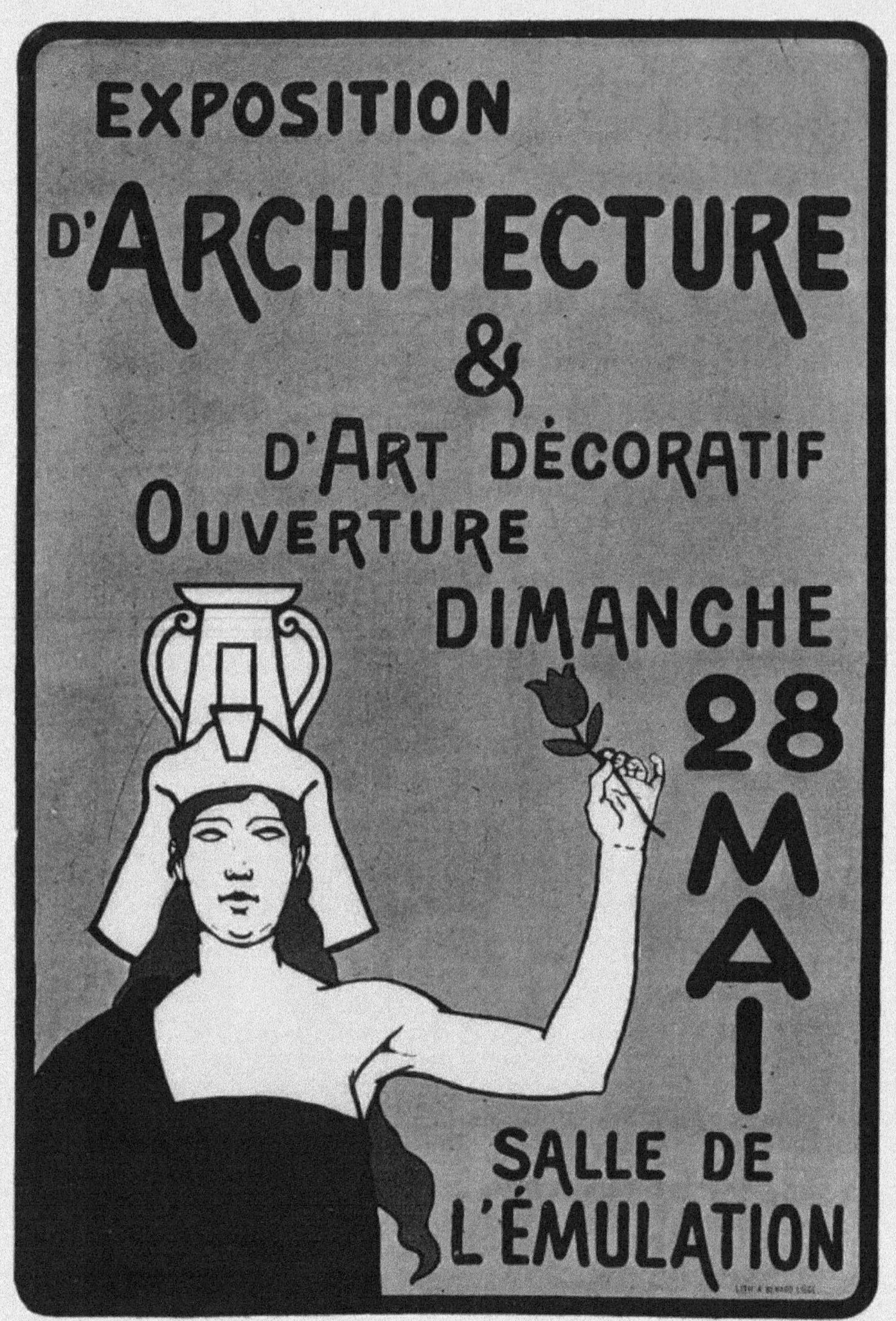

Fac-similé d'une affiche de M. A. RASSENFOSSE. (A. Bénard, impr. à Liège.)

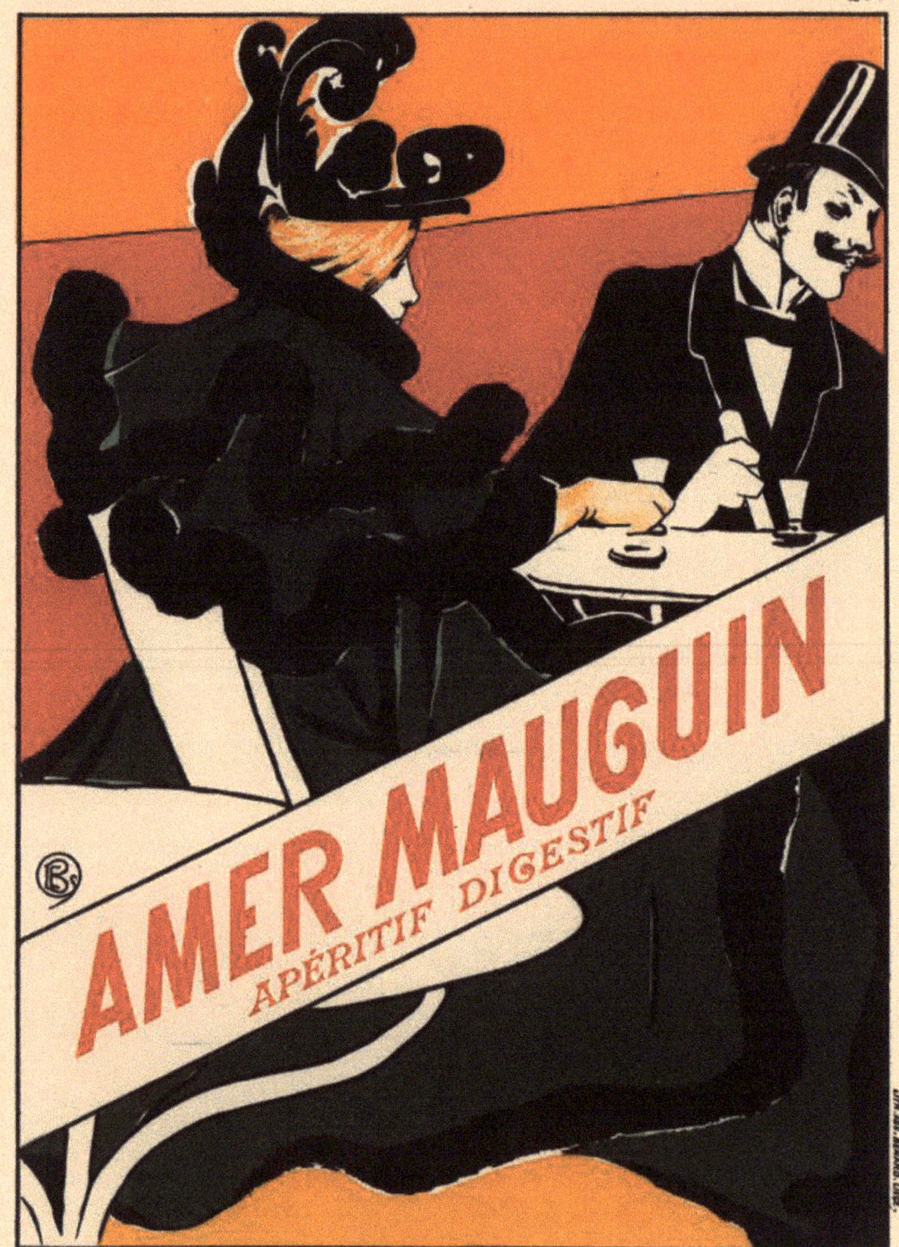

MAISON DE VENTE
Rue de l'Universite, Place du Théatre, LIÉGE

LES AFFICHES ÉTRANGÈRES

G. BOUDET, ÉDITEUR   IMPRIMERIE CHAIX

officiel. Sa fête de charité au *Kursaal de Chaudfontaine* témoigne d'une exécution un peu hâtive. Ces deux dernières œuvres n'ajoutent rien à la réputation de l'auteur du *Sunlight Savon* et de tant d'autres jolies affiches. Simplement afin de compléter l'énumération des affiches dues à M. Émile Berchmans, nous citerons aussi pour leurs tons agréables le *Vélodrome Liégeois* et surtout la *Brasserie de l'Hélice*.

Nous tenons à mentionner spécialement une curieuse pièce affichée à Paris et faite pour *l'Art Indépendant*. Le texte fort long de cette affiche se fusionne si agréablement avec le dessin, que, loin de lui enlever sa légèreté, il le complète d'intéressante façon. La crainte de voir leur œuvre abîmée par un texte souvent excessif entraîne la plupart des affichistes

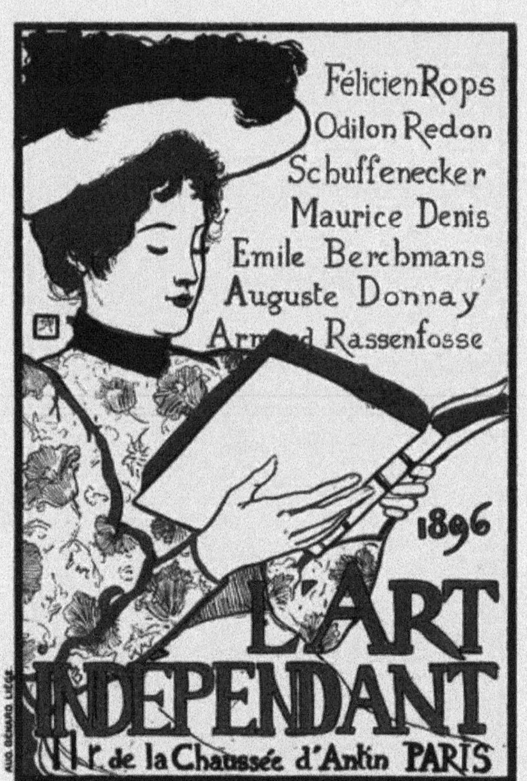

Fac-similé d'une affiche de M. A. RASSENFOSSE. (Aug. Bénard, impr.)

belges à séparer absolument la lettre du dessin, à la faire même imprimer sur une feuille distincte. Cette tendance est d'autant plus déplorable que l'heureuse fusion du texte et du dessin constitue une qualité essentielle de l'affiche illustrée.

Signalons enfin un magnifique projet destiné à *The Fine Art*, la Compagnie d'Assurance contre le vol de bijoux, à qui les collectionneurs sont déjà redevables de cette autre jolie pièce d'Emile Berchmans : la femme au bracelet sur fond rouge. Jamais le talentueux artiste liégeois n'a été plus heureusement inspiré qu'en cette nouvelle affiche : un enfant, une merveille de dessin, avec un serpent en manière d'auréole, tient en main un lis brisé, emblème de la vie fugitive, tandis que le serpent, symbolisant l'éternité, justifie la devise : *Ars longa, vita brevis.* Hors des données habituelles, cette œuvre parfaite ne constitue pas seulement un intéressant tableau, mais, tout en répondant aux exigences de l'affiche, séduit irrésistiblement les gens de goût. Ce délicieux document, simplement tiré en vert, rouge et noir, ne sera pas placardé avant le mois de décembre prochain; nous regrettons vivement de ne pouvoir le reproduire dans ce volume.

Toutes les affiches d'Émile Berchmans ont une réelle originalité et se différencient absolument les unes des autres; nous citerons particulièrement comme caractérisant l'œuvre du remarquable affichiste : les *Sunlight Savon, l'Art Indépendant* et les deux jolies pièces pour la *Compagnie d'Assurance.*

Décidément certains artistes(?) tiennent à consacrer d'étrange façon les nombreux succès de nos affichistes. Après le *vol* dont a été victime M. Combaz, c'est, par une amusante ironie du sort, l'excellente affiche de Berchmans, pour une *Compagnie d'Assurance contre le vol*, qui vient, à son tour, d'être impudemment plagiée. Ce pastiche, destiné à recommander *le Chat Noir*, est tout à fait grossier; il n'est pourtant pas de M. Barabandy. Afin, sans doute, qu'on n'en accuse pas ce dernier, un certain M. Burret, en signant la pièce délictueuse, s'est reconnu l'auteur du plagiat.

A l'occasion de l'exposition du *Cercle des Beaux-Arts* à Liège. M. Auguste Donnay a fait placarder une affiche d'une rare franchise de couleurs et non un de ces dessins, très symboliques sans doute, mais ne répondant pas aux nécessités de la réclame, sous prétexte de nous convier à une joie purement intellectuelle!

Dans sa magnifique affiche pour un *Concours international de chant,* M. Donnay s'est servi, pour donner du relief à son œuvre, d'un procédé curieux : sur un fond blanc enluminé de flammes d'un rouge vif, le dessin est entouré d'un large trait vert. M. Donnay, qui est un déco-

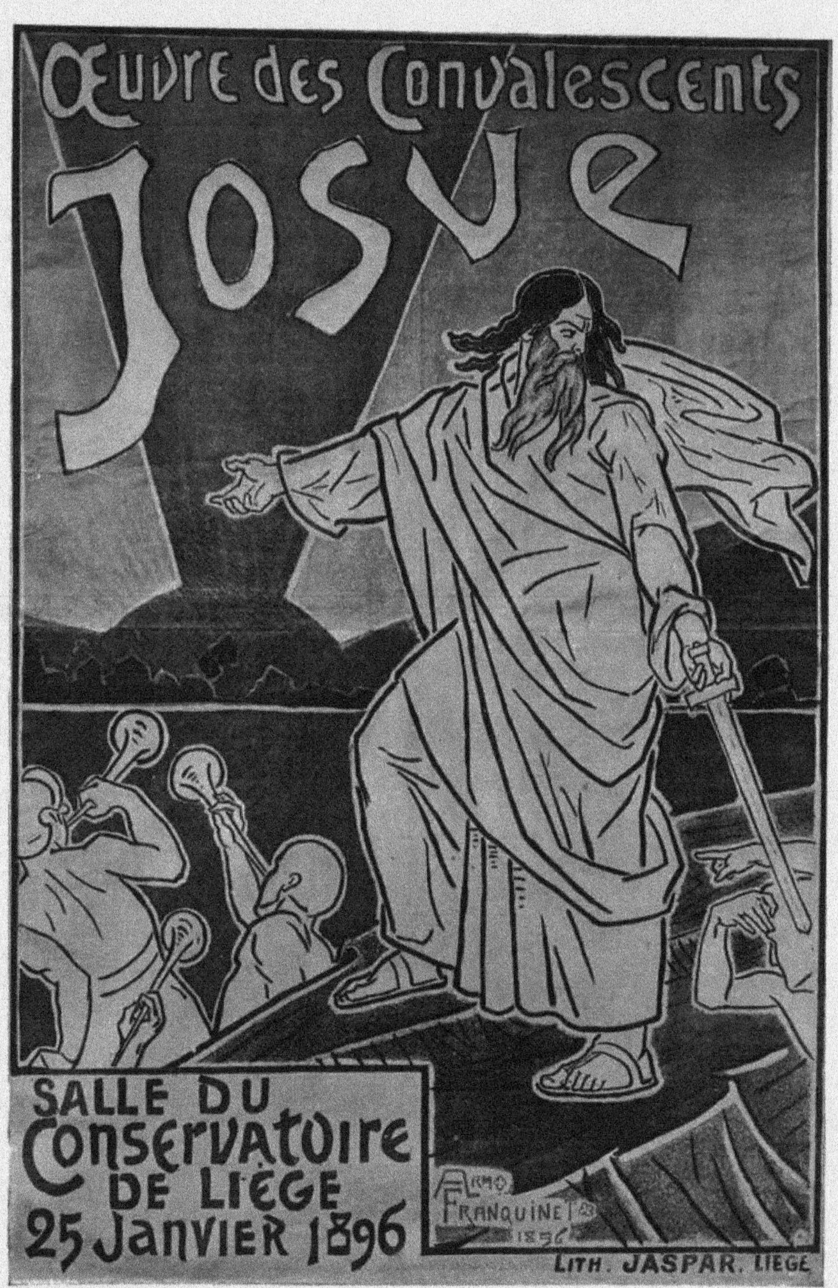

Fac-similé d'une affiche de M. ARM. FRANQUINET. (Jaspar, impr. à Liège.)

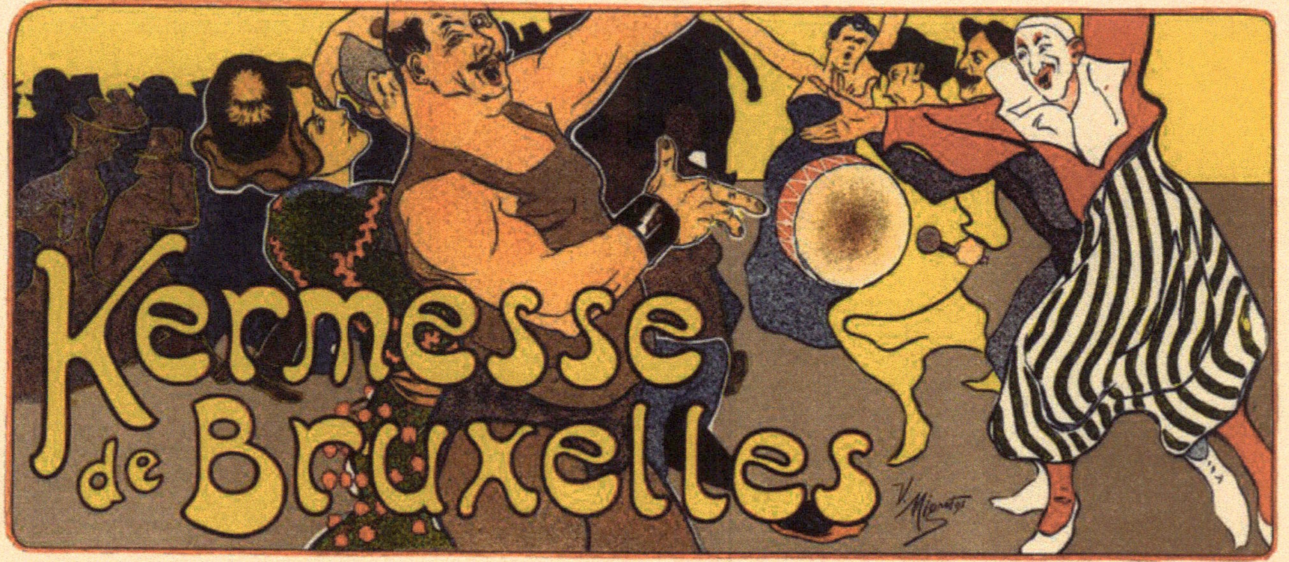

LES AFFICHES ÉTRANGÈRES

G. BOUDET. ÉDITEUR IMPRIMERIE CHAIX

rateur, a bien compris le rôle de l'affiche. Son art curieux et original se révèle admirablement dans sa belle affiche exécutée pour l'*Exposition de Photographie* à Bruxelles. Cette fois, le prestigieux artiste n'a plus recouru aux éclatantes couleurs, mais, telle est la puissance et la sûreté

du dessinateur, que l'œuvre attire et retient irrésistiblement le regard.

Deux mains énormes, angoissées, saisissent un coffret au milieu de flammes d'un rouge de sang. Cette œuvre vraiment poignante de Donnay est faite pour *The Fine Art*, la compagnie à qui nous devons déjà tant de belles affiches ; elle vous obsède comme un mauvais rêve, et ces seules mains impressionnent plus le passant que les habituelles compositions de la plupart de nos affichistes.

M. ARMAND RASSENFOS-SE, le peintre des perver-

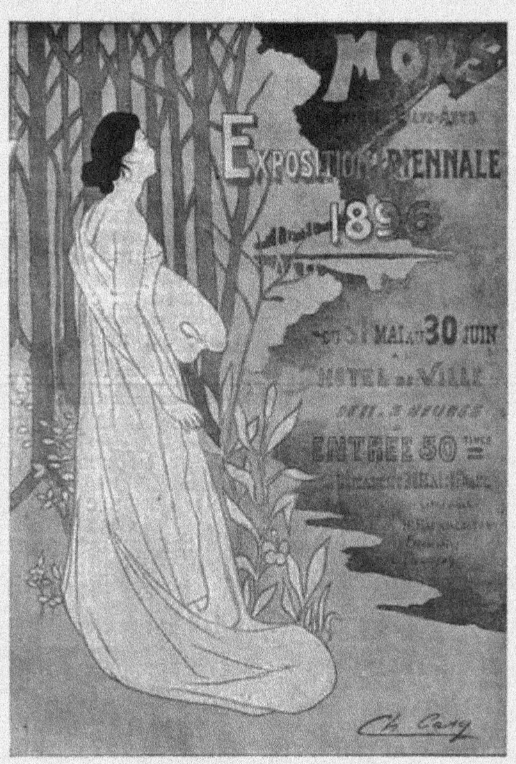

Fac-similé d'une affiche de M. CH. CATY. (Trommer Staeves impr. à Bruxelles.)

sités féminines, a produit, dès 1888, de nombreux et toujours intéressants documents. Il est vraiment caractéristique qu'un artiste aussi raffiné que cet élève préféré de Rops ait consacré son talent à illustrer de commerciales réclames.

Les deux meilleures œuvres du fécond affichiste liégeois sont incontestablement la *Blonde Van Velsen* et l'*Huile Russe*. La première de ces affiches représente une femme vidant un verre de bière, et la transparence du verre laisse apercevoir une bouche et un nez ravissants.

L'idée est réellement amusante, et je vous assure que cette blonde affiche doit faire aimer à bien des gens la bière blonde qu'elle recommande; elle est irrésistible. Les étonnantes qualités de finesse et de fraîcheur qui distinguent cette affiche se retrouvent dans l'*Huile Russe*. Tout en se servant des mêmes jolies couleurs, le sympathique artiste donne cette fois plus de relief au dessin, au moyen d'un fond moins doux.

Son affiche pour le *Bock-Champagne* montre une femme, une Liégoise sans aucun doute, débouchant, en une attitude très observée, une bouteille de bière. Pour la *Compagnie d'Assurance d'œuvres d'art*, M. Rassenfosse a dessiné une affiche intéressante, mais trop fine pour répondre aux nécessités de la Réclame. L'homme de goût qui représente en Belgique cette société d'assurance a fait tirer ce document en cinq tons différents.

Nous connaissons encore du même artiste une assez bonne affiche représentant une Égyptienne et exécutée, il y a plusieurs années, pour une *Exposition d'Architecture*. Mais la personnalité de M. Rassenfosse se dégage mieux dans sa grande *Clownesse*, destinée à un entrepreneur de bals publics de Liège. Cette joyeuse clownesse, à la pose provocante, sert en quelque sorte d'affiche passe-partout; à chaque bal un texte différent est imprimé sur une feuille distincte du dessin. Pour ne rien négliger, et à ce titre seulement, nous mentionnerons *l'Illustré Wallon* et une assez bonne composition pour le *Genièvre de la Croix Rouge*.

Du talentueux dessinateur wallon il faut encore citer deux affiches récemment placardées à Paris : l'une pour le *Salon des Cent*, l'autre pour *l'Art Indépendant*. Le premier de ces documents manque d'élégance et devrait être rehaussé par des tons plus éclatants. Le second représente un agréable profil de femme, indiqué d'un fin trait rouge sur le papier vert de l'affiche.

Il serait injuste de ne pas féliciter M. Auguste Bénard, qui est non seulement un éditeur de goût, mais aussi le collaborateur et l'ami de ceux qui lui doivent d'être au premier rang parmi les rénovateurs de la Réclame murale en Belgique.

De M. Franquinet les frères Jaspar ont édité deux affiches qui nous révèlent un artiste de réel talent : un *Josué arrêtant le soleil*, œuvre

LES AFFICHES ÉTRANGÈRES

d'une belle facture, et une curieuse pièce monochrome pour
une audition des *Saisons* de
Haydn au Conservatoire de
Liège.

L'*Exposition d'Affiches*, organisée tout récemment à Liège
par le Cercle des Beaux-Arts,
est annoncée par une composition de M. Ubaghs. Cette affiche, d'une joyeuse exubérance
de lignes et de couleurs, vaut
mieux que les consciencieux travaux de certains débutants.

Dans la bonne ville de Gand,
le goût du placard colorié ne
semble guère s'être développé :
nous ne connaissons que l'affiche dessinée pour l'*Exposition
triennale des Beaux-Arts* par
un des derniers prix de Rome,
M. Constant Montald. D'une
recherche gothique assez intéressante, cette affiche a été gâtée
par un ton bleu excessif et particulièrement malheureux.

Le *Salon de Mons* de cette année donne l'occasion à M. Caty,
un débutant, de dessiner une
affiche insuffisamment voyante,
mais d'une grande délicatesse de
tons. Après cette pièce couleur
de rêve, M. Marius Renard ne

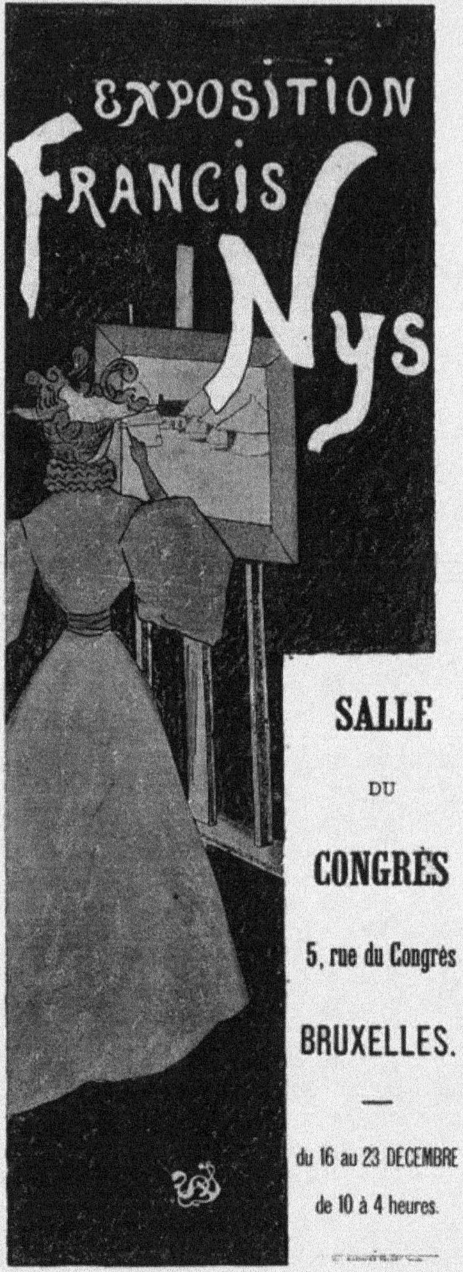

Fac-similé d'une affiche de M. F. Nys. (Ratinckx, frères,
impr. à Anvers.)

craint pas de nous transporter en plein pays du Noir : un mineur et une hiercheuse, traités à la manière du puissant artiste belge Constantin Meunier, annoncent au public l'existence de l'*Exposition internationale de Mons*. Je ne pense pas que l'affiche de Marius Renard suffira à perpétuer le souvenir de l'exhibition montoise.

On ne pouvait demander à la Métropole Commerciale de contribuer au développement de l'affiche illustrée. Aussi M. Francis Nys est-il le seul Anversois que cet art populaire ait tenté, et encore ses deux meilleures affiches ont-elles paru à Bruxelles. Son étrange placard pour l'exposition *Anvers-Bruxelles* étonne par la violente opposition des couleurs et la naïveté voulue du dessin. Une petite affiche destinée à annoncer *son Exposition*, d'une originalité moins cherchée, est tout à fait jolie. Une bonne pièce de M. Francis Nys, *Pour la Turquie*, mérite également d'être mentionnée.

Je pensais avoir signalé les œuvres principales de nos affichistes, mais chaque jour un document nouveau témoigne de l'efflorescence vraiment prodigieuse de l'Affiche Illustrée en Belgique. C'est ainsi que la dernière affiche de MM. Duyck et Crespin évoque, avec l'habileté coutumière de ces artistes, quelques coins caractéristiques du vieux Bruxelles, tandis que, au premier plan, un arquebusier porte allégrement un étendard avec ces mots : *Bruxelles Kermesse*. J'ai déjà cité les deux intéressantes affichettes de M. Adolphe Crespin seul, pour la *Peinture Décorative* et l'*Architecture*, voici maintenant une interprétation bien symbolique de la *Chimie*.

M. Victor Mignot, pour une revue d'art, *la Libre Critique*, a signé une affiche d'un mouvement extraordinaire : deux personnages très vivants se détachent d'étonnante façon sur le blanc du papier. J'aime moins sa grande affiche destinée à recommander le *Champagne Berlon*; la coloration en est terne et la ligne est plutôt malheureuse. Son projet d'affiche pour *The Fine Art* produira, sans nul doute, un meilleur effet.

M. Privat Livemont, le plus talentueux de nos affichistes bruxellois, après sa belle interprétation de la troublante absinthe, affirme à nouveau ses remarquables qualités de dessinateur dans son affiche pour le *Bec*

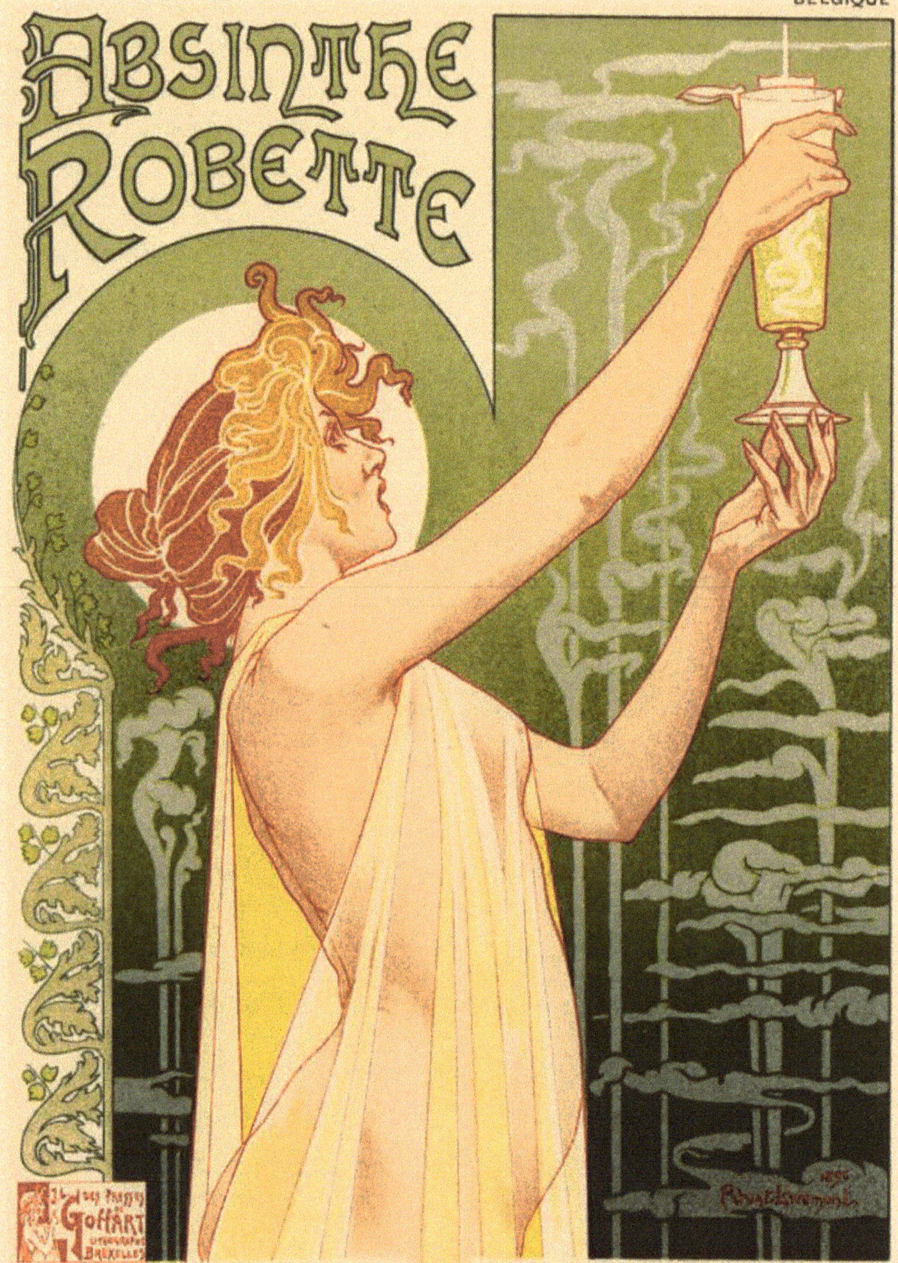

LES AFFICHES ÉTRANGÈRES

G. BOUDET, Éditeur

IMPRIMERIE CHAIX

Auer. Il serait impossible, je pense, d'apporter un plus grand souci à la perfection du dessin, à l'application constante de l'objet de la réclame. Cette fois, c'est la forme bien spéciale du *manchon* qui est rappelée, de façon apparente à tous, non seulement par certaines fleurs ornementales, mais encore par la disposition du manteau de la Femme, symbole du Bec Auer, tandis que d'éclatantes lumières auréolent sa fauve chevelure.

Il faut mentionner aussi une dramatique composition de M. Livemont pour *la Fille du Forain*, roman-feuilleton publié par le journal *la Réforme*.

M. F. Toussaint, dans la note qui lui est bien personnelle, vient de terminer une affiche pour la *Manufacture de majolique* de Hasselt. Le talent incontestable du peintre apparaît mieux dans certaines aquarelles d'une finesse exquise.

La jolie affichette de M. Gaston Bouy, pour le *Chocolat Delacre*, constitue un excellent début. Cette petite pièce réellement charmante a été tirée en quatre tons différents.

Enfin *Ahasvérus*, pièce d'Ombres au théâtre du Diable au Corps, sera annoncée, sous peu, par une intéressante composition de M. Léon Dardenne.

Il serait injuste de ne point rendre un hommage mérité aux différents éditeurs qui ont contribué, dans une large mesure, au développement de l'Affiche Illustrée. Parmi les fidèles interprètes des œuvres de nos affichistes nous citerons le très artiste éditeur liégeois Bénard, les excellents lithographes bruxellois De Rycker, Goossens, Gouweloos et l'imprimerie d'art de Mme veuve Monnom. Il est regrettable que l'inexpérience de la plupart de nos artistes les oblige à abandonner aux lithographes le soin très délicat de mettre leurs œuvres sur pierre.

Rappelons enfin le succès qu'obtiennent, depuis de nombreuses années, les amusantes charges politiques placardées aux différentes périodes électorales. Il est vraiment curieux qu'en Belgique ce soient les élections qui aient donné lieu aux premières manifestations de l'Affiche Illustrée! L'efficacité de la publicité par l'image vient encore de s'affirmer d'intéressante façon : tous les soirs, de voyantes réclames, sans cesse renouvelées, sont projetées sur d'énormes transparents lumineux placés aux étages de certaines maisons.

Les reproductions des œuvres principales de nos affichistes indiquent, mieux que ne pourraient le faire ces notes forcément incomplètes, les caractéristiques de l'Affiche belge. Si le dessin n'a pas l'originale fantaisie de certaines affiches françaises, il exprime toujours d'une façon apparente à tous l'objet de la Réclame : nos artistes, en symbolisant avec clarté, témoignent d'une grande compréhension du rôle de l'Affiche. Il importe également de ne pas oublier que le mouvement ne date réellement que de 1895. Combien d'années le Maître Chéret n'a-t-il pas cherché avant de produire ses prestigieuses estampes murales! Après avoir vu les belles affiches des Berchmans, Crespin, Donnay, Livemont, Meunier, Rassenfosse, etc., on peut prédire que bientôt ces artistes occuperont une place prépondérante dans l'histoire de cet art nouveau. Et alors, pour célébrer le triomphe de la REINE AFFICHE, de nos murailles en fête s'élèvera le chant d'allégresse des joyeuses couleurs!

MAURICE BAUWENS.

Bruxelles, le 25 octobre 1896.

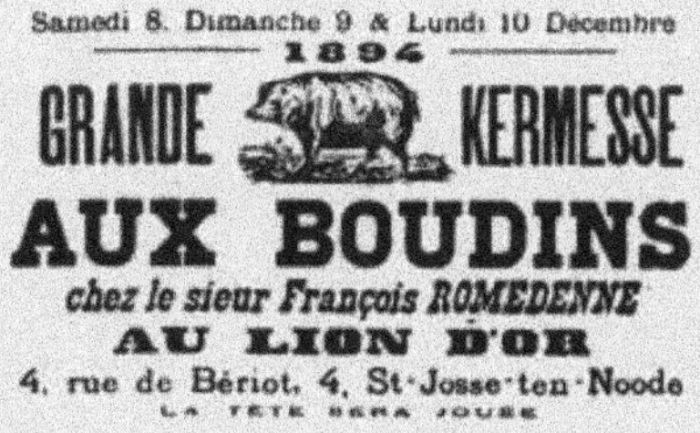

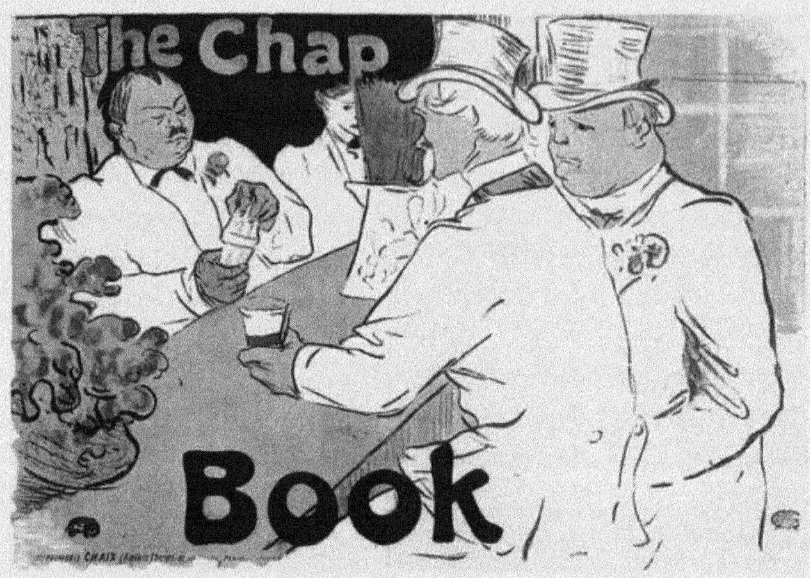

Fac-similé d'une affiche de M. DE TOULOUSE-LAUTREC pour la revue américaine *The Chap Book*.

ÉTATS-UNIS (Amérique)

L'affiche est une œuvre essentiellement éphémère; elle ne laisse guère de trace. Les indices qu'on a pu recueillir font supposer que l'affiche illustrée a pris son premier développement, aux États-Unis, vers 1830.

Le théâtre et le cirque l'utilisèrent. L'action principale d'un drame ou quelque prouesse athlétique en formait invariablement le sujet. Tous les procédés étaient bons, puisqu'ils étaient aussi primitifs les uns que les autres. Entre la tendance naïve qui s'obstinait à vouloir reproduire fidèlement l'épisode choisi avec des moyens insuffisants, et l'emphase la plus incohérente, il n'y avait pas de milieu. Les motifs représentaient le plus souvent quelque drame des prairies. Les murs étaient recouverts alors de grands tableaux où l'Indien peau-rouge et le trappeur se livraient bataille à coups de fusil, se harcelaient à coups de lance et de tomahawk, et pour leur donner le champ libre on ne ménageait pas l'espace, c'est-à-dire le papier. Le *mammoth-poster* est, en somme, l'ancêtre de l'affiche moderne.

Aujourd'hui, les mêmes sujets dont nous parlions ont le don d'émouvoir tout particulièrement la population ; nous en trouvons un exemple dans le fait suivant, tout récent, d'un enfant de Brooklyn qui avait manqué étrangler un bébé. Lui ayant jeté le lasso, il l'avait traîné après lui, dans la rue, comme une proie acquise, avec des airs de triomphateur. Arrêté et mené devant le tribunal, il se montra fier de cet exploit et de son habileté, et il parvint à ébranler les juges en sa faveur en leur expliquant qu'il ne connaissait pas d'autre passe-temps, après la sortie de l'école, que d'aller contempler les grandes affiches illustrées qui retracent des scènes de la vie des *cow-boys* dans le *Far-West* et d'imiter ceux-ci dans leurs exploits. C'est sur le modèle de ce qu'il avait vu repro-

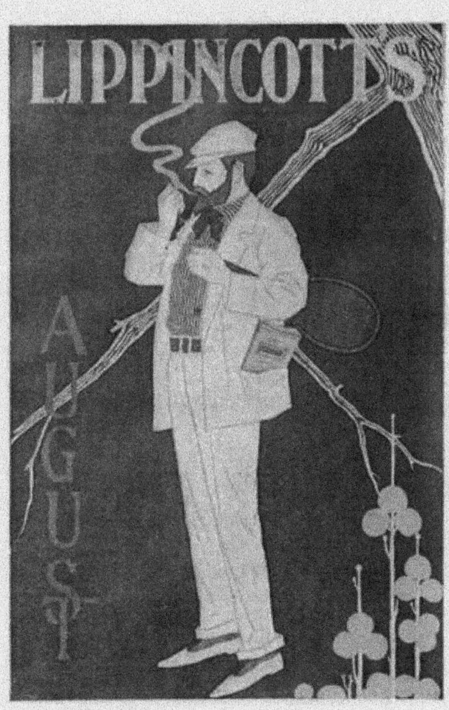

Fac-similé d'une affiche de M. W. CARQUEVILLE, pour la revue *Lippincott's Magazine*.

duit en couleur sur les murs qu'il s'était fabriqué le lasso, et qu'ensuite il s'était rendu habile à le manier, imitant les attitudes des principaux personnages.

Nous touchons ici à un trait particulièrement caractéristique, sur lequel, du reste, nous aurons à revenir, et qui prouve que l'affiche dans ce pays est un facteur moral et agit sur le spectateur à la façon d'une œuvre littéraire. Cela s'explique aisément par ce fait que la conversation est, dans la masse du peuple, confinée à des sujets d'ordre pratique, et

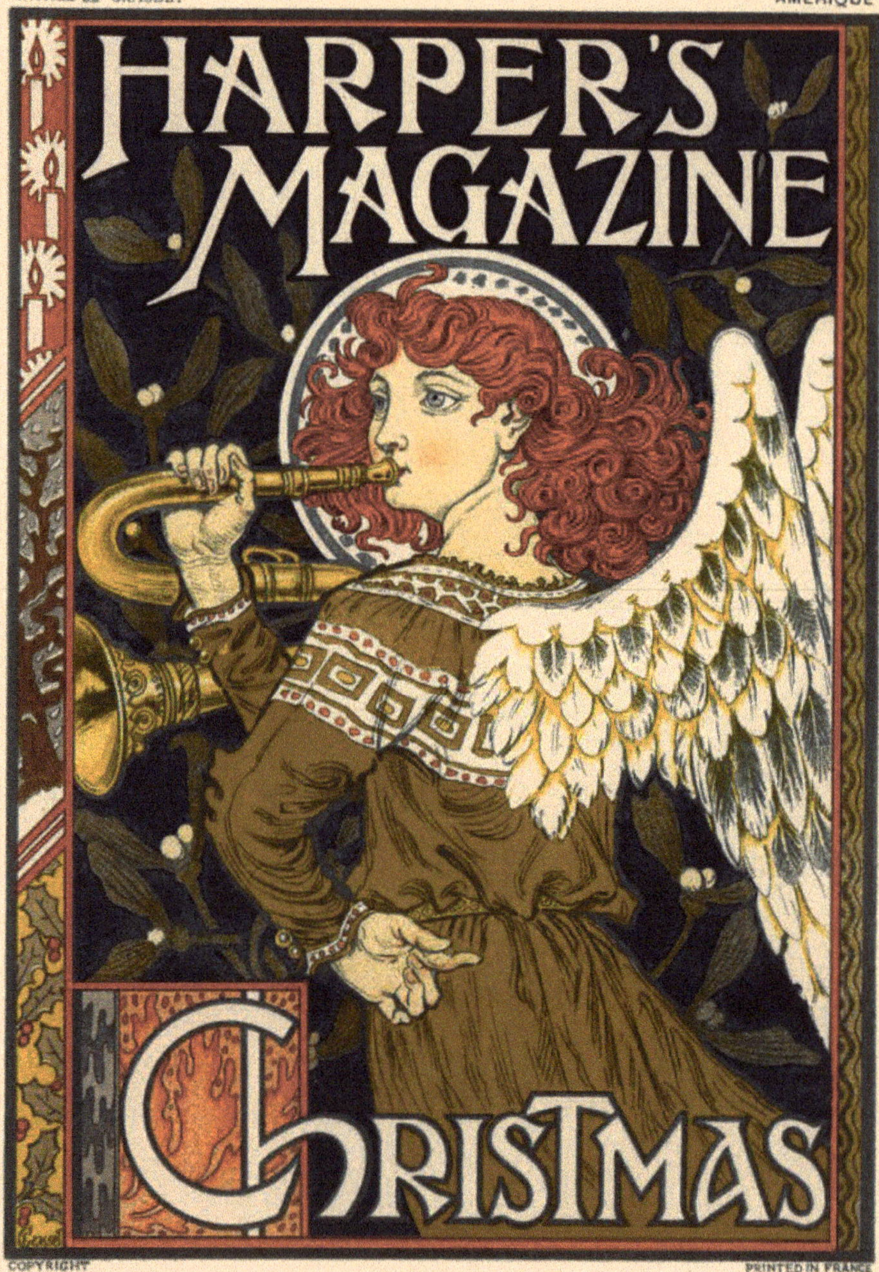

LES AFFICHES ÉTRANGÉRES

G. BOUDET, ÉDITEUR   IMPRIMERIE CHAIX

que, d'autre part, l'œuvre artistique manque encore de diffusion. Plus
que partout ailleurs l'image a ici l'attrait de la nouveauté, et l'affiche
acquiert par là une importance qu'il était curieux de noter.

Retournons un peu plus en arrière. A l'époque où les Indiens entraient
en contact paisible avec les nouveaux arrivants, ils avaient, eux aussi,

une manière pittoresque de
faire des annonces. Le sor-
cier de la tribu, fort de sa
connaissance des herbes,
vantait l'efficacité de sa
médication en gravant sur
le bois, avec de grossiers
outils, des figures rudimen-
taires. Sur une planche péniblement rabotée et destinée à être clouée sur quelque tronc d'arbre, à l'entrée
du village, ou bien sur un
pieu en face de sa hutte, il
traçait une double figuration. D'un côté était représenté un cheval souffre-
teux, lamentable, exténué à
souhait; de l'autre un ani-
mal de la même espèce,

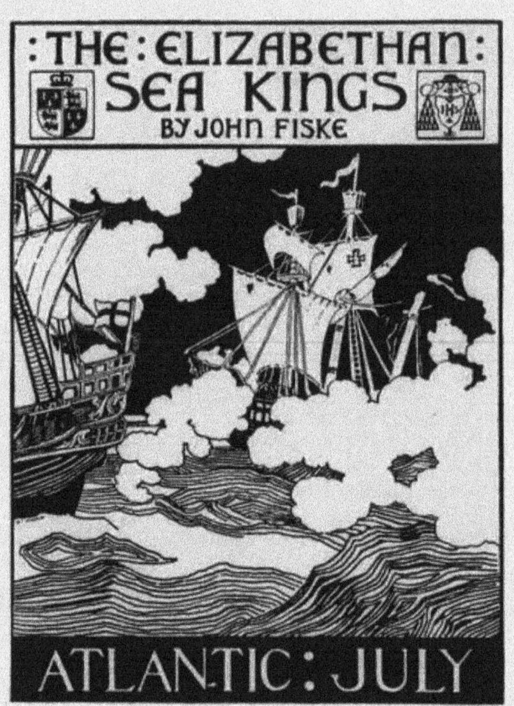

Fac-similé d'une affiche de M. EMERSON, pour la revue
Atlantic.

mais alors dans toute l'exubérance de la santé reconquise. Parfois un
homme prenait la place du cheval, l'essentiel était qu'il y eût les deux
contre-parties, l'une en face de l'autre, pour faire ensemble office d'image
parlante. Deux ou trois couleurs, mais le rouge de préférence, étaient
employées pour mettre le trait en évidence.

Or, cette théorie du *avant et après (before and after)* n'est nullement
restée le monopole des Peaux-Rouges, si tant est que ceux-ci en soient les
inventeurs. Il se pourrait fort bien, au contraire, qu'ils l'eussent empruntée

aux premiers immigrants. Ce qui est certain, par contre, c'est que cet arrangement en forme d'antithèse devint le modèle que tous les commerçants dans la suite adoptèrent. Les marchands de tabac furent parmi les premiers à s'emparer de l'idée, et bientôt un usage constant s'établit

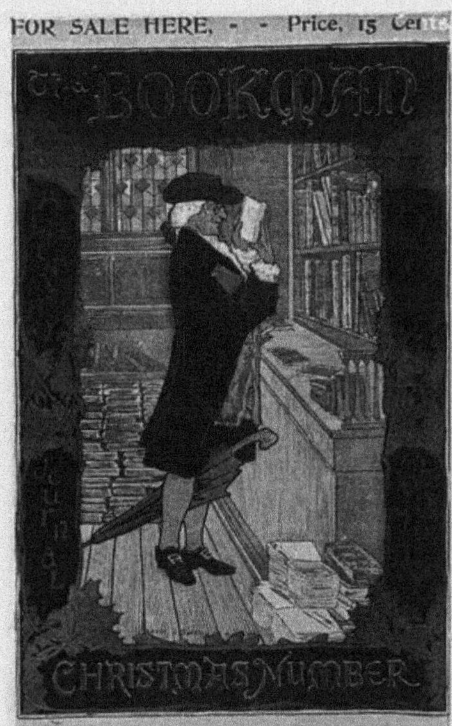

Fac-similé d'une affiche de M. L. RHEAD, pour la revue
The Bookman.

d'accompagner les marchandises de réclames illustrées ; la scène comique y tenait le premier rôle et le nègre presque toujours en faisait les frais. Ceux qui adoptèrent ensuite le plan copièrent volontiers le format, et pendant de longues années le pays fut inondé de feuilles de ce genre.

Plus tard ce furent les entrepreneurs de tournées, toujours aux aguets pour trouver du nouveau, et Barnum à leur tête, qui se hasardèrent à faire exécuter des images gigantesques. Les premières affiches, probablement, de leur invention, qu'on ait exportées et pu voir en Europe, furent celles qui annoncèrent l'arrivée des fameux Az-

tèques. Bien des personnes se rappelleront sans doute ces deux êtres chétifs, au profil pointu, à l'air hébété, qui balbutiaient, en manière de remerciements pour les friandises qu'on leur offrait, péniblement, à la façon des sourds-muets, la parole *thank you*, laquelle constituait à elle seule tout leur répertoire! Leur cornac prétendait faire passer ces pauvres enfants rachitiques pour les derniers rejetons de la race des anciens rois du Mexique. Sur l'affiche ils étaient représentés en grandeur naturelle, ou peu s'en faut, habillés d'un costume de fantaisie qui sortait de quelque

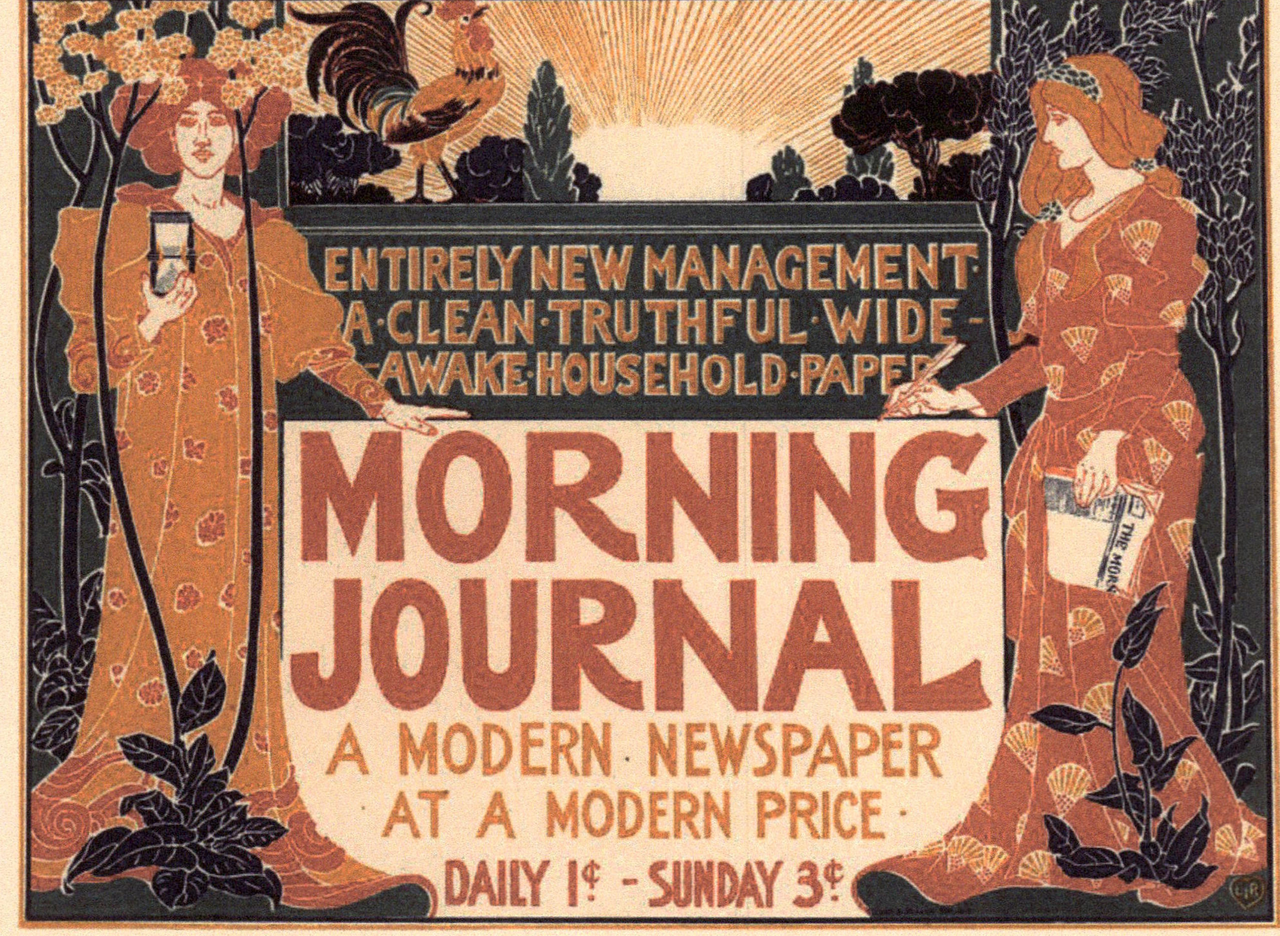

LES AFFICHES ÉTRANGÈRES

grande maison de Paris ou de Londres, et qui fut bien porté depuis, pendant quelque temps au moins, par les enfants de l'aristocratie et de la bourgeoisie aisée. Une écharpe transversale, allant de l'épaule vers

la hanche, tuyautée ou dentelée, en faisait le principal ornement. Le dessin sur l'affiche n'était pas très ombré ; il nous semble bien que ce devait être une gravure sur bois.

Puis vint la célèbre, l'unique, l'inoubliable Miss Pastrana, femme à barbe, à la peau brune et hirsute, et dont nous hésitons à retracer ici l'arbre généalogique. Il paraît que, pour elle au moins, la descendance simiesque de l'homme était dûment prouvée et constatée. Les cabinets d'histoire naturelle, celui du Jardin des plantes, à Pa-

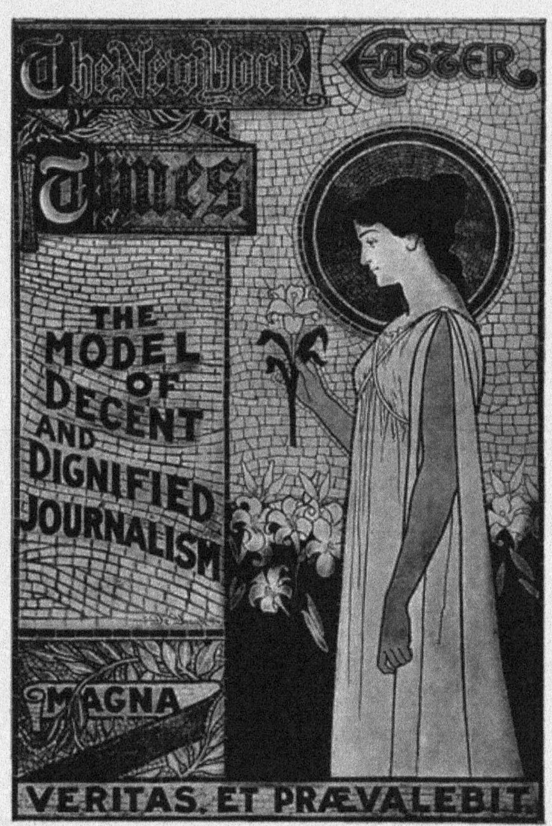

Fac-similé d'une affiche de M. DE YONGHE, pour le journal *The New-York Times.*

ris, entre autres, conservent précieusement le moulage en couleur de cette belle personne aux formes protubérantes. Quel dommage que parmi leurs documents MM. les conservateurs n'aient pas recueilli un exemplaire de l'affiche du temps où cette reine de beauté était portraiturée sur le vif ! Cela a dû se passer vers 1860 et, à défaut d'échantillon, nous ne saurions aujourd'hui préciser si ces affiches furent imprimées sur bois ou sur pierre, mais nous inclinons en faveur de cette dernière hypothèse.

Une affiche très répandue fut celle de Mme ALLEN'S HAIR RESTORER. On y voyait un visage fort attrayant de jeune femme, noyé dans le flot d'une ample chevelure, due justement à l'emploi du spécifique de Mme Allen. Lancée par une maison américaine, cette gravure sur bois, tirée en noir et rouge, avait cependant été exécutée en Angleterre. Ce ne fut que le deuxième modèle de la maison, avec un texte imprimé en douze langues différentes, selon les éditions, qui fut lithographié, en 1887, à Cincinnati.

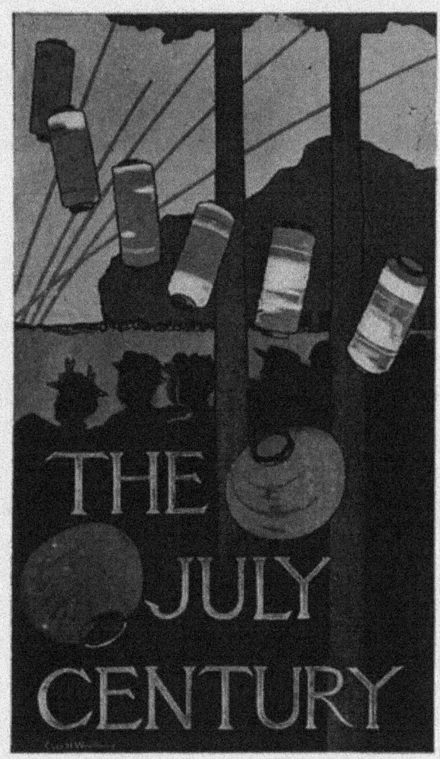

Fac-similé d'une affiche de M. CH. WOODBURY,
pour la revue *The Century*.

Cela nous mène à l'époque où l'usage des affiches théâtrales s'était si bien acclimaté qu'aucune troupe ne pouvait plus s'en passer, et cette circonstance donna lieu à une combinaison nouvelle de la part des imprimeurs. Ce n'était plus tel directeur qui faisait exécuter une ou plusieurs affiches pour la pièce qu'il était en train de monter, c'était l'imprimeur qui s'en chargeait et qui restait propriétaire du dessin avec la faculté de disposer de l'affiche pour la revendre à tous ceux qui pouvaient la demander. L'édition se faisait donc par tirages successifs, au fur et à mesure du besoin, et c'est ce qu'on entend aujourd'hui par le régime des *stock-posters* — affiches passe-partout. En Angleterre ce système a également prévalu.

Ainsi furent éditées en Amérique les affiches pour deux pièces à sensation, la fameuse *Case de l'Oncle Tom* et le non moins populaire *Rip van Winckle*; ces feuilles et d'autres étaient exécutées en xylographie

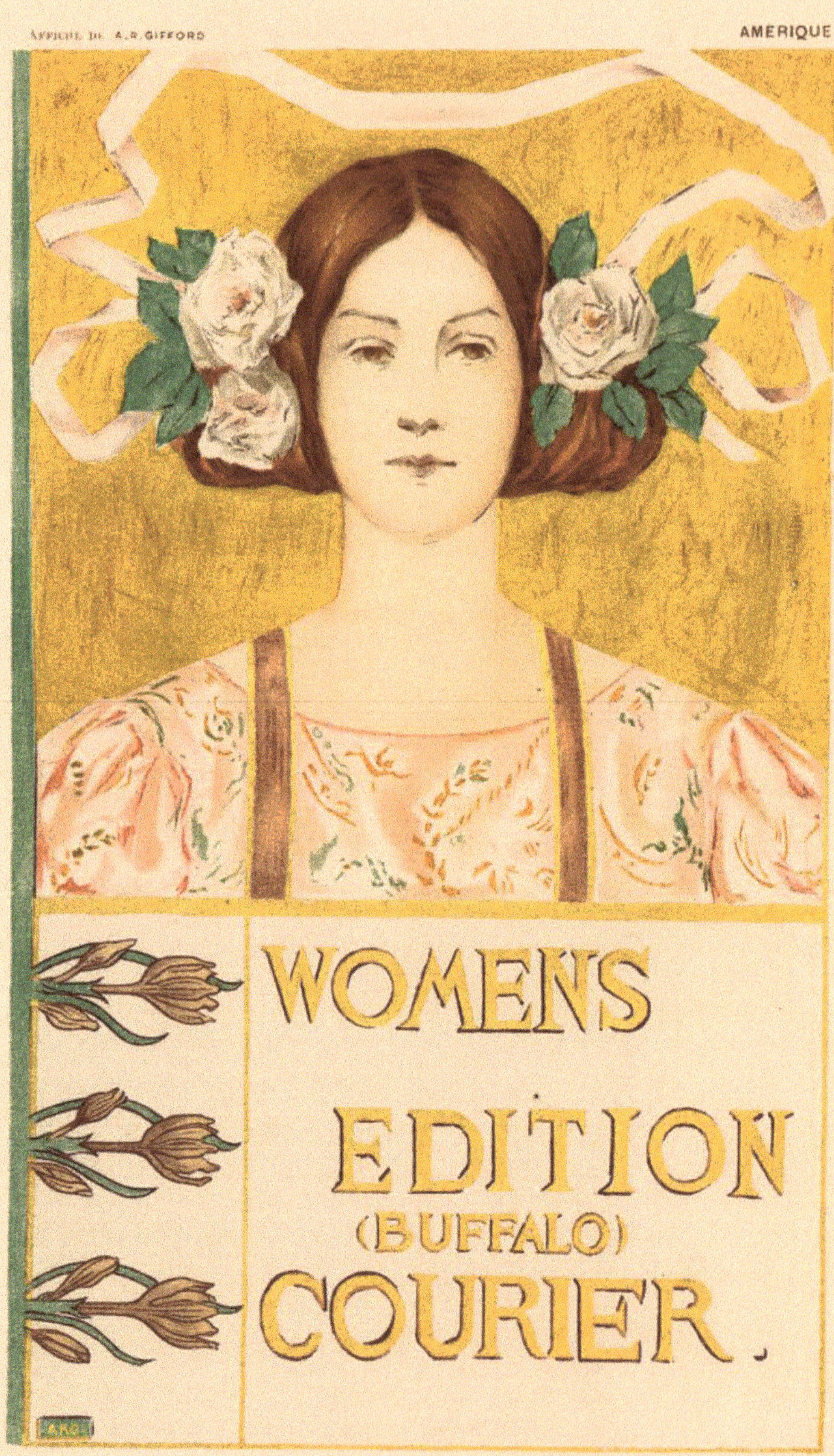

LES AFFICHES ÉTRANGÈRES

G. BOUDET, ÉDITEUR   IMPRIMERIE CHAIX

sans que le système eût donné de très bons résultats, et l'amour-propre
des acteurs a eu certainement souvent à souffrir de la manière dont leurs
traits étaient reproduits. MM. Jefferson, Florence, Robson et Crane
doivent en savoir quelque chose !

Or cette insuffisance de moyens impliquait un danger. Les fabricants
des spécifiques de toute
sorte, pharmaceutiques ou
hygiéniques, odontalgiques
ou capillaires, furent parmi
les premiers à s'en aviser.
Il ne fallait pas, coûte que
coûte, que leur annonce pût
avoir, aux yeux du spectateur, un caractère ironique
ou répugnant. Ils jugèrent
utile, au contraire, d'offrir
leurs produits au public,
dont ils espéraient se faire
une clientèle, sous les dehors les plus avenants,
comme aussi de lui présenter leur effigie sous des ap-
parences toutes flatteuses.
Ils obligèrent l'imprimeur

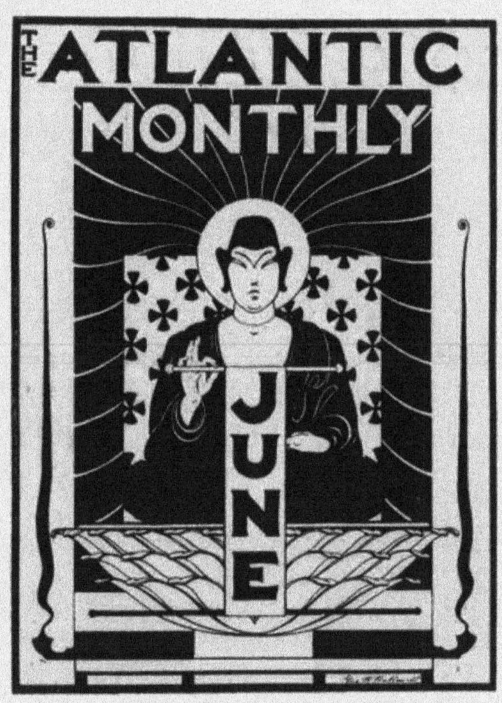

Fac-similé d'une affiche de M. HALLOWELL, pour la revue *Atlantic*.

à les suivre dans cette voie, ils allèrent plus loin, et leur esprit expert et
pratique força la main au dessinateur timoré ou phlegmatique. La concurrence fit le reste, et le public, rencontrant enfin sur sa route une plus
grande variété de productions, s'accoutuma à en parcourir l'ensemble
d'un regard moins distrait. A son insu d'abord, en bonne connaissance de
cause ensuite, il fit une sélection, ne s'arrêtant plus, et ne fût-ce qu'à la
hâte, qu'à ceux des tableaux qui pouvaient flatter son goût ou son sentiment, en même temps qu'ils mettaient en éveil sa curiosité.

Les premiers artistes, en dehors des ateliers de lithographie, auxquels

on fit appel en cette occasion, ressentirent presque comme une humilia-
tion d'avoir à prêter leur concours pour établir des affiches, et, loin de
signer leur ouvrage, ils affectèrent le silence.

Un nom à retenir en l'occurrence est celui de Matt Morgan ; l'artiste en
question, en effet, a fourni des dessins où l'on sent déjà une inspiration
nouvelle. Né en Angle-
terre, et bien au courant
de ce qui se faisait ail-
leurs, et particulièrement
en France, Morgan avait
su profiter de l'expérience
acquise. Il était du reste
coloriste par tempérament,
et ses compositions ten-
daient toujours à l'effet,
aussi est-il fort regrettable
qu'il ne lui ait pas été donné d'exécuter ses dessins
lui-même sur la pierre.
Le dessinateur lithogra-
phe qui fut chargé du
travail, un homme réputé
habile dans le métier, s'employa avec tout le zèle in-

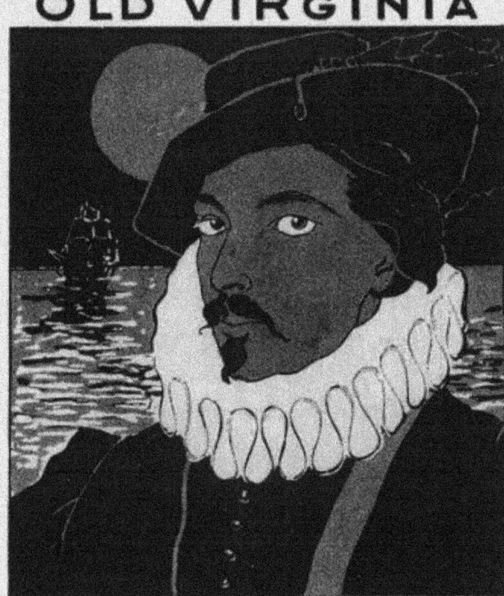

Fac-similé d'une affiche pour la revue *Atlantic*.

tempestif du doctrinaire à estomper la pierre. Il avait rapporté d'Allemagne, son pays d'origine, des notions préconçues selon lesquelles il
s'acharna à amortir les valeurs, à effacer les contours et à donner enfin
à l'ensemble ce caractère veule et insignifiant qui, pour lui, était l'expression suprême de l'art. Cette manière de voir, du reste, prédomina jusqu'à
nos jours parmi les industriels. Leur ambition a toujours été d'imiter le
plus près possible les effets d'une photographie coloriée, considérablement
agrandie.

Depuis lors, la main-d'œuvre même a été en partie remplacée par la

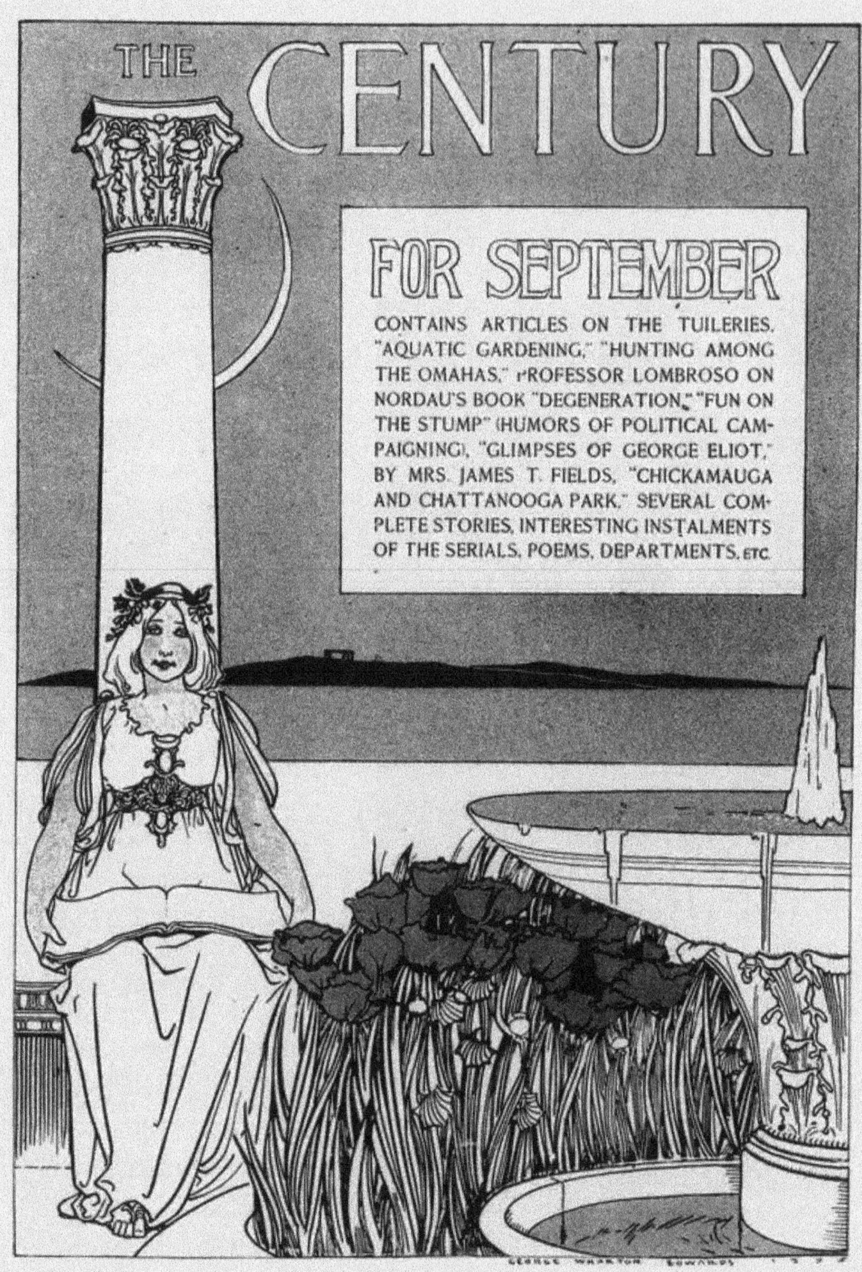

Fac-similé d'une affiche de M. G. WHARTON EDWARDS, pour la revue *The Century*.

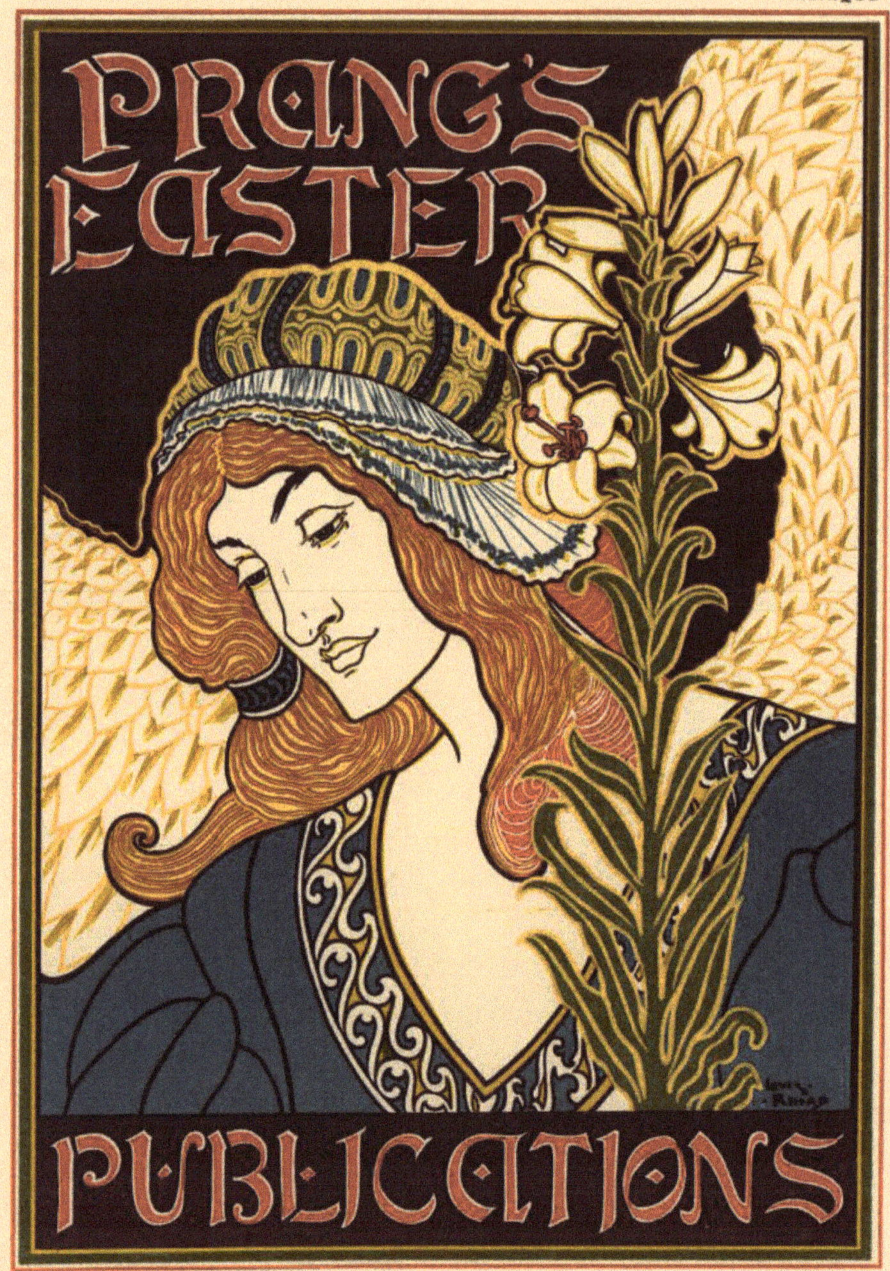

LES AFFICHES ÉTRANGÈRES

G. BOUDET, ÉDITEUR   IMPRIMERIE CHAIX

machine. On se contente d'un dessin de quelques pouces de dimensions et on le transporte, en l'agrandissant à la lumière électrique, sur le bois ou sur la pierre. Dans la maquette ainsi obtenue, à l'échelle voulue, on peut introduire des figures photographiées sur nature, par exemple le portrait des acteurs dans la tenue de leur rôle. Tout ce qui reste à faire, c'est de souder tant soit peu les raccords, et d'ajouter au crayon la coloration des êtres et des objets. Une petite esquisse, ayant habituellement 12 pouces dans sa plus grande largeur, sert ainsi à construire des affiches de 12 pieds sur 24, format uniformément employé aujourd'hui, en Amérique, pour le théâtre.

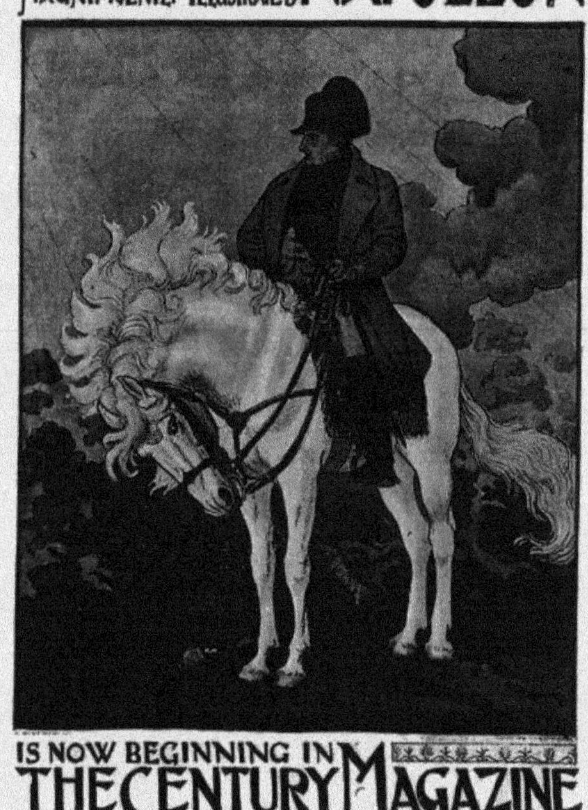

Fac-similé d'une affiche de M. GRASSET, pour la revue
The Century Magazine.

L'affiche entière se compose d'un certain nombre de pierres ou de blocs de bois qui sont rassemblés pour qu'on puisse tracer les contours, après quoi on rompt le cadre pour distribuer les morceaux aux dessinateurs. L'exécution sur pierre est de beaucoup la plus coûteuse; c'est pourquoi les très grandes affiches se font encore sur bois. Le reste, et ce qui constitue la marchandise courante, est exécuté sur pierre par des ouvriers qui presque tous sont des Allemands immigrés.

C'est donc en opposition avec cette vulgaire routine que l'art a repris ses droits, et le mouvement d'émancipation commence vers 1890.

Déjà l'année pré-cédente M. Louis J. Rhead avait fait quel-ques affiches en deux tons pour le *Century Magazine*, une autre pour le *Saint Ni-cholas*. Il en fit deux pour *Harper's Ma-gazine* en 1890.

Le représentant de *Harper Brothers*, à Paris, M. Théodore Child, eut alors l'oc-casion de voir et d'admirer les œuvres de M. Grasset, le-quel venait de pu-blier son précieux volume de l'*His-toire des quatre fils Aymon*. Il fit aussi-tôt à cet artiste la

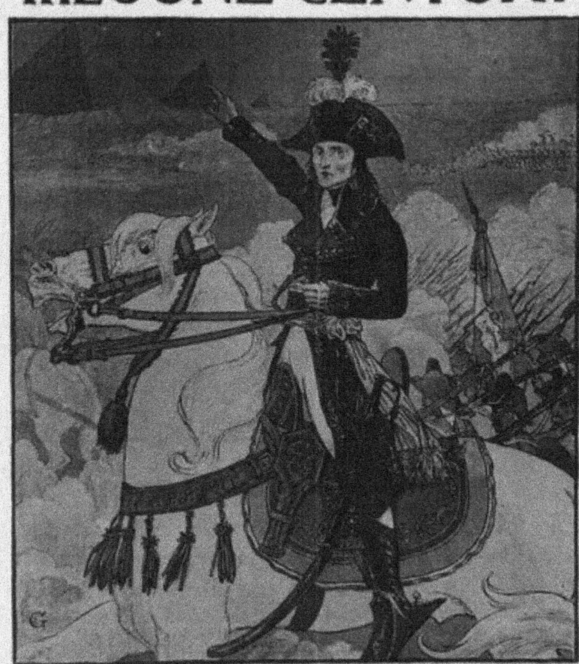

Fac-similé d'une affiche de M. Grasset, pour la revue
The Century Magazine.

commande d'une affiche en couleur, devant servir d'annonce au numéro de *Noël* de *Harper's Magazine*. Les clichés et le tirage typographiques, pour plus de sécurité, furent exécutés à Paris par Gillot en 1892.

Un chérubin, annonçant, au son de la buccine, l'arrivée du Christ, forme le motif principal de cette composition. La chevelure rouge de l'ange s'enlève vigoureusement dans la partie centrale, et les moindres

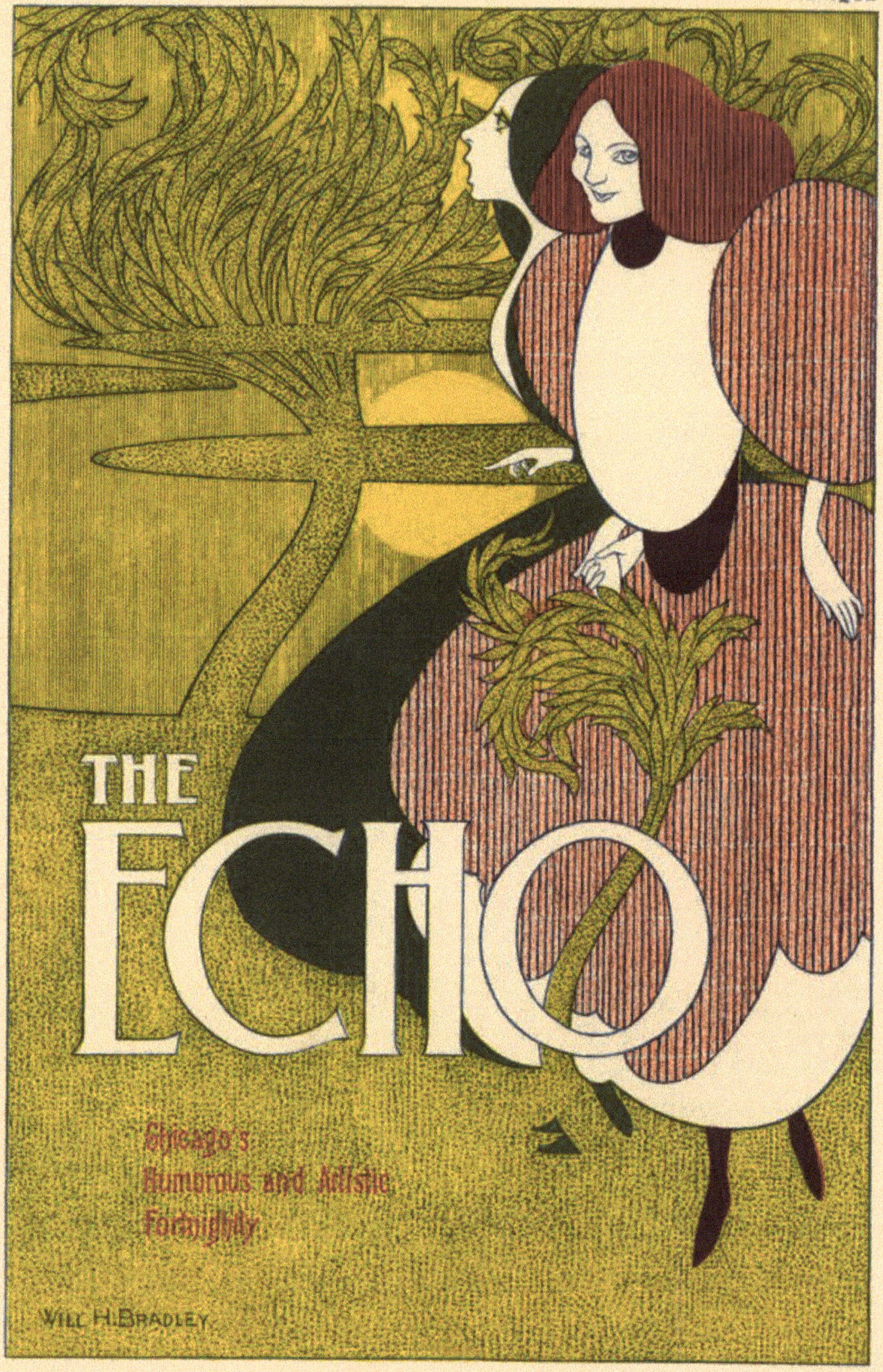

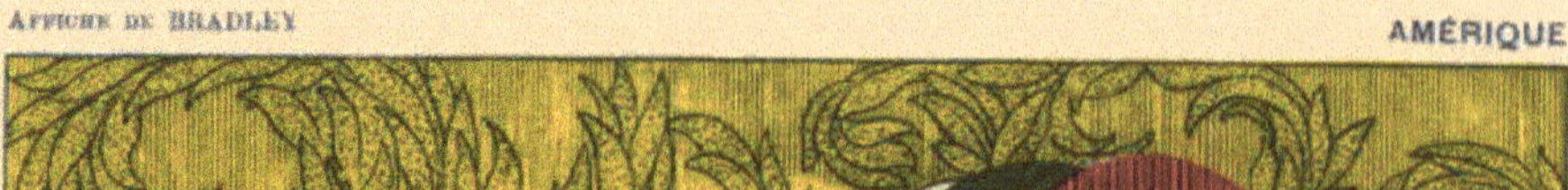

LES AFFICHES ÉTRANGÈRES

G. BOUDET, ÉDITEUR   IMPRIMERIE CHAIX

détails témoignent d'une connaissance approfondie des conditions de l'art

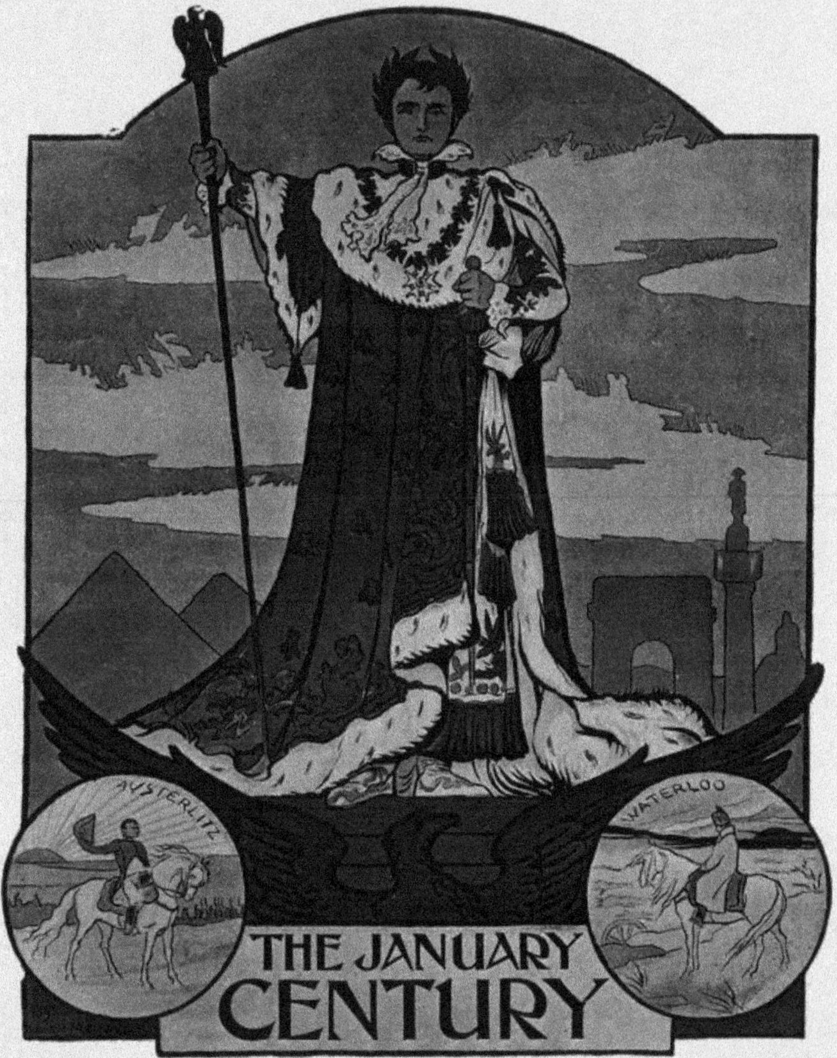

Fac-similé d'une affiche de M. L. METIVET, pour la revue *The Century Magazine.*

décoratif ; mais la façon dont le texte est incorporé dans le dessin donne
à celui-ci son vrai caractère et le met au premier rang parmi les meilleures productions du genre.

Si cette page eut d'abord un succès discret plutôt qu'éclatant aux yeux du public américain, peu familiarisé encore avec la beauté sévère d'un archaïsme ingénieusement réhabilité, elle eut par contre l'effet d'une révélation sur cette élite de la société qui, par vocation ou par habitude professionnelle, prépare, façonne et dirige le courant de l'opinion en matière d'esthétique et de mode. Elle fixa ainsi particulièrement l'attention des grandes maisons d'édition. C'était comme la graine d'une essence inconnue en ces climats, mais digne d'être cultivée, qu'un vent heureux leur apportait d'Europe et qu'ils se promirent bien de faire fructifier.

L'Américain est avide d'instruction, et les moyens ne lui font pas défaut pour donner satisfaction à ce désir. Cependant l'éducation n'a pas le caractère d'unité qu'on essaie de lui donner dans la plupart des pays d'Europe. L'instruction, le plus souvent, a lieu par fractions, au gré de l'élève, qui va d'un sujet à l'autre et apprend sa leçon sans qu'il ait, en dehors de la classe, l'occasion de compléter les notions acquises par la vision ou le contact intellectuel, à l'exception de ce qui est strictement moderne. La vieille Europe, au contraire, est un vaste musée; la famille et les métiers ont leurs traditions; l'air est saturé de parfums des temps passés. L'enfant se heurte aux monuments historiques, il n'a qu'à écouter et à comparer, et ramasse partout des renseignements qui corroborent ou contredisent ce qu'il entend à l'école. En Amérique ces occasions ne sont qu'exceptionnelles. Lorsque Jefferson fut ministre, c'est-à-dire ambassadeur, des États-Unis en France, sous Louis XVI, il se rendit un jour sur les quais de la ville de Paris où il choisit et acheta tout ce qu'il put trouver d'un peu récréatif en fait de gravures pour l'expédier dans son pays. Il avait constaté justement l'espèce de vide, créé par l'absence d'un élément rétrospectif, dont nous venons de parler, et qui aujourd'hui encore est loin d'être rempli. Ces feuilles volantes relataient des faits d'antan, et malgré leur fragilité apparente elles pouvaient intervenir avec succès pour resserrer la chaîne antique des traditions humaines qui ne tenait plus ensemble, en de nombreux endroits, que par des fils à peine visibles.

Ce rôle important de l'image dans l'éducation que le grand citoyen

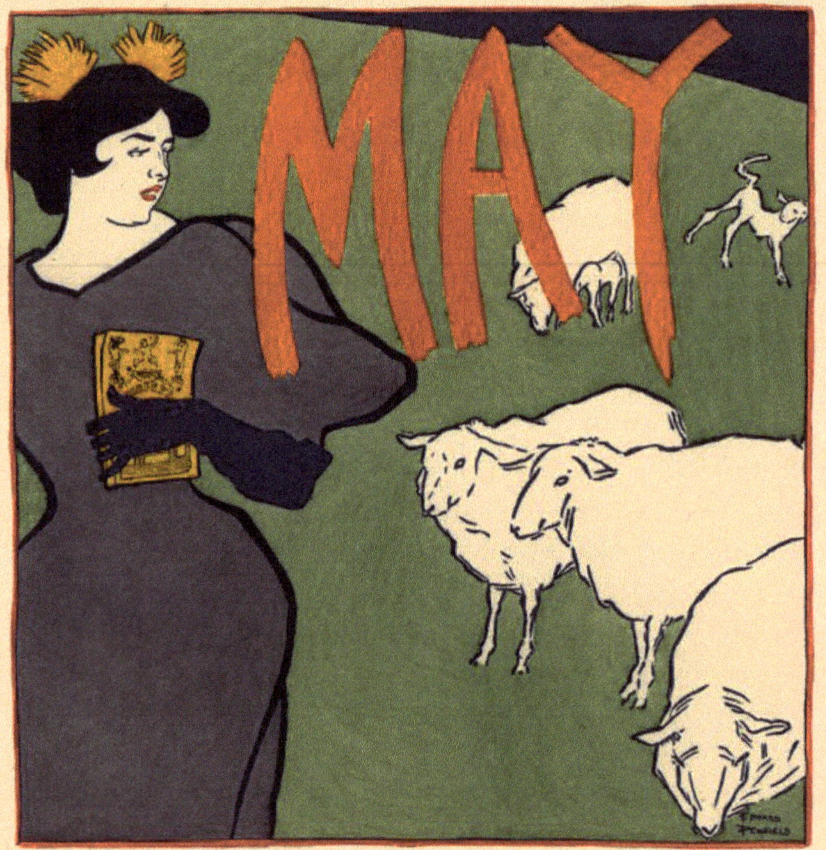

LES AFFICHES ÉTRANGÈRES

avait entrevu, et en faveur duquel il avait dépensé une partie de son
activité, les directeurs des grands périodiques se le sont attribué depuis.
Les grandes revues illustrées, en Amérique, marchent à l'avant-garde
du mouvement intellectuel. Toujours sur le qui-vive, elles ne laissent
aucune région inexplorée et, grâce
à la concurrence qu'elles se font,
le champ de leur activité est im-
mense. Ayant pris l'enseignement
pour base d'évolution, elles se dis-
putèrent avec ardeur la carrière.
L'affiche parut, elles s'en firent un
étendard. Chaque éditeur arbora
le sien, et bientôt chaque numéro
sortant réclama un signe distinctif;
on lui donna une couverture-affi-
che, en manière de fanion. Quel
superbe gaspillage de papier et de
couleurs, quand on veut se souvenir qu'à New-York seulement se
publient plus de trois cent cinquante revues mensuelles! Aussi
comment enregistrer tout cela?
d'autant plus que très souvent la
couverture se confond avec l'affiche. Le caractère des deux est,
en effet, sensiblement le même;
le texte et l'image s'y soutien-

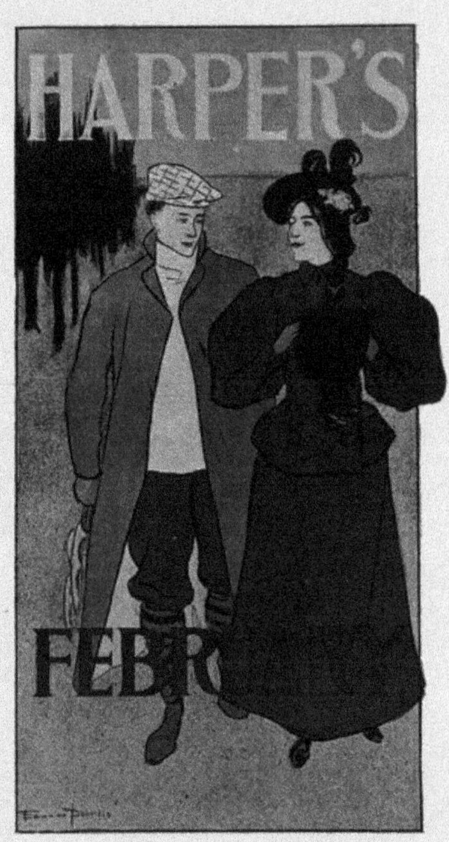

Fac-similé d'une affiche de M. Ed. Penfield, exécutée
pour la revue *Harper's Magazine*.

nent réciproquement dans le but d'être insinuant et d'arrêter le passant.

Dès 1882 M. Grasset avait fait une première couverture pour *Frank
Leslie's Illustrated Newspaper*. C'est le numéro du *Thanksgiving Day*.
On y voit une figure allégorique, représentant les États-Unis, que le
drapeau national étoilé enveloppe de ses plis.

Puis voici les autres couvertures-affiches que fit M. Grasset pour la Maison *Harper Brothers* :

En 1889 le *Christmas Number*. Une élégante figure féminine, les bras chargés de jouets, présente à un enfant les cadeaux que le petit Noël lui envoie. Les ailes ont été ajoutées après coup sur commande.

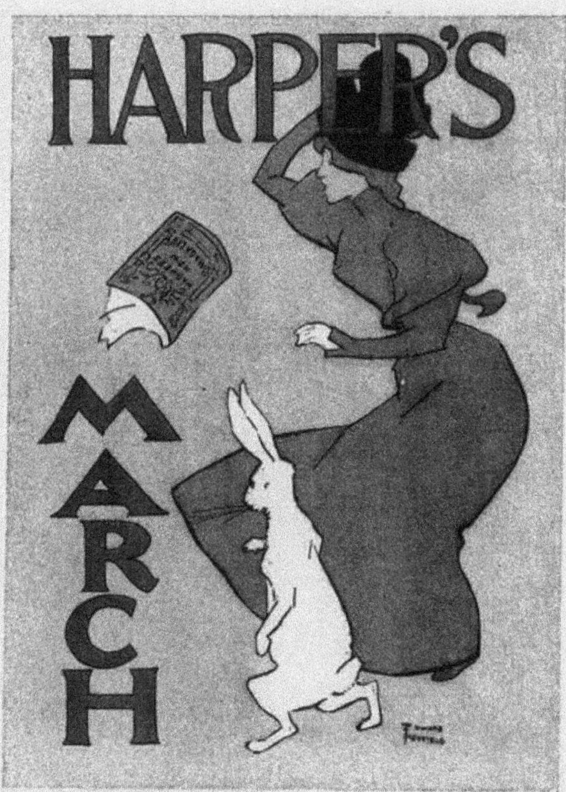

Fac-similé d'une affiche de M. Ed. Penfield, pour la revue
Harper's Magazine.

En 1889 le *Thanksgiving Number*. Un cortège de jeunes femmes qui apportent comme offrandes de la mère patrie les produits de son sol et ceux de l'industrie.

En 1891 un *Christmas Number* pour *Harper's Bazaar* ; page ravissante où la vierge et l'enfant Jésus apparaissent derrière un rideau de fleurs de lis hauts sur tige. Ce dessin fut exécuté avec beaucoup de soin sur du papier procédé et imprimé en deux tons, bleu clair et bleu foncé.

En 1892 le *Christmas Number*. Les anges en adoration devant l'enfant Jésus au berceau.

Dans toutes ces pages les figures sont entourées d'emblèmes décoratifs et d'encadrements, parfois multiples ; mais alors même qu'une volonté étrangère est intervenue pour exiger des amplifications, le maître, avec sa

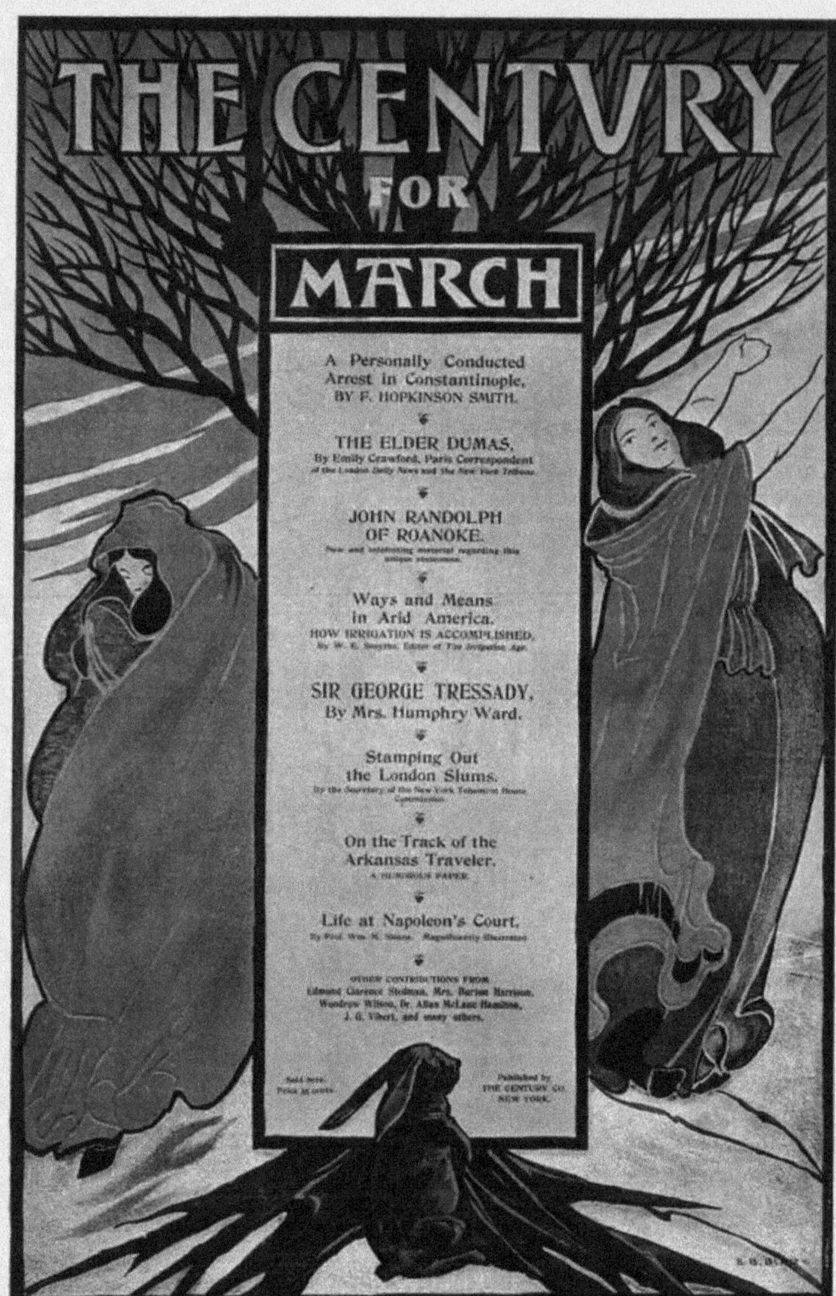

Fac-similé d'une affiche de M. E.-B. Bird, pour la revue *The Century*.

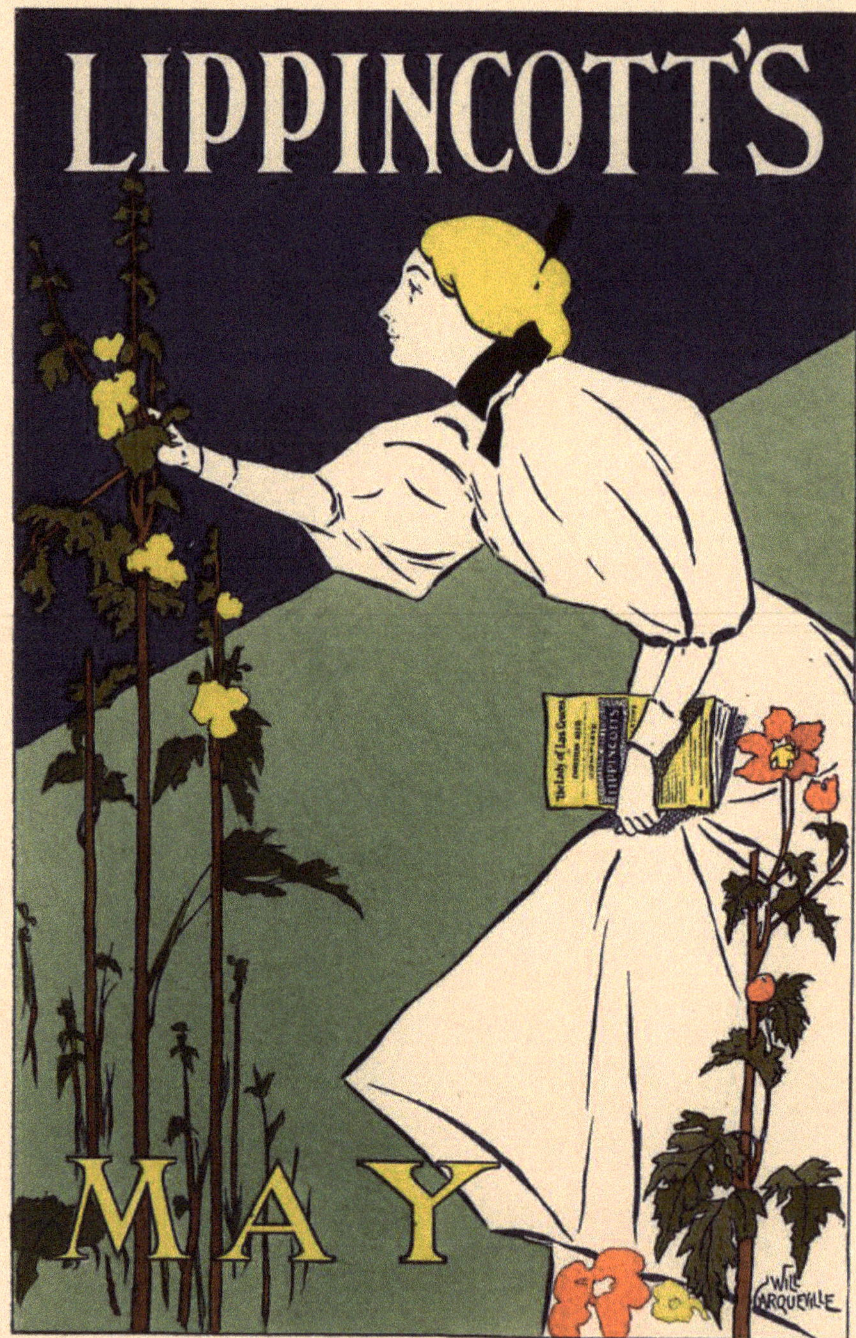

LES AFFICHES ÉTRANGÈRES

merveilleuse entente des moyens, à su éviter toute discordance. Pour
toutes ces pages deux couleurs ont dù suffire.

Ce qui distingue le *Christmas Number* de 1892 de toutes ces pages,
c'est que la figure principale y gagne en importance et qu'enfin, grâce à

une plus grande variété de
couleurs dont l'artiste a été
mis en état de se servir,
la composition s'illumine et
parle à distance.

Peu de temps après, le
Century Magazine publiait
une nouvelle *Histoire de
Napoléon*; elle demanda à
M. Grasset une affiche. Le
texte ici fut mis à part et
nous n'avons pas à le regretter. L'aspect décoratif, pour
être réduit à la seule figure,
ne perd rien de ses droits.
L'empereur sur un che-
val blanc domine le champ
de bataille. Il est seul.
Dans un ciel de feu, der-
rière lui, se tord un nuage

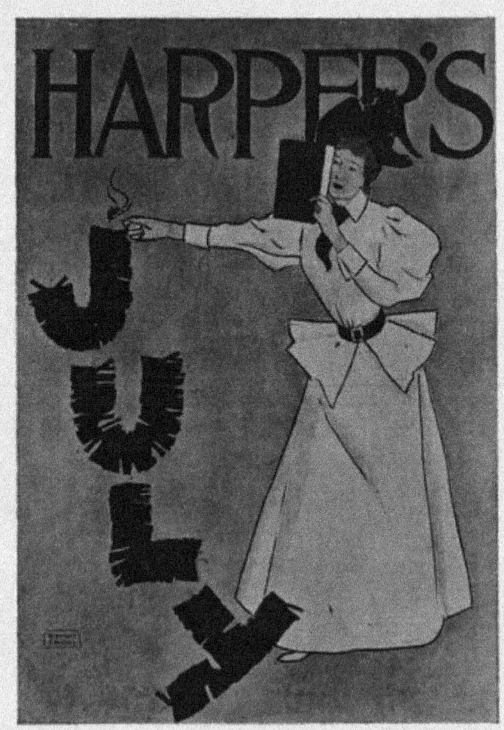

Fac-similé d'une affiche de M. Ed. Penfield, pour la revue
Harper's Magazine.

aux teintes violacées; la nuque du destrier s'arrondit en une courbe
audacieuse, et la crinière, avec l'arête de ses ondulations floconneuses,
mord le fond sombre à l'instar d'une écume blanche qui déferle sur le
rivage.

Ce morceau eut un succès prodigieux. Il devint le sujet de toutes les
conversations. Le *Wooly Horse* eut sa légende tout comme l'empereur
lui-même. MM. Tiffany et Cie firent exécuter le sujet en vitrail. Enfin le
Century Magazine, pour ne pas abandonner la veine, demanda à
M. Grasset un *Bonaparte* également sur un cheval blanc, et cette fois-ci

c'est le héros du Caire et des Pyramides que nous voyons. — Mais il leur en fallait d'autres et l'on se décida à inviter, *urbi et orbi*, l'humanité à concourir. M. Grasset, cette fois-ci, se récusa, et le *Napoléon revêtu des ornements du sacre* fut exécuté, en 1895, par M. Lucien Métivet.

C'est à la suite de ce premier effort et après qu'eût paru le *Wooly Horse* que l'amateur se prit d'une belle passion pour l'affiche illustrée; il en fit collection et encouragea par là l'éditeur à creuser un sillon qui promettait de devenir fructueux. On publia l'affiche par séries mensuelles. *Harper Brothers* marchaient en tête, mais Paris était trop loin, il fallait aviser. M. Penfield était le dessinateur attitré de la maison, le chef de l'atelier de gravure, c'était à lui de donner l'exemple et de créer des modèles.

Il s'en tira très bien. Sans chercher, comme d'autres, dans des circonstances semblables, auraient été tentés de le faire, à se créer un style de toute pièce, il prit le chemin le plus court et improvisa des scènes de genre d'un dessin robuste et jamais prétentieux. Il colora l'image de tons vigoureux d'une banalité qui s'affirme franchement et qui sait jouer des coudes. Le travail de M. Penfield peut se comparer à une bonne cuisine bourgeoise qui fournit à profusion des plats substantiels, et le goût populaire a su apprécier ceux-ci. Chaque *mois* contenait une allusion appropriée et très facile à saisir. C'était comme le menu de l'année. Parmi celles de ces affiches

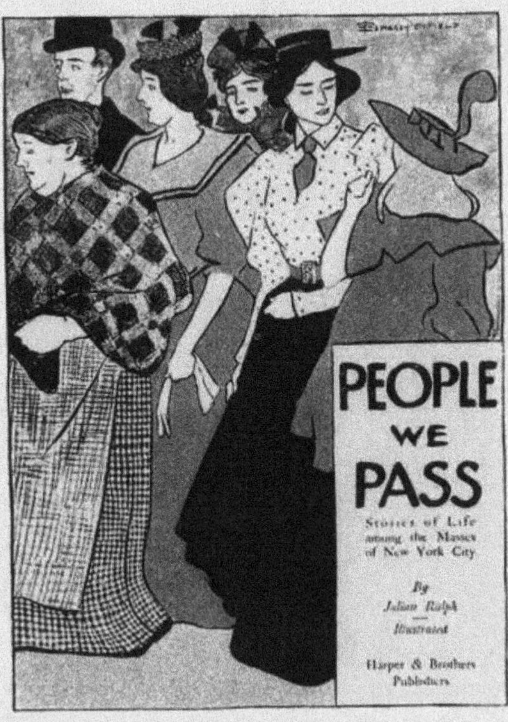

Fac-similé d'une affiche de M. Ed. Penfield,
pour le volume *People we pass*. (Harper et brothers, éditeurs.)

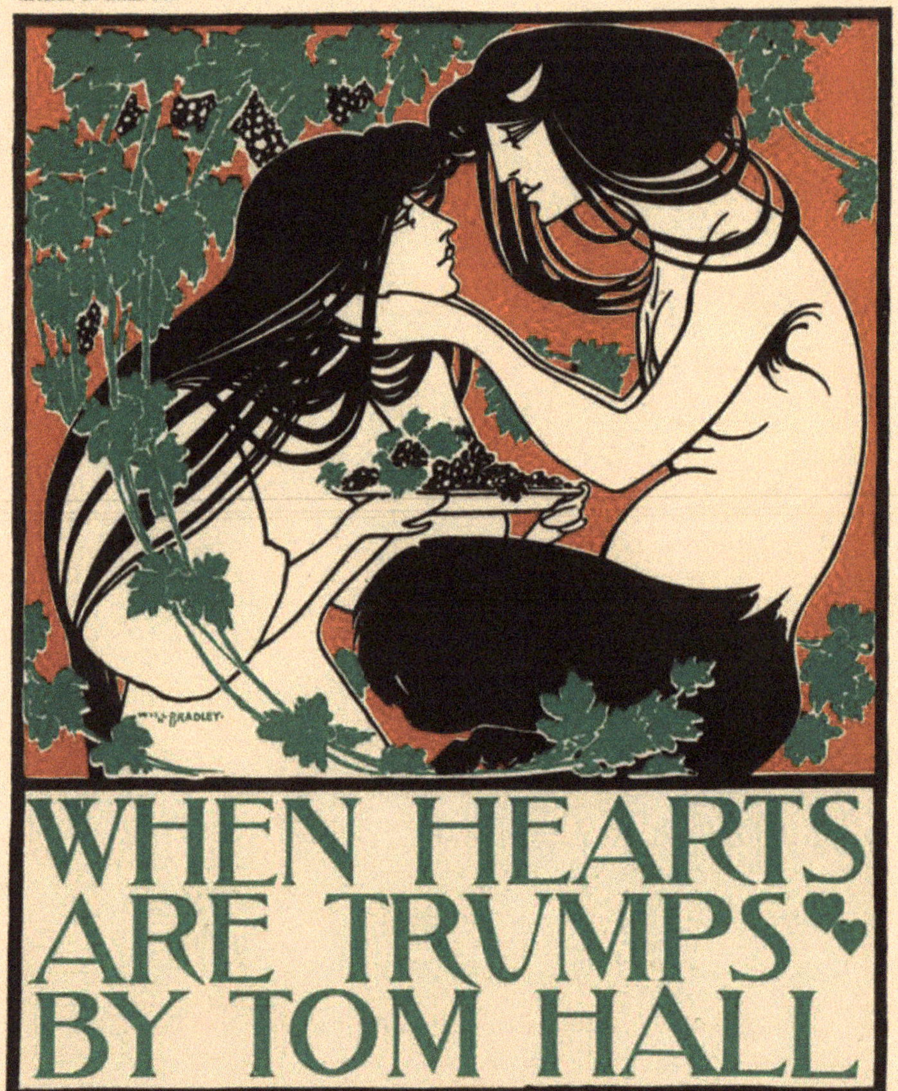

LES AFFICHES ÉTRANGÈRES

qui eurent le plus de succès il faut citer la *Boîte aux lettres*, pour le mois

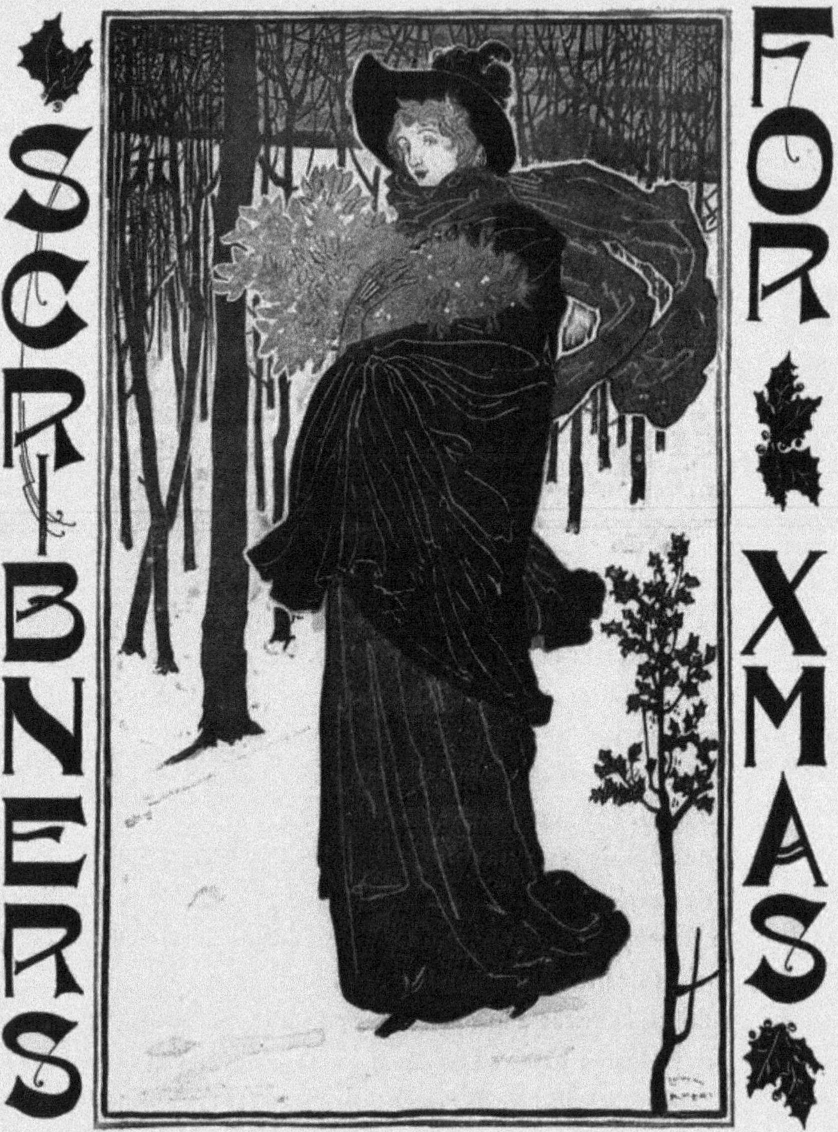

Fac-similé d'une affiche de M. L. RHEAD, pour la revue *Scribners*, numéro de Noël.

de *Février*. Le 14 de ce mois est le *Valentine Day*, journée où c'est la
coutume, en Amérique comme en Angleterre, de s'intriguer entre amis

de sexe différent par l'envoi de quelque missive tendre ou sentimentale. La scène qui se passe ici, pour être muette, n'est pas moins persuasive : une jeune bachelière prend un petit air dégoûté à voir son compagnon jeter une lettre à la poste à l'adresse d'une autre, quand elle serait si bien disposée à agréer ses hommages ici même et de vive voix!

Mars, qui suit, est d'un comique encore plus réjouissant. Une demoiselle, de crainte que son bonnet ne s'en aille par-dessus les moulins — car il souffle une forte brise printanière — s'apprête à le saisir des deux mains et laisse ainsi échapper, oh désespoir! l'intéressant *Magazine* qu'elle venait d'acheter. Un lapin guilleret dresse les oreilles comme s'il se demandait quel parti il pourrait bien tirer de la situation. Cette affiche gagne, à notre avis, à être reproduite en noir; le côté drastique ressort avec plus de crânerie. Dans l'original le fond est gris, la robe d'un vert Véronèse fortement délayé de blanc, le petit compagnon à quatre pattes a la blancheur du cygne et le texte enfin est un badigeonnage rouge brique. Pour entrer en compétition avec un entourage où les tons vifs d'habitude prédominent, cette tonalité en grisaille, teintée de lueurs pâles, avait cependant des chances de réussite.

Poursuivant notre route, au hasard, nous rencontrons une plantureuse personne en robe violette qui en a assez, en ce beau mois de *Mai*, de voir brouter les moutons sur la colline, et qui s'en va, pour se consoler, demander conseil, comme il sied à personne sage et bien intentionnée, au dernier numéro de *Harper's Magazine*.

Au mois de *Juillet* le feu d'artifice est en grand honneur dans les États où flotte le *Star spangled Banner*. Le 4 de ce mois est le jour commémoratif appelé *Constitution Day*, et si dès le matin on aime à arborer le drapeau national, la soirée doit se terminer par des feux de joie. Voilà ce qui explique pourquoi cette jeune dame s'amuse au moyen d'une allumette enflammée à amorcer toute une théorie de fusées; peut-être aussi le numéro qu'elle tient en main lui explique-t-il comment il faut s'y prendre pour jouer avec le feu sans se brûler les doigts.

M. Edward Penfield est américain. Il a fait ses études exclusivement à New-York, à l'école de la *Art-Student's League*. S'il s'est quelquefois, et

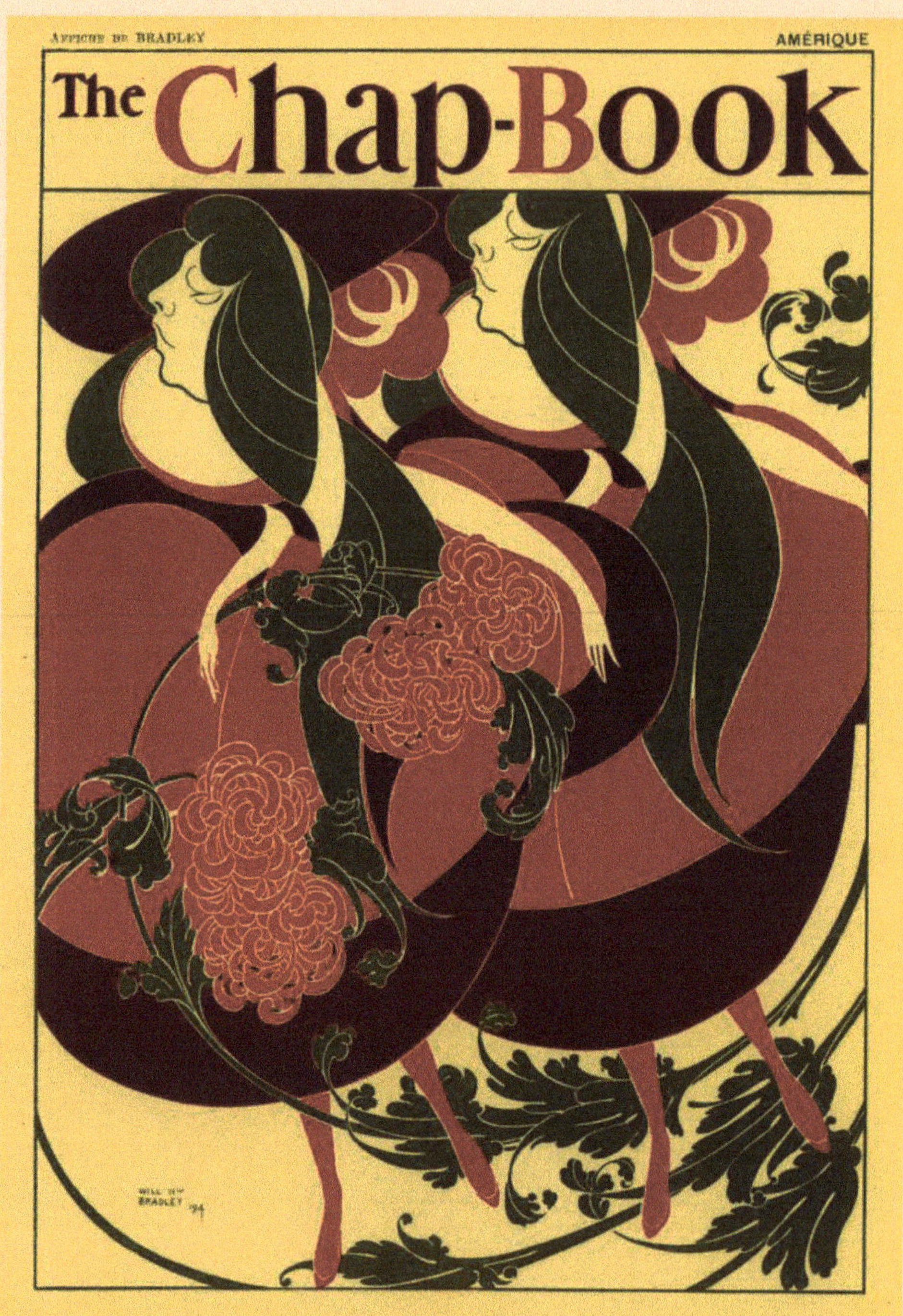

LES AFFICHES ÉTRANGÈRES

G. BOUDET, Éditeur
IMPRIMERIE CHAIX

par exception, complu, après avoir vu des affiches de provenance étrangère, à imiter la manière d'un autre, on ne peut faire autrement que de s'intéresser à l'entreprise. C'est ainsi que dans un second *mois de Mai* de la collection Harper nous distinguons une belle personne en robe décolletée, une plume jaune piquée dans le corsage, qui, malgré l'air fatidique qu'elle emprunte aux héroïnes de M. Beardsley, respire la santé ; l'air d'Amérique et le traitement de l'artiste lui ont fait décidément beaucoup de bien.

Ailleurs, sous le titre *People we pass*, nous rencontrons en effet de braves gens qui ont dû passer un jour ou l'autre sous la fenêtre de certain peintre parisien, M. Steinlen sans doute, et qui ont émigré depuis. Si nous faisons cette petite observation, c'est que dans ce dessin, tout, jusqu'à la coloration légère en deux teintes et jusqu'au procédé même, a été fait en imitation des dessins si connus du journal parisien le *Gil Blas* illustré. C'est un genre d'emprunt dont les deux principaux intéressés ne peuvent que s'honorer, car il est certain que M. Penfield est assez riche pour y aller de son propre fonds.

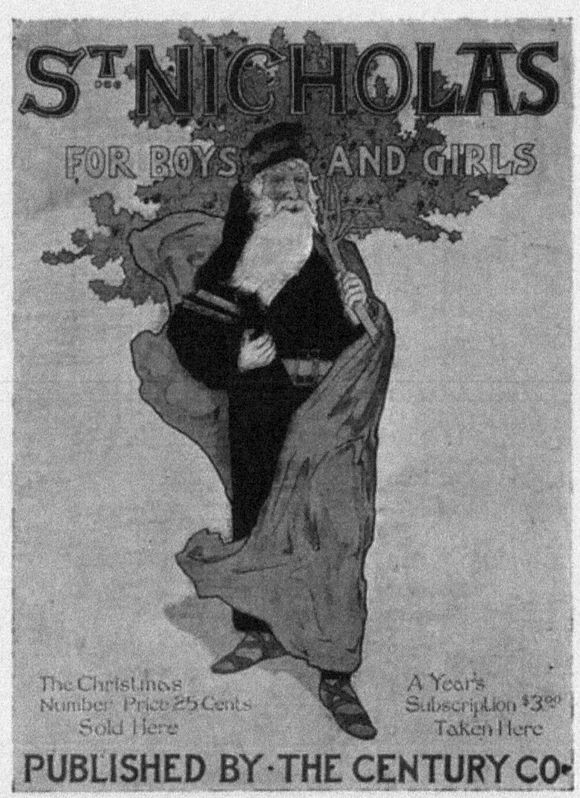

Fac-similé d'une affiche de M. L. Rhead, pour la revue le *St-Nicolas*.

Les éditeurs du *Century Magazine* ne restèrent point en arrière, et ayant adopté l'idée d'une affiche mensuelle, ils en confièrent l'exécution à M. GEORGES WHARTON EDWARDS. Cet artiste est né à New-York, mais il lui a été donné de compléter son éducation et de poursuivre ses études en Europe. Comme peintre, M. Edwards s'est fait une spécialité de scènes retraçant les mœurs et le paysage de la Hollande ; comme dessinateur, il a illustré et décoré le livre avec succès. Sa manière est plus éclectique que celle de M. Penfield, il s'ensuit qu'elle n'a pas un caractère bien individuel. L'annonce du numéro pour le *mois de Mars* est faite par un héraut d'armes en costume héraldique. Le texte s'étale sur le drapeau en bannière qui orne la trompette. Ce dessin, dont les contours s'enlèvent en noir sur le fond blanc du papier, est estompé de tons bistrés dans une note claire simulant l'effet du vieil or, d'où un certain caractère d'élé-

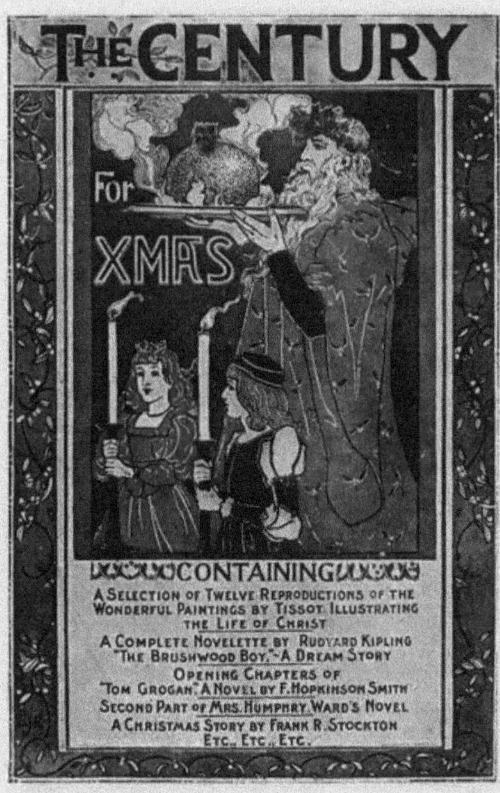

Fac-similé d'une affiche de M. L. RHEAD, pour la revue
The Century.

gance. — Très gracieuse et très tendre d'expression est la belle adolescente qui, pour personnifier le *mois d'Avril*, déverse d'une urne antique le flot fertilisant sur la végétation qui autour d'elle fleurit et monte en graine. 1895. (Effet jaune et vert sur papier rose.)

Sous un aspect plus mélancolique naturellement s'annonce le *mois de Septembre* ; décor antique de style corinthien, qu'anime un jet d'eau qui tremble et l'énigmatique sourire d'une belle suppliante qui tient sur ses

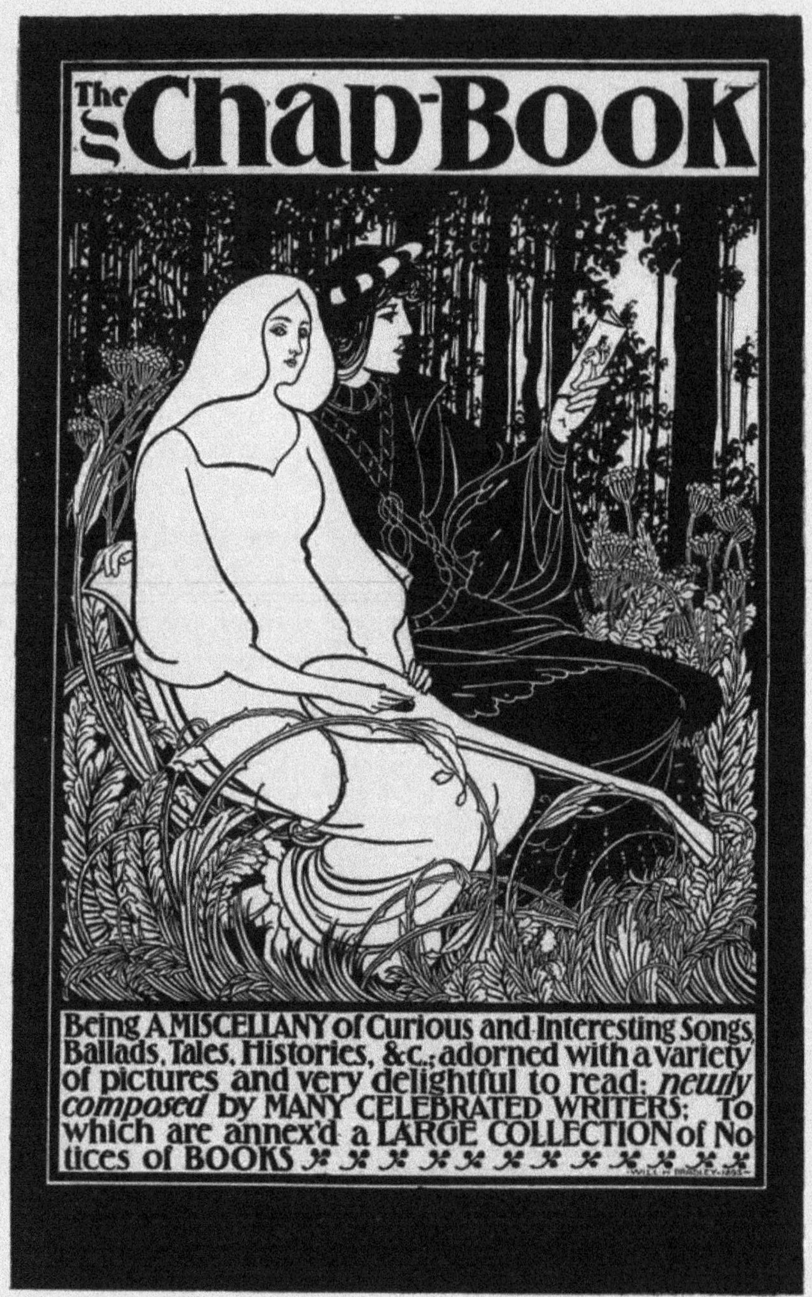

Fac-similé d'une affiche de M. W.-H. BRADLEY, exécutée pour la revue *The Chap-Book*.

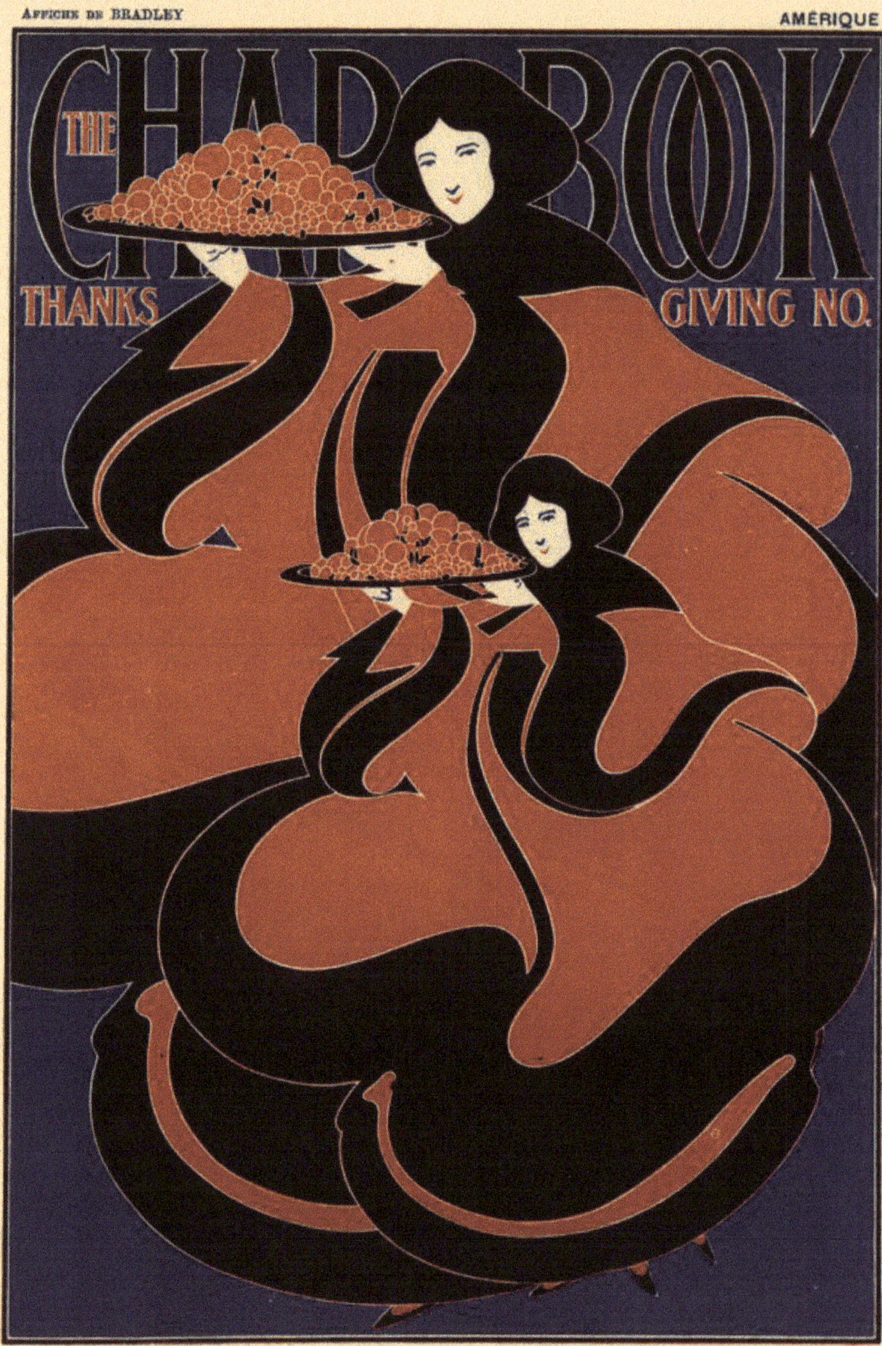

LES AFFICHES ÉTRANGÈRES

genoux un album grand ouvert. Est-ce le livre blanc de son cœur ou le
registre des abonnés qu'elle nous présente? — Là est le mystère!

Les journaux quotidiens se montrèrent disposés à la fin à suivre l'exemple des *Magazines*. Ils
avaient toujours eu l'habitude de faire de la réclame
pour vanter les avantages
d'une insertion dans leurs
colonnes, mais d'une fa-
çon toute commerciale.

En 1894 le *Sun* (le So-
leil) fit placarder sa première affiche illustrée en
couleur; elle est devenue
célèbre et tend à deve-
nir rarissime. C'est cette
femme au manteau royal
de pourpre qui se pro-
mène solennelle dans
la prairie verte; de sa
main blanche elle ébauche
un geste d'admonesta-
tion presque hiératique,
comme si elle voulait scan-
der d'avance les paro-
les importantes qu'un
sourire retient sur ses

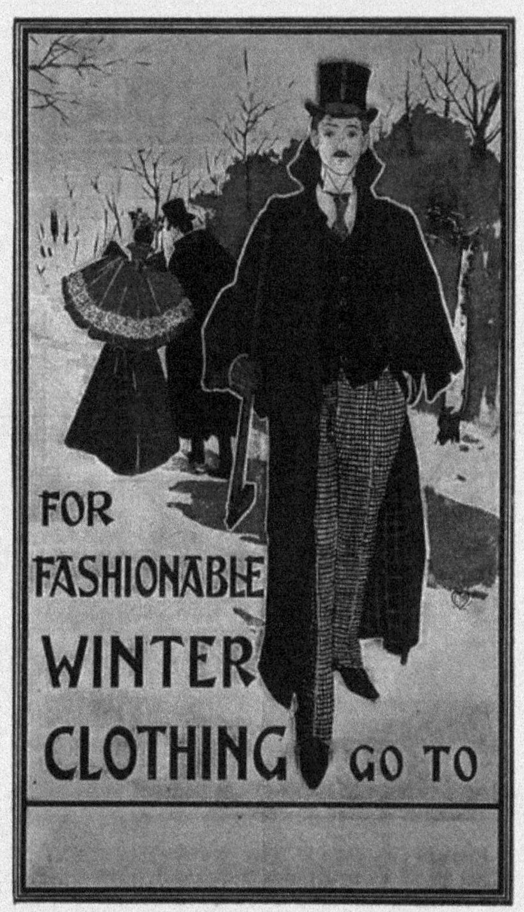

Fac-similé d'une affiche de M. L. RHEAD, pour un marchand tailleur.

lèvres : *Une insertion dans le* Soleil *donne les meilleurs résultats.*

Cette affiche, l'artiste ne l'a pas même signée. On n'y relève pas encore
le gracieux monogramme que Louis J. RHEAD depuis aime à employer :
les trois initiales de son nom au milieu d'un paraphe en forme de cœur.

L'œuvre de M. Louis J. Rhead est imposant par son unité et mérite
qu'on s'y arrête. Cet artiste, qui est né en Angleterre, mais qui habite les

États-Unis depuis longtemps, a acquis, comme dessinateur, tout ce que l'école, la direction paternelle, la pratique et la discipline peuvent enseigner à un homme actif et consciencieux. Son imagination est peuplée de la fine fleur des manifestations artistiques de toutes les époques et il sait s'en souvenir à propos. Rien d'étonnant comme la facilité avec laquelle cet artiste, sachant mettre à profit un instant de loisir, se met à l'œuvre pour tracer, sans hésitation apparente, des contours impeccables produisant un ensemble harmonieux, parfaitement équilibré et organique jusque dans ses moindres détails.

M. Louis J. Rhead fut admirablement servi par les circonstances. L'occasion qui se présentait à lui de pouvoir composer des affiches en couleur coïncidait avec l'époque même où son talent avait atteint la maturité et elle lui fournissait ainsi le moyen d'élargir sa méthode. Jusqu'ici l'artiste avait surtout exécuté des dessins en blanc et noir, conçus de façon à se maintenir dans des contrastes simples et larges, les demi-teintes n'intervenant que discrètement pour soutenir l'effet de l'ensemble. De toutes les ressources que ce simple contraste lui offrait le dessinateur avait su tirer profit de façon à obtenir les meilleurs résultats; ses nombreux travaux d'ornementation, industriels ou purement artistiques, en font foi; des couvertures de

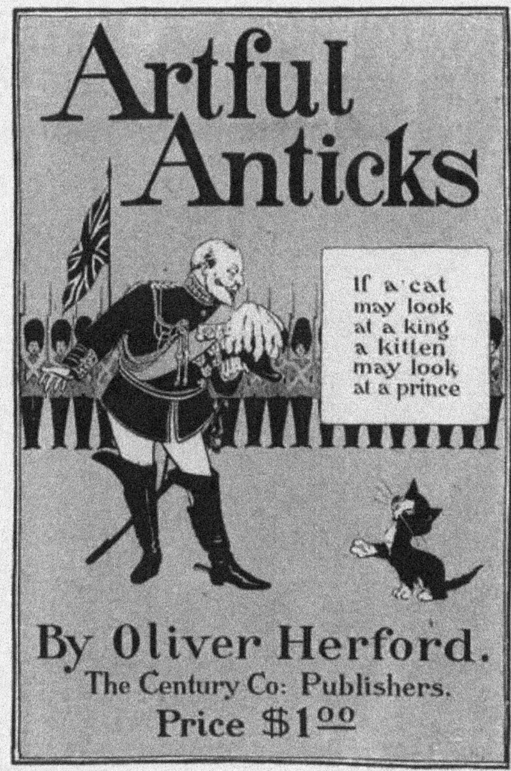

Fac-similé d'une affiche anonyme, exécutée pour un volume édité par *The Century Company*.

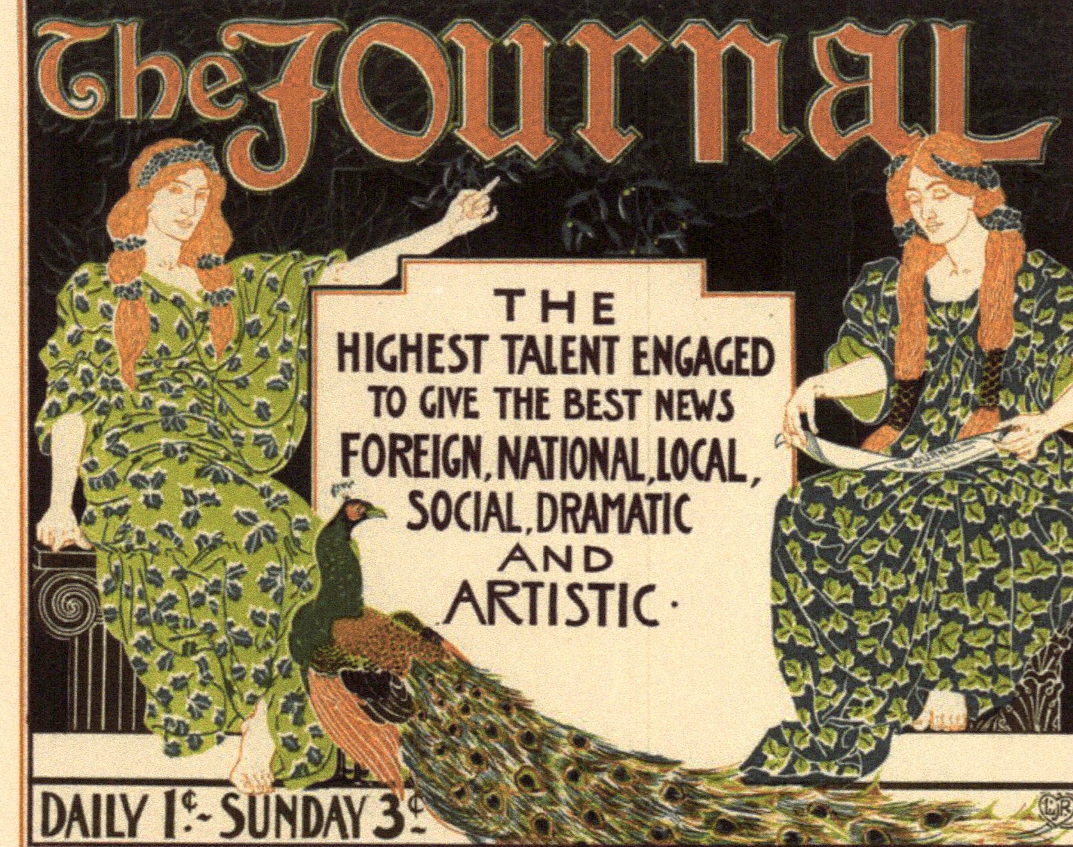

LES AFFICHES ÉTRANGÈRES

G. BOUDET, ÉDITEUR   IMPRIMERIE CHAIX

livres, des titres et des illustrations, enfin un grand nombre d'*ex-libris*
charmants, sont là pour en témoigner. Mais, en dehors d'une certaine
mesure, le trait nu a trop d'impassibilité et les blancs produisent facilement l'effet du vide;
c'est alors que la cou-
leur devient le coeffi-
cient indispensable et
vivifiant.

Rhead procéda ici
avec sa circonspection
habituelle. Il est vrai
pourtant que dans cette
première affiche pour
le *Sun* on sent la sur-
prise. Mis en demeure
d'entrer en lice tout à
coup sur un terrain très
en vue, heureux de
pouvoir enfin disposer
librement de sa palette,
et agissant à l'instar
de celui qui a besoin
de boire un large coup
après en avoir été privé
longtemps, le peintre
aussitôt plongea le pin-

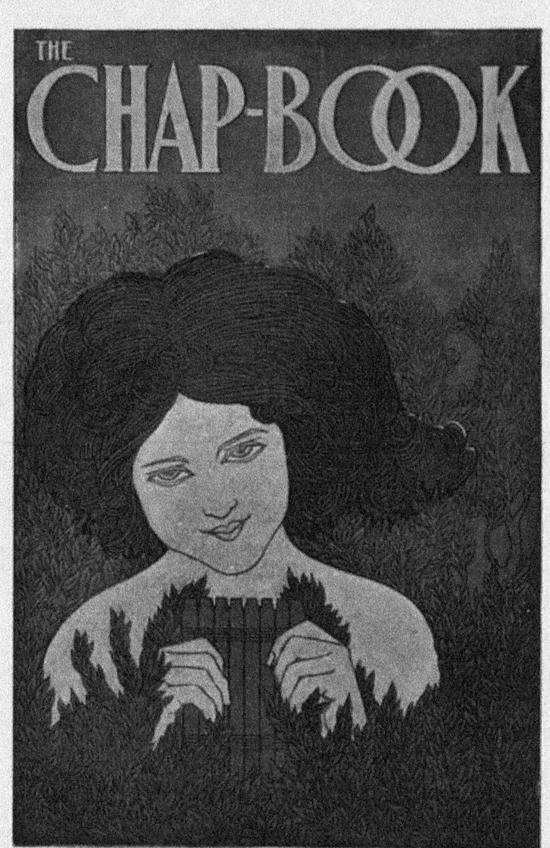

Fac-similé d'une affiche de M. W.-H. Bradley, exécutée pour la revue
The Chap-Book.

ceau en pleine pâte et abreuva son dessin de teintes vives et violemment
contrastées. Mais une fois cette effervescence calmée et satisfaction donnée au désir de prendre position et d'attirer l'attention du premier coup,
l'artiste dompte l'ardeur juvénile à laquelle il lui avait plu de s'abandonner
et dès lors ne permet plus à celle-ci de l'entraîner au delà des bornes
d'une sage et savante modération. Il retourne à sa méthode ancienne,
sûre et si fertile, d'économiser les moyens, et parvient alors, avec une

judicieuse parcimonie dans le choix des couleurs, par la simple juxtaposition de tons francs qui réciproquement se mettent en valeur sans se heurter, à réaliser un ensemble d'une richesse et d'une variété inépuisables, et c'est cette manière justement qui a donné à son œuvre un caractère vraiment classique. Il était en cela doublement bien inspiré. Le procédé industriel a ses exigences inéluctables, à l'artiste incombe le devoir de s'y conformer, et Rhead non seulement le fit, mais de ces règles restrictives mêmes il a su contracter un large bénéfice, comme nous venons de l'indiquer.

Ce qui caractérise le style, ce sont précisément les limites imposées à la main-d'œuvre par la matière; ce sont là des frontières que le talent doit respecter, mais entre lesquelles l'esprit inventif trouve moyen de se mouvoir avec aisance.

L'affiche pour le *Midsummer Holyday Number* que M. Rhead composa pour le *Century Magazine*, et dans laquelle le rôle décoratif est confié à la fleur du tournesol, fut l'une des premières qu'on vit, mais elle est de dimensions restreintes. L'une des plus gracieuses est le *Christmas Number* pour le même Magazine. Deux enfants, une petite fille et un page très mignon, tenant chacun un flambeau, précèdent d'un pas mesuré le digne vieillard qui apporte le plum-pudding traditionnel. Il existe un autre numéro consacré à la fête de *Noël*; c'est cette fois-ci un paon, dressé en son plumage, qui est servi par de gracieuses mains féminines. Un autre, le *Midsummer Holyday Number* du *Century Magazine* représente une femme couchée à l'ombre qui feuillette un numéro du même périodique.

Vint alors la série du *Sun* dont nous avons déjà fait mention. Il y a d'abord une affiche d'un effet merveilleux : dans un ciel de pur outremer le disque du soleil rayonne entre les mains d'un génie féminin vêtu d'une robe couleur de flamme. Puis cette page unique, *la Femme aux raisins*, personnifiant l'automne, où l'artiste plaqua l'émeraude sur un fond de chrome et sut réaliser un effet largement pittoresque en utilisant avec hardiesse le noir comme une couleur franche. Que ses figures soient allégoriques ou profanes, Rhead sait leur donner un caractère personnel et vivant. Quand il lui plaît de représenter des types individuels, il le fait

sans se laisser entraîner à l'exagération ou à la banalité. Deux fois, dans
la série du *Sun*, l'hiver est représenté sous la forme d'une jeune femme;
l'une, en manteau vert bordé de bleu, se promène dans un paysage de

neige sous un ciel
strié de jaune, l'autre
descend en patinant
la rivière glacée; l'élé-
gant costume qu'elle
porte est garni de
fourrure. Une troi-
sième feuille pour-
rait s'intituler *Plu-
viôse*; la pluie s'abat
avec violence sur le
trottoir, le vent et
l'onde harcèlent les
jupes d'une jeune
dame surprise par la
rafale. Enfin ceux de
ces messieurs qui dé-
sireraient accompa-
gner ces jolies fem-
mes dans leurs ex-
cursions ne sauraient
mieux faire que de
passer d'abord au
magasin qui se re-

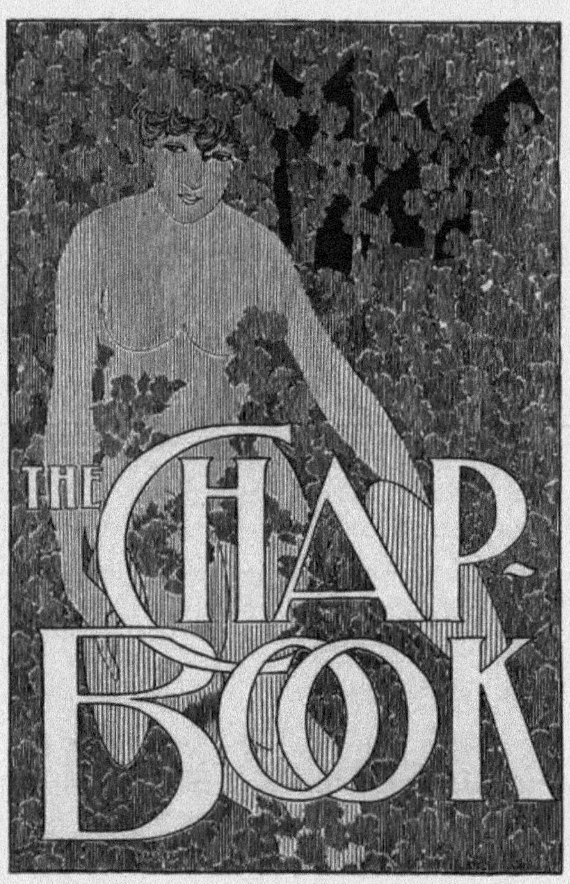

Fac-similé d'une affiche de M. W. BRADLEY, exécutée pour la revue
The Chap-Book.

commande si bien, à l'aide du talent même de M. Rhead : *for a Fashion-
able Winter Clothing*.

La grande affiche pour le *Morning Journal* est un modèle d'élégance
et de clarté. Le soleil levant et le coq qui chante symbolisent le matin; les
deux belles figures décoratives ont pour attributs, l'une un sablier et
l'autre le matériel épistolaire, par allusion aux fonctions du journalisme.

Quatre couleurs, dans des notes plutòt amorties, sont employées ici, le bleu céleste et le bleu d'outremer, le rouge et le jaune jonquille. Exactement du même format est l'affiche *The Journal*, où deux verts agréablement ment nuancés produisent la plus ravissante et la plus fraîche des symphonies. Plus vigoureuse mais non moins délicate est la gamme choisie pour l'affiche *Winter Tales for Winter Nights*, en violet, vert, rouge et blanc; imprimée par M. Howard à New-York. Ici, pour l'exécution, l'aluminium, selon un système récemment adopté, a remplacé la pierre; le résultat est identique.

Parmi les affiches commerciales de Rhead les plus intéressantes sont *Lundbrog's Perfumes* et *Lundbrog's Violet*, *James Pyle's Pearline* et *Modern Cleanser*, enfin la couverture du *Poster Calendar*, édité par L. Prang et Compagnie, Boston.

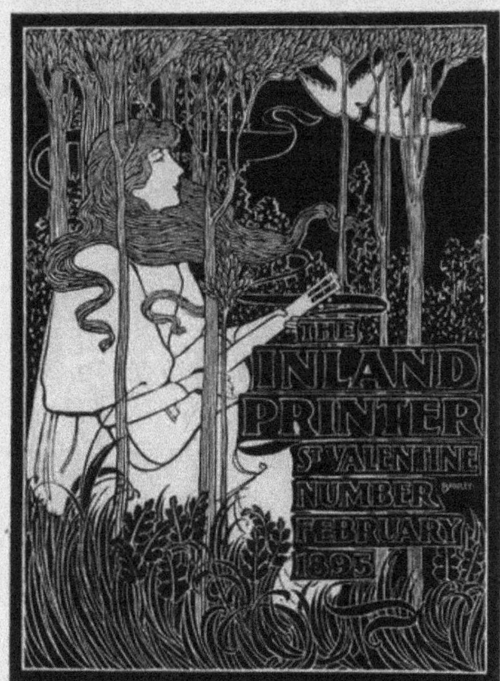

Fac-similé d'une affiche de M. W. BRADLEY, pour la revue
The Inland Printer.

Une belle affiche se rapporte au livre du célèbre romancier M. Rudyard Kipling, *The Devil and the Deep Sea*. C'est une barque brune ballottée par des vagues d'un bleu intense. D'un effet saisissant est le cavalier qui traverse la forêt, *How the Brigadier played for a Kingdom*. Le *New York Herald* a publié, le 22 mars 1896, un *Ange* se tenant

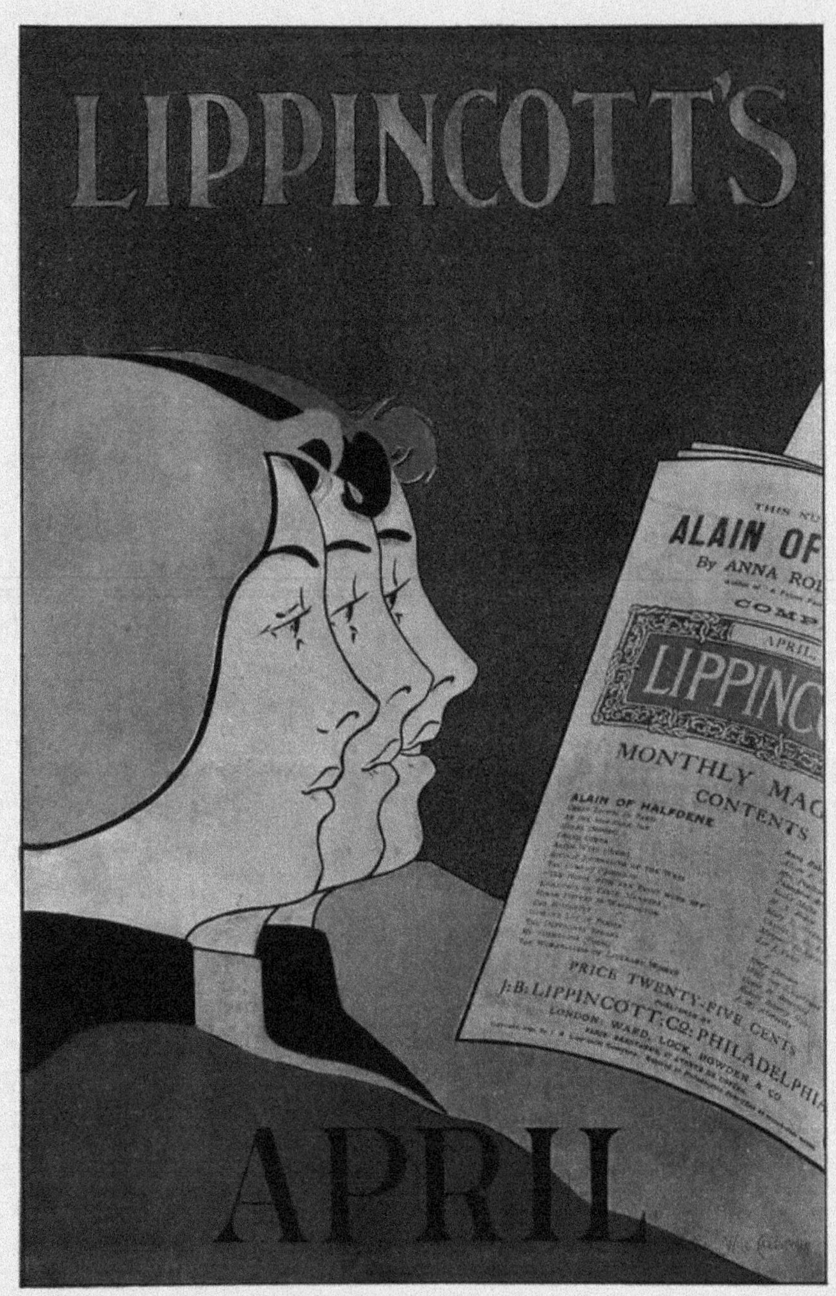

Fac-similé d'une affiche de M. WILL. CARQUEVILLE, pour la revue *Lippincott's Magazine*.

debout entre les lis au pied du calvaire; la date nommée coïncidant avec les fêtes de Pâques. La robe entière de la figure ailée est sertie de la fleur symbolique, emblème de la pureté céleste. Actuellement M. Rhead a déjà publié plus de soixante affiches.

Pour le *Journal* le même artiste fit, en 1896, un *Char Romain* traîné par deux chevaux blancs. Le fond ici est en or; par contre, dans *Prang's Easter*, l'une des plus récentes également parmi les compositions de M. Rhead, l'or est employé pour cerner le lis, les pennes des ailes, la coiffe et enfin les cheveux de l'Ange.

Le *Century Magazine* a occupé différents dessinateurs. Nous donnons un *poster* pour le mois de *Mars*. Deux femmes égarées dans la

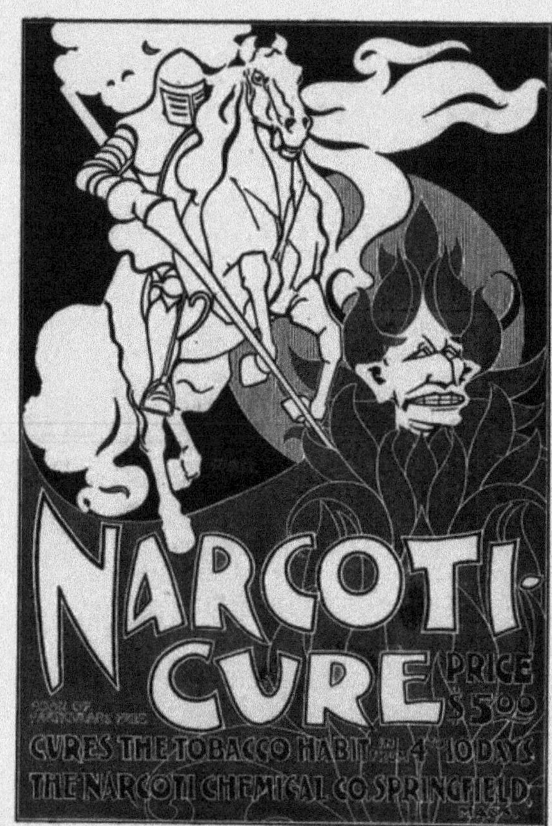

Fac-similé d'une affiche de M. BRADLEY, pour un *remède contre l'abus du tabac.*

neige, réfugiées sous un arbre aux branches dénudées de feuillage, et qui ne demanderaient pas mieux que de s'en aller, car le printemps est loin encore; mais décidément le lapin, pour les peintres, a remplacé le bélier comme signe du zodiaque.

Les éditeurs du *Century* ont édité un petit volume intitulé *Artful Antics* et le *bill* annonçant la publication est un échantillon d'un genre moins grave. Cette petite affiche a eu un certain succès parce qu'elle met en scène un personnage princier, représentant attitré de la royauté et pour cela même très populaire dans la république. Un refrain de nourrice, amplifié pour la circonstance, sert de légende : « Si un chat a le droit de regarder le roi, un jeune chat a le droit de regarder un prince. » Le drapeau anglais et l'habit du gentleman sont en vermillon dans l'original,

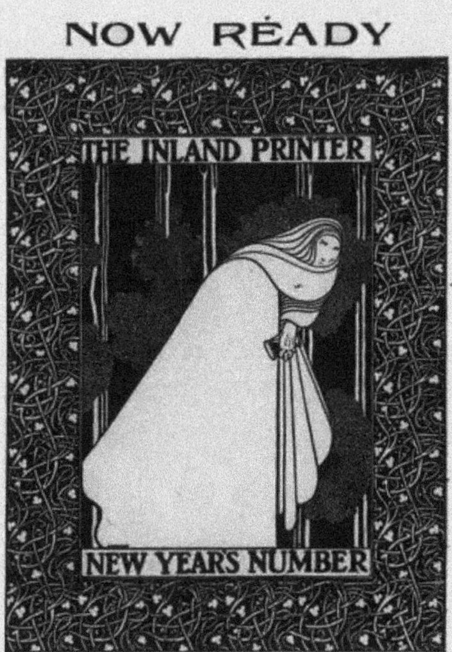

Fac-similé d'une affiche de M. W. Bradley, pour la revue
The Inland Printer.

ce qui souligne l'allusion ; le texte est en bleu.

Chez beaucoup de dessinateurs d'affiches, le hasard ou le caprice tiennent lieu d'inspiration et la manière n'est pas autrement caractérisée.

M. Will H. Bradley a un procédé bien à lui, mais il nous semble qu'il l'applique avec un peu trop d'indépendance en toute occasion, sans se préoccuper autrement de la destination et surtout des dimensions d'un ouvrage. M. Bradley est un très habile et très entreprenant praticien, un virtuose de la plume. On a voulu lui faire le reproche d'avoir cherché à pasticher M. Beardsley. Nous ne croyons pas que cette accusation soit fondée. Il n'existe entre les œuvres de l'un et de l'autre que des points de contact fort superficiels. Mais ce qui rapproche les deux artistes, c'est qu'ils ont rompu hardiment chacun avec la routine, et qu'au lieu de sacrifier au cant conventionnel, ils en ont inventé un à leur propre usage, ce qui est déjà bien spirituel. Au lieu d'emboîter le pas et de marcher dans les rangs, ils s'improvisèrent chef, et si l'un eut son cénacle de fidèles, l'autre pourrait bien faire école. Pour le reste, il est facile de se rendre compte à chaque occasion que les deux des-

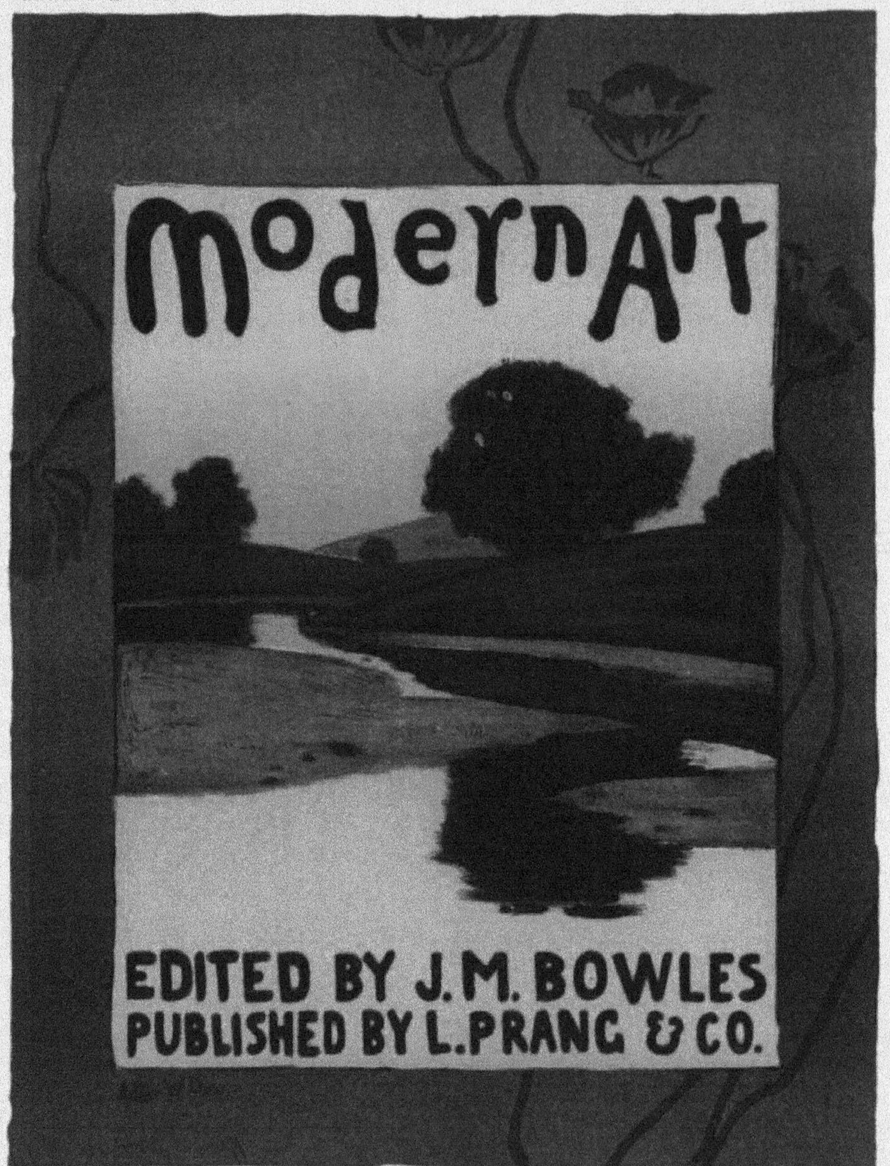

LES AFFICHES ÉTRANGÈRES

sinateurs partent de points de vue tout opposés. M. Beardsley semble un névrosé dont l'âme maladive se complaît en des évocations étranges, mais le sentiment partout guide la main, et sous la mièvrerie du trait la science ou l'étude au moins reparaît. M. Bradley au contraire est un ouvrier d'art habile, pris d'une belle et légitime ambition de se mesu-

rer avec les maîtres. Chez lui tout est improvisé. Il joue de sa plume comme le musicien qui s'abandonne à la rêverie fait de son archet; mais si les variations sont nombreuses, l'inspiration est toute mécanique. Tel assemblage de traits en spirale, réseau de brindilles, de tiges fleuries ou de tendres ramures, amène ou admet un complément plus ample qui fasse contrepoids ou divertisse l'œil un instant, et c'est dans cette partie du dessin que le talent de M. Bradley a de singulières défaillances, mais surtout quand il s'agit d'y faire figurer des êtres animés. C'est que la géométrie ne suffit pas plus à

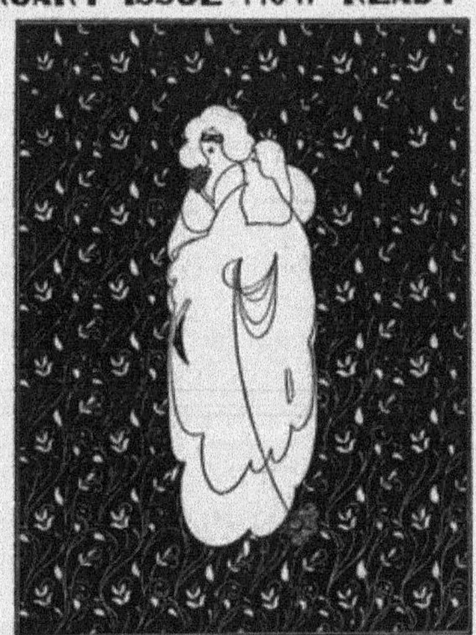

Fac-similé d'une affiche de M. W. BRADLEY, pour la revue *The Inland Printer.*

expliquer un organisme vivant qu'à le contrefaire. La caricature même ne saurait se passer de la connaissance de la structure anatomique, et l'extravagance que l'on constate dans l'œuvre de M. Bradley est en partie le résultat simplement de son embarras de s'exprimer mieux; les parties énigmatiques de quelques-uns de ses dessins, loin de cacher une initiative ou de la préméditation, sont le résultat d'une réticence involontaire. Mais, certes, il y a des compensations! Les physionomies sont souvent expressives, et une habile distribution des masses, en noir, en blanc et en gris, au milieu desquelles la silhouette s'isole comme par enchantement, donne du caractère à ses moindres essais.

M. Bradley est connu surtout par les pages étourdissantes du *Chap Book*, avec de si exquis et surprenants effets d'escamotage. Deux tons seulement, le plus souvent, dans les dessins de M. Bradley, s'ajoutent à la teinte du papier, et l'un des calculs raffinés du dessinateur consiste à ménager si bien le fond blanc que celui-ci arrive en fin de compte à se substituer au contour, dont il imite et dépasse parfois la précision. Ainsi est traitée cette page en noir et rouge qui de haut en bas est constellée de chevaux ailés noirs, caracolant autour d'un fantôme de cavalier dont la silhouette rouge vaguement s'annonce et papillote sous le regard sans jamais prendre corps. En parfait contraste avec cette feuille vigoureuse est une autre où, dans un fond vert pâle, assez semblable à celui d'une tapisserie à verdure passée de ton, une vague silhouette de femme nue s'ébauche en rose; c'est une nymphe qui se prépare à jouer du cymbalon. Une ombre un peu plus profonde, dans le haut de la page, broche dans le fouillis de verdure le nom du mois de *Mai* en trois lettres majuscules. Les pages se suivent nombreuses. Ravissante est cette jeune fille, douce et appétissante, qui s'interrompt à jouer de la pipe de Pan, pour vous adresser un caressant sourire. La chevelure est d'un rouge brun, la chair est estompée très légèrement de la même teinte, et tout le reste, ciel compris, d'un vert uni assez foncé; les caractères restent en blanc.

Dans quelques-unes des pages du *Chap Book* M. Bradley a mis les personnages au premier plan. Le couple amoureux dans la forêt, *The Poet and his Lady*; la *Femme en bleu* qui traverse la forêt, le mantelet négligemment jeté sur l'épaule droite, en sont des exemples.

The Echo nous en fournit un autre. Une revue humoristique bi-mensuelle, à Chicago, porte ce nom, et l'affiche montre deux honnêtes demoiselles qui se promènent dans la prairie humide et cherchent à provoquer la nymphe éplorée qui jadis perdit la parole et depuis est obligée d'emprunter par-ci, par-là, quelques mots au langage des mortels. Ce numéro caractérise très honorablement la manière de M. Bradley; l'interprétation fantaisiste des formes, ici, n'est pas exempte de grâce.

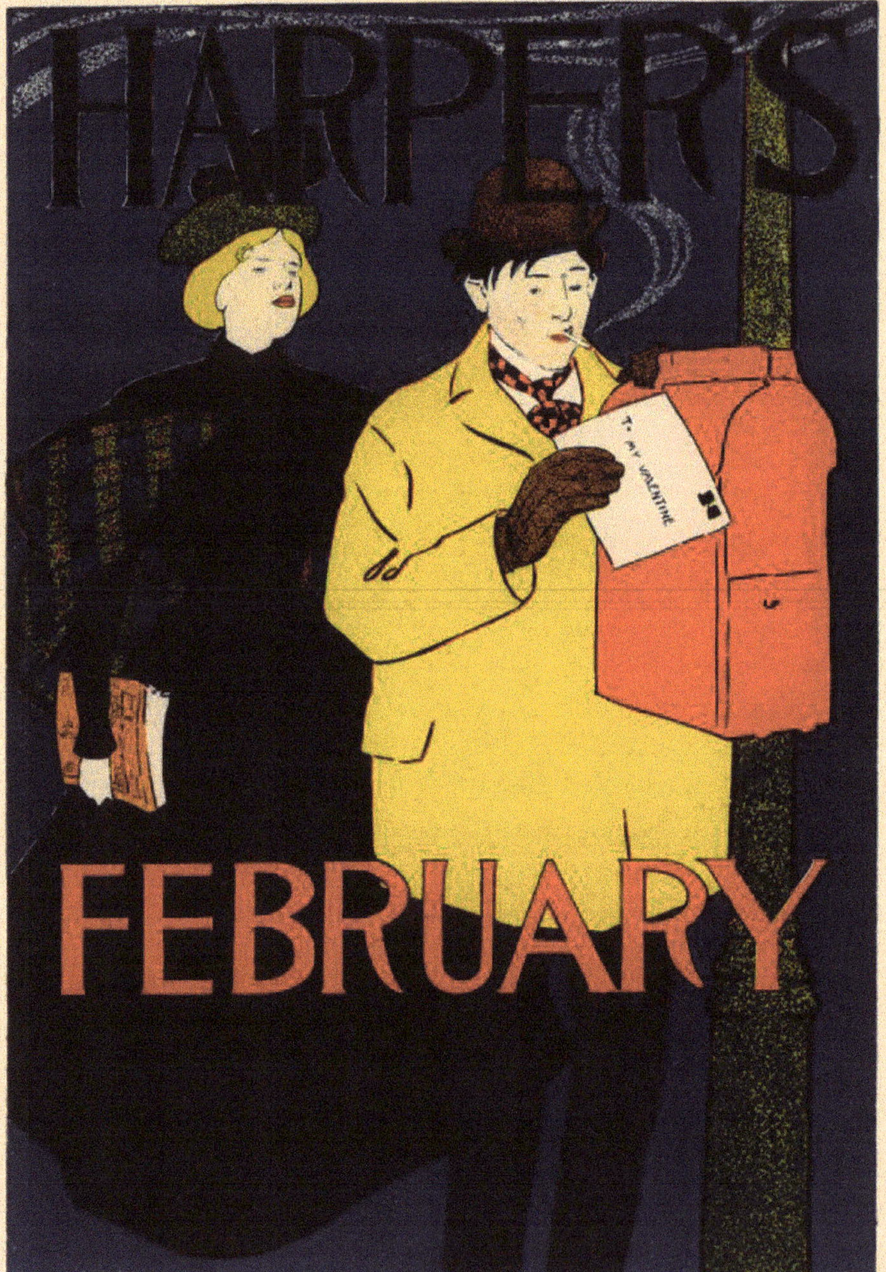

LES AFFICHES ETRANGÈRES

G. BOUDET, ÉDITEUR

IMPRIMERIE CHAIX

Mais beaucoup plus souvent le dessinateur, quand il s'agit de figures, s'affranchit du contrôle que lui impose la nature propre des êtres pour se laisser entraîner vers le terrain vague de l'extravagance. Les pages étranges qui témoignent de cette propension funeste ont peut-être plus

fait pour répandre la réputation de l'auteur que les dessins si subtils dans lesquels il excelle. A cette catégorie ultra-fantaisiste appartient le *Thanksgiving Number* en rouge et noir sur un fond bleu de cobalt, où l'on voit deux charmantes poupées, une grande et une petite, chargées d'assiettes où s'amoncellent des sucreries, et deux paires de petits pieds disponibles, n'appartenant exactement à personne. Puis ces deux *Danseuses*, à la figure boursouflée, monstres féminins, en vert et rouge sur fond jaune, qui s'abandonnent à des contorsions rythmées.

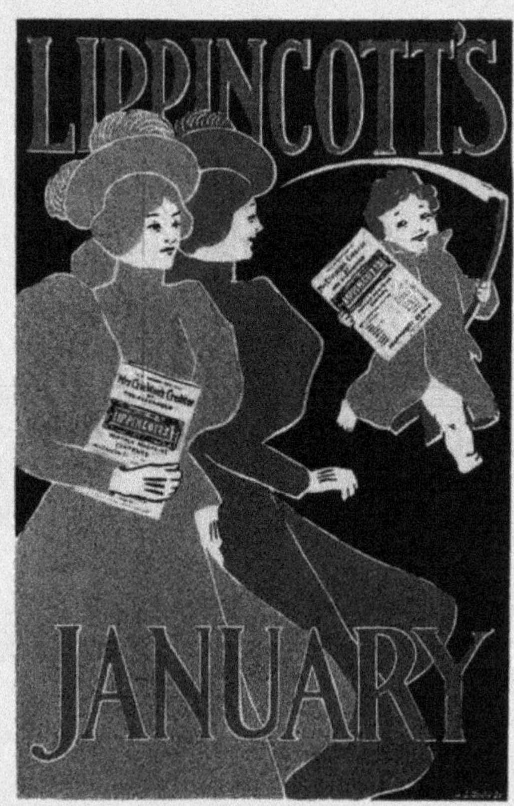

Fac-similé d'une affiche de M. J.-J. GOULD, pour la revue
Lippincott's Magazine.

Dans la série du *Inland Printer* M. Bradley est plus fidèle à son talent. Mentionnons le *Saint Valentine Number*, 1895. Une demoiselle joue de la guitare dans un bosquet pendant qu'elle contemple les ébats de deux tendres pigeons blancs qui se lutinent. Le dessin est en noir sur blanc, seul le fond et le texte sont en rouge de saturne.

Mais la plupart de ces jolies feuilles sont d'excellents spécimens du système qui est familier à l'auteur de dérouler un tapis sombre, agrémenté de fleurettes ou d'entrelacs subtils, pour en orner la partie centrale de quelque scène de pure fantaisie, en volutes, en contours anguleux, en hachures. Le numéro de *February* 1896 en est un des plus curieux exem-

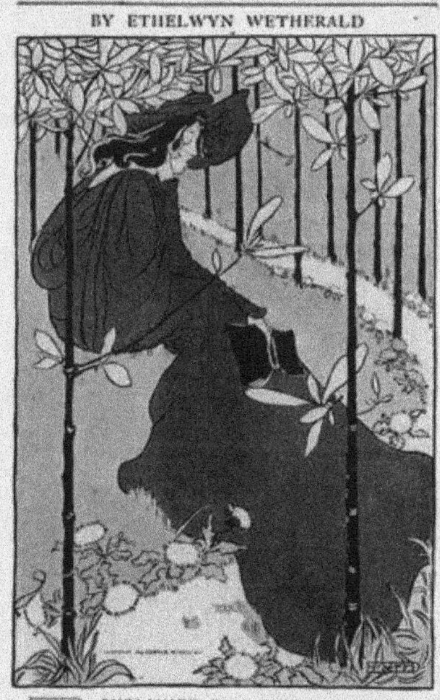

Fac-similé d'une affiche de Mlle Ethel Reed, exécutée pour un volume édité par MM. Lamson, Wolffe and Cⁱᵉ.

ples. Sur un fond à réseau d'une adorable finesse deux figures féminines se développent en un simple paraphe pour occuper la place de l'écusson central. Très caractéristique est le *New Year's Number*. Le sujet est mélancolique, car, dans un cadre approprié à ce sentiment, un spectre de vieille femme, personnification de l'année qui s'en va, traîne ses pas à travers la forêt dénudée, emportant entre ses mains décharnées son sablier vide. Mais le *Christmas Number* 1895, en rouge et blanc sur fond vert, est un vrai régal pour les yeux. Sur la trame verte du feuillage losangé qui distrait le regard, deux figurines, en blanc et en rouge, produisent la sensation d'une coulée d'émail.

Ainsi M. Bradley, qui a essayé au commencement de sa carrière à refaire les effets des anciens graveurs sur bois, des Vénitiens par exemple, s'est dégagé de cette servitude en conformant son talent et sa méthode de plus en plus au caractère du procédé mécanique de reproduction, l'électrotypie entre autres, et il devient ainsi le vrai représentant de cette partie toute moderne de l'art.

L'affiche pour le livre de M. Tom Hall *When Hearts are Trumps*, l'une des premières de la main de l'artiste, fut très goûtée.

La feuille de réclame pour le *Narcoti-Cure* (un remède contre l'abus

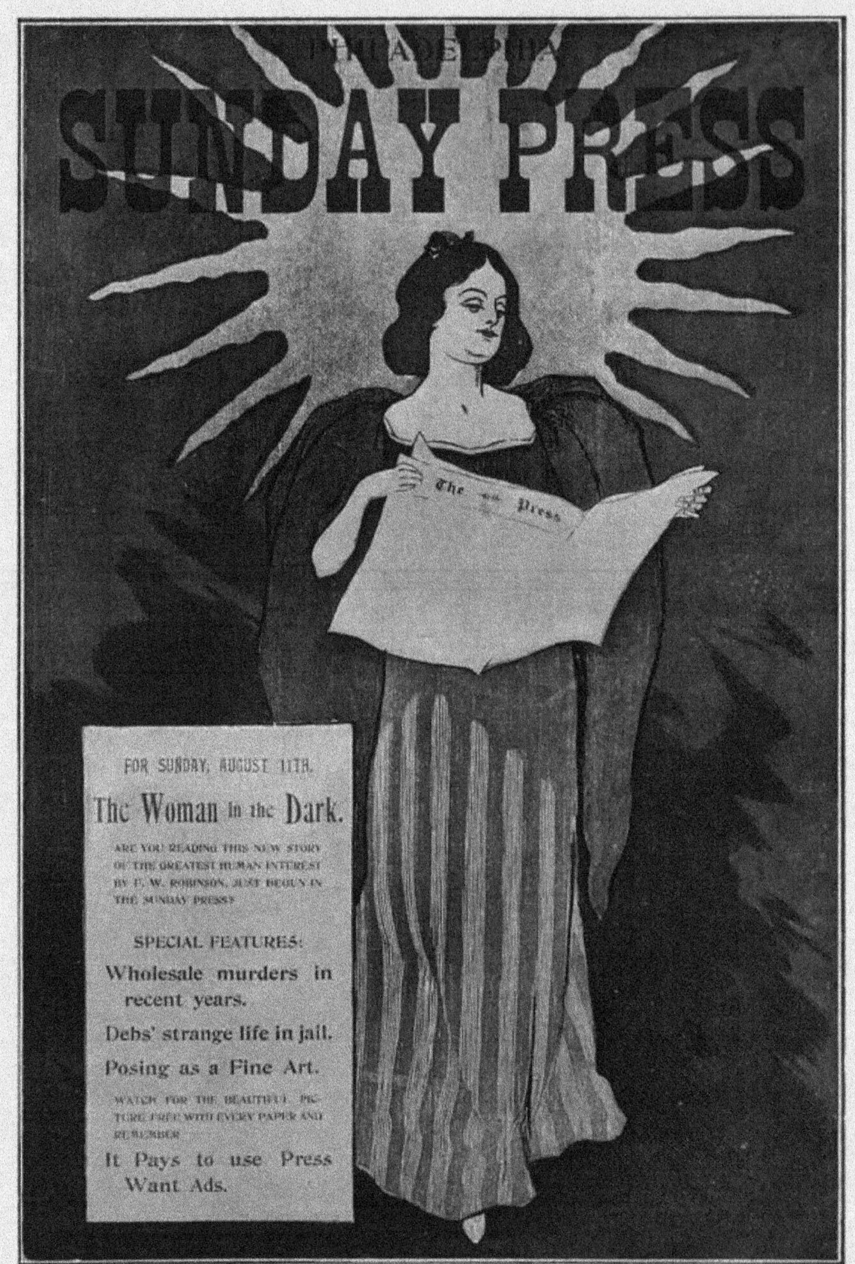

Fac-similé d'une affiche de M. Brill, pour le journal hebdomadaire *Sunday Press*, de Philadelphie.

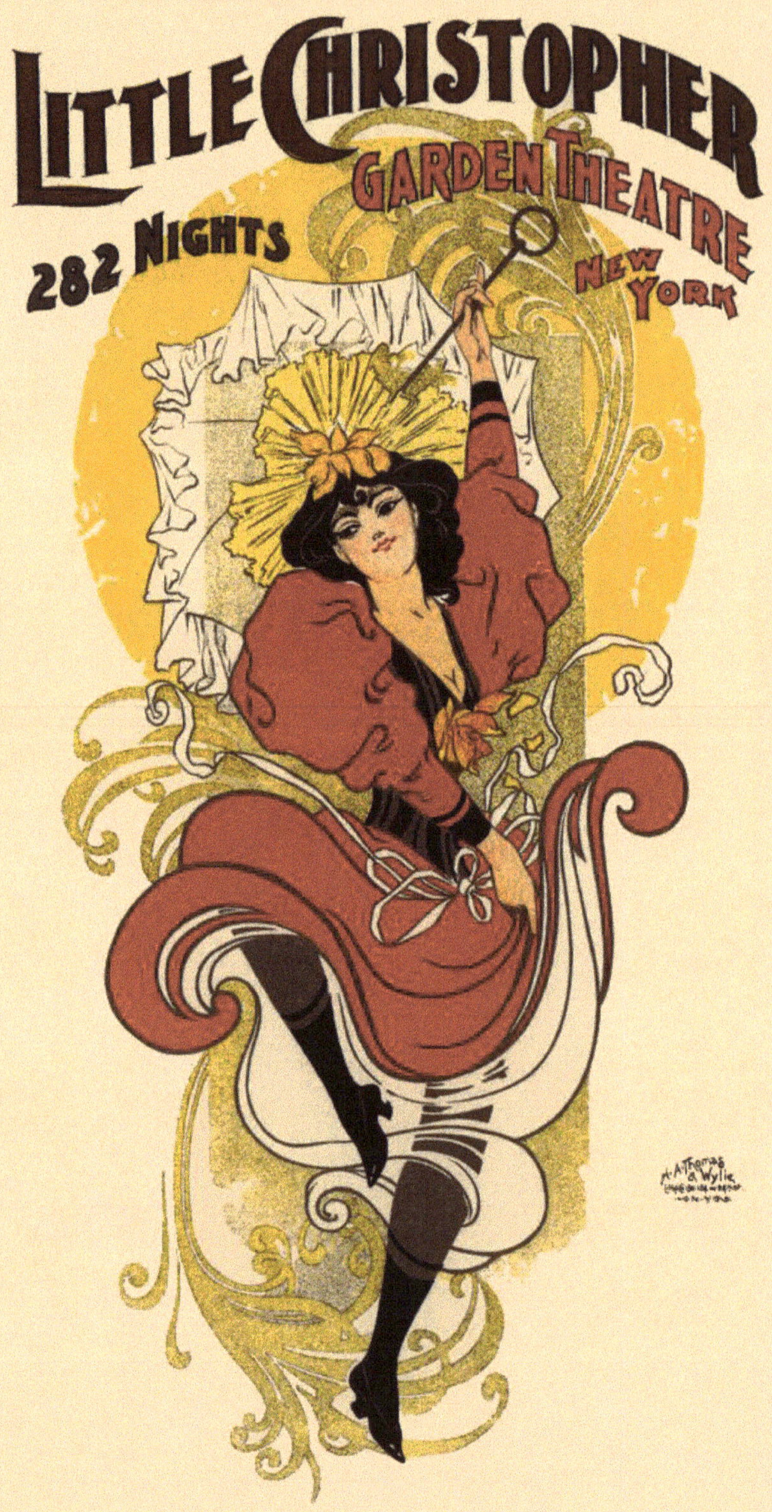

LES AFFICHES ÉTRANGÈRES

du tabac) se distingue par une simplicité de bon aloi. Un cavalier, armé de pied en cap, se précipite, la lance au poing, sur un vilain petit monstre, la Nicotine, dont la tête grimaçante flambe d'une façon fantastique au-dessus d'un plant de tabac. Le feuillage est vert, le disque du soleil traversé de traits rouges.

La direction de *Lippincott's Magazine* a employé comme dessinateur pour ses affiches M. WILL. CAR-QUEVILLE. Nous rencontrerons là tous les sujets habituels, s'appliquant aux mois, aux saisons, aux journées commémoratives. Arrêtons-nous aux données les plus originales. Voici d'abord le mois d'*Avril*: trois demoiselles épellent en commun le titre de *Lippincott's Magazine*. Elles se ressemblent tellement, avec leur petit nez retroussé, que maman a eu soin, pour s'y reconnaître, de teindre leur chevelure en rouge, noir et jaune, respective-ment. Le fond du tableau est vert olive et les profils sont d'une pâleur à rendre jaloux le plus candide des pierrots. Le mois

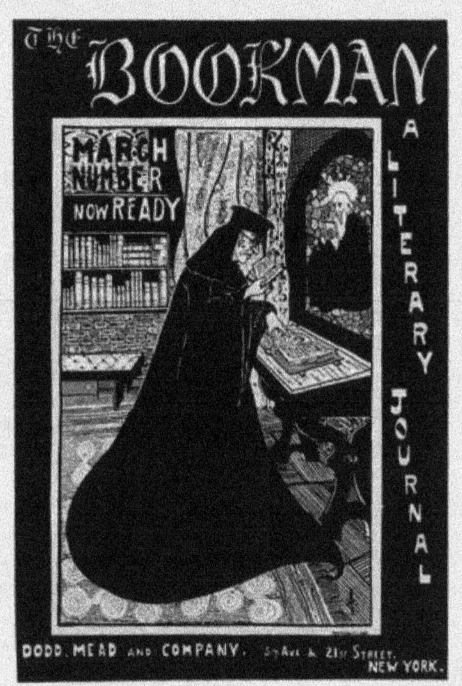

Fac-similé d'une affiche de M. SCOTSON CLARK, exécutée pour la revue *The Bookman*.

de *Mai* nous ramène à la prairie en fleur. Une jeune fille s'approche d'un arbuste pour cueillir une rose trémière; elle a soin, d'un geste rapide, de garantir sa robe blanche du contact avec un gazon fraîchement peint en vert, ce qui doit le mettre en état de soutenir la lutte contre l'outremer intense du ciel. Au mois de *Juillet* le fameux feu d'artifice éclate cette fois-ci à l'improviste... et ainsi de suite. Un mois de *Janvier* du même *Magazine* a été dessiné par M. J.-J. GOULD Jr. Deux jeunes citoyennes, dans l'intention de faire la nique à l'Amour, emmitouflé et transi, qui les nargue, se sont munies du dernier numéro de *Lippincoll's Magazine* à qui incombe la charge de les distraire.

Le *Atlantic Magazine* reste fidèle à un procédé plus élémentaire en imitant les anciennes gravures sur bois et l'imagerie populaire. Il est certain qu'on obtient ainsi de fort réjouissants effets. Le *Atlantic December* (*John Fisk's Virginia*) donne le portrait de quelque compagnon de Christophe Colomb ; le béret sombre et le col blanc tranchent sur un fond mouvementé de marine où naviguent des vaisseaux anciens. Très agréable est l'affiche pour le mois de *Juillet* avec cette inscription : *The Elizabethan Sea Kings* (les grands vaisseaux de guerre de l'époque de la reine Élisabeth). Sujet : un combat naval. Ce dessin, qui est de la main de M. R. L. Emerson, existe en plusieurs tirages en deux tons : bleu sur papier verdâtre, ou noir sur un papier jaune d'ocre. Le mois de *Juin* de l'*Atlantic Monthly* porte comme enseigne

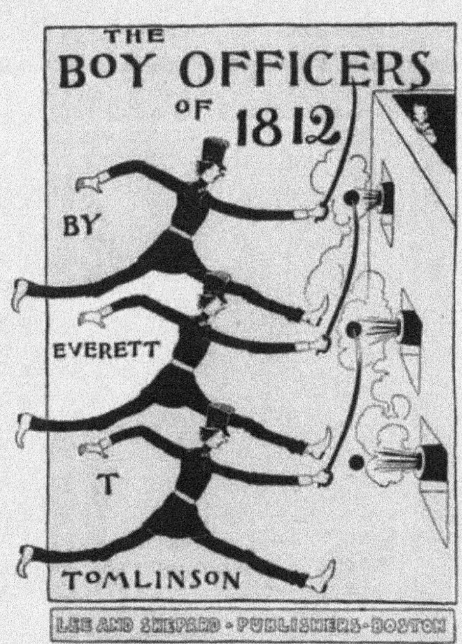

Fac-similé d'une affiche anonyme,
pour un volume édité par MM. Lee et Shepard.

un magot chinois accroupi. Cette affiche a été tirée en rouge sur papier blanc, et une seconde fois en vert sur vert. Elle est signée Geo. H. Hallowell.

La *Philadelphia Sunday Press* a aussi ses affiches mensuelles et même hebdomadaires. Son dessinateur attitré est M. Brill. Ce sont des sujets de genre à effet violent, amusants parfois à force de parti pris : exemple cette négresse en robe rouge feu qui tient la barre d'un canot. Son visage est du même bleu sombre que le ciel et se confondrait avec lui si la casquette blanche et une large collerette du même ton ne venaient à son

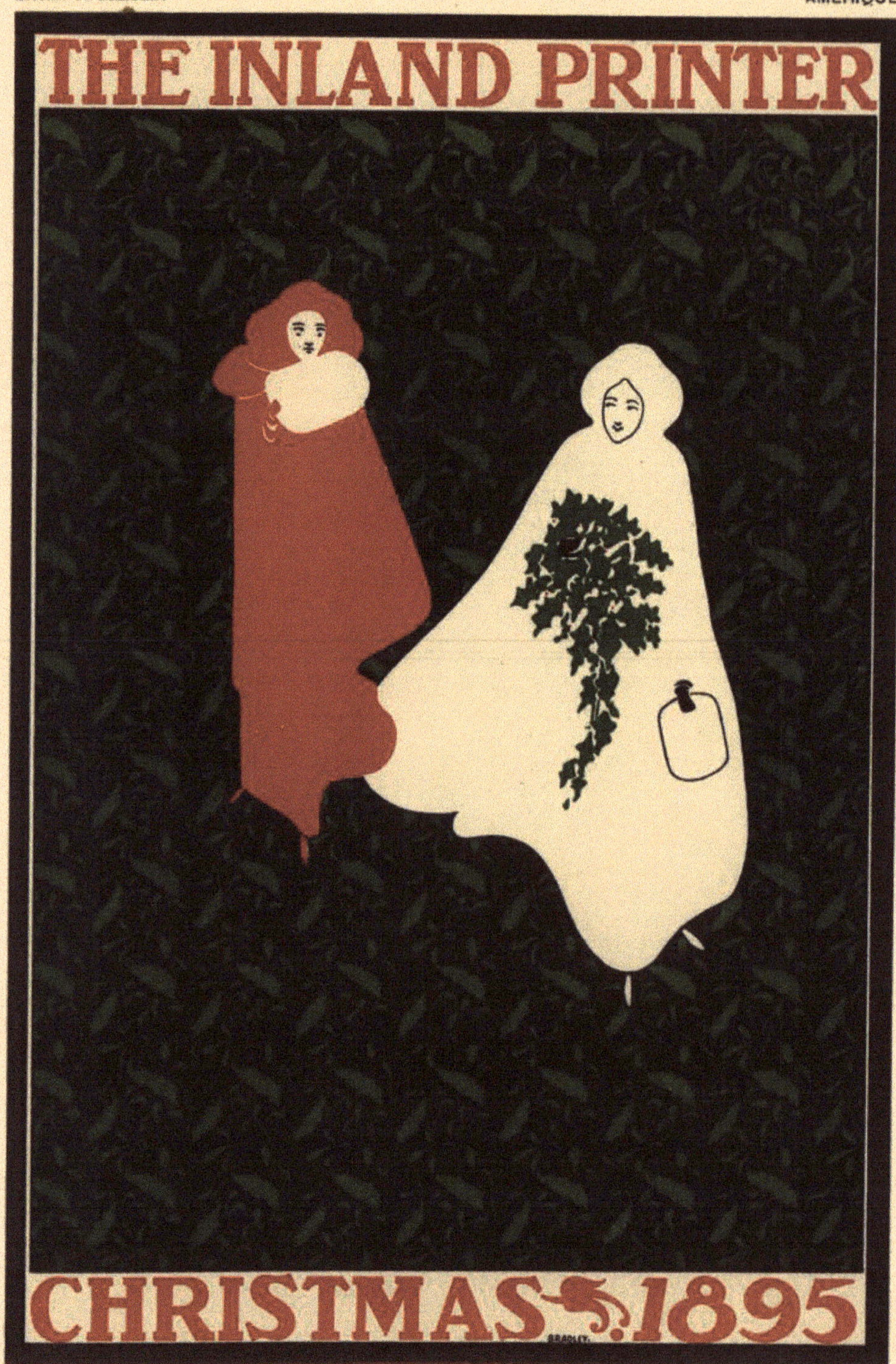

LES AFFICHES ÉTRANGÈRES

aide pour l'isoler (numéro du 8 septembre 1895). Le numéro du 11 août
montre une dame affrontant un soleil ardent en plein midi et qui s'obstine
quand même à lire le *Sunday Press*.

Les affiches que MM. Lamson, Wolffe and Cᵒ, de Boston, ont éditées
pour annoncer leurs pu-
blications sont caractéri-
sées par l'emploi d'un
papier coloré, haut de
ton, rouge, rose, marron,
gris-brun, orné générale-
ment de quelque large
morceau décoratif. Sur
papier blanc ou clair
sont tirées les affiches
suivantes dessinées par
Mme ETHEL REED : *The
House of the Trees and
other Poems*; une jeune
fille en robe verte s'en-
dort sous la futaie sans
égard pour le livre inté-
ressant qu'elle tient à la
main, *Miss Träumerei*
(Mlle Rêverie): une dame
en noir, au clavecin, en
compagnie d'une touffe
de chrysanthèmes jau-
nes, s'évertue à déchif-

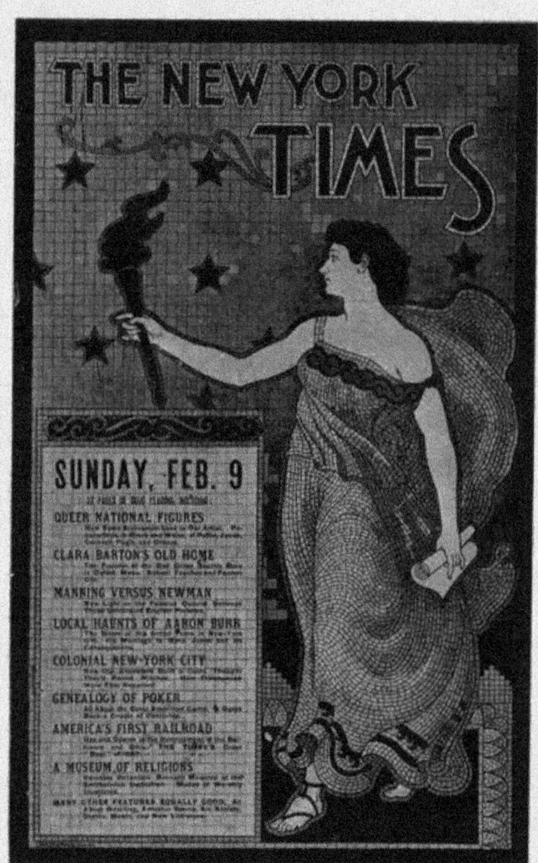

Fac-similé d'une affiche de M. DE YONGHE, pour le journal
The New-York Times.

rer un air de Schumann. La même maison a édité un livre à gravures : *The true Mother Goose* (la vraie Mère L'Oie) et Mme BLANCHE
MACMANUS, qui est l'auteur du livre, a obtenu un fort joli succès avec
l'affiche représentant une troupe d'oies s'envolant par-dessus les
pignons noirs d'une ville sous un ciel crépusculaire aux tons d'or.
C'est Mme MacManus qui dessina pour *Scribner's Magazine* l'affiche un

peu embrouillée du *Captain Horn*; un profil d'homme engagé sous un enchevêtrement de branches comme un gros insecte dans une toile d'araignée. Plus simples sont d'autres dessins du même auteur, comme celui du *Fiction Number* pour *Scribner's Magazine*, représentant un valet de pied accompagnant son maître au bureau des bagages; puis une affiche en trois tons pour *Rip van Winckle* éditée par Dodd, Mead and Cᵒ, à New York.

Mme FLORENCE LUNDBORG, de San-Francisco, a collaboré à une feuille qui s'intitule « l'Alouette » (*The Lark*). On voit sur la plus jolie de ces affiches, d'un côté un bébé sur les bras de sa mère, et de l'autre un oiseau qui bat des ailes. « Qu'est-ce que c'est, ça? maman! » dit l'enfantelet. « C'est l'alouette qui paraît », réplique la maman. « L'Alouette » qui vient de paraître, réponse à double entente dont l'intention est facile à saisir. Pour la première affiche que le *Lark* a publiée, M. BRUCE PARKER a crayonné, au charbon, sur papier gris, un faune assis, vu de dos, et qui joue du pipeau à la façon des bergers antiques.

Enfin c'est Mme JOHN C. GLENNY qui remporte la palme avec une tête de femme à la manière italienne qu'elle fit pour le *Women's Edition* du *Buffalo Courier*. L'or y est largement employé.

The Bookman est un autre périodique. Nous donnons le numéro du mois de *Mars*, dessiné par M. SCOTSON CLARK. C'est en vérité, dirait-on, un *ex-libris* agrandi. Un chancelier ou président à mortier est en train de consulter de précieux manuscrits. Il s'est fait fabriquer sa robe chez MM. Beardsley and Cᵒ, à Londres, et il est préoccupé à ce point par ses recherches savantes qu'il a oublié de faire ranger ses meubles en perspective.

MM. Lee et Shepard, éditeurs à Boston, ont lancé un volume pour la jeunesse, *The Boy Officers of 1812*, au moyen d'une affiche fort plaisante où trois pantins noirs ont l'air de jouer au bilboquet avec trois boulets de canon.

Très connue et d'une belle venue est l'affiche en noir et blanc de M. KENYON COX pour un numéro exceptionnel de Scribner : *The Last Quarter Century in America* (le Génie de la Liberté brandissant une

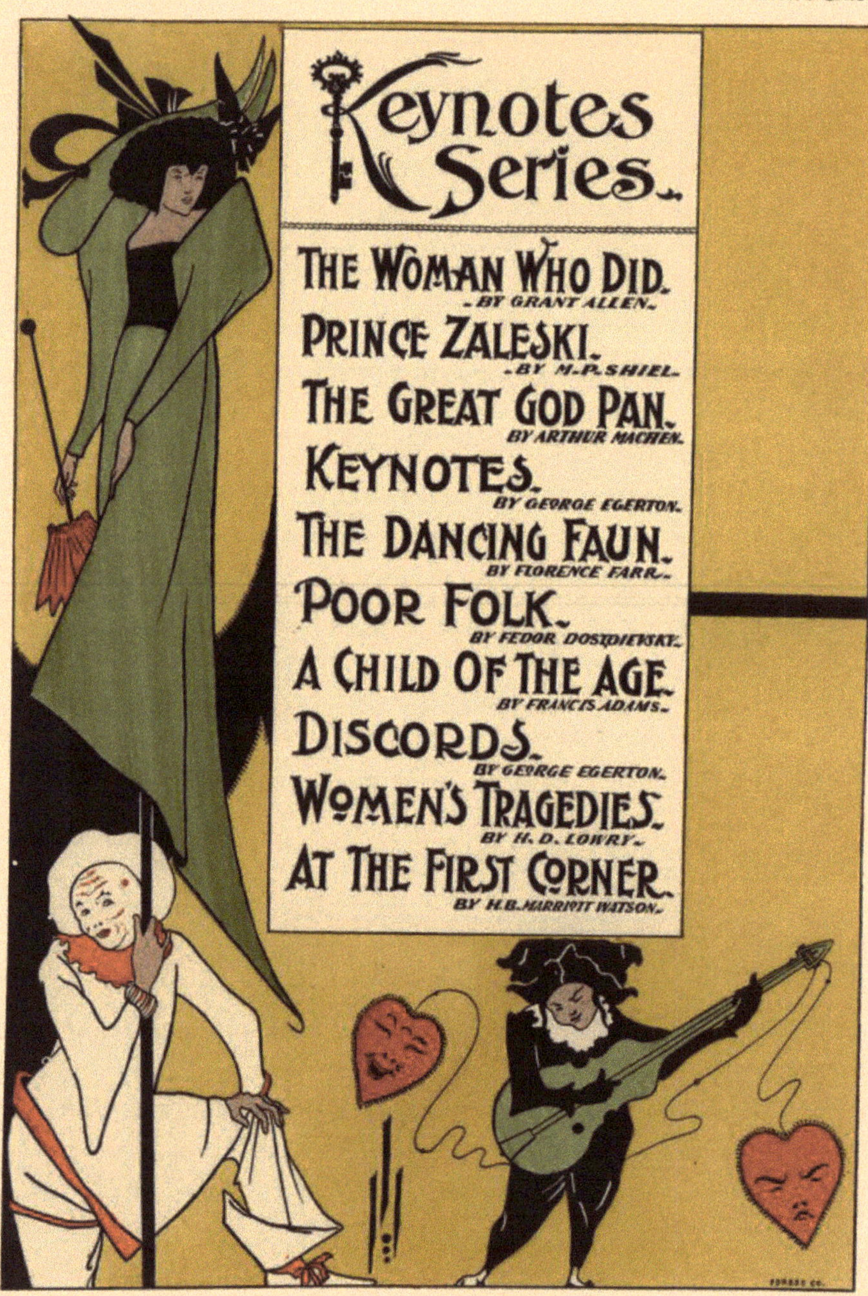
Keynotes
Series
THE WOMAN WHO DID.
BY GRANT ALLEN.
PRINCE ZALESKI.
BY M.P. SHIEL.
THE GREAT GOD PAN.
BY ARTHUR MACHEN.
KEYNOTES.
BY GEORGE EGERTON.
THE DANCING FAUN.
BY FLORENCE FARR.
POOR FOLK.
BY FEDOR DOSTOIEVSKY.
A CHILD OF THE AGE.
BY FRANCIS ADAMS.
DISCORDS.
BY GEORGE EGERTON.
WOMEN'S TRAGEDIES.
BY H. D. LOWRY.
AT THE FIRST CORNER.
BY H. B. MARRIOTT WATSON.

torche). — Le célèbre dessinateur M. E. A. ABBEY a fourni une affiche pour le roman *The Quest of the Holy Grail*. C'est un dessin à la plume de grand format, exécuté avec une magistrale largeur, et mettant en scène un chevalier de la Table Ronde à qui des anges, de loin, font entrevoir la sainte ampoule. Une partie de l'armure et du blason est tirée en rouge.

Quelques-uns des dessins à la plume, si habiles et si spirituels, de M. CHARLES DANA GIBSON, ont été employés tels quels pour orner des affiches éditoriales. Mentionnons la femme qui tient une palette, pour la *Princesse Sonia*, roman publié par la Century Cᵉ. Une superbe bicycliste pour *Scribner's*, *June*. Enfin, plus grande encore, en bleu, une scène pathétique à deux personnages, tirée du roman : *Two Women and a Fool*, édité par *The Empire*, de Chicago.

Le *New York Times*

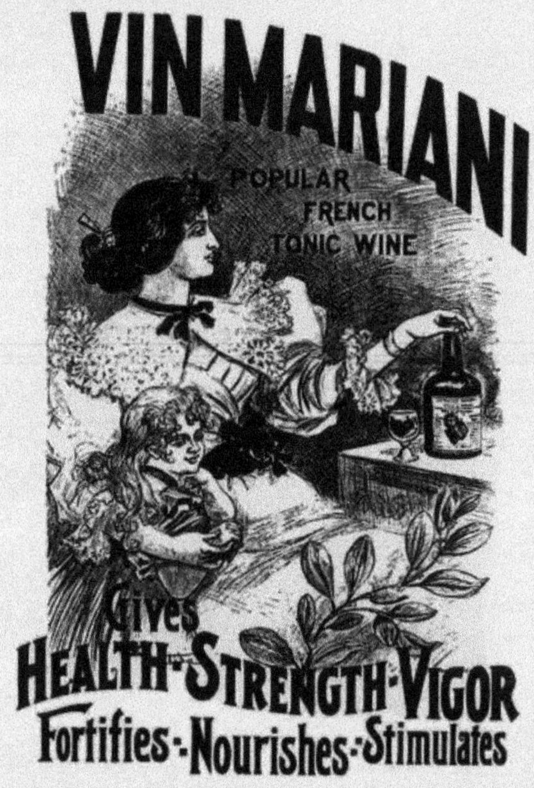

Fac-similé d'une affiche de M. ROBIDA.

clora la série des journaux. Nous donnons comme spécimen l'affiche du 1ᵉʳ décembre. Dans ce dessin, dû au crayon de M. J. TURCAS, l'huissier de la maison, chargé d'annoncer au son d'une cloche la naissance du dernier numéro, porte le costume des magistrats hollandais à l'époque de l'arrivée des colons néerlandais en Amérique; ceux-ci s'installèrent, comme on sait, sur l'emplacement même qu'occupe actuellement la ville de New York.

Deux autres affiches du *New York Times*, parmi les plus récentes, sont de la composition de M. DE YONGHE. Préoccupé de fournir de l'inédit, le dessinateur s'est employé avec assez de talent à réaliser l'aspect d'une image en mosaïque. Dans l'affiche pour le *Sunday February*, 9, une figure de femme, drapée à l'antique, tient à bras tendu devant elle une torche allumée. Toute la surface semble composée de petites pierres enchâssées dans la pâte et parfois entourées d'étroits filets de ciment. Dans l'affiche pour *The New York Easter Times*, 1896, le fond seul est traité ainsi ; le personnage allégorique représente une chaste jeune fille qui vient de cueillir le plus pur des lis, et cela par allusion à la devise qui accompagne le titre et nous apprend que le *New York Times* est un *Modèle de Décence et d'Ingénuité* (*The Model of Decent and Dignified Journalism*).

Le paysage a été pour la première fois traité d'une façon large par M. ARTHUR W. DOW. Le *Modern Art* est tout à fait un morceau à part. C'est le moment du coucher du soleil. Le repos règne dans le ciel et sur la terre, et les eaux d'un ruisseau qui coule entre de vertes collines reflètent les derniers feux du jour. Le texte, le sujet et le cadre font ici le plus harmonieux ensemble qu'on puisse rêver.

Nommons encore les artistes suivants qui ont fait des efforts appréciables. Voici M. C. L. DERING, à Chicago, avec sa page comique *Coal for Sale* ; M. FRANCIS DAY, dont la lithographie en couleurs pour le *Christmas Number* du *Saint-Nicholas* a été souvent reproduite. M. JOHN STEWARDSON a dessiné *The Dragon of Wantley*, devenu très populaire. M. FRANK HAZENPFUG cherche l'originalité sur des pistes que d'autres ont tracées : la *Femme en Noir* pour le *Chap Book*, avec sa perruque rouge, fait son possible pour capter l'attention ; la femme en gris perle, *Living Posters*, édité par Stone et Kimball, Chicago, y met un peu plus de discrétion. Notons ici, en passant, que le *Chap Book*, voulant varier sa manière, s'est adressé à la revue *la Plume*, à Paris, qui lui a fourni, en juillet 1896, une affiche de la main de M. LAUTREC ; c'est une scène de mœurs dans un bar. M. WILL. DENSLOW a dessiné le *Consolidation Poster* pour le *Chicago Times Herald* ; M. J. C. LEYDENDECKER, *The Interior* ; M. MAXFIELD PARRISH, un numéro

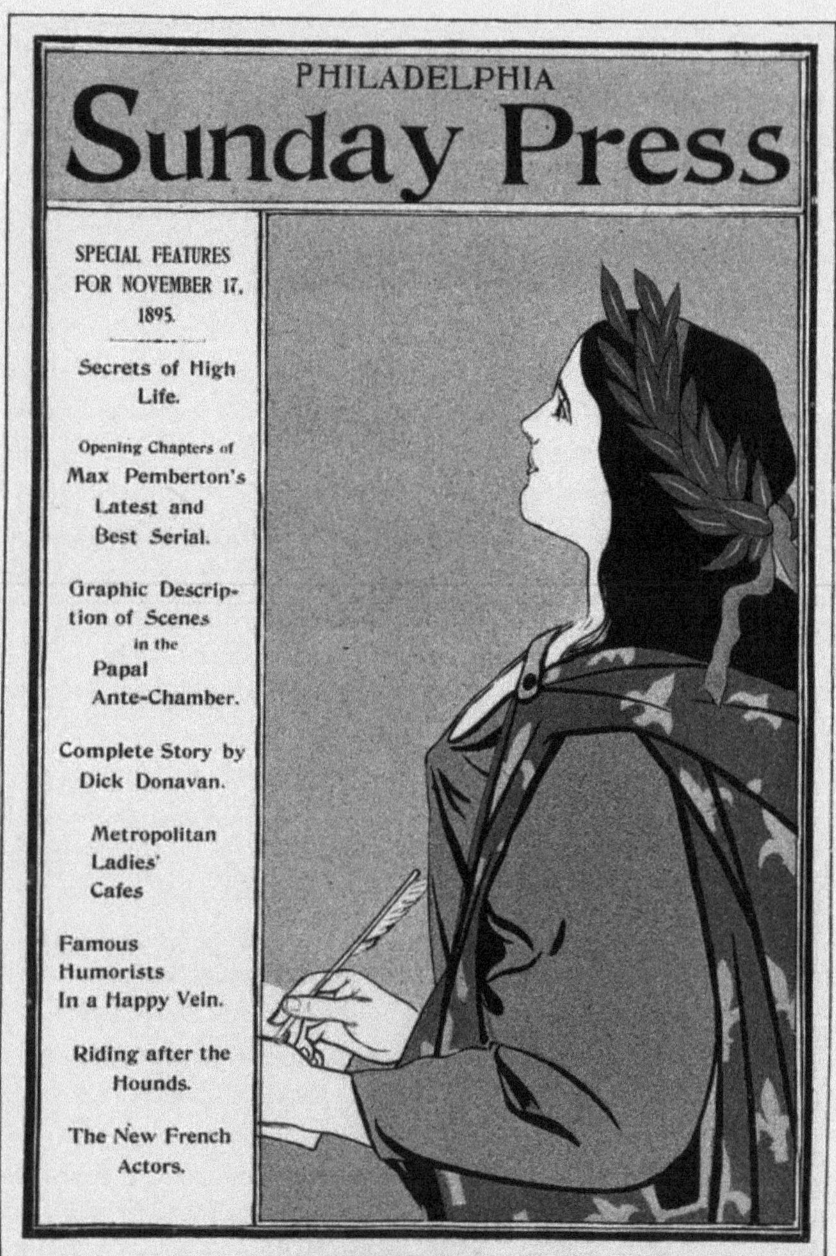

Fac-similé d'une affiche de M. Brill, pour le journal hebdomadaire *Sunday Press*, de Philadelphie.

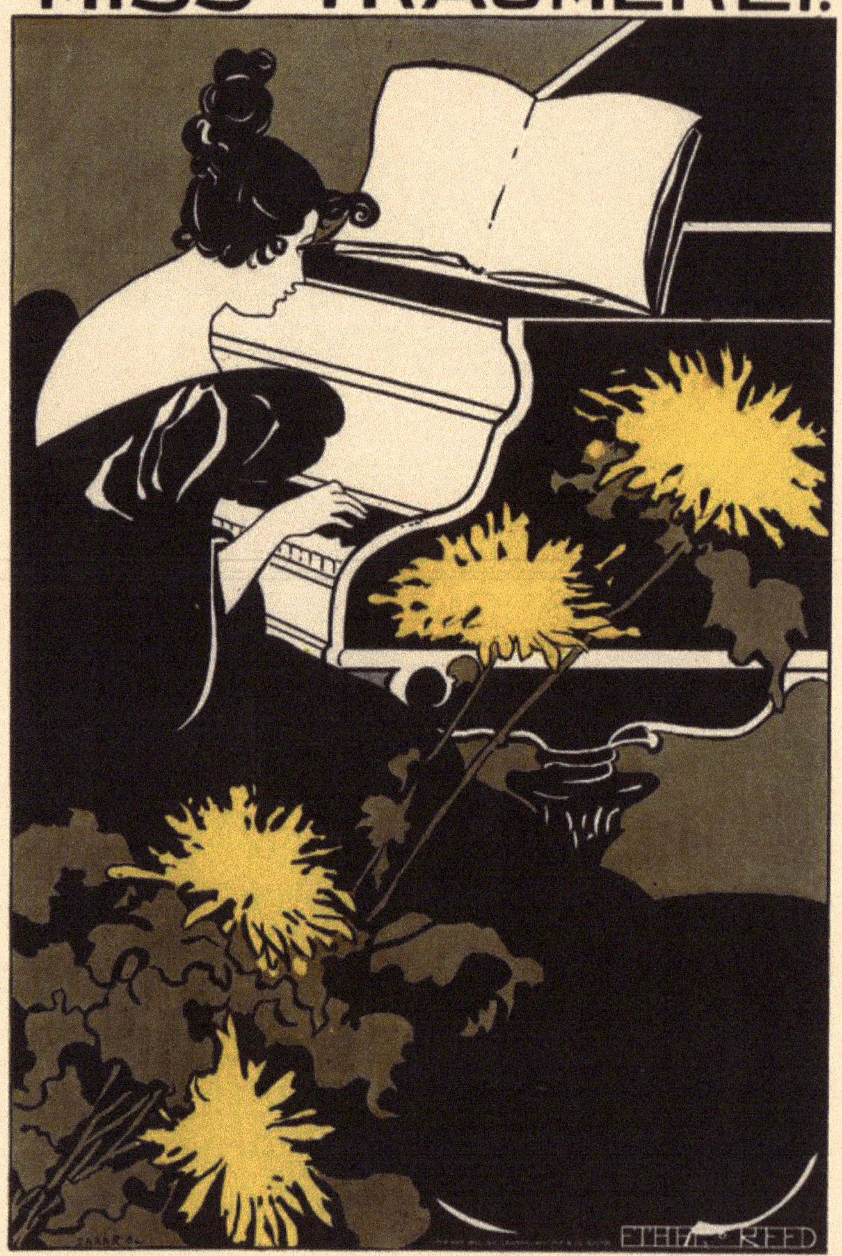

LES AFFICHES ÉTRANGÈRES

G. BOUDET, ÉDITEUR   IMPRIMERIE LAHURE

pour *Harper's Weekly*; M. Chas. H. Woodbury a composé une affiche *Society of Painters*.

N'oublions pas de mentionner le *Key Note Series*, aimable encadrement en style grotesque, digne du crayon d'un Beardsley, et, puisque nous en sommes aux inventions amusantes, une affiche du *Journal* pour son supplément *The Woman's Page* où M. Frank Verbeck a représenté une demoiselle habillée avec des numéros authentiques du journal. Le texte imprimé reste parfaitement lisible. C'est de la fantaisie pure.

Citons encore une affiche en jaune et noir exécutée par l'artiste anglais Charles Foulkes pour le *Century Magazine*; cette affiche, qui est de grand format, a été exécutée à Londres par l'*Artistic Supply Company* et affichée en Angleterre.

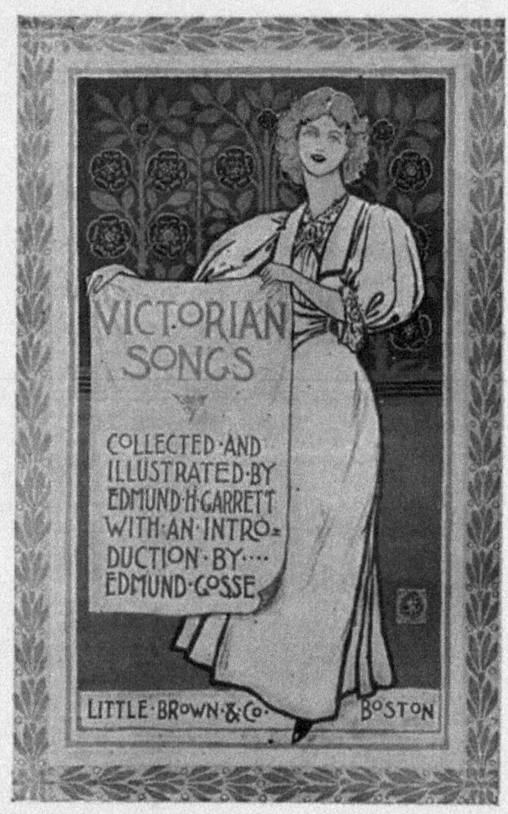

Fac-similé d'une affiche de M. Edmund H. Garrett.

La fréquence des créations nouvelles, la diversité de celles-ci, la révélation dans quelques-unes de qualités de style, — ce qui fut une surprise, — l'insubordination marquée des autres, réjouissante parfois, mais plus souvent frondeuse, tout cela intrigua fortement l'opinion publique. On s'apitoya sur le sort d'une belle image destinée à périr sous le coup des intempéries, à s'étioler, telle une fleur à peine éclose. Quelques personnes eurent le courage de lui donner l'hospitalité. L'affiche entra furtive dans l'habitation particulière, elle y trône aujourd'hui. On la toléra d'abord dans quelque coin de l'alcôve et l'on a fini par l'installer confortablement sur des appareils perfectionnés. On lui courut après; pour se la procurer, il fallait corrompre l'afficheur. Elle ne se dérobe plus maintenant, elle s'offre. Enfin elle a son cercle d'adorateurs jaloux, et comme d'autres coquettes elle va à celui qui y met le prix. Un marchand très au courant des affaires a pu nous affirmer qu'aux États-Unis actuellement six mille personnes, au moins, collectionnent des affiches.

Les éditeurs et les fabricants, de leur côté, ont mis à la mode le système des concours. Au lieu de commander un modèle, ils le choisissent parmi les nombreuses contributions fournies par les concurrents. Le vélocipède et l'affiche illustrée font bon ménage ensemble; les compagnies qui fabriquent des machines ont souvent recours aux artistes et les convoquent à concourir pour des affiches. La compagnie du *Columbia Cycle* l'a fait en 1896, et plus de six cents dessins furent soumis à l'appréciation du jury et exposés en public. Ce fut M. Maxfield Parrish qui obtint le premier prix.

On sait combien est envahissante, en Amérique, la participation de la femme aux questions d'ordre public. Dans telle ville les jeunes filles viennent de fonder une association qui se propose d'exiger de la part des jeunes gens du pays la même stricte observance des règles de bonne conduite que nos mœurs exigent de la femme avant le mariage. Ailleurs c'est le costume féminin lui-même qui est le sujet de polémiques passionnées. Au Lycée de filles de Vassar les élèves se sont occupées de l'affiche illustrée, elles ont solennellement adopté une motion stigmatisant ce produit comme un symptôme grave de décadence.

La satire s'en mêle, car l'affiche n'est pas beaucoup moins encombrante que la bicyclette. Dans un journal illustré, on put voir un chef indien en contemplation devant l'affiche moderne. Il l'admire d'autant plus qu'il croit y reconnaître la griffe de Chipewawa, le *medecin-man* de son village. *Harper's Magazine* lui-même donna l'autre jour un petit dessin bien amusant : Une créature étrange, affublée en guise de robe d'un enroulement de banderoles qui virevoltent autour d'elle en de multiples

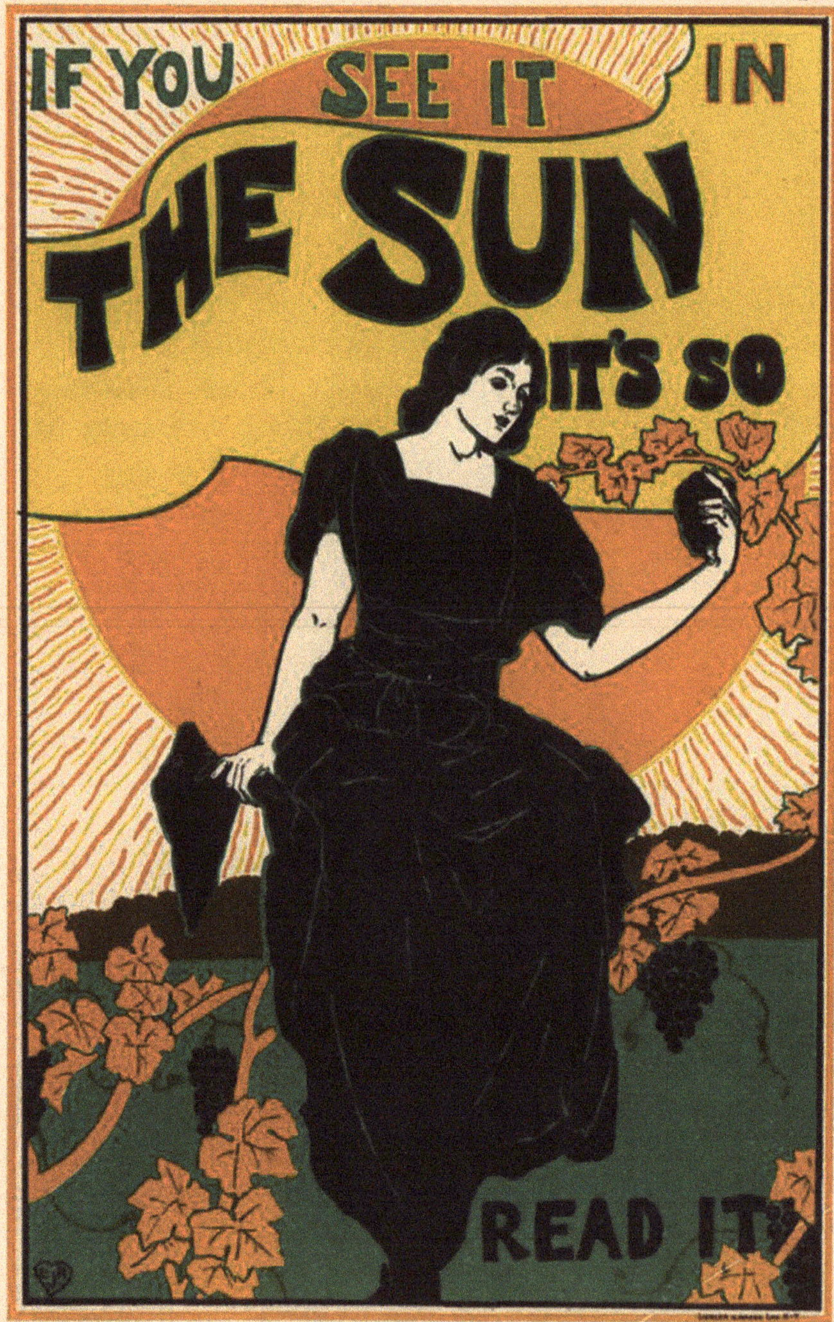

LES AFFICHES ÉTRANGÈRES

G. BOUDET, ÉDITEUR   IMPRIMERIE CHAIX

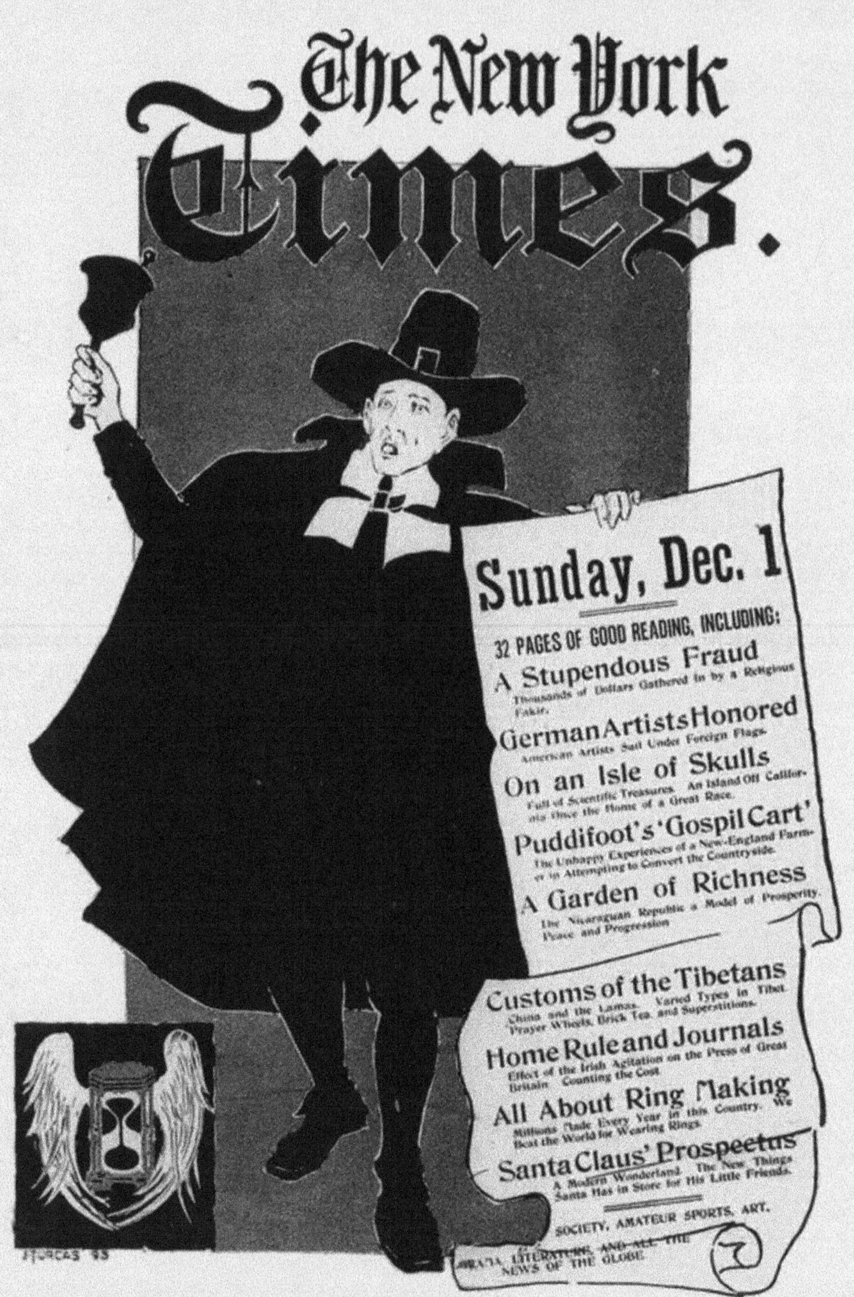

Fac-similé d'une affiche de M. Turcas, pour le journal *The New York Times*.

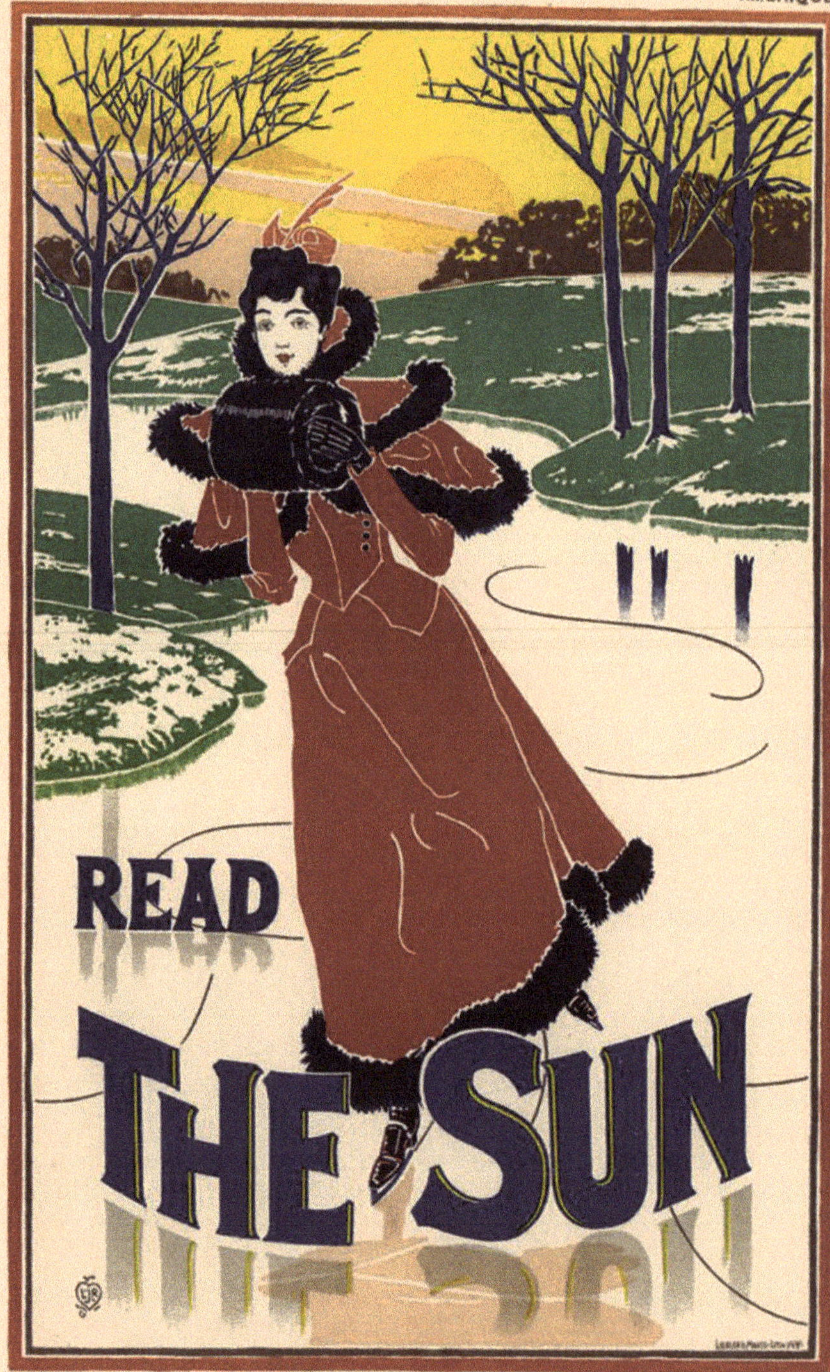

LES AFFICHES ÉTRANGÈRES

G. BOUDET, ÉDITEUR   IMPRIMERIE CHAIX

girandoles, se présente devant saint Pierre, qui recule épouvanté et lui refuse l'entrée. « Qui êtes-vous? s'écrie-t-il. — Mais, monsieur, je suis modèle de profession et j'avais pour spécialité de poser pour les affiches! »

En 1895 eut lieu à Boston la première *Poster Exhibition*. Depuis, le mouvement s'est beaucoup accentué. Chaque ville de quelque importance a eu son exposition; on organise celle-ci, de préférence, dans une salle de la bibliothèque et sous les auspices des directeurs. L'occasion s'offrit souvent pour les organisateurs d'avoir à donner de vive voix quelques explications sur tout ce qui concerne la matière, et petit à petit on arriva ainsi à faire prononcer des conférences. M. Louis J. Rhead a été sollicité de prendre la parole dans quelques-unes de ces réunions. Il était mieux que personne à même de traiter le sujet. Il le fit d'une façon très attachante, avec cette franchise qui lui est naturelle. Nous en avons fait notre profit et avons su puiser à cette source plus d'un renseignement utile. Le succès, du reste, vis-à-vis du conférencier, se manifesta autrement que par de simples applaudissements. Les belles auditrices, ravies d'admirer autour d'elles, dans la salle d'exposition, un choix de gracieux modèles, furent prises d'émulation. Elles tinrent conseil et, en manière de divertissement, décidèrent de reproduire sur la scène, à la façon d'un tableau vivant, les plus belles affiches illustrées. Les rôles furent distribués, les robes et costumes préparés avec soin, les moyens d'éclairage adaptés aux nécessités incombantes. Le premier essai fut fait avec la grande affiche du *Journal* de M. Rhead, et ce fut un succès. L'ambition ne s'arrêtait pas à mi-chemin. On cherchait à reproduire, aussi exactement que possible, la coupe et les dispositions des draperies. Les ornements, le dessin surtout des étoffes, devaient rappeler de près l'original. Les dames n'hésitaient pas à se colorer les cheveux en rouge pourpre si le rôle l'indiquait. Les accessoires, y compris les pièces architecturales du fond, n'étaient pas non plus négligés.

Étant donné que M. Rhead a eu toujours recours, quand il s'agissait de perfectionner une tête d'expression, classique ou moderne, à quelque belle et aimable compatriote, il devenait doublement intéressant de voir les plus jolis visages s'adapter maintenant à la reconstitution vivante des œuvres du maître. La coiffure et le costume conserveront, même en dehors de la salle de spectacle, l'empreinte de ces classiques modèles, et nous verrons l'affiche étendre son influence sur les modes. Une fois sur cette voie, après avoir pris conseil de M. Rhead, les belles mondaines peut-être voudront se tourner vers M. Bradley, elles s'amuseront alors à s'enjuponner à la façon des héroïnes du *Inland Printer* et du *Thanksgiving Number*, de sorte qu'après avoir eu des merveilleuses nous aurons encore nos incroyables.

LA FORGUE.

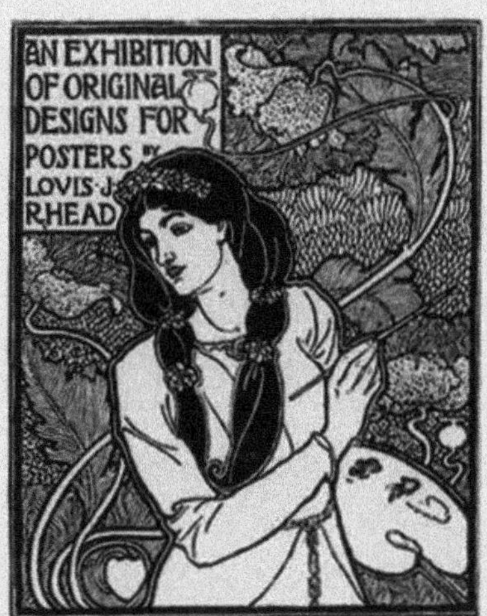

Fac-similé d'une affiche de M. L. RHEAD,
pour son exposition.

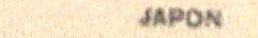

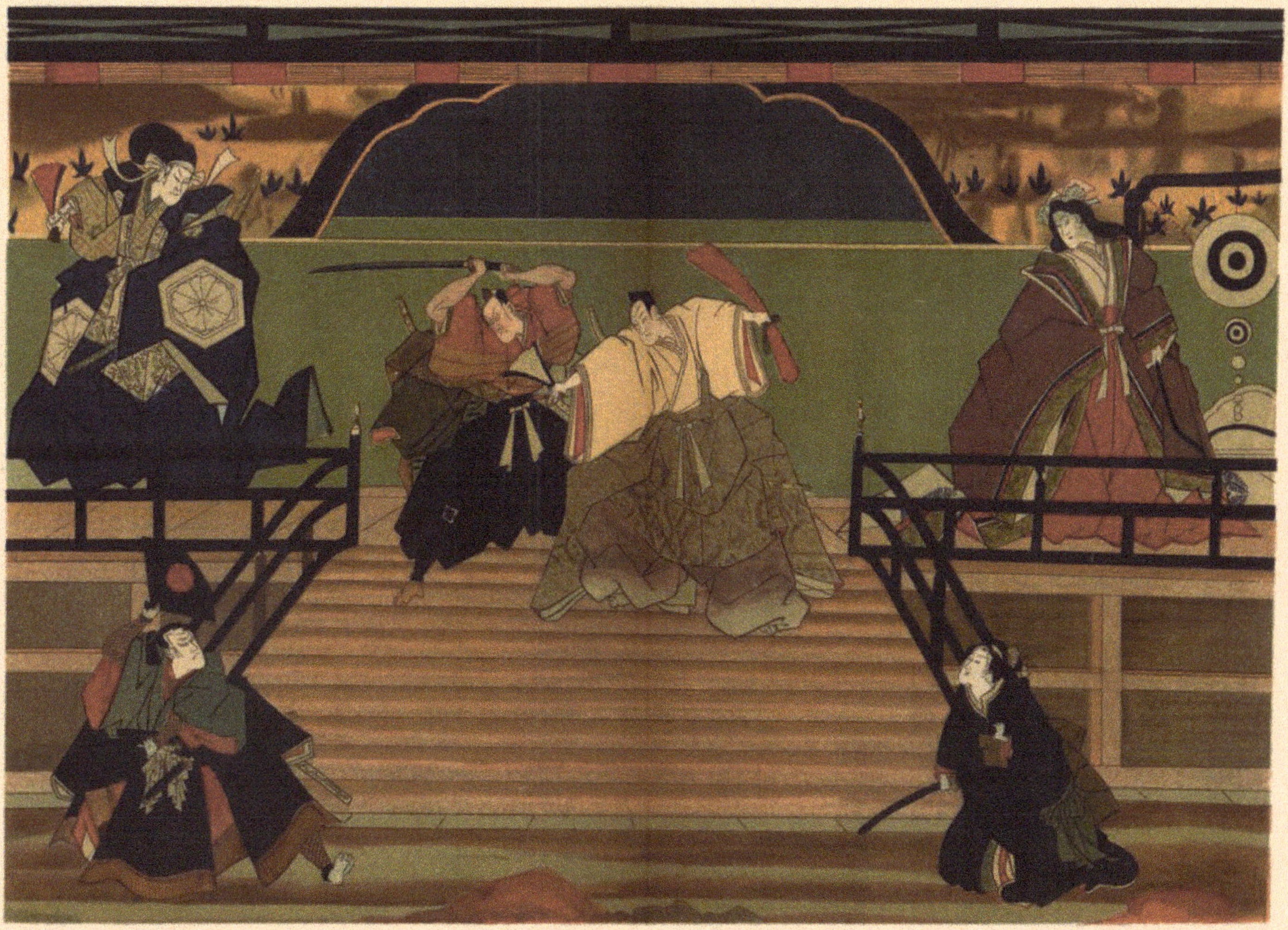

LES AFFICHES ÉTRANGÈRES

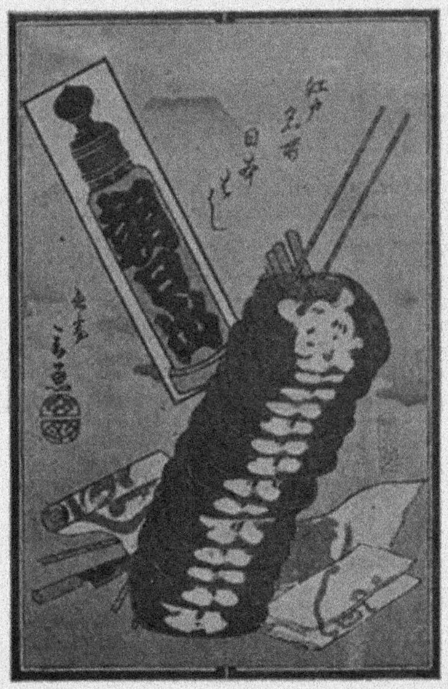

Affiche ex-voto de GUÉNGNIO.

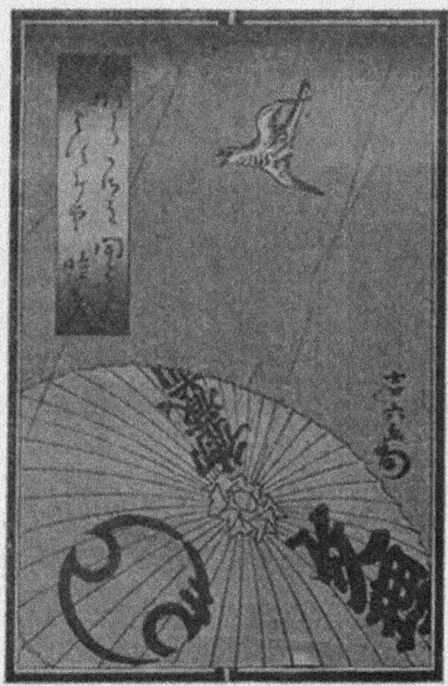

Affiche ex-voto de KITIROKOU.

JAPON

La réclame industrielle, au Japon, est moins usitée qu'en Europe.

Les affiches sont en général imprimées en caractères noirs sur papier blanc.

Pendant longtemps les affiches manuscrites prenaient place à côté des affiches imprimées.

Les théâtres avaient leur façade entièrement recouverte de grands panneaux peints. Les figures des *étoiles* et les scènes à sensation y étaient reproduites en couleurs et en grandeur naturelle. Ces tableaux frappaient vivement le regard du passant, mais ils n'étaient là qu'à titre d'enseigne.

Les grands drapeaux plantés aux alentours d'un théâtre tenaient lieu d'affiche. L'étoffe déployée avait au moins dix mètres de haut sur un mètre de large. Un seul nom d'acteur occupait toute la longueur de la pièce formant drapeau.

Les programmes des spectacles continuent à être placardés dans les salons de coiffure et dans les établissements de bains. Faut-il

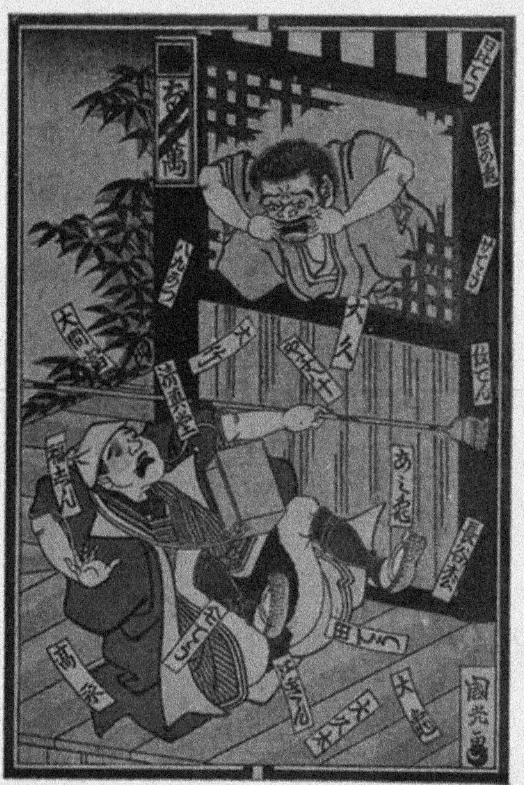
Affiche ex-voto de KUNIMITSOU.

les classer parmi les affiches?

Je ne sais à quelle époque remontent les premières affiches illustrées. Ce qui est certain, c'est que nous les avions au XVIII⁰ siècle.

Lorsque, en 1729, un éléphant vivant fut apporté de Cochinchine et montré pour la première fois à Yédo, on vit placarder partout un dessin représentant le quadrupède gigantesque encore inconnu. Cette affiche, gravée sur bois, était tirée en noir et coloriée à la main en jaune et rouge.

Au commencement de ce siècle, les affiches imprimées, avec le dessin en couleur n'étaient plus rares. On les rencontrait même dans les montagnes.

Il est indispensable de dire ici que si la dimension des programmes portés à la connaissance du public était fort respectable, le format des affiches-images était infiniment plus petit. Aussi étaient-elles loin, celles-ci, de pouvoir être comparées aux œuvres éclatantes et originales de Chéret et de Grasset.

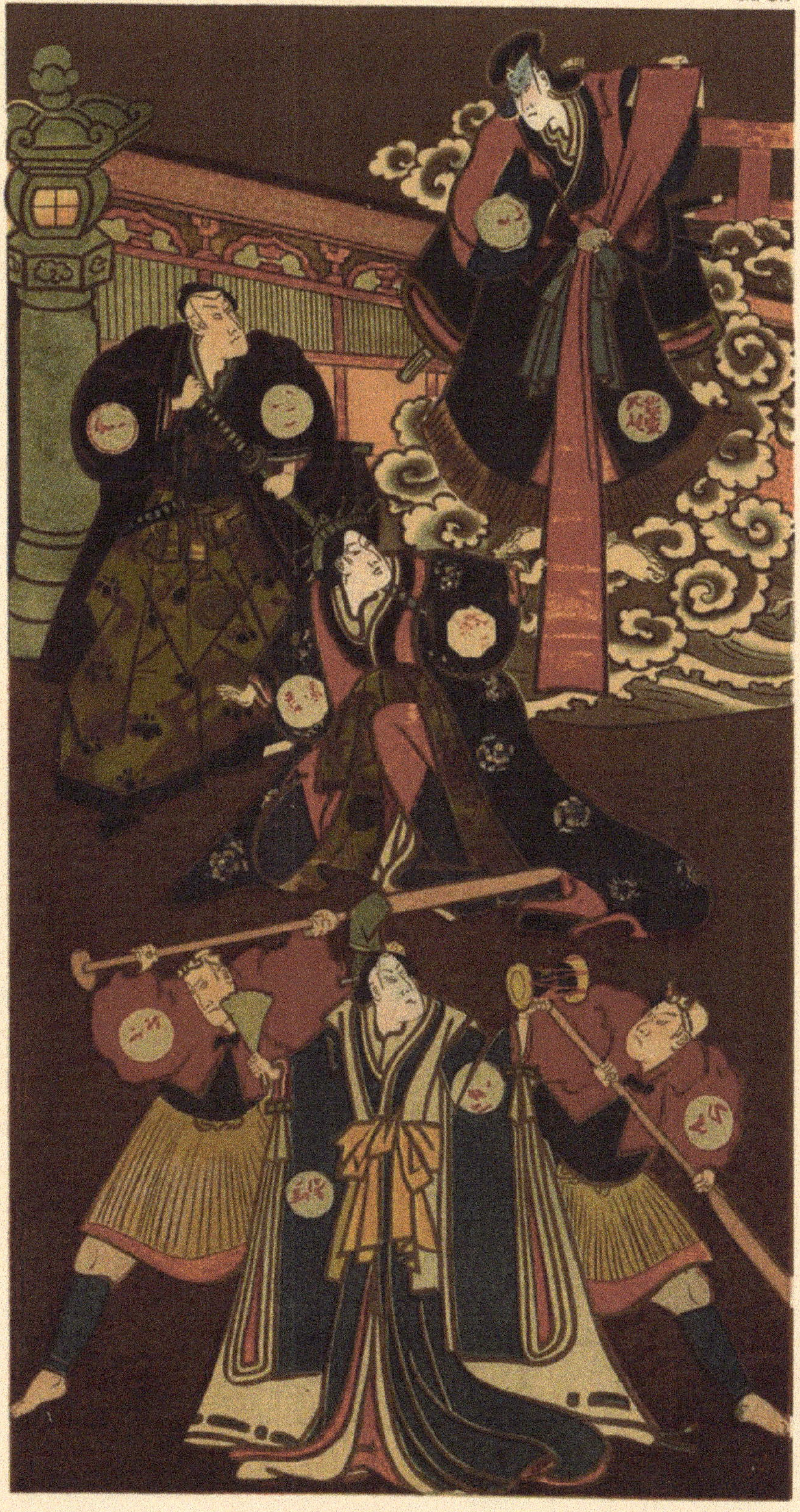

LES AFFICHES ÉTRANGÈRES

G. BOUDET, ÉDITEUR

IMPRIMERIE CHAIX

HISTORIQUE

Tout d'abord on colla des petits papiers, avec une inscription à la main, sur les troncs des arbres, sur les balustrades des ponts et contre la clôture des propriétés non bâties. Quant à appliquer des placards sur la façade de maisons propres et habitées, il ne fallait pas y songer.

Les propriétaires de ces coquettes constructions en bois n'auraient jamais souffert pareille disgrâce.

Cependant, avec le temps, toute résistance finit par céder.

Un jour, il y a de cela des siècles, un prêtre bouddhique, sous prétexte de préserver les gens du pays de la contagion d'une maladie épidémique, alla coller sur les habitations l'image d'un saint protecteur sur laquelle il avait inscrit le nom de son temple. Il invitait la population à visiter le sanctuaire pour se mieux sauvegarder. Du coup le fronton de la porte d'entrée accorda à la sainte image l'honneur de l'hospitalité.

Le bon exemple donné par le prêtre compatissant fut vite suivi par d'autres personnes sous prétexte de témoigner de leur reconnaissance et d'adresser des vœux au sauveur.

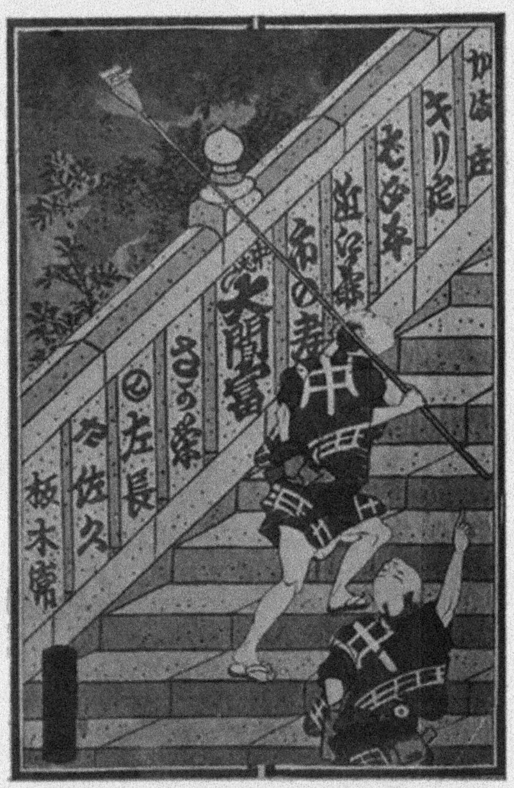

Affiche ex-voto de Yoshitsuna. (Afficheurs montant les degrés d'un temple.)

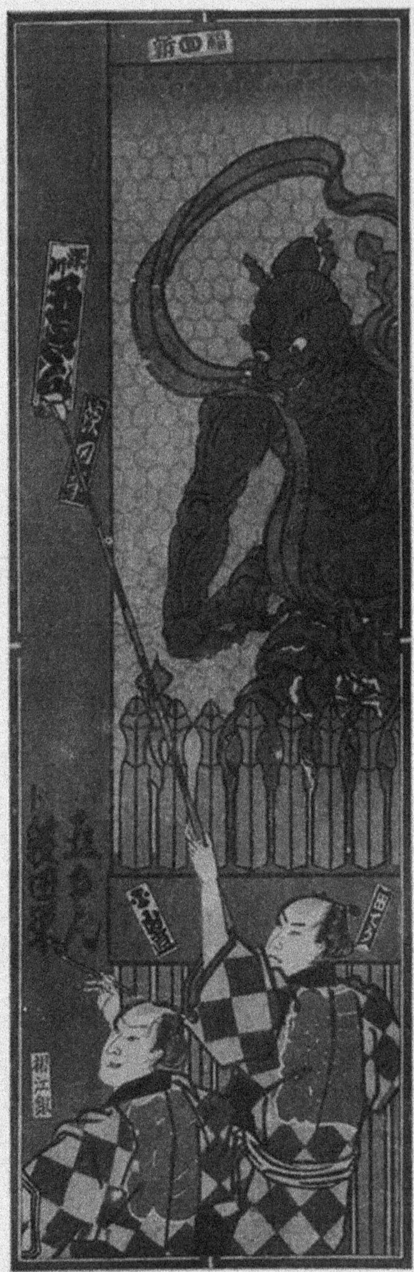

Affiche ex-voto. (Afficheurs devant le temple.)

Se basant sur ce fait, que, dans les temples, des inscriptions en manière d'ex-voto étaient tolérées, un industriel y fit placarder, à son profit, des cartes, portant son nom et sa qualité commerciale. Ce système ingénieux de se faire connaître trouva des imitateurs, et ceux-ci, peu à peu, remplacèrent la forme équivoque par la forme franche et attractive.

Si l'on en croit la vieille tradition, l'auteur de cette première affiche aurait été un droguiste.

Le progrès réalisé dans l'impression en couleur modifia l'état rudimentaire des anciennes affiches. Des images à couleurs fraîches vinrent cacher les paperasses noires.

Il est cependant regrettable que le format minuscule des cartes ait été conservé pour les affiches nouvelles. On dut s'en tenir au type de l'ex-voto. Tout l'effort des artistes ne put se porter qu'au perfectionnement de la gravure et sur la nouveauté du dessin.

Ces images égayaient parfois un peu trop les monuments anciens. Un poète de 1830 s'en plaint amèrement. Pouvoir contempler

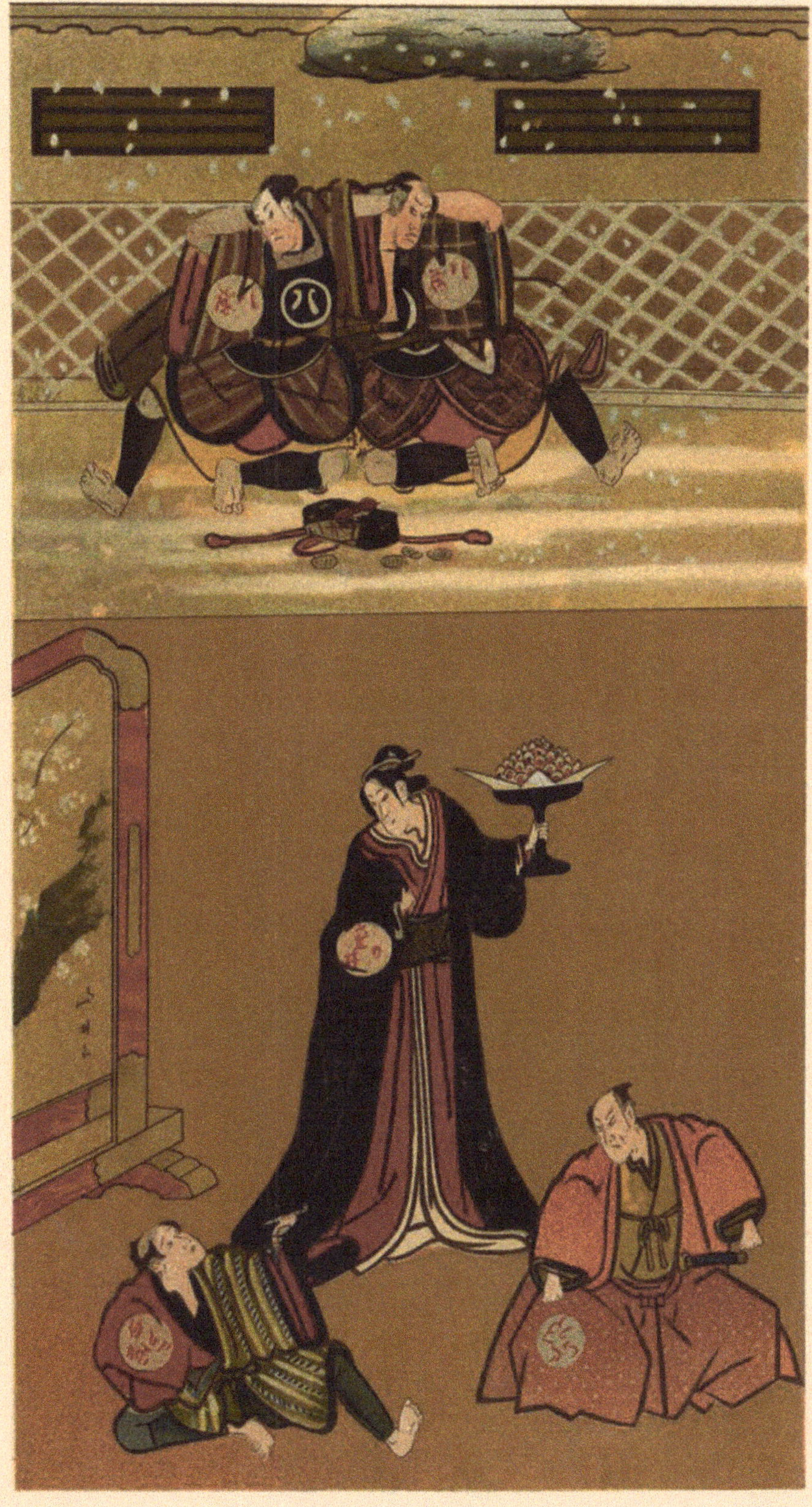

LES AFFICHES ÉTRANGÈRES

G. BOUDET, ÉDITEUR   IMPRIMERIE CHAIX

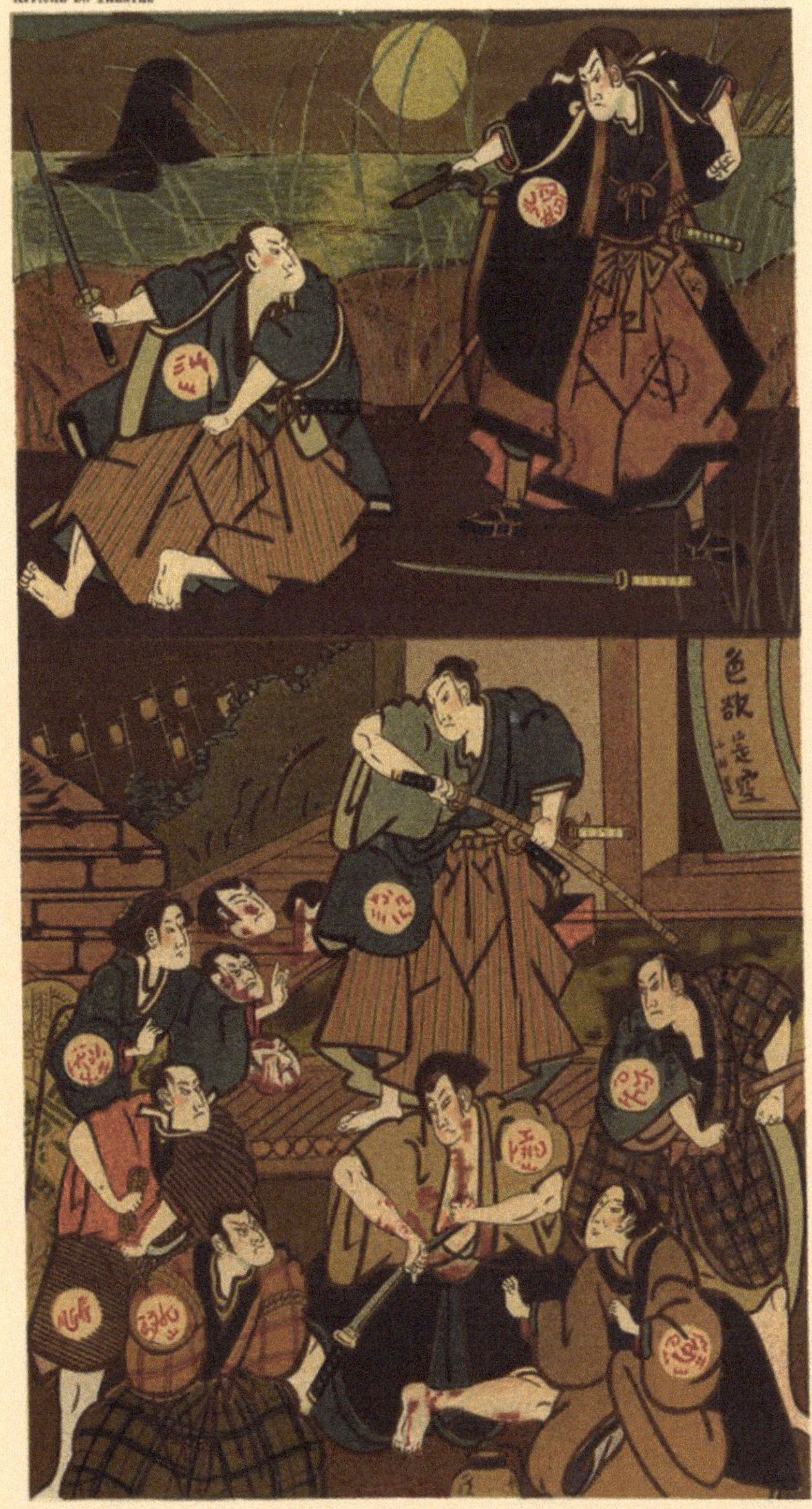

LES AFFICHES ÉTRANGÈRES

G. BOUDET, ÉDITEUR   IMPRIMERIE CHAIX

un vieux temple au milieu d'un nuage rose de cerisiers fleuris était
son rêve. Ce beau rêve avait été brutalement interrompu. Depuis
quelques années l'imagerie aux effets palpitants se confondait avec
les fleurs, et la silhouette de l'architecture ne se détachait plus
aussi nettement sur le fond.

Ces images, servant d'af-
fiches, ont un nom spécial.
On les appelle des *Sënja-
fouda*, ou fiches des mille
temples. Voici d'où vient
ce nom.

Autrefois le Japon était
divisé en plus de trois cents
principautés. Les voya-
geurs ne pouvaient fran-
chir les frontières sans
être munis d'un passeport.
Seuls les pèlerins qui
allaient, par dévotion, de
temple en temple, pou-
vaient circuler avec moins
de difficulté, par faveur
exceptionnelle. De là vint

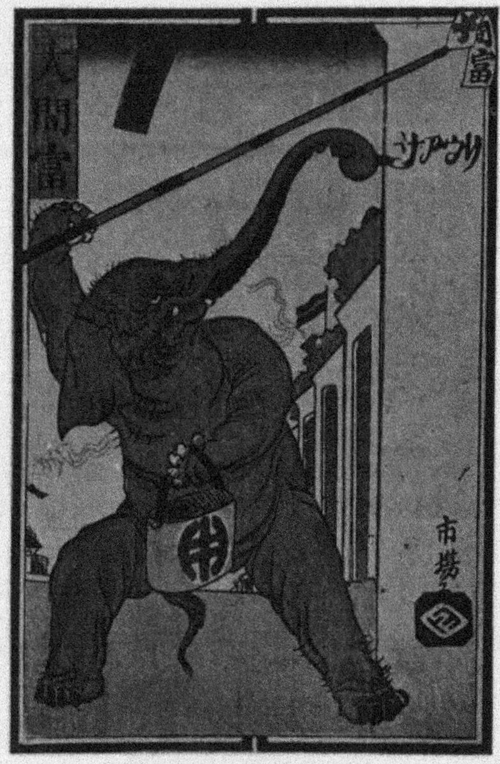

Affiche ex-voto, signature illisible.

que beaucoup de personnes voyageaient sous l'habit de pèlerin, portant
le costume en coton blanc sur lequel était inscrit le nom d'un saint
patron.

Les jeunes gens de Yédo entreprenaient souvent un pèlerinage de
plaisir. C'était une gloire pour eux d'avoir accompli l'ascension d'un pic
ou d'avoir visité des temples célèbres. Afin d'en laisser subsister un souvenir, ils collaient leurs cartes partout, dans les endroits où ils passaient.
Le désir de se faire remarquer fit qu'on imprima ces cartes avec luxe et
bon goût. Le dessin et les couleurs étant mis à contribution, ces cartes

devinrent de véritables images. Et ce furent elles qu'on utilisa comme affiches.

Les commerçants firent imprimer leurs prospectus sous une apparence analogue à ces cartes de pèlerin et ils les firent placarder dans les temples sans se donner la peine de se déplacer.

Ils confièrent leurs images aux pèlerins pauvres qui ne demandaient pas mieux que d'aller les coller aux endroits indiqués, car ils touchaient une rémunération. Plus tard il se forma à Yédo une entreprise spéciale qui se chargea en même temps de la fabrication des cartes et de leur affichage.

Nous donnons le fac-similé de quelques-unes de ces petites images, qui furent nos affiches sous un format tout à fait invraisemblable.

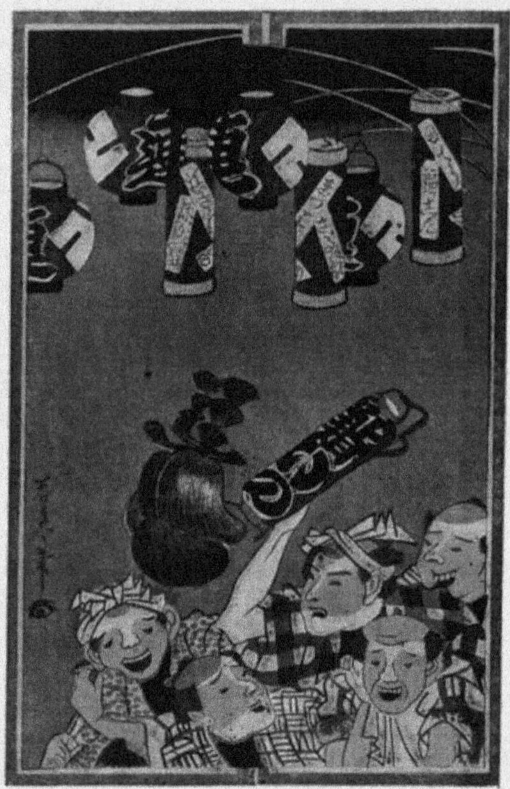

Affiche ex-voto, exécutée pour un pèlerinage de la corporation des marchands de poissons.

Parmi les différents modes de réclame, le dernier qui attira l'attention des Parisiens fut celui de la publicité *parlée*; cette sorte de *scie*, montée par des individus qui, en uniforme de gommeux, longent nonchalamment les boulevards et répètent par intermittence : « Ce soir... à dix heures... rue de... etc., etc. »

L'idée d'agacer fortement les nerfs de son prochain pour se faire entendre paraît aussi être venue à nos ancêtres. Nous avions quelques procédés de publicité dans le même esprit.

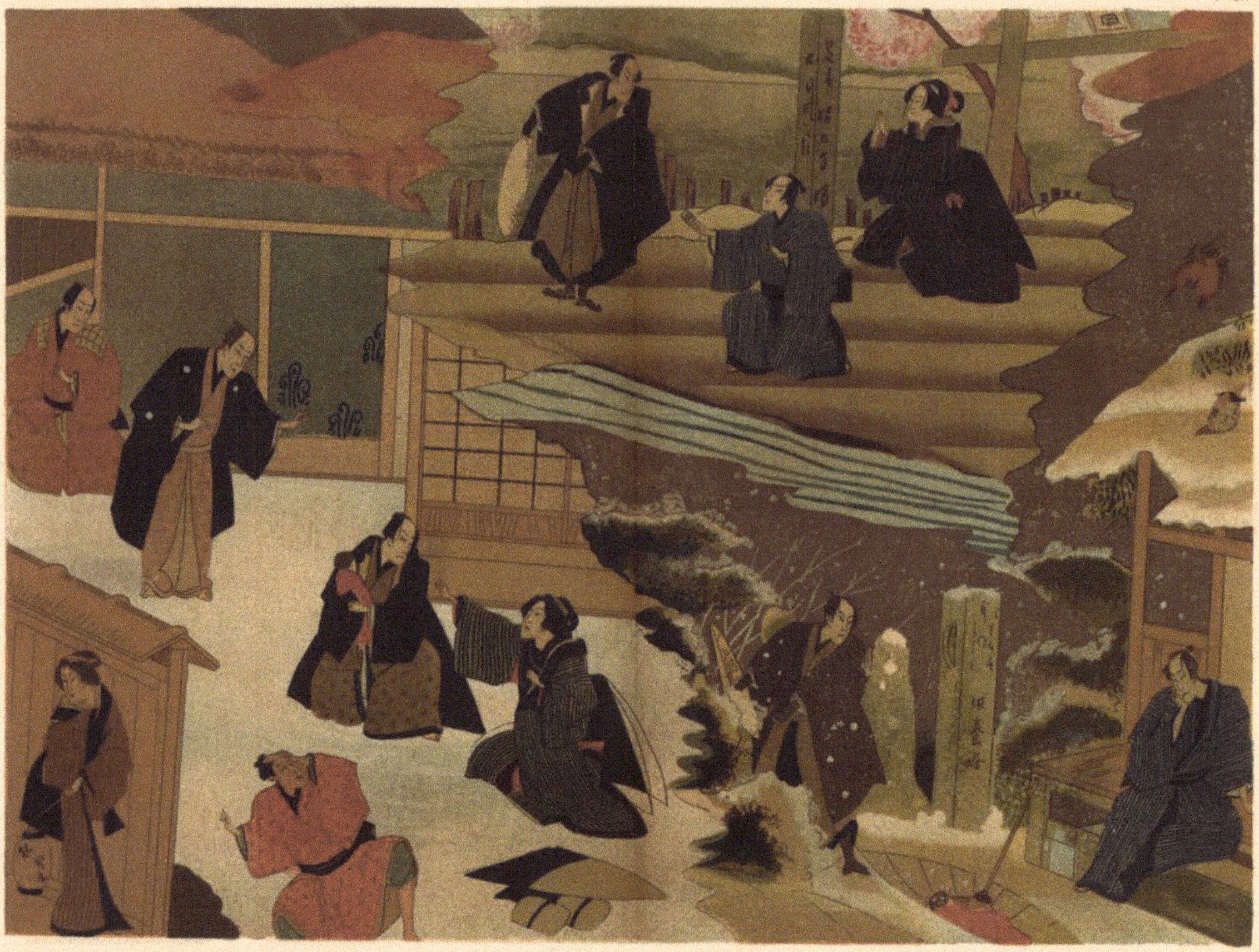

LES AFFICHES ÉTRANGÈRES

On sait que le spectacle de la lutte, au Japon, est un des plus anciens divertissements. Dès six heures du matin, au roulement du tambour, on mettait tout le quartier en éveil; c'était l'ouverture de l'amphithéâtre qu'on annonçait ainsi, bien que le public ne s'y assemble en réalité que vers dix heures. Mais, pour bien faire connaître le programme, voici ce qu'on imagina. Quelques hommes, à l'allure et au type herculéens — et c'était là les moins forts de la troupe — se promenaient à pas lourds et comptés à travers les rues de la ville. Ils s'arrêtaient de temps à autre et lisaient tout haut le programme du lendemain, avec une voix rauque, entrecoupée par la voie aiguë d'un gamin qui mystifiait son aîné.

Plus amusante fut la publicité *jouée* des théâtres. Elle a cessé d'exister, à Yédo, vers 1850. En province, on la voyait encore du temps de mon enfance. Voici comment la chose se pratiquait :

Un ou deux acteurs de second ordre, fardés ou déguisés de la façon la plus bizarre, flânaient à travers les rues, en faisant de grands gestes exagérés, qu'ils accompagnaient de cris surnaturels. Évidemment il se formait bien vite autour d'eux un attroupement de curieux, et quand la foule était suffisamment compacte, ils se mettaient à imiter les acteurs dans leur rôle, tout en ayant soin de s'arrêter là où l'histoire devenait vraiment intéressante. C'est à ce moment qu'ils se mettaient à débiter des paroles comme celles-ci : « Vieillards et enfants, hommes et femmes, si vous voulez tout savoir, allez au théâtre de...., vous y verrez jouer la pièce beaucoup mieux qu'ici par les grands acteurs eux-mêmes, avec de beaux costumes et au milieu de magnifiques décors! » — Puis, sans perdre une minute, ils se mettaient à détailler le programme, de manière à exciter davantage la curiosité.

L'origine de la publicité par *action* paraît remonter au x⁰ siècle. On dit qu'à cette époque le prêtre bouddhique Kouya inventa une prière dansée. Il s'agissait de danser, tout en chantant la prière. Tous les instruments étaient admis, à la condition que l'exécutant fût en état de bien battre la mesure. C'était une espèce de polka infernale, chantée, jouée et dansée par tous les participants.

Afin d'attirer à son temple le plus de monde possible, le même prêtre organisa une procession dansante qui parcourut toute la ville de Kiôto. Naturellement c'était lui qui marchait en tête du cortège, en frappant avec un marteau contre une plaque de métal suspendue sur sa poitrine. L'effet d'une attraction pareille ne pouvait être qu'instantané. La foule accourue se fondait dans la procession qui grossissait à tout moment. Et quand le prêtre rejoignait le temple pour prêcher, il le trouvait bondé d'auditeurs, à sa grande satisfaction.

Tadamasa Hayashi.

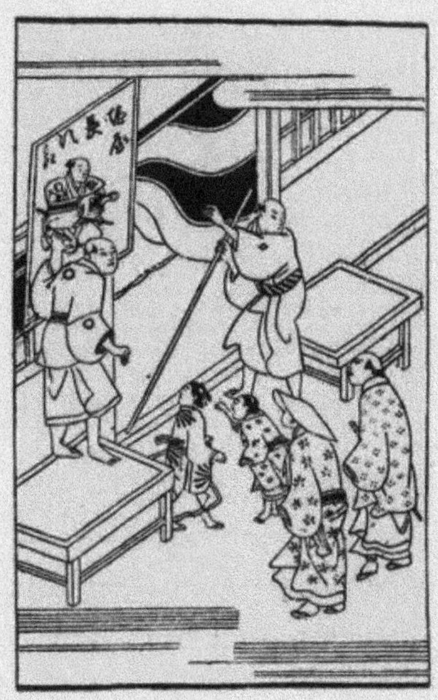

Fac-similé d'une gravure japonaise,
représentant le public admirant une affiche
illustrée.

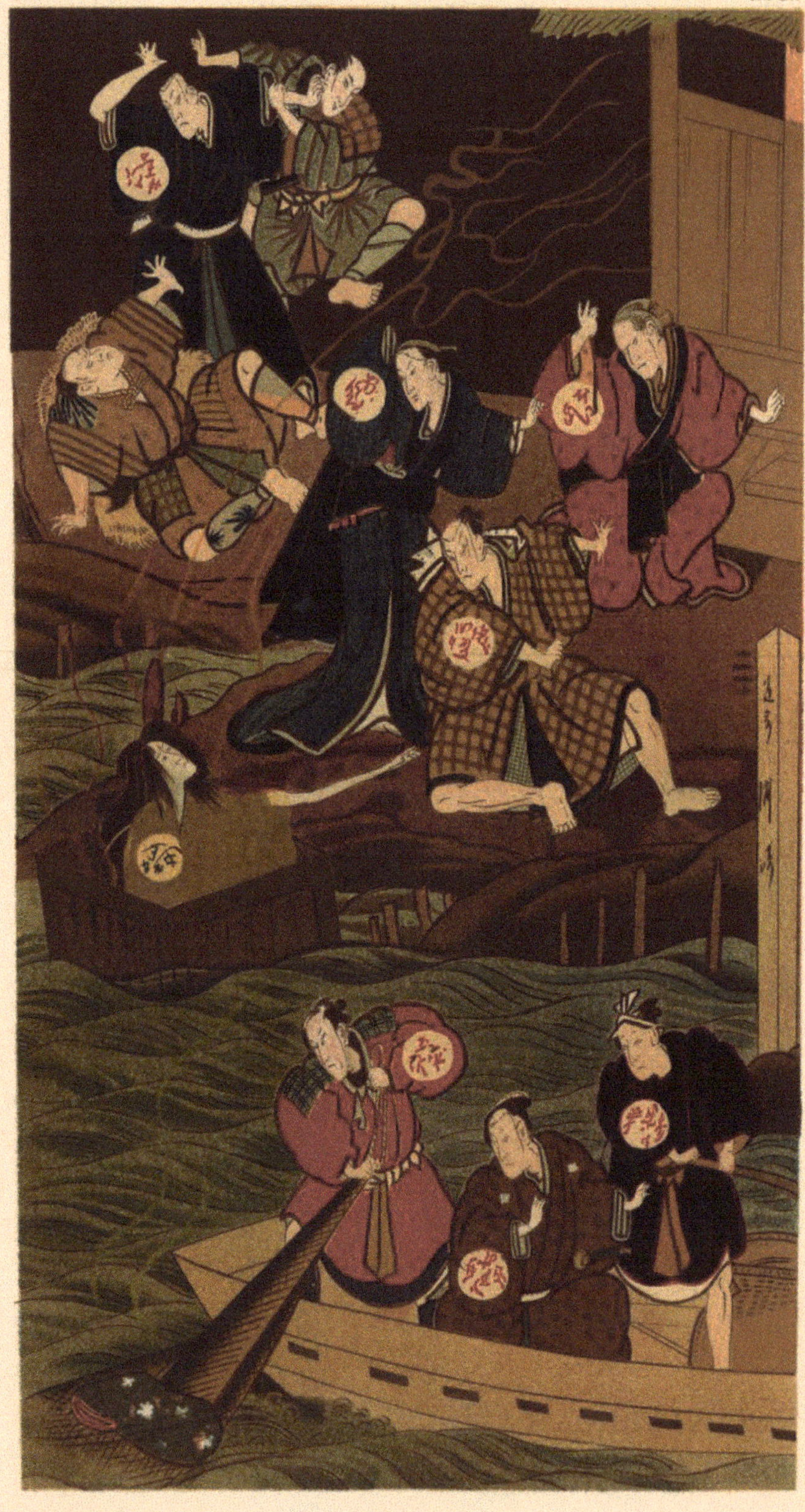

·LES AFFICHES ÉTRANGÈRES

TABLE DES MATIÈRES

Préface.   1

Allemagne   1

Angleterre   29

Autriche   77

Belgique   89

États-Unis (Amérique).   133

Japon.   189

TABLE DES PLANCHES ET FIGURES

PLANCHES TIRÉES EN COULEURS

ALLEMAGNE

FISCHER (Otto).
Exposition industrielle de Dresde en 1896 25

HEINE (Th.-Th.).
Simplicissimus 17

SATTLER (Joseph).
Pan 9

ANGLETERRE

AUBREY BEARDSLEY.
Autonym Library 47
Pseudonym Library 55
BERGGARSTAFF (frères).
A Trip to China town 51
DUDLEY-HARDY.
To Day 35
A Gaiety Girl 41
Boots and shoes 43
Cinderella 57
St Paul's 63
GRAHAM ROBERTSON.
Exposition d'une collection préra-
phaëlite 33

GREIFFENHAGEN.
Pall mall budget 59
HERKOMER (Hubert).
Magazine of art 45
HYLAND ELLIS.
The Gay Parisienne 67
MACNAIR-MACKINTOSH.
Glasgow Institute of Fine Arts . . . 39
MORROW (A.).
Illustrated bits 71
The New Woman 73
SOLON (Léon V.).
The Studio 65
TOULOUSE-LAUTREC (H. DE).
Confetti 49

AUTRICHE

ORLIK.
Exposition artistique en 1895 (la Femme à l'ardoise) 81

BELGIQUE

BERCHMANS (Émile).
Assurance contre le vol de bijoux . . 97
Biere Libotte Thiriar 103
Sunlight savon 113
DONNAY (Auguste).
Ville de Liège. Concours de chant . . 99
Cercle des Beaux-Arts de Liège . . . 113
Exposition de photographie 129
DUYCK et CRESPIN.
Ferme de Frahinfaz 107
EVENEPOEL.
Anvers et son Exposition 105
FABRY.
Pour l'art 117
HANNOTIAU.
Pour l'art 97
MEUNIER (Henri).
Concerts Ysaye 91

MIGNOT.
Le Cénacle 95
Kermesse de Bruxelles 127
NYS (Francis).
Anvers-Bruxelles 121
OTTEVAERE.
Pour l'art 111
PRIVAT LIVEMONT.
Absinthe Robette 131
RASSENFOSSE (Armand).
Grande brasserie Van Velsen 89
Ville de Liège. Carnaval de 1895 . . 105
Huile Russe 119
Amer Mauguin 123
TOUSSAINT.
Le Sillon 121
VAN RYSSELBERGHE.
Libre Esthétique 115

ÉTATS-UNIS (AMÉRIQUE)

ANONYME.
Little Christopher 175
Keynotes series 179
BRADLEY.
The Echo 145
When hearts are trumps. 153
The Chap-Book. 155
The Chap-Book. 159
Inland Printer 177
CARQUEVILLE.
Lippincott's Magazine 151
DOW.
Modern art. 169
GIFFORD.
Women's edition du Buffalo Courier. 139

GRASSET.
Harper's Christmas 135
PENFIELD.
Harper's May. 147
Harper's February 171
REED (Miss Ethel).
Miss Traumerei 183
RHEAD (Louis).
Morning Journal. 137
Prag's Easter. 143
The Journal 161
The Sun. 185
Read the Sun. 187

JAPON

ANONYME.
Affiche de théâtre (page double). . . 189
Affiche de théâtre. 191
Affiche de théâtre. 193

ANONYME.
Affiche de théâtre. 193
Affiche de théâtre (page double). . . 195
Affiche de théâtre. 197

AFFICHES TIRÉES EN NOIR ET DANS LE TEXTE

PRÉFACE

ANONYME (Italie).
Emporium, Febraio 1896 III

BIGNAMI (Italie).
Manon Lescaut. I

ALLEMAGNE

ANONYME.
Exposition industrielle de Nuremberg,
en 1896 10
Moniteur local de Berlin 23
DASIO.
Exposition de la Société pour l'art
chrétien à Munich, en 1895. 20

FISCHER (Otto).
Exposition de l'Académie des Beaux-
Arts de Dresde, en 1895 I
GYSIS.
Fabrique de pianos Ibach et fils, de
Barmen 12
Exposition annuelle des Beaux-Arts
au Palais de Cristal de Munich, 1895 13

HEINE (Th.-Th.).
Librairie Albert Langen, de Munich . 25
HOFMANN (L. de).
Exposition libre de Berlin, en 1893 . . 21
HYNAIS.
Exposition etnographique tchéco-slave
de Prague 83
Exposition du Jubilé de Prague en
1891 84
KLINGER (Max).
Société photographique de Berlin. . 19
LÆUGER.
Fabrique de pianos Schiedmayer, de
Stuttgart 5

RŒCHLING.
Grande exposition de Berlin, en 1895. 26
SPEYER.
Exposition des Beaux-Arts au Palais
de Cristal de Munich, en 1891 . . . 17
STUCK (Franz).
Exposition des Beaux-Arts (Séces-
sion) 16
SUTTERLIN (L.)
Exposition industrielle de Berlin, en
1896. 8
ZUMBUSCH.
Jugend 27

ANGLETERRE·

ANNING BELL.
École d'Architecture et d'Art appliqué
de Liverpool. 51
ANONYME.
Biscuits Fuller. 40
Sports. 44
ATELIERS DANGERFIELD.
Affiche de théâtre 49
AUBREY BEARDSLEY.
Le Livre Jaune. 58
Avenue theatre. Une comédie de sou-
pirs 61
BARNARD (F.).
Nouvelle Éducation populaire. . . . 36
BEGGARSTAFF (frères).
Harpers' Magazine 60
BURCH.
Cycles Hampden 42
CRANE (Walter).
Champagne Hau. 43
DEARMER (Mme Mabel).
L'École du scandale 50
DICKINSON.
La Veuve du Chili 65
DUDLEY HARDY.
Une Nuit dehors. Vaudeville-Theatre
de Londres. 29
Gentleman Joe. Comedie musicale. . 30
Sur la route du Derby 47
Dick Whittington. 48
A Gaiety Girl 52
Courses de vélocipèdes à l'Olympia . 53
St Paul's. 55
The Geisha 56
DUDLEY HEATH.
La Table. 71

FOULKES (Ch.).
Le Century Magazine. 75
HERKOMER (Hubert).
Vie et travail dans les Alpes Bava-
roises 34
Radcliffe Infirmerie. 45
HASSALL.
Une Nuit dehors. 67
MACKINTOSH (Chas. R.).
Institut des Beaux-Arts de Glasgow. 73
NEILSON (Harry).
Little Folks 35
PEPPERCORN.
Aquarelles de Peppercorn à la gale-
rie Goupil 63
PHIL MAY.
Exposition de 150 dessins par Phil
May. 69
PRICE (Julius).
An Artist's model. 76
RAEBURN (A.).
Association de lecture de Glasgow. . 41
RAVEN-HILL.
Pick-me-up. 39
Pick-me-up. 59
STUDD (A. H.).
Petite Collection de dessins et pein-
tures de A. H. Studd, à la Galerie
Goupil. 64
TOULOUSE-LAUTREC (H. DE).
May Milton. 32
May Belfort 33
WALKER (Fred.).
La Femme en blanc. 37
WEIRDSLY DAUBERY.
Pygmalion et Galatée. 57

AUTRICHE

ANONYME.
Fabrique d'encre et imprimerie de MM. Schiff Srpek et Cⁱᵉ, de Vienne. 77
Affiche pour un bal masqué 78
Affiche pour un bal masqué dans la Blumen-Säle 82
Huile d'olive. 87

OLIVA.
Salon des Beaux-Arts de M. Topic. 85
SCHLIESSMANN.
Le Bal des pochards 79
Le Tramway surchargé. 81
Fête estivale du vieux Vienne. . . . 88

BELGIQUE

ANONYME.
Grande Kermesse aux boudins . . . 132
BERCHMANS (Émile).
Exposition d'architecture et d'art décoratif. 89
Salon des Beaux-Arts de Liège, 1896. 111
Pôle Nord. 112
L'Art indépendant 113
Légia. 115
CATY (Ch.).
Exposition triennale de Mons, en 1896. 127
COMBAZ.
La Libre Esthétique, 1896 103
A la Toison d'or 104
CRESPIN (A.).
Paul Hankar, architecte. 90
DARDENNE (Léon).
Concert de charité au théâtre de l'Alhambra. 96
La Chute d'un ange. 101
DONNAY (Aug.).
Assurances d'œuvres d'art contre tous risques. 119
DUYCK et CRESPIN.
Nieuport-bains. 91
Bruxelles sans-gène 93
FEURE (G. DE).
Cabaret du Diable au corps. 108

FRANQUINET.
Les Saisons, de Haydn. 95
Josué. 125
JANLET.
Pro Lætitia 107
KHNOPFF (F.)
Huitième exposition des XX.. . . . 109
LYNEN (A.).
Grande Kermesse aux boudins . . . 98
MELLERY.
Affiche pour l'ordre des avocats. . . 99
MEUNIER (H.).
Gonthier Meysmans. Étoffes et ameublements. 97
NYS (F.).
Exposition Francis Nys. 129
PRIVAT LIVEMONT.
Cercle artistique de Schaerbeek. . . 105
RASSENFOSSE (A.).
Bock champagne 92
Exposition d'architecture et d'art décoratif. 121
L'Art indépendant 123
STÉPHANE (M.).
Crème d'Ossias. 100
Sadi-Alardin. 117

ÉTATS-UNIS (AMÉRIQUE)

ANONYME.
Artful Anticks 160
The Boy Officers. 176
BIRD (E. B.).
Century, March. 149

BRADLEY (W. H.).
The Chap-Book 157
The Chap-Book 161
The Chap-Book 163
Inland printer 164

Bradley (W. H.).
Narcoticure. 167
The Inland printer, new year's number 168
Inland printer, February 169
Brill.
Sunday Press, August 11. 173
Sunday Press, November 1895 . . . 181
Carqueville (W.).
Lippincot's, August 134
Lippincott's, April 165
Emerson.
Atlantic, July 135
Flagg (J. M.).
Atlantic, December. 140
Garrett (Edmund H.).
Victorian Songs 183
Gould Jᵉ (J. J.).
Lippincott's, January 171
Grasset.
New life of Napoleon in the Century
Magazine. 143
Napoleon in Egypt, the June Century. 144
Hallowell.
Atlantic June. 139
Metivet (Lucien).
The January Century. 145

Penfield.
Harper's, February. 147
Harper's, March 148
Harper's, July 151
People we pass. 152
Reed (Miss Ethel).
The House of the trees 172
Rhead (Louis).
The Bookman, Christmas number . . 136
Scribner's for Christmas. 153
Saint Nicholas 155
Century for Christmas. 156
Affiche pour un marchand tailleur. . 159
Affiche pour son exposition 188
Robida.
Vin Mariani 179
Scotson Clark.
The Bookman, March. 175
Toulouse Lautrec (H. de).
The Chap-Book. 133
Turcas.
The New York Times. 185
Wharton Edwards (G.).
Century, September 141
Woodbury (Ch.).
Century, July 138
Yonghe.
New York Times. 137
New York Times, Sunday Feb. 9 . . 177

JAPON

Anonyme.
Affiche ex-voto (Afficheurs devant le
temple). 192
Affiche ex-voto (l'Éléphant afficheur). 193
Affiche ex-voto pour un pèlerinage de
la corporation des marchands de
poissons. 194
Le public admirant une affiche illustrée 196

Guengnio.
Affiche ex-voto. 189
Kitirokou.
Affiche ex-voto. 189
Kunimitsou.
Affiche ex-voto. 190
Yoshitsuna.
Affiche ex-voto. 191

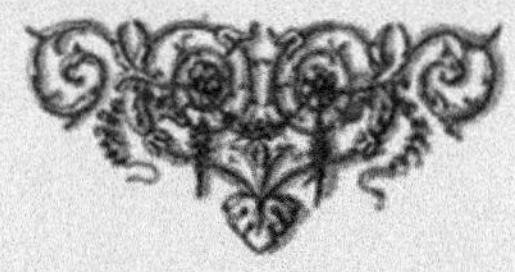

TABLE ALPIIABÉTIQUE DES NOMS CITÉS

ALLEMAGNE

Allen and Sons. — Page 7.

Bœcklin (Arnold). — Page 20.
Brünner. — Page 7.

Dasio. — Page 20.
Dœpler (le jeune). — Page 7.

Eckmann (Otto). — Page 27.
Eitner. — Page 24.

Fischer (Otto). — Page 9.

Gysis. — Pages 10, 11, 15.

Heine (Th.-Th.). — Pages 26, 27.
Hermann (Curt). — Page 24.
Hildebrandt. — Page 24.
Hirth (G.). — Page 27.
Hoffmann (W.). — Page 9.
Hofmann (L. de). — Page 24.

Jossot. — Page 27.

Klinger (Max). — Pages 19, 20.
Kubik. — Page 7.
Kuehl. — Page 9.

Kuschel. — Page 15.

Læuger. — Page 23.
Langen (Albert). — Page 26.
Lenbach. — Page 19.
Liebermann. — Page 9.

Muller (R.). — Pages 24, 25.

Ollies. — Page 24.

Rœchling (C.). — Page 8.

Sattler (Joseph). — Page 8.
Seitz (R.). — Page 9.
Speyer. — Page 15.
Stuck (Franz). — Pages 15, 16, 19, 20.
Sutterlin (L.). — Page 8.

Thumann (Paul). — Page 23.

Uhde. — Page 9.
Unger (Hans). — Page 19.

Zumbusch (L.). — Page 27.

ANGLETERRE

Anning Bell (R.). — Page 74.
Aubrey Beardsley. — Pages 56, 58, 66.

Beggarstaff (frères). — Pages 67, 68, 71, 72.

Bella (Edward). — Pages 59, 75.
Boussod et Valadon. — Page 57.
Brangwyn. — Page 74.
Burton Barber. — Page 42.

Cassell et Cie. — Page 34.
Chéret. — Pages 41, 50, 56, 57, 75.
Chevallier Taylor. — Page 56.
Cleaver. — Page 67.
Cowper (Max). — Page 71.
Crane (Walter). — Pages 32, 43, 44, 47.

Dangerfield. — Page 50.
Detmold. — Page 39.
Dickinson. — Page 72.
Dudley Hardy. — Pages 56, 57, 63, 64, 65, 66, 68.
Dudley Heath. — Page 74.
Durand (Godfroy). — Pages 31, 32.
Dürer. — Page 39.

Farr (Miss Florence). — Page 58.
Fisher Unwin. — Page 66.
Fowler. — Page 66.
Furniss. — Page 42.

Gausson. — Page 67.
Goupil. — Pages 52, 57, 74.
Graham Robertson. — Page 74.
Green (Charles). — Page 48.
Greiffenhagen. — Pages 56, 58, 66.

Harper. — Page 68.
Hassall. — Pages 73, 74.
Hauk. — Page 39.
Haward (Arthur). — Page 72.
Hean (L.). — Page 66.
Herkomer (Hubert). — Pages 34, 35, 36.
Heywood Sumner. — Page 52.
Hooper (W. H.). — Page 33.
Hyland (Ellis). — Page 72.

Leslie (G. D.). — Page 42.
Linley Sambourne. — Page 48.
Linton (Sir James). — Page 48.
Lockhart Bogle. — Page 67.

Macdonald. — Page 74.

Mackintosh. — Page 74.
Manuel. — Page 67.
Millais (Sir John E.). — Page 40.
Millar (R.). — Page 71.
Moore (George). — Page 50.
Morrow. — Page 72.
Mortimer Mempes. — Page 55.

Nair (Mc). — Page 74.
Nicholson. — Page 67.

Paleologue. — Page 55.
Partridge. — Page 71.
Peppercorn (A. D.). — Page 74.
Poynter. — Page 47.
Price (Julius). — Page 72.
Pryde. — Page 67.

Raven-Hill. — Pages 66, 74.
Rhead (Louis). — Pages 75, 76.
Roche. — Page 71.

Shannon (J. J.). — Page 56.
Sickert. — Page 67.
Sinet. — Page 52.
Skinner. — Page 55.
Solon (Léon V.). — Page 74.
Stacy Marks. — Page 42.
Steer (Wilson). — Pages 56, 57, 66, 74.
Steinlen. — Pages 72, 75.
Studd (Arthur). — Page 74.

Toulouse-Lautrec (H. de). — Pages 33, 56, 57, 67, 75.
Townsend. — Page 71.

Van Beers. — Page 52.

Walker (Fred). — Pages 31, 32, 34, 35, 56.
Weirdsly Daubery. — Page 66.
Whistler. — Page 55.
Wilson (Edgar). — Page 65, 72, 74.
Wyllie. — Page 49.

AUTRICHE

Hynais. — Page 87.

Klimt (Ernest). — Page 84.

Makart. — Pages 78, 84.

Oliva. — Page 87.
Orlik. — Page 87.

Réalier-Dumas. — Page 87.

Schliessmann. — Page 81.

Thoma (Hans). — Page 87.
Thumann. — Page 84.

Veith (J.). — Page 84.

Weiner. — Page 83.

BELGIQUE

Baes. — Page 115.
Barabandy. — Pages 113, 124.
Bataille. — Page 106.
Bénard (Auguste). — Pages 112, 128, 131.
Berchmans (Emile). — Pages 95, 119, 120, 123, 124, 132.
Bouy (Gaston). — Page 131.
Broerman. — Page 106.
Bulens. — Page 100.
Burret. — Page 124.

Cassiers. — Page 119.
Caty. — Page 129.
Chéret (Jules). — Pages 116, 132.
Clarys. — Page 119.
Combaz (Gisbert). — Pages 111, 112, 113, 124.
Crabbe. — Page 106.
Crespin (Adolphe). — Pages 96, 97, 98, 130, 132.

Dardenne (Léon). — Pages 98, 99, 100, 131.
Delville. — Page 107.
Donnay (Auguste). — Pages 95, 119, 124, 127, 132.
Duyck (Ed.). — Pages 96, 98, 130.

Evenepoel. — Pages 95, 104, 105.

Fabry. — Page 107.
Feure (Georges de). — Page 116.
Franquinet. — Page 128.

Gaudy (G.). — Page 116.
Goossens. — Page 131.
Gouweloos (frère, sœur). — Page 131.
Grasset (Eugène). — Page 98.

Hannotiau (Alexandre). — Page 107.

Janlet. — Page 116.
Jaspar (frères). — Page 128.

Khnopff (Fernand). — Page 114.

Lynen (Amédée). — Pages 95, 105, 106.

Mellery. — Page 106.
Meunier (Constantin). — Page 130.
Meunier (Henri). — Pages 95, 103, 104, 132.
Mignot. — Page 105, 130.
Monnom (M⁰⁰ Vᵛᵉ). — Page 131.
Montald (Constant). — Page 129.

Nys (Francis). — Page 130.

Ottevaere. — Page 107.

Privat Livemont. — Pages 114, 115, 130, 131, 132.

Rassenfosse (Armand). — Pages 95, 119, 127, 128, 132.
Renard (Marius). — Pages 129, 130.
Rocher. — Page 111.
Rops. — Page 127.
Rycker (O. de). — Pages 108, 111, 131.
Rysselberghe (Theo Van). — Page 113.

Stephane (Marius). — Page 116.
Stevens (G. M.). — Page 111.

Toussaint (Fernand). — Pages 108, 131.

Ubaghs. — Page 129.

ÉTATS-UNIS (AMÉRIQUE)

Abbey (E. A.). — Page 179.

Beardsley (Aubrey). — Pages 155, 168, 169, 178, 183.
Bradley (Will. H.). — Pages 168, 169, 170, 171, 172, 183.
Brill. — Page 176.
Bruce Parker. — Page 178.

Carqueville (Will.). — Page 175.

Day (Francis). — Page 180.
Denslow (Will.). — Page 180.
Dering (C. L.). — Page 180.
Dodd, Mead and Cⁱᵉ. — Page 178.
Dow (Arthur W.). — Page 180.

Edwards (Georges Wharton). — Page 156.
Emerson (R. L.). — Page 176.

Foulkes (Charles). — Page 183.

Gibson (Charles Dana). — Page 179.
Gillot. — Page 144.
Glenny (John C.). — Page 178.
Gould J^{er} (J. J.). — Page 175.
Grasset (Eugène). — Pages 144, 147, 148, 151, 152.

Hallowell (Geo. H.). — Page 176.
Hazenpfug (Franz). — Page 180.
Howard. — Page 164.

Kenyon Cox. — Page 178.

Lamson, Wolffe and C°. — Page 177.
Lee et Shepard. — Page 178.
Leydendecker (J. C.). — Page 180.
Lundborg (Mme Florence). — Page 178.

MacManus (Mme Blanche). — Page 177.

Matt Morgan. — Page 140.
Metivet (Lucien). — Page 152.

Parrish (Maxfield). — Pages 180, 184.
Penfield (Edward). — Pages 152, 154, 155, 156.
Prang L. and C°. — Page 164.

Reed (Ethel). — Page 177.
Rhead (Louis J.). — Pages 144, 159, 160, 161, 162, 163, 164, 167, 187, 188.

Scotson Clark. — Page 178.
Steinlen. — Page 155.
Stewardson (John). — Page 180.
Stone et Kimball. — Page 180.

Toulouse-Lautrec (H. de). — Page 180.
Turcas (J.). — Page 179.

Werbeck (Frank). — Page 183.
Woodbury (Chas. H.). — Page 183.

Yonghe (de). — Page 180.

COLLABORATEURS

L'impression typographique des AFFICHES ÉTRANGÈRES *a été exécutée sur les presses de*
L'IMPRIMERIE LAHURE

Les lithographies ont été exécutées et tirées par les soins de
L'IMPRIMERIE CHAIX

Les reproductions typographiques sont dues à la maison
RUCKERT ET Cⁱᵉ

Les reproductions coloriées au patron ont été exécutées par
M. GRENINGAIRE

Le papier vélin a été fabriqué par
LES PAPETERIES DU MARAIS

Les encres typographiques et lithographiques ont été fournies par
M. CH. LORILLEUX

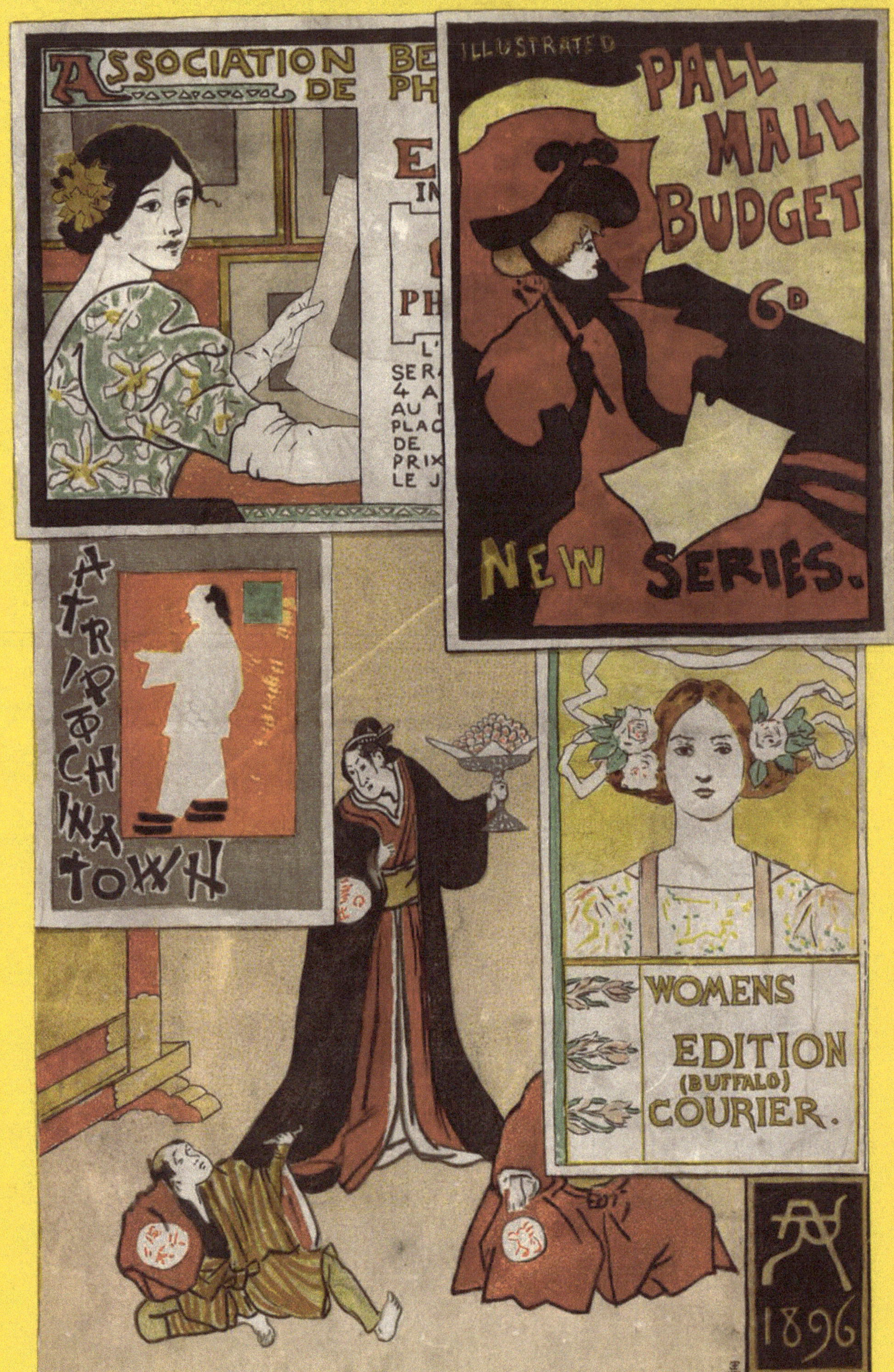
ASSOCIATION BE
DE
PH
E
IN
PH
L'
SER
4
AU
PLAC
DE PRIX
LE J
ILLUSTRATED
PALL
MALL
BUDGET
6D
NEW SERIES.
A TRIP CHINATOWN
WOMENS
EDITION
(BUFFALO)
COURIER.
1896

Achevé d'imprimer en Angleterre
par Lightning Source UK